本研究获得：

国家社科基金一般项目"重动句句法、语义的信息结构制约研究"资助（项目编号：14BYY128；结项号：20181059）

浙江省哲学社会科学规划后期资助课题"重动句信息结构研究"资助（项目编号：10HQYY01）

重动句信息结构研究

钟小勇 著

A Study on the Information Structure
of Verb-Copying Sentences

中国社会科学出版社

图书在版编目(CIP)数据

重动句信息结构研究 / 钟小勇著. —北京：中国社会科学出版社, 2021.5
ISBN 978-7-5203-8569-5

Ⅰ.①重… Ⅱ.①钟… Ⅲ.①汉语—句法—研究 Ⅳ.①H146.3

中国版本图书馆 CIP 数据核字(2021)第 110039 号

出 版 人	赵剑英
责任编辑	宫京蕾　周怡冰
责任校对	刘　娟
责任印制	郝美娜

出　　版	中国社会科学出版社
社　　址	北京鼓楼西大街甲 158 号
邮　　编	100720
网　　址	http://www.csspw.cn
发 行 部	010-84083685
门 市 部	010-84029450
经　　销	新华书店及其他书店
印　　刷	北京君升印刷有限公司
装　　订	廊坊市广阳区广增装订厂
版　　次	2021 年 5 月第 1 版
印　　次	2021 年 5 月第 1 次印刷
开　　本	710×1000　1/16
印　　张	25.75
插　　页	2
字　　数	433 千字
定　　价	148.00 元

凡购买中国社会科学出版社图书, 如有质量问题请与本社营销中心联系调换
电话: 010-84083683
版权所有　侵权必究

目 录

第一章 绪论 …………………………………………………… (1)
  第一节 研究对象 …………………………………………… (1)
    一 重动句的范围 ………………………………………… (1)
    二 相关术语 ……………………………………………… (5)
    三 值得探讨的问题 ……………………………………… (6)
  第二节 理论框架与研究方法 ……………………………… (8)
    一 信息结构视角 ………………………………………… (8)
    二 问题指向 ……………………………………………… (10)
    三 注重可操作性 ………………………………………… (11)
    四 定量分析 ……………………………………………… (11)
  第三节 语料来源 …………………………………………… (11)
    一 书面语料 ……………………………………………… (11)
    二 口语语料 ……………………………………………… (14)
    三 网络语料 ……………………………………………… (14)
  第四节 本书框架 …………………………………………… (15)
第二章 信息结构理论概述 …………………………………… (17)
  第一节 "信息结构"的含义 ……………………………… (17)
    一 信息结构 ……………………………………………… (17)
    二 信息包装 ……………………………………………… (18)
    三 信息结构和信息包装 ………………………………… (19)
  第二节 信息结构概念 ……………………………………… (19)
    一 指称性 ………………………………………………… (20)
    二 已知性 ………………………………………………… (21)
    三 预设 …………………………………………………… (27)
    四 焦点 …………………………………………………… (31)

  五 话语指称性 …………………………………………（36）
  六 信息量 ……………………………………………（38）
 第三节 信息分布 ………………………………………（38）
 第四节 信息结构原则 …………………………………（40）
  一 信息流原则 ………………………………………（41）
  二 信息量原则 ………………………………………（44）
  三 汉语语序与信息结构原则 ………………………（45）
 第五节 接口研究：信息结构研究的当前课题 ………（50）
 第六节 本书理论框架 …………………………………（52）
 第七节 本章小结 ………………………………………（53）
第三章 重动句句法分析 ………………………………………（54）
 第一节 重动句宾语和补语类型分析 …………………（54）
  一 重动句宾语类型分析 ……………………………（54）
  二 重动句补语类型分析 ……………………………（60）
  三 典型的重动句 ……………………………………（69）
 第二节 重动句句型分析 ………………………………（70）
  一 重动句与连动式 …………………………………（71）
  二 重动句与主谓结构 ………………………………（87）
  三 重动句与状中结构 ………………………………（93）
  四 小结 ………………………………………………（98）
 第三节 本章小结 ………………………………………（98）
第四章 重动句预设分析 ……………………………………（100）
 第一节 预设和预设触发语 ……………………………（100）
  一 预设 ………………………………………………（100）
  二 预设触发语 ………………………………………（102）
 第二节 重动句是一种预设触发语 ……………………（107）
  一 否定保持 …………………………………………（107）
  二 重动与预设触发语 ………………………………（109）
  三 预设与语态 ………………………………………（111）
  四 焦点与预设 ………………………………………（114）
 第三节 信息状态与预设调整 …………………………（115）
  一 信息状态与预设 …………………………………（115）
  二 预设调整规则 ……………………………………（121）

第四节　重动句 VP_2 做预设 ……………………………………（131）
　　第五节　本章小结 …………………………………………………（132）
第五章　重动句焦点分析 ………………………………………………（134）
　　第一节　研究概况 …………………………………………………（134）
　　　　一　VP_2 是焦点 ……………………………………………（134）
　　　　二　补语是焦点 ………………………………………………（135）
　　　　三　VP_2、VP_1 都可以是焦点 …………………………（135）
　　　　四　宾语和补语都是焦点 ……………………………………（137）
　　　　五　VP_1 和 VP_2 都是焦点 ……………………………（137）
　　第二节　焦点居尾与重动句的信息焦点 …………………………（139）
　　　　一　标记信息焦点的手段 ……………………………………（139）
　　　　二　句末是汉语信息焦点的基本位置 ………………………（140）
　　　　三　重动句的信息焦点 ………………………………………（142）
　　第三节　重动句焦点再分析 ………………………………………（144）
　　　　一　焦点的判定 ………………………………………………（144）
　　　　二　重动句焦点的判定 ………………………………………（148）
　　　　三　重动句焦点统计分析 ……………………………………（164）
　　　　四　重动句焦点类型及结构分析 ……………………………（167）
　　第四节　重动句不是双焦点结构 …………………………………（174）
　　　　一　以往研究 …………………………………………………（174）
　　　　二　文献中的"多焦点" ………………………………………（174）
　　　　三　重动句不是多焦点 ………………………………………（179）
　　第五节　本章小结 …………………………………………………（183）
第六章　信息结构与重动句宾语话语指称性 …………………………（184）
　　第一节　重动句的宾语 ……………………………………………（184）
　　第二节　重动句宾语话语指称性分析 ……………………………（185）
　　　　一　话语指称性概述 …………………………………………（185）
　　　　二　研究思路 …………………………………………………（185）
　　　　三　重动句宾语表现形式持续性分析 ………………………（191）
　　　　四　重动句宾语话语指称性和语义指称性对比分析 ………（197）
　　　　五　重动句前后宾语话语指称性对比分析 …………………（198）
　　　　六　小结 ………………………………………………………（201）
　　第三节　重要新实体限制与重动句宾语特点 ……………………（202）

第四节　本章小结 …………………………………………（204）
第七章　信息结构与重动句可插入成分 …………………（205）
　第一节　什么是可插入成分？ ……………………………（205）
　第二节　重动句还是紧缩复句？ …………………………（208）
　第三节　可插入成分的特点 ………………………………（215）
　第四节　可插入成分的特点与重动句信息结构 …………（219）
　　一　为什么可插入成分可前置？ ………………………（219）
　　二　为什么可插入成分不倾向于前置？ ………………（227）
　第五节　"都"与重动句的信息结构 ………………………（233）
　　一　重动句中的"都" ……………………………………（234）
　　二　"都$_1$"与重动句信息结构 ………………………（235）
　　三　"都$_2$"与重动句信息结构 ………………………（237）
　　四　为什么以"都$_2$"为主？ ……………………………（244）
　　五　小结 …………………………………………………（247）
　第六节　"是"与重动句的信息结构 ………………………（248）
　第七节　本章小结 …………………………………………（251）
第八章　信息结构与重动句否定形式 ……………………（252）
　第一节　研究概况 …………………………………………（252）
　第二节　重动句的否定形式分析 …………………………（256）
　　一　考察对象 ……………………………………………（256）
　　二　什么是句子否定？ …………………………………（259）
　　三　重动句的四种否定形式 ……………………………（267）
　第三节　信息结构与重动句否定形式使用的不均衡性 …（276）
　　一　重动句否定形式使用的不均衡性 …………………（276）
　　二　重动句否定形式使用条件 …………………………（277）
　　三　各种否定形式满足使用条件情况分析 ……………（279）
　第四节　Ⅰ式的否定成分为什么置于VP_1前？ …………（283）
　第五节　本章小结 …………………………………………（285）
第九章　信息结构与重动句的使用 ………………………（286）
　第一节　引言 ………………………………………………（286）
　第二节　以往研究 …………………………………………（290）
　第三节　重动句信息结构与重动句使用 …………………（294）
　　一　VP_1是话题，VP_2是说明 ………………………（295）

二　重动式话题结构与重动句的使用 …………………………（298）
　第四节　本章小结 ……………………………………………………（304）
第十章　信息结构与重动句的产生 …………………………………（305）
　第一节　研究概况 ……………………………………………………（305）
　　一　关于重动句产生的时间 ………………………………………（305）
　　二　关于重动句的源式、产生动因和产生机制 …………………（308）
　第二节　重动句是线性生成的 ………………………………………（319）
　　一　重动式话题结构是一种普遍的线性序列 ……………………（319）
　　二　重动句的产生时间 ……………………………………………（328）
　　三　小结 ……………………………………………………………（331）
　第三节　本章小结 ……………………………………………………（331）
第十一章　话语信息与重动句、把字句及物性差异 ………………（332）
　第一节　研究概况 ……………………………………………………（332）
　第二节　广义及物性理论概述 ………………………………………（334）
　　一　及物性参数 ……………………………………………………（334）
　　二　及物性假说 ……………………………………………………（335）
　　三　及物性与背景性 ………………………………………………（336）
　第三节　重动句和把字句及物性差异比较 …………………………（337）
　　一　研究思路 ………………………………………………………（337）
　　二　语料 ……………………………………………………………（338）
　　三　重动句、把字句及物性参数分析 ……………………………（339）
　第四节　重动句、把字句及物性差异与"及物性假说" …………（363）
　第五节　重动句和把字句及物性差异的话语动因 …………………（364）
　　一　重动句、把字句话语信息研究概况 …………………………（365）
　　二　重动句、把字句话语信息分析 ………………………………（368）
　　三　重动句、把字句话语信息与及物性 …………………………（372）
　第六节　本章小结 ……………………………………………………（373）
第十二章　结语 …………………………………………………………（374）
参考文献 …………………………………………………………………（377）
后记 ………………………………………………………………………（402）

第一章 绪论

第一节 研究对象

一 重动句的范围

本书所说的"重动句"是指如下画线的成分①:

(1) 他的胡琴没有一个花招儿,而<u>托腔托得极严</u>。(老舍《四世同堂》)

(2) 对抛弃别人的人来说,这种话不就像美人鱼跟他们说:"哎呀,<u>我游泳游得太多</u>,所以鳍好疼"一样难理解么?(鲍鲸鲸《失恋33天》)

(3) 他死因非常明确,<u>熬光棍儿熬灰了心</u>,寻那么个怪法子可以理解。(刘恒《伏羲伏羲》)

(4) 有封信写得温柔凄婉,像个过来人,还是女的写的(<u>看名字看不出性别</u>),招的我回忆起一些往事,很难受。(王朔《浮出海面》)

这些重动句可概括为:

(5) SVP$_1$VP$_2$

VP$_1$、VP$_2$中的动词(V$_1$、V$_2$)同形同义,V$_2$可看作V$_1$的重复,故整

---

① 为节省篇幅,本书对有些用例的格式会作些调整,但内容、文字不变。例句中的"//"是段落标记。

个结构称为"重动句"。重动句的主语（S）常省略，如例（1）、（3）分别承前省略了主语"他的胡琴""他"。

重动句的 VP_1 一般为动宾短语或动宾型复合词，为动宾短语的如例（3）的"熬光棍儿"和例（4）的"看名字"；为复合词的如例（1）的"托腔"和例（2）的"游泳"，"托腔"和"游泳"为《现代汉语词典》（第六版）（下文简称为《现汉》）收为词条①（分别见第 1327、1577 页）。

重动句的 VP_2 一般为动补短语或动宾短语，为动补短语的如例（1）的"托得极严"和例（2）的"游得太多"；为动宾短语的如例（4）的"看不出性别"，"看不出性别"的结构层次应为"[[看不出]$_{VC}$性别]$_{VO}$"，因此，整个结构应为动宾短语。例（3）的"熬灰了心"可作两种分析：一种分析是[[[熬灰了]$_{VC}$心]$_{VO}$]，整体上也是动宾短语，此时"心"可提前："心也熬灰了"；另一种分析是[[[熬[灰了心]$_{VO}$]$_{VC}$]，整体上是动补短语，此时"心"不可提前："*心也熬灰了"，此时可看作述补结构的紧缩形式，述语后边的"得"省略了，具体可参看朱德熙（1982：139）的相关分析。这里将这类结构看作动宾短语。

以上四例重动句 VP_2 都含有补语（C），有些文献将重动句形式化为"SVOVC"，如果其所指是例（1）、（2）中的重动句，则无疑是合理的；如果也指例（3）、（4）中的重动句，则不尽合理，因为它们虽然含有补语，但整个结构是动宾短语②。因为例（3）、（4）中的重动句也是典型的重动句，因此，用"SVP_1VP_2"来概括重动句更具概括性，VP_2 既可以是动补短语，也可以是动宾短语（但包含补语）。对此，刘雪芹（2011）也作了探讨，可参看。当重动句两个宾语都出现的时候，V_1 后的

---

① VP_1 是短语还是词，一般以《现代汉语词典》（第六版，下同）为标准判定，为《现汉》所收的即为词，否则为短语。

② 刘维群（1986）将重动句写成模式"V_1OV_2C"，又将"正人君子者流会说你骂人骂到了聘书……（鲁迅《朝花夕拾·琐记》）"等看作重动句，不尽合理，"骂到了聘书"应是动宾短语。秦礼君（1985）将重动句概括为"动+宾+动$_{重}$+补"，同时也将"打鸟打坏了枪"等看作重动句，也不尽合理。秦文认为能够出现"宾$_2$"的很少见，局限性很大，这也不太符合语言事实，笔者收集的 626 例重动句中，出现后宾语的 104 例，占 16.6%。

宾语，可称为前宾语，V_2C 后的宾语，可称为后宾语。如果未作区别或说明，重动句的宾语一般指 V_1 后的宾语。

不过由于"SVOVC"式重动句最常见①，也更具体地体现了重动句的内部结构，不少文献用它来概括重动句，为了突出补语时，笔者也会用这种形式来概括重动句。

也有文献将下面的句子看作重动句：

(6) 他烧文件烧了一堆灰。（刘雪芹，2011）

(7) 荆都人早些年抽烟抽荆山红，喝酒喝荆水液。（王跃文《国画》，转引自聂仁发，2001）

(8) 他喜欢踢足球喜欢得着了迷。（刘雪芹，2003）

(9) 我真的说话都说不出来了。（徐烈炯、刘丹青，1998/2007：122）

(10) 我做一个夫人也做得过。（元·王实甫《西厢记》，转引自赵林晓等，2016）

例(6)、(7) 的 VP_2 未带补语成分；例(8) 的宾语"踢足球"是动词性成分；例(9)、(10) VP_1、VP_2 间带有其他成分②。这些不是本书重点探讨的对象。

刘雪芹（2000）将下例看作重动句（后位重动句）：

(11) 她生气气得昏了头。

---

① 笔者收集的 626 例重动句，VP_2 为 VC（后面不带宾语）的 522 例，占 83.4%。而且不少后宾语与补语可构成复合词，如"吃孩子吃红了眼""打人打顺了手""说话说走了嘴"中"红眼""顺手""走嘴"可看作复合词（分别参看《现汉》第 538、1224、1737 页），这些 VP_2 看作 V_2 后省略了"得"的动补式紧缩形式也可以（参看朱德熙，1981：139）。

② 赵林晓等（2016：416）将例(10) 这类 VP_1、VP_2 间可加联接词（"也、都、还、又"等）的称作联接式重动句。刘维群（1986）认为如果 VP_1、VP_2 之间插入的词语主要起关联作用，它们使全句的语意不能一贯到底，而在它们前后两部分间造成了一种"如果……就……"的假设关系，如"我呀，做人就做到家！（曹禺《北京人》）"，则应看作紧缩复句，而不是重动句。孙红玲（2005：22）也认为如果 VP_1、VP_2 构成假设或条件复句，则是一种紧缩复句，而不是重动句。

(12) 他们说笑笑得肚子疼。

　　例 (11) "气"虽可看作重复，但前一个是名词，后一个是动词，两者同形，但不同义。例 (12) 中的"笑"不是"说"的宾语。这类都不是本书探讨的重动句。

　　下列画线成分笔者也不看作重动句：

　　(13)《幸运 52》《开心辞典》当然有收视率，但那是它那个群体的收视率，还有别的群体想吃某种饭吃不着呢。(《百家讲坛》)
　　(14) 我走出百货公司看看雨下得小了，去追夏雨追到"康乐"，又折回学院把门关上。(苏童《井中男孩》)
　　(15) "你干嘛呢这是？"李缅宁连连甩手甩不开。(王朔《无人喝彩》)

　　这些成分表面看起来与例 (1)—例 (4) 中的重动句一样，但例 (13) 的结构层次应是："[[想吃某种饭] 吃不着]"，即"吃某种饭"先与"想"构成直接成分，然后它们再与"吃不着"构成直接成分。因而，"吃某种饭"与"吃不着"不构成直接成分。例 (14) 的"追夏雨"和"追到'康乐'"不构成直接成分。例 (15)"甩手"与"甩不开"也不构成直接成分，因而这些都不是本书探讨的重动句，本书探讨的重动句 VP_1 与 VP_2 应首先构成直接成分。

　　因此，本书探讨的重动句比一般文献探讨的重动句限制更严，范围更窄，它是典型的重动句。之所以这样考虑，主要是因为文献所探讨的重动句范围过大，各类重动句之间存在许多差异，因而集中对典型重动句进行探讨显得很有必要。

　　重动句可单独做小句，也可以做主语、宾语、定语等，如：

　　(16) 写字写得好是小王的优点之一。(引自孙红玲，2005：16)
　　(17) 我先生说他结婚结早了，刚一结婚，漂亮姑娘不知从什么地方都冒出来了。(阎真《沧浪之水》)
　　(18) 旗子底下漾着哭声和胡言乱语，是跑调跑得厉害却非常诱人的男女声二重唱了。(刘恒《贫嘴张大民的幸福生活》)

(19) 你在哪里啊？害得我和奶奶<u>等你等到十二点</u>，到镇政府去找，也找不到你。（郑正辉《博士生》）

例（16）重动句做主语，例（17）重动句做宾语，例（18）重动句做定语，例（19）重动句做使动结构的谓语。孙红玲（2005：16）认为做定语、主语和宾语的是重动结构，而不是重动句。笔者仍将上述画线的成分看作重动句，它们是以句子的形式充当句子成分。其实像孙红玲（2005：16）这样处理也是不合理的，因为按照一般理解，"重动结构"是可以包括"重动句"的。

二 相关术语

学界用来称说重动句的术语还有很多[①]，如"动词拷贝结构"（李讷、石毓智，1997；赵长才，2002/2016等）、"拷贝式话题结构"（刘丹青、徐烈炯，1998；徐烈炯、刘丹青，1998/2007等）、"动词拷贝句式"（戚晓杰，2006；施春宏，2010等）、"动词重复结构"（黄月圆，1996等）、"重动句式"（项开喜，1997等）、"复动句"（温锁林，2000等）、"动词复说法"（何融，1958）、"动词照抄现象"（胡文泽，1994）[②]、叙述词"复说法"（王力，1943/1985：308—309）、"动词复制"（杨寿勋，2000等）、"动词重复"（梅广，1989），等等。这些术语有的着眼于句式、结构，有的着眼于生成过程。不过值得注意的是，这些术语并非完全同义，如刘丹青、徐烈炯（1998）、徐烈炯、刘丹青（1998/2007）所用的"拷贝式话题结构"不仅包括本书所说的重动句，还包括"星星还是那个星星""他人不像人，鬼不像鬼""他聪明倒挺聪明，就是写作业太粗心"这类结构，因此它的范围比重动句广，重动句仅是其中的一类。何融（1958）的"动词复说法"除了包括本书所说的重动句外，还包括"如今

---

① 也有直接用其构成及相互关系来称说的，如秦礼君（1985）称为"动+宾+动_重+补"结构形式。

② 杨玉玲（2004）、孙红玲（2005：5）认为黄正德（1988）、戴浩一（1990/1991）等用的术语是"动词照抄现象"。其实，黄正德（1988）是用英文发表的，原文术语是"verb reduplication"（Huang，1988：274）。戴浩一也是用英文发表的，原文术语是"Verb-copying"（Tai，1989：196），叶蜚声先生译作"动词照抄"（戴浩一，1990：24—25）。因此，严格意义上说，并不能说黄正德（1988）、戴浩一（1990/1991）用的术语是"动词照抄现象"。

喫也喫了（待要怎么）""干也得干（不干也得干）""柳条一动也不动"等类结构，范围也比重动句广。

本书采用"重动句"这一术语，主要是因为这一术语学界用得较多（刘维群，1986；戴耀晶，1998；王灿龙，1999；杨玉玲，1999、2004；唐翠菊，2001；王红旗，2001；赵新，2002；刘雪芹，2003、2011；孙红玲，2005；刘培玉，2012；陈忠，2012；等等），字数也较少，便于使用和称说。此外，笔者有时会用"重复动词"或"动词重复"来表示动态的过程。

三 值得探讨的问题

重动句最大的特点是动词重复，但除此之外，它还有一些值得关注的特点。第一，重动句的宾语形式复杂多样，据笔者观察，几乎所有的名词性成分都可以充当重动句的宾语，如：

（20）总算有一次机会能帮他一次忙了，我们欠别人的欠得太多了。（阎真《沧浪之水》）

（21）别人跟个老板跟几年，要房要车，还要青春补偿，你总不能两手空空，真的净身出户呀你！（阎真《因为女人》）

例（20）是"的"字短语"别人的"充当重动句宾语[①]；例（21）是数量名短语"个老板"充当重动句宾语[②]。重动句宾语多种形式有无共同的特点？

第二，重动句 VP_1、VP_2 之间可以出现一些成分，如：

（22）以前我们转移出去的个别同志，不要说干别的工作，当农民都当不了。（海岩《玉观音》）

[①] 刘雪芹（2003：99）认为"的"字短语不能做重动句的宾语。学界对什么是"的"字短语或"的"字结构，至今未有共识（参看严慈，2010：2）。按照严慈（2010：38），例（20）的"别人的"可看作"的"字短语。

[②] 项开喜（1997）、高增霞（2005）等认为数量短语不能做重动句的宾语。王灿龙（1999）指出数量短语可以做重动句的宾语。

第一章 绪论

（23）以后你造谣尽可能造得科学点，虽然你文化不高，但一般的谣慎重点还是能造得颠扑不破的。（王朔《永失我爱》）

而且，有些成分既可出现在 VP_1 前，也可出现在 VP_2 前，比较：

（24）董柳说："我们这样的人，不是那块材料，说来说去还是得依靠组织，靠自己是靠不住的。"（阎真《沧浪之水》）

（25）话是这么说，金一趟也明白，自己是疼孙子疼得不讲理了，可还硬是搅理。（陈建功、赵大年《皇城根》）

有些成分甚至可在 VP_1 前、VP_2 前自由移动，如：

（26）a. 读书是不是能使人读聪明了？我看未必，我们在座的哪不是书蛀虫？（王朔《千万别把我当人》）
　　　b. ……是不是读书能使人读聪明了？……

为什么重动句 VP_1、VP_2 之间可插入其他成分？为什么有些成分可以在 VP_1 前后"自由"移动？这也是值得探讨的问题。

第三，否定成分可在重动句的四种不同位置出现，并构成相应的四种形式，如：

（27）刚才我跟你说的那些话，你可得为我保密，千万别传话传到我父母耳朵里，要不我没法做人了。（王朔《我是你爸爸》）

（28）金枝离校并不久，她认为校长管学生没管到点子上。（陈建功、赵大年《皇城根》）

（29）就冲他现在的这副样子，孔素贞原谅了他了。这孩子，恨他恨不起来的。（毕飞宇《平原》）

（30）我虽然考试考得不好，但下的功夫却比别人多。（江浙散人博客《我的大学生活》）

四种形式都有文献看作重动句的否定形式，如果是这样的话，为什么重动句有四种否定格式呢？此外，这四种形式的使用频率相差很大，其中的原因是什么呢？

第四，有些动、宾、补成分可构成重动句，有些则不能，如：

（31）喝酒喝醉了。
（32）*毕业毕了三年。

是什么因素造成以上差异的呢？换句话说，重动句的使用有哪些限制呢？

此外，关于重动句的产生时间，学界看法也很不一致，有文献认为产生于晚清（李讷、石毓智，1997），有文献认为产生于晚明（Huang，1984），也有的文献认为早在宋代就产生了（赵长才，2002/2006；Fang，2006等），重动句究竟产生于何时？而且，最关键的：它是如何产生的，其产生动因和产生机制是什么？这些都值得探讨。

以上问题可从各个角度分析，本书将从信息结构的角度分析。分析信息结构对重动句这些句法、语义现象的制约。

最后需要明确的是，本书主要探讨重动句两个动词结构 VP_1、VP_2 的相关情况，这里所说的重动句的信息结构，主要是指 VP_1VP_2 的信息结构。

第二节　理论框架与研究方法

一　信息结构视角

信息结构（Information Structure，IS）主要关注的是信息是如何表达的（Chafe，1976：28），具体说来，说话者表达命题时，会根据他对听话者知识和注意状态的判断，采取相应的句法、韵律和形态等手段来建构话语（一般是句子）（参考 Vallduví & Engdahl，1996），可以这样说，说话者表达的话语体现着说话者的信息结构，其话语特点受到信息结构的制约。自 19 世纪二三十年代布拉格学派对话语的语用组织进行较系统的研究以来，信息结构一直是学界关注的话题，而随着语言类型学的发展和深入，信息结构研究更受到学界的关注。据笔者所知，从 2000 年开始至今，当代语言学界直接以信息结构（information structure）为题的著作（英文）就有三十多部①，可以说，信息结构研究已成为当代语言学的重要课题。

本书以功能语法视角下的信息结构理论为研究框架，主要采用 Chafe（1976、1987、1994 等）、陈平（1987、2004、2009 等）、Lambrecht（1994）、Hopper & Thompson（1980）等的观点。从信息结构角度探讨重动句，探讨信息结构对重动句相关句法、语义的影响，主要基于以下考虑：

首先，信息结构是句法、音系、语义、语用、话语等语言各部类的互动，信息结构的研究是对语言各个部类的综合研究，体现了语言作为一个系统其内部各部类互动的特点，信息结构研究是语言研究的内在要求。正因如此，信息结构研究已成为当代语言学的重要课题，从信息结构角度探讨句法现象已显示出较强的解释力。而汉语学界虽对信息结构研究予以一定的关注，也取得不少成果，但总的来说，还不够深入，还有许多领域值得进一步开拓，当代语言学研究的重要成果还需要进一步运用于汉语研究。

其次，重动句是汉语中的一种重要句式，其句法结构具有特殊性与复杂性。其特殊性表现在重复动词，其复杂性表现在前后动词性质的对立、宾语形式的复杂、否定形式的多样以及可插入成分的频繁使用，这些特点仅从句法的角度难以得到充分解释，而从信息结构的角度，能给以较合理、统一的解释。

再次，重动句和汉语中的许多其他的句式，如把字句、被字句、SVCO、SOVC、OSVC 等都存在密切的关系，它们表达的命题基本相同，有些甚至可以相互变换，但这些句式是不同的句式，而主要的不同在于信息结构的差异，因此要辨明各个句式的差异，需要从信息结构的角度进行探讨。

最后，以往有些重动句研究虽涉及信息结构，也取得了不少成果，但

---

① 如：Leafgren（2002）、Steube（2004）、Casielles-Suárez（2004）、Erteschik-Shir（2007）、Endo（2007）、Schwabe & Winkler（2007）、Zimmermann & Féry（2009）、Mereu（2009）、López（2009）、Hinterhölzl & Petrova（2009）、Fiedler & Schwarz（2010）、Dalrymple & Nikolaeva（2011）、Meurman-Solin et al.（2012）、Krifka & Musan（2012）、Bech（2014）、Meurman-Solin et al.（2014）、van Gijn et al.（2014）、Lee（2017）等，具体信息参看参考文献。

也存在诸多问题，如研究不全面，许多重要问题未作探讨；术语使用较混乱；只重定性分析，忽视定量分析；只重语义分析，忽视形式验证，等等。这些问题一方面是由信息结构本身的复杂性造成的，同时也跟研究不深入有关。

总之，笔者觉得，从信息结构的角度探讨重动句是条必要而恰当的途径，有助于更深入地了解重动句的本质。

二　问题指向

关于重动句，学界有很多争论，如关于重动句的焦点，至少有五种观点：第一，认为 VP_2 是焦点；第二，认为 C 是焦点；第三，认为 VP_1 或 VP_2 是焦点；第四，认为 O 和 C 都是焦点；第五，认为 VP_1 和 VP_2 是焦点。哪种观点比较合理呢？该如何探讨重动句的焦点呢？

再如关于重动句的宾语，有文献认为指量名、数量名成分不能充当重动句的宾语，也有文献认为它们能做重动句的宾语。重动句的宾语到底有何限制，其中的影响因素是什么？

再如关于重动句宾语的信息状态，有文献认为它不能表示新信息，也有文献认为它既可以是旧信息，也可以是新信息。它到底是新信息，还是旧信息？或者说，什么情况下表示新信息，什么情况下表示旧信息？

再如关于重动句的否定形式，学界谈到的至少有四种：①S 否 VP_1 VP_2，②SVP_1 否 VP_2，③SVP_1V 否 C，④SVP_1V 得否 C。这四种形式都是重动句的否定形式吗？这些形式有什么不同？如果有不同，造成不同的因素是什么？

再如关于重动句的使用限制，学界探讨过的因素有：①各种成分（动词的时间性、宾语的指称性、补语的类型、补语的语义指向性等）；②各个层面（句法结构限制、题元结构限制、象似结构限制、语义限制、信息结构限制、话语结构限制等）以及各层面的互动，到底哪些因素是重动句使用的最重要的限制因素呢？又该如何探讨重动句的使用限制呢？

再如关于重动句的产生时间，有文献认为产生于明末清初，也有文献认为宋代即已产生，重动句到底产生于何时？重动句的产生受哪些因素影响呢？

本书要探讨的就是这些具体的问题，特别是有争论的问题，探讨重动句信息结构对相关句法、语义现象的制约。

三 注重可操作性

信息结构概念（有指性、预设、焦点、话题等）具有多义性，如何对其进行界定并结合具体的语言现象加以探讨成为信息结构研究的难题，重动句的诸多现象或特点（如重动句的焦点、重动句的话语信息、重动句的使用限制、重动句的产生）之所以存在很大争论，跟研究者未提供较客观的判断标准以及可操作的研究方案有很大的关系。本书将在以下几方面增强研究的可操作性：①将问题具体化、明确化，如对信息状态进行解读，便于判断、运用。②尽量设计可操作的方案，如概括出判断焦点的七种方法。③对语料进行分析、统计，做到有据可依。

四 定量分析

功能语法研究特别注重定量分析，十分关注实例的多寡，认为这是定性分析的基础（陈平，1987；张伯江、方梅，1996等），这也是形式语法和功能语法的重要区别之一。本书重视定量统计的方法，并贯穿始终。定量分析的前提是确立相对封闭的语料，因此将以搜集的626例典型重动句为统计的基础，结论也由此得出。本书将采用计算平均数、卡方检验、T检验和点二系列相关统计等方法，统计时采用 PASW Statistics 18 统计软件，这样更高效，更精确，也更具科学性。

第三节 语料来源

本书语料来源主要有以下三种。

一 书面语料

主要是近现代作家作品，包括小说、访谈、剧本、口述等文字，这是语料的主体。重点语料来源如表1-1所示（有些作者或篇名字数较多，有简省）：

表1-1　　　　　　　　重点语料来源

作者	例数	占比	作者	例数	占比	作者	例数	占比	作者	例数	占比
阎真	74	11.8	鲍鲸鲸	16	2.6	文康	7	1.1	苏亦迷	3	0.5

作者	例数	占比	作者	例数	占比	作者	例数	占比	作者	例数	占比
鲁豫	58	9.3	贾平凹	16	2.6	我爱我	7	1.1	袁静孔	2	0.3
海岩	47	7.5	都梁	14	2.2	曹雪芹	6	1.0	朵蓝	1	0.2
张宜	43	6.9	柳青	14	2.2	琼瑶	6	1.0	归锄子	1	0.2
刘震云	39	6.2	杨澜	12	1.9	王安忆	6	1.0	燕妮	1	0.2
王朔	35	5.6	毕飞宇	11	1.8	曹禺	5	0.8	余华	1	0.2
刘恒	31	5.0	张天翼	10	1.6	林海音	5	0.8	张京华	1	0.2
老舍	27	4.3	张学良	9	1.4	刘醒龙	5	0.8	其他	10	1.6
赵树理	24	3.8	刘心武	8	1.3	陈建功	4	0.6	总计	626	100.0
张爱玲	19	3.0	郑正辉	8	1.3	蓝泽	4	0.6			
李佩甫	18	2.9	李可	7	1.1	马峰	3	0.5			
梁斌	8	1.3									

共 626 例,是重点考察的语料,作为统计的对象,结论也由此得出。但举例时,并不限于这些重动句。由于重动句不易检索,以上重动句都是笔者通过阅读搜集而得,因而难免遗漏。

而且,重动句分布很不平衡,表 1-2 是一些作品中的重动句情况:

表 1-2　　　　　　　　　一些作品中的重动句

作者	作品名	出版信息	字数（千字）	例数	平均（每 10 万字）
郑正辉	《博士生》	湖南文艺 2013 年版	280	8	2.86
张宜	《历史的旁白》	高等教育出版社 2012 年版	800	43	5.40
杨澜	《杨澜访谈录之崛起》	译林出版社 2015 年版	210	11	5.24
杨澜	《杨澜访谈录·超越》	译林出版社 2014 年版	185	1	0.54
阎真	《因为女人》	人民文学出版社 2007 年版	43	28	6.18
阎真	《活着之上》	湖南文艺出版社 2014 年版	260	14	5.38
琼瑶	《烟锁重楼》	长江文艺出版社 2008 年版	114	1	0.88
琼瑶	《青青河边草》	长江文艺出版社 2008 年版	96	2	2.08
琼瑶	《梅花烙》	长江文艺出版社 2008 年版	86	3	3.49
鲁豫	《鲁豫有约·智者》	中国友谊出版 2008 年版	190	6	3.15
鲁豫	《鲁豫有约·码字儿》	译林出版社 2012 年版	170	13	7.65
鲁豫	《鲁豫有约·开心果》	中国友谊出版 2010 年版	150	11	7.33

续表

作者	作品名	出版信息	字数（千字）	例数	平均（每10万字）
鲁豫	《鲁豫有约·绝恋》	中国友谊出版 2008 年版	228	7	3.07
鲁豫	《鲁豫有约·镜头》	中国友谊出版 2009 年版	220	6	2.73
鲁豫	《鲁豫有约·沉沦》	中国友谊出版 2008 年版	223	7	3.14
鲁豫	《鲁豫有约·80后》	中国戏剧出版 2012 年版	200	7	3.50
刘震云	《一句顶一万句》	长江文艺出版 2009 年版	365	30	8.22
刘震云	《我叫刘跃进》	作家出版社 2009 年版	220	9	4.09
刘醒龙	《威风凛凛》	作家出版社 2009 年版	256	5	1.95
刘恒	《苍河白日梦》	作家出版社 2009 年版	216	19	8.80
蓝泽	《天亮就逆袭》	中国言实出版社 2015 年版	210	4	1.90
贾平凹	《浮躁》	作家出版社 2009 年版	400	3	0.75
海岩	《五星大饭店》	百花洲文艺 2007 年版	430	3	0.70
海岩	《拿什么拯救你》	春风文艺出版社 2010 年版	374	3	0.80
海岩	《舞者》	作家出版社 2008 年版	500	10	2.00
海岩	《金耳环》	群众出版社 2007 年版	341	7	2.05
海岩	《便衣警察》	作家出版社 2007 年版	486	5	1.03
朵蓝	《北漂旅馆》	清华大学出版社 2014 年版	186	1	0.54
小计			7439	267	3.40

注：有些作品或出版社信息由于字数较多做了省略。

由表 1-2 可知，平均每 10 万字出现 3.40 例重动句。

由表 1-2 可知，重动句分布极不平衡，不同作品出现重动句的情况很不一致，有的作品，如《北漂旅馆》（朵蓝）、《浮躁》（贾平凹）、《五星大饭店》（海岩）等，10 万字不见 1 例重动句，而有的作品（《苍河白日梦》（刘恒））则出现近 9 例重动句。同一作家不同作品出现的重动句数量也不一致，如琼瑶的《梅花烙》每 10 万字有 3.49 例重动句，而《烟锁重楼》每 10 万字未见 1 例重动句。再如海岩的《五星大饭店》每 10 万字未见 1 例重动句，而《舞者》每 10 万字出现 2.00 例重动句。

不过，还是可以发现一些规律：第一，有些作家作品使用重动句较多，如刘震云两部作品（《一句顶一万句》《我叫刘跃进》）每 10 万字平均出现 6.16 例重动句，再如阎真两部作品（《因为女人》《活着之上》）每 10 万字平均出现 5.78 例重动句。

第二，访谈类作品出现重动句较多，《鲁豫有约》《杨澜访谈录》《历史的旁白》都是访谈类作品，每 10 万字平均出现 4.18 例重动句，而且，除《杨澜访谈录·超越》外，其余每部作品每 10 万字均出现 3 例以上重动句，由此看出，重动句倾向于出现在口语中。

二　口语语料

日常生活（包括看电视剧、电影）中听到、随手记下的重动句。

三　网络语料

网络语言中重动句比较常见，而且形式多样，如：

(33) 深刻地体会了一句话：<u>听课听到自然醒</u>，<u>抄书抄到手抽筋</u>！（日月光华 BBS）

(34) 踏踏实实做，<u>毕业都毕不了</u>，说这些又有什么用。（日月光华 BBS）

(35) 妈妈说我买一件礼物就可以了，一时想不起来送什么好了（<u>突然发现读书读得很没有创意了</u>）。（日月光华 BBS）

(36) 一帮爱国青年，<u>杀个易先生都杀不掉</u>。（日月光华 BBS）

许多网络语料中的重动句直接做标题，如：

(37) 做作业做累了，发个小笑话（日月光华 BBS）

(38) 天哪 写论文写得累死了（日月光华 BBS）

(39) 网络抽风抽到何时啊（日月光华 BBS）

(40) 翻译翻得恶心了（日月光华 BBS）

(41) 跑步跑到脚抽筋（日月光华 BBS）

(42) 今天丢人丢到家了（日月光华 BBS）

(43) 填表填得手都骂了（日月光华 BBS）

由于重动句的检索有些困难，这些语料基本是靠直接阅读所得。这样做的好处是有丰富的语境，能更准确地理解原意。有些例子是笔者自拟的，但小范围内征询了其他人的语感。

第四节 本书框架

本书共十二章，第一章绪论是全书总纲，明确研究对象（重动句）和理论框架（信息结构），确定研究路径和研究方法。

第二章确立理论框架，在当代语言学背景下，分析信息结构的主要概念（有指性、新旧信息、预设、焦点等）和信息结构原则（信息流原则、信息量原则），结合研究对象确立本书理论框架，奠定理论基础。

第三章探讨重动句句法结构，奠定事实基础。首先分析重动句宾语、补语的形式特点，进而概括出典型重动句的典型形式；然后重点探讨VP_1、VP_2之间的结构关系：VP_1、VP_2之间是连动关系，主谓关系，还是状中关系？

第四、五章探讨重动句的信息结构。第六章至第十章探讨重动句信息结构对重动句相关句法、语义现象的制约。

第四章探讨重动句的预设，本书将重动句看作结构预设触发语，VP_1就是触发的预设，这一特点可以解释重动句的许多重要现象。

第五章探讨重动句的焦点。采用学界常用的焦点判断手段（如省略、话题化、重复、并列、是否为"是"的作用对象、是否是疑问中心、是否是否定中心），以具体用例为对象分析，比较重动句VP_1、VP_2焦点性差异，从而判断是VP_1比VP_2更易做焦点，还是相反。本章还将探讨双（多）焦点现象。

第六章探讨信息结构对重动句宾语话语指称性的制约。本章将以持续性为话语指称性指标，然后对626例重动句的宾语进行统计、分析，揭示重动句宾语话语指称性，特别是揭示前后宾语话语指称性差异，并从信息结构的角度加以分析。

第七章探讨信息结构对重动句可插入成分的制约，特别是探讨同一成分既可做可插入成分，也可做VP_1前成分的原因。本章还将对使用最多的可插入成分"都"进行分析，探讨"都"与重动句信息结构之间的互动关系。

第八章探讨信息结构对重动句否定形式的制约。否定成分可出现在重动句的四种位置，形成四种形式，本章将重点探讨这四种形式是否都是重动句的否定形式，还将探讨四种否定形式使用频率上的差异，并从信息结构的角度加以分析。

第九、十章探讨信息结构对重动句使用、产生的制约。从共时（使用）和历时（产生）两个角度加以分析。

第十二章是结语，对前文的总结以及对后续研究的展望。

第二章　信息结构理论概述

第一节　"信息结构"的含义

一　信息结构

一般认为，信息结构（information structure）一词是 Halliday（1967/2007）首先使用的（Erteschik-Shir，2007：1；Schwabe & Winkler，2007：1；Mereu，2009：76）。Halliday（1967/2007：56—57）指出，句法选择有三种主要的领域：及物性（transitivity）、语态（mood）和主题（theme）。其中主题关注的是小句的信息结构，关注的是正在说的话与已说过的话之间的关系，以及它们构成交际活动的内在组织。Halliday 还提到，信息的分布（distribution）与层次结构是不同平面的东西，信息结构通过句子或小句等映射到成分结构中，而不是决定成分结构。信息结构在音系上实现为语调（tonality），一个语调就是一个信息单位；而每一个信息单位或者有一个信息主焦点，或者是一个主焦点再跟着一个次焦点。所谓焦点就是新信息，新信息不是指前文没有出现（虽然大部分是这样），而是指，说话者认为它不能从前文话语中取回（recoverable）。

Halliday（1967/2007：62）认为，信息结构是话语主题组织的一个角度，主题组织还体现在英语句法的许多其他的方面，包括词序的某种倾向，小句的成分序列表示的是主题的顺序，一般划分为"主题"（theme）和"述题"（retheme）两个部分，而主题常常在述题前面。该文认为"旧/新信息"和"主题/述题"不同，它们是独立的变体。

可以说，Halliday（1967/2007）奠定了信息结构研究的基础，在信息结构研究中产生了重要的影响。

Halliday（1967/2007）以后，不少文献从不同角度或繁或简地对信息结构作了说明或界定（陈平，2004；罗仁地、潘露丽，2005；Zimmermann & Féry，2010：1等），但其基本精神与Halliday（1967/2007）一致，都强调认知概念的形式表达或编码（Schwabe & Winkler，2007：1），其中，尤以Lambrecht（1994）的定义最为精当：

(1) 信息结构：句法的一个层面（component）。在这个层面里，根据交际者的心理状态，命题作为事件状态的概念表征和词汇语法结构相匹配（paired）。交际者将这些结构用作或解释为特定话语语境里的信息单位。(Lambrecht, 1994: 5)

简言之，句子的信息结构是话语中命题语用结构的形式表达。有几点值得注意：第一，信息结构是语法，特别是句法的一个层面，是句子形式结构的决定（determining）因素之一。信息结构不关注不和语法形式相关的心理现象，这显示信息结构的"结构"隐含。第二，注重交际双方心理状态在信息结构中的作用，因而信息结构是个交际双方互动的过程。第三，信息结构是一个动态的过程，此时，"结构"是个动词（有进行时，structuring，下文翻译成"建构"——作者注），说话者要对表达的信息进行建构，建构的依据是交际双方的心理状态，关键是对信息进行划分，目标是使命题和结构相匹配，目的是使交际更顺畅、便利。同时，信息结构又是静态的结果，此时"结构"就是个名词，当命题和结构相匹配后，结构中就体现了说话者的信息结构，因而可以分析句子结构的信息结构。

二　信息包装

文献中有一个与信息结构相类似的术语："信息包装"（information packaging）。"包装"一词，一般认为是Chafe（1976）首次引入语言学。Chafe（1976）主要探讨了名词性成分的六种状态，这些状态主要探讨内容是如何传达的，而内容本身是次要的。也就是说，说话者说话时要根据自己对听话者当前心智状态的判断来调整自己所说的话。这种现象，Chafe（1976：28）称之为"包装"。Chafe（1976）以后，Clark & Haviland（1977）、Prince（1981）、Foley & Van Valin（1985）、Vallduví（1990）、Vallduví & Engdahl（1996）等都使用这一术语。Vallduví & Engdahl（1996）对这一术语作了较详细的定义：

（2）信息包装[又名"交际维度""心理表达（articulation）"]是指为满足特定语篇或话语的交际需要，采用句法、韵律或形态手段对句子进行构建（structuring）。

三　信息结构和信息包装

通过比较 Lambrecht（1994）和 Vallduví & Engdahl（1996）的定义，可以发现信息结构和信息包装本质是一致的，都强调说话时说话者要对听话者当前的心智状态进行判断，从而使要表达的命题或内容与特定的形式或手段相吻合。正因如此，Lambrecht（1994）、Glottopedia（一种语言学百科全书）等认为它们是同义词（synonym），可以换用，只不过，信息结构具有话语语用分析的结构隐含，而信息包装更生动（Lambrecht, 1994: 2）①。

第二节　信息结构概念

表达相同命题的句子在信息结构上可能不同，而要明确哪里或哪些不同，就要确立信息结构的概念或范畴，"旧信息""新信息""话题""焦点""预设""说明"等都是信息结构的概念。到底有哪些信息结构概念？这些概念的具体含义是什么？这是信息结构研究首先要解决的问题。

不同文献涉及的信息结构的概念可能不同，甚至差异很大。下面是笔者所见文献涉及的信息结构概念（见表2-1）：

表 2-1　　　　　　　　常见文献信息结构概念

常见文献	信息结构概念或范畴
Halliday（1967）	旧信息、新信息、焦点
Chafe（1976）	已知性、对比性、有定性、主语、话题、视点（point of view）

---

① Vallduví（1990）将信息结构和信息包装看成不同的东西，该文认为，信息包装是一些指令（instructions），说话者借之指令听话者取回（retrieve）句子表达的信息并进入自己的知识储备（Vallduví, 1990: 28）。信息包装完全通过信息结构表征，而信息结构是表层结构（S-structure）和语言信息（informatics）的接口（interface）。（Vallduví, 1990: 149）

续表

常见文献	信息结构概念或范畴
Gundel 等（1993）	在焦点、活动的、熟悉的、唯一定指的、有指的、类定指的
Lambrecht（1994）	语用预设和语用断言、定指性和活动性、话题、焦点
Vallduví & Engdahl（1996）	焦点和背景［连接（link）、尾（tail）］
Finegan（2005）	旧信息和新信息、话题、对比、有定成分、有指成分、通指和实指成分
Krifka（2005）	焦点、新旧、话题、定界（delimitation）

由表 2-1 可知，不同文献探讨的信息结构概念并不完全一致，但"新信息""旧信息""话题""焦点""定指"等是大多数文献都探讨的概念，它们可看作信息结构的基本概念。

还应注意的是，有些文献的概念名同实异，如同是旧信息/已知信息（given），Halliday（1967/2007）和 Chafe（1976）理解就不同（参看 Prince，1981）；相反，有些概念名称截然不同，但本质可能一样。这些名同实异或名异实同的概念是信息结构研究的难点。

下面对文献中常涉及的，也是下文将运用到的概念（指称性、已知性、预设、焦点）作一些探讨。此外，下面还将探讨一般文献较少涉及的两个概念：话语指称性和信息量。

一 指称性

指称性（referentiality）有不同的视角（参看 Chen，2009），这里先分析语义指称性[①]。有指性（referentiality）和有定性（definiteness）不同，前者是语用/认知概念，具有普遍性，而后者是语法/形式范畴（参看 Lambrecht，1994：79；Chen，2004；张伯江，2009：193 等），有的语言有有定性这一范畴，有的则没有有定（definite）、无定（indefinite）的

[①] 这里所说的"语义指称性"与 Chen（2009）的 semantic referentiality 不同，更接近其 pragmatic referentiality。陈平（1987）指出，定指与不定指等指的是语义概念。正是从这个意义上讲，我们将定指与不定指等概念看作语义指称性概念。Hopper & Thompson（1984：712）指出，Du Bois（1980）、Givón（1981）［实为（1982）——作者注］等的"指称性"是语义概念。指称性有不同视角，后文谈到的话语指称性（discourse referentiality）即是其视角之一，语义指称性与话语指称性相对，这里将语义指称性直接称作"指称性"。

形式区别，汉语并没有严格意义上的有定性范畴（参看 Chen，2004）①，所以这里不使用有定、无定这对范畴，但引用时沿袭原有说法。

陈平（1987）探讨了汉语中和名词性成分相关的四组概念：

(3) 有指（referential）—无指（nonreferential）
    定指（identifiable）—不定指（nonidentifiable）
    实指（specific）—虚指（nonspecific）
    通指（generic）—单指（individual）

据笔者理解，这四组概念之间的关系颇为复杂，不少文献作过不同的解读（张伯江，1997；张谊生，2003；王红旗，2004；董秀芳，2010等），笔者认为这些概念可建立有指性框架：

(4) $\begin{cases} \text{有指（实指、一部分通指、单指）} \begin{cases} \text{定指} \\ \text{不指定} \end{cases} \\ \text{无指（虚指、一部分通指）} \end{cases}$

这样就可以将尽量多的现象纳入统一的框架中来。这些概念的含义可参看陈平（1987）。

二 已知性

（一）什么是新信息，什么是旧信息？

已知性（givenness）指新信息、旧信息。对这两个概念，学界看法颇不一致。如 Halliday（1967/2007：62）认为新信息就是不能从前文话语取回的信息，由此可推断，旧信息是可取回的信息。Chafe（1976：

---

① 学界对有定、无定的使用很混乱，有的纯指形式，有的既指形式又指认知或语义。笔者认为，仅将有定、无定看作形式概念意义不大（唯一的用处是便于称说），也易引起混乱，因为：第一，将某些形式看作有定或无定形式缺乏理据；第二，仍有许多学者将有定性看作认知或语义概念，这样涉及有定性问题时就不能构成有效对话，因为两者对有定性的理解根本不同。张姜知（2012）指出，汉语关于"可辨识度"（identifiability）这一范畴的语法化程度不高，因此汉语学界经常用"有定"来表示认知上的可辨识，用"无定"来表示认知上的不可辨识，即汉语在这方面语法、语义不分。

30）认为已知信息是说话当时说话者认为已在听话者意识（consciouness）中的知识，而新知识是说话者认为正引入听话者意识中的知识[①]。

Prince（1981）将文献中所说的已知性（Givenness）概括为三个层面或三种类型：

1. 已知性（Givenness$_p$）：可预测性（Predictability）/可取回性。

（5）已知性：说话者认为听话者能够或已经预测某一特定的语言项目出现在句子的某一位置。

这可以 Kuno（1972）和 Halliday（1967/2007）为代表，虽然两者并非完全一致。

2. 已知性（Givenness$_s$）：侧显性（saliency）。

（6）已知性：说话者认为听话者听话当时已经或能够将某一特定的事物或实体置于意识之中。

这可以 Chafe（1976）为代表。

3. 已知性（Givenness$_k$）：共享知识。

（7）已知性：说话者认为听话者已经知道，或假设，或能够推断出某一特定的事物（虽然不一定正在考虑）。

这可以 Clark & Haviland（1977）为代表。

由于理解的角度不同，对同一成分表示的信息，不同文献可能理解不同，如：

[①] 由于考察角度的不同，学界常常明确"新/旧"的对象，如 Halliday（1967）使用的是新/旧"信息"，Chafe（1976）使用的是新/旧"知识"（knowledge），Prince（1981）使用的是"实体"（entity），Lambrecht（1994）用的是"所指"（referent）。这里不区别这些具体的对象，统一使用新/旧"信息"来概括，不过，引述时仍遵照原文。文献中，旧信息（old）又叫已知信息（given），但有的文献认为两者还是有区别，如 Erteschik-Shir（2007：18）认为"旧"是指所指在会话中提及，而"已知"指所指在听话者头脑中，这里不作区别。

（8）I saw your father yesterday.
（9）a. we got some beer out of the trunk. The beer was warm.
　　　b. we got some picnic supplies out of the trunk. The beer was warm.

按照 Halliday（1967/2007）、Chafe（1976），例（8）中的 your father 都是新信息，因为它没有在前文出现过，也不在听话人意识中；而按照 Clark & Haviland（1977），它是旧信息，因为它是听话者已知的事物。而（9a）中的 the beer，按照三种文献都是旧信息，但（9b）中的 the beer，按照 Chafe（1976）是新信息，按照 Clark & Haviland（1977）是旧信息，因为它是可推断出的事物。由此可见，当使用新/旧信息这些概念时，要明确其所指。

Prince（1992）从另一个角度区分了三种新/旧信息概念：
1. 旧/新：焦点—预设构式。如：

（10）It's John I like.

John 是焦点，为新信息；开命题"I like x"是预设，即旧信息。
2. 旧/新：在听话者的头脑中。如：

（11）a. In the park yesterday, a kid threw up on me.
　　　b. In the park yesterday, the kid threw up on me.

前例的 a kid 表示的是听话者—新信息，后例的 the kid 表示的是听话者—旧信息。
3. 旧/新：在话语模式中。可分为话语—旧信息，话语—新信息。如：

（12）a. I'm waiting for it to be noon so I can call Sandy Thompson.
　　　b. Why are you trying to get in touch with Sandy Thompson?

例（12a）的 Sandy Thompson 为话语—旧信息；例（12b）的 Sandy

Thompson 为话语—新信息。

由此可见，可以从不同角度探讨新/旧信息。

(二) 两分还是三分？

关于新/旧信息，还有一个问题很重要，也很复杂，那就是新/旧信息的分类：是二分，三分，还是多分？

学界一般是将信息二分为新信息和旧信息，但也有一些文献认为可三分或多分，即在新/旧信息之间再分出一些类别，这也更能体现信息状态连续统（continumm）的性质。Prince（1981）是较早对信息状态再分的文献，该文将话语实体三分，每一类别下，再分一些小类，这些大小类别构成了"假定相似性"层级（参看 Prince，1981：237）：

(13)

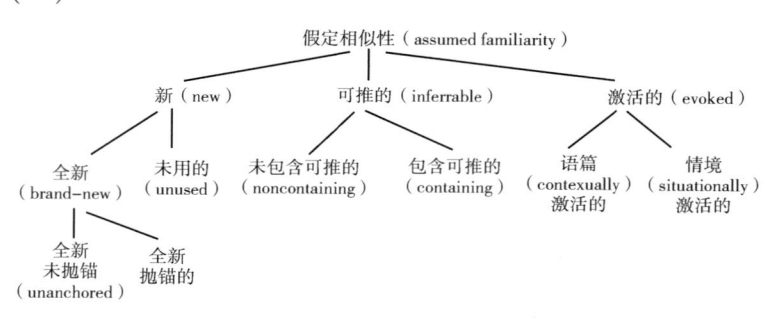

```
                        假定相似性（assumed familiarity）
                    /              |              \
              新（new）      可推的（inferrable）    激活的（evoked）
              /    \            /         \          /         \
         全新   未用的    未包含可推的  包含可推的    语篇      情境
      (brand-new)(unused)(noncontaining)(containing)(contextually)(situationally)
        /    \                                         激活的      激活的
    全新    全新
    未抛锚  抛锚的
  (unanchored)
```

这一层级最明显的特点是在新/旧之间分出了"可推"实体这一类。如：

(14) I got on a bus yesterday and <u>the driver</u> was drunk.

(15) Hey, <u>one of these eggs</u> is broken!

前例的 the driver 可从前文的 a bus 推出，因为一般来说"公共汽车有司机"，因而它表示的是可推信息。后例是包含可推的：破鸡蛋是这些鸡蛋中的一个。

在 Prince（1981）的基础上，Brown & Yule（1983）、Chafe（1987）以及 Lambrecht（1994）也对信息状态进行了再分类，各种分类及其之间的关系，可见表 2-2：

表 2-2　　　　　　　文献中的新/旧信息分类及相互关系

Prince（1981）	Brown & Yule（1983）	Lambrecht（1994）	Chafe（1987）
全新未抛锚的	全新的	未确认的（Unidentifiable）	未活动的/新的
全新抛锚的		未确认/全新抛锚的	
未用的	未用的	未活动（Inactive）/未用的	
未包含可推的	可推的	情境可及的（accessible）	去活动（Deactivation）可及的；图式（Schema）可及的
包含可推的		语篇可及的	
		推理（Inferentially）可及的	
语篇激活的	语篇当前激活的（evoked）	活动的/已知的	活动的/已知的
	语篇移位（displaced）激活的		
情境激活的	情境激活的		

　　Brown & Yule（1983）是在 Prince（1981）的基础上概括的，因而两者非常接近；Lambrecht（1994）则明显受 Chafe（1987）的影响。从信息状态的分类上看，Brown & Yule（1983）、Prince（1981）主要分为三类，有些类下面还有小类；Chafe（1987）也是三类；Lambrecht（1994）从大的方面来看有两类：未确认的（全新的）和确认的，前者分为两类，后者又分为三类，有些类别（可及的）又分了小类，所以总共有七类。

　　在某些具体问题的理解上，有些文献可能会存在差异，比如①：

　　（16）I heard something terrible last night. Remember Mark, the guy we went hiking with (ø), who's gay? His lover just die of Aids. <u>Mark</u> is terribly upset.（Lambrecht, 1994: 110-111）

　　此例中的 Mark，Lambrecht（1994: 111）看作语篇可及的；但按照 Brown & Yule（1983），可看作语篇移位激活的。
　　信息状态由二分到三分、多分，体现了研究的精细，也反映了信息状态具有程度之别的特点，但到底应该几分，可能应视研究对象而定；至于有分歧的地方，也要给出自己的明确理由。

---

① 此例笔者根据 Lambrecht（1994）分析作了整合，将最后一句与前面几句构成一段。

（三）可推信息或可及信息

对信息状态进行三分或多分，必然涉及新、旧信息之间的状态：可推信息或可及信息。这类信息如何界定，它的表现形式如何，都很值得探讨，学界也有不少文献作了很好的研究，除上文提到的外，还有 Clark & Haciland（1977）、Hawkins（1978）、Gundel 等（1993）、徐赳赳（2005）、马博森（2010）等，Journal of pragmatics（《语用学杂志》）1999 年第 3 期专题探讨了联系回指（Associative anaphora）的问题，联系回指即跟可及信息相关。

探讨汉语可及信息的文献不多，对汉语的信息状态，绝大多数都只是新/旧二分，引入可及信息的概念，可能更能说明一些问题。如乐耀（2010）一方面指出"你像"后的话题成分是旧信息，一方面又认为是新信息，显然前后矛盾，其实它主要表示的是可及信息。探讨汉语的可及信息及其形式表现应是很有意义的事情。

（四）旧信息与可及信息

由上面的分析可知，前文出现的信息既可以是旧信息，也可以是可及信息，如何将两者区分开来呢？Du Bois（1987）提供了一个较可操作的方法，该文将可及提及（mention）分为三类，其中一类，前文已经提及，但超过 20 个语调单位（intonation）①。Du Bois 未明说前文提及但不超过 20 个语调单位的信息状态，但很容易推断，这类信息是旧信息。这里也采用这种标准来区分旧信息和（语篇）可及信息，不过依据的是小句而不是语调单位，因为我们考察的是书面材料。Du Bois（1987）也指出，语调单位和小句与许多重合（conincide）之处。

（五）已知性与指称性

关于信息状态还会涉及的一个问题是新旧信息和指称性的关系。关于这个问题，Chafe（1976、1994）作了比较，在该文看来，已知性跟意识（consciousness）有关，而定指性跟知识（knowledge）有关（参看 Lambrecht，1994：105）。Lambreht（1994）沿用了这种观点，在该文看来，不定指成分是全新信息，而定指成分可以是新信息（未用信息），也可以是可及信息，还可以是旧信息。如上例（16），something terrible 是不定指

---

① Du Bois（1987：816）指出，Givón（1983：13）采用相似的方法来测量指称距离（referential distance）。

成分，为全新未抛锚的信息，Mark 是定指成分，但它表示的是未用信息，His lover 也是定指成分，它表示的是可及信息，I、we、ø（零形回指）都是定指成分，它们表示旧信息（Lambreht, 1994：105—109）。

张伯江、方梅（1996：119）认为汉语的定指成分可以表示新信息，也可以表示旧信息，如：

(17) 你叫公务班来人打扫一下<u>地板</u>，不要有沙子。

上例"地板"是听话者可确定的，因而是定指的，但说话当时，这一实体并不在听话者意识中，因而是新信息。

指称性和新旧信息是角度不同的概念，它们的关系是交叉的，如上例(17)，"沙子"是无指的，但它可看作新信息，或易推信息。不过学界一般探讨的是有指实体的信息状态。

三 预设

（一）语义预设和语用预设

可以从语义和语用两个角度研究预设，语义预设可定义如下（Levinson, 1983：175）：

(18) 句子 A 语义预设句子 B，当且仅当：
　　a. 所有情况下，A 是真的，B 是真的。
　　b. 所有情况下，A 是假的，B 是真的。

而语用预设可定义如下（Levinson, 1983：175）：

(19) 言语 A 语用预设命题 B，当且仅当，如果 B 是参与者共知的，则 A 是合适的。

或者如下（Lambrecht, 1994：52）：

(20) 语用预设是由句子中词汇语法激发的一系列命题，这些命题说话者假定听话者说话当时已经知道，或认为他已经知道。

比较以上定义，可以看出，语义指称和语用指称具有内在的联系，即交际双方共知的命题或信息一般是不会被否定的。但语义预设关注的是成分稳定不变的意义①，而语用预设是变异的、不稳定。Lambrecht（1994：61—65）对语义预设和语用预设的联系与区别作了精当的分析，现简介如下，请看下例②：

（21） a. I didn't realize that you LIED to me.
b. I didn't realize that YOU lied to me.
c. I didn't REALIZE that you lied to me.

由于 realize 是事实（factive）动词，从语义的角度看，上面三例的预设都相同，都是 realize 后面的成分。

但从语用的角度看，则不很相同。首先，例（21a）中 that-小句表达的命题并不一定是语用预设，并不一定是说话双方共知的背景，此时句子的意思相当于：

（22） I've just found out that you lied to me.

其次，即使假定三例 that-小句表达的命题都是说话双方共知的，它们的预设状态（status）也有不同：例（21a）的预设是听话者骗了说话者（其断言是，说话者以前并不知道这个事实）；例（21b）的预设是有人骗了说话者（其断言是，说话者并没意识到骗他的就是听话者）；例（21c）则不仅预设了听话者骗了说话者，而且这个事实对话当时是活动的（active），此时，that-小句完全可以用非重读的回指代词代替，如：

（23） I didn't REALIZE that.

由上可知，语用预设和语义预设并不完全相同，语用预设跟说话双方

---

① 这注定语义预设会碰到许多无法解决的问题，因而有文献主张取消语义预设这个概念。（Levinson，1983：177、204）

② 字母大写表示该词带有重音（accent）。

密切相关，跟说话的语境密切相关。笔者从语用的角度看待预设，所以下面所说的预设是指语用预设。

（二）预设的特点

一般认为预设有三个特点：否定保持（constancy under negation）、可取消性（defeasability 或 cancellability）和投射问题（projection problem）（Huang, 2007: 67; Levinson, 1983; Yule, 1996）。

预设触发语会触发预设，当包含这个触发语的成分被否定时，这一预设仍然保持，这种现象叫作否定保持。上文语义预设就是这样界定的。虽然否定保持是预设的重要特点，但它不是必要的，因为有许多句子不能被否定，如例（24）；它也不是充分的，因为满足否定保持的并不一定是预设，如例（25）：

（24） a. Long live the king of France.
　　　>>b. There is a king of France.

（25） a. Do/don't bring the digital camera here.
　　　$^?$>>b. 数码相机不在这儿。

不过，虽然如此，否定保持仍然是判断预设的常见手段。

预设触发语虽然会触发预设，但如果它和背景假设、会话隐含或某些话语语境不一致时，它就会被取消，如：

（26） a. John died before he finished his Ph. D.
　　　$^?$>>b. John finished his Ph. D.

（27） a. There is no king of France. Therefore the king of France isn't bald.
　　　$^?$>>b. There is a king of France.

时间小句是预设触发语，但例（26）触发的预设和真实世界知识不一致（"人死后不能完成博士论文"），因而预设取消了。例（27）的有定表述 the king of France 会触发预设，但前一小句阻止了这一预设的实现，这也显示语义衍推（entailment）会取消预设。预设的可取消性显示触发语触发的是潜在的预设，这也揭示了预设的语用性：不是词或结构而是说话者有预设（Yule，1996：33）。

在一个单一的小句里，预设触发语会触发预设，但当这个小句成为更复杂的句子的一部分时，这一预设并不存在了。这种现象叫作预设的投射问题。上例（26）就属于投射的问题。再举一例：

(28) a. I'm sure John's wife is beautiful, if he has a wife.
$^?$>>b. John has a wife.

此例前一小句的有定表达 John's wife 触发预设"John 有妻子"，但后面的 if 小句阻止了这一预设的实现。

（三）预设调整

为了解释预设的投射问题，Karttunen-Stalnaker 采用过滤—满足（filtering-satisfaction）分析，而 Gazdar（1979）采用取消分析，但这两种分析都存在不少问题。Heim（1982、1992）将这两种分析综合起来，整合成语境变化的动态语义理论，可称作调整（accommodation）分析（参看 Huang，2007）。简单地说，调整关注的是怎样通过合作的交际双方使偏常的用法变得与预想一致，它是一种话语动态修补（repair）过程。Lewis（1979）提出了一条预设调整原则：

(29) 假如在 t 时间说了某句话，它需要预设 P 才能被接受，又假如 t 时间前没有 P，那么——一定条件下以及受到一定的限制——预设 P 在 t 时间自动产生。

先看一例：

(30) a. I'm sorry I am late, my car broke down.
>>b. The speaker has a car and he came by car.

即使以前没有一个听众知道这预设，但他们也会觉得这命题可接受，也就是说，他们会调整这样的假设："说话者有一辆车，他是乘车来的。"

毫无疑问，调整受一些条件的限制，其中限制之一就是被调整的命题必须是无异议的，而且和语境中现有的所有命题一致。比较：

(31) a. I'm sorry I am late, my fire-engine broke down.
　　　?>>b. The speaker has a fire-engine and he came by fire-engine.

此例的预设要调整就很困难，因为这一预设和真实世界知识相冲突（参看 Huang，2007）。

四　焦点

（一）什么是焦点？

焦点是不同学科（物理学、语言学、心理学等），甚至同一学科不同部类（句法学、音系学、形态学、语义学、语用学等）都研究的对象，这造成焦点的不同理解。笔者探讨的是语言学上的焦点。

由于研究角度的不同，语言学上的焦点也有不同的含义，下面几种是较常采用的定义。

1. 焦点是最重要的信息。如 Dik（1997：336）认为：

（32）某一成分的焦点信息是特定交际情境中相对最重要或明显的信息，是说话者认为能整合进听话者语用信息的最本质的信息。

或者如 Erteschik-Shir（2007：38）所定义的：

（33）句子 S 的焦点＝句子 S 的成分 c（的内涵），这一成分是说话者说 S 时以引起听话者注意之处。

这些主要是从语用的角度来界定焦点。

2. 焦点是新信息。Halliday（1967/2007：207）指出：

（34）信息焦点是强调的一种，说话者选出讯息（message）的一部分将之解释为有信息的（informative）。焦点就是新信息，但这不是指它前文未出现过，而是指说话者认为它不能从前文话语中取回（recoverable）。讯息的焦点，就是说话者将之表示为新的，语篇（或情境）不能推知（non-derivable）的信息。

或者如 Lambrecht（1994：213）所理解的：

（35）焦点是语用结构命题的语义成分，借此，断言和预设区别开来。

这些主要从语义的角度来界定焦点，它们将焦点看作语义关系概念，因此，旧信息不是焦点。如：

（36）A：Who wants to marry John, Jane or Janet?
　　　B：<u>Janet</u> wants to marry John.
（37）A：谁要和约翰结婚，简还是珍妮？
　　　B：珍妮要和约翰结婚。

在有些文献看来，答句中的 Janet 对应于问句中的疑问词，是焦点成分；同时，它又在问句中出现，因而是旧信息，它是旧信息做焦点。按照 Halliday（1967/2007）和 Lambrecht（1994）的观点，此例答句中的 Janet 虽然前文出现过，但它和"x wants to marry John"的关系是不可预测的，是"新"的，说 Janet 是焦点，正是基于这种不可预测的新关系。

3. 焦点显示选项的表达。如 Krifka（2007：18）认为：

（38）焦点显示选项的表达，它跟语言成分的解释有关。

这其实是选项语义学的观点（Rooth，1985、1992；花东帆，2005：130—150）。按照该理论，"一个焦点的语义值是一个由与这个焦点的语义类型相同的可能的指谓（denotations）所组成的集合"（花东帆，2005：134）。

除了以上从语用、语义的角度界定焦点外，还有不少文献从音系的角度界定，认为焦点是重音标记的成分（Jakendoff，1972；Selkirk，1995）；也有的从形态的角度来界定，将焦点和特定形态标记联系起来。

笔者采用 Halliday（1967/2007）和 Lambrecht（1994）的界定，认为焦点是新信息。

（二）焦点的分类

有不少文献探讨了焦点的分类，这里对几种文献作些介绍。

1. Rechmont（1986）的"存在焦点"和"对比焦点"

存在（presentational）焦点的定义是：

（39）如果某一成分 P 是话语 δ 中的存在焦点，δ = {φ_1…,φ_n}，当且仅当：
  （i）P 是 φ_i 中的成分，且
  （ii）说 φ_i 时，P 不是语境可识解的（c-construable）。

对比（contrastive）焦点的定义是：

（40）如果某一成分 P 是话语 δ 中的对比焦点，δ = {φ_1…,φ_n}，当且仅当：
  （i）P 是 φ_i 中的成分，且
  （ii）如果 P/φ_i 是从 φ_i 中抽取 P 的结果，那么 P/φ_i 是语境可识解，φ_i 不是语境可识解的。

比较：

（41）A：Who did you see?
  B：I saw Tom.
（42）A：Who did you see, David or Tom?
  B：I saw Tom.

在 Rechmont（1986）看来，例（41）的 Tom 是存在焦点，因为它是不可语境识解的；例（42）的 Tom 是对比焦点，因为虽然 Tom 是语境可识解，但 {David 和 Tom} 是不可语境识解的。Casielles-Suarez（2004：139—143）对 Rechmont（1986）的焦点分类提出了批评，认为该文的对比焦点存在很多问题，比如将没有对比意义的焦点看作对比焦点。

2. Kiss（1998）的"信息焦点"和"认定焦点"

Kiss（1998）认为要把信息焦点或存在（presentational）焦点和认定

(identificational) 焦点或对比焦点区分开来，它们在句法和语义上有一系列区别：

（43）i. 认定焦点表达穷尽认定，而信息焦点标记的是信息的非预设性质。

ii. 有些成分，如全称量化成分、also-短语、even-短语不能做认定焦点，而信息焦点没这样的限制。

iii. 认定焦点有作用范围（scope），而信息焦点没有。

iv. 认定焦点移到功能投射指示成分（specifier）的位置，而信息焦点不要移位。

v. 认定焦点常常是 XP，这样可以操作成分移动，而信息焦点更小或更大。

vi. 认定焦点可重复，而信息焦点能投射。

据此，下例（44）画线成分是认定焦点，例（45）画线成分是信息焦点：

（44）Mari   egy kalapot   nézett ki magának.
　　　Mary a   hat ACC   picked out herself ACC.
　　　"It was a hat that Mary picked out for herself."

（45）Mari ki nézett magának egy kalapot.
　　　"Mary picked for   herself a hat."

Kiss（1998）认为还可以通过并列结构测试和否定结构测试将认定焦点和信息焦点区别开来（可参看徐烈炯，2005：19—22）。

3. Gundel（1999）的"心理焦点""语义焦点"和"对比焦点"

心理焦点指的是当前注意中心，它常由非重音人称代词、零形回指和弱重音成分等表达，如例（46）中的两个 she。语义焦点是关于话题的新信息，是句子中回答疑问成分的部分，如例（47）中的 Bill。对比焦点是为对比或强调目的的语言明显性，如例（48）中的 the coat：

（46）Emily hasn't change much, She still looks like her mother, doesn't she?

(47) A: Do you know who called the meeting?
B: (It) is Bill (who) called the meeting.

(48) The coat you're wearing I don't think will be warm enough.

Gundel（1999）认为这三种焦点有交叉，但不等同。如语义焦点和对比焦点，虽然语义焦点是内在（inherently）对比的，但两者主要功能不同，前者是标记述谓话题的新信息，而后者的主要功能是标记对比和强调，因而对比焦点和语义焦点常常互补。

值得注意的是，前文所说的 Rechmont（1986）的对比焦点和 Gundel（1999）的对比焦点并不等同，如上例（42）（重复如下）：

(49) A: Who did you see, David or Tom?
B: I saw Tom.

根据 Rechmont（1986），答句的 Tom 可看作对比焦点；而根据 Gundel（1999），则可看作语义焦点，虽然它和 David 构成对比。

Rechmont（1986）、Kiss（1998）、Gundel（1999）都是从焦点的语义的角度对焦点进行分类，而且每一种文献都有"对比焦点"这一类焦点（虽然使用的术语不同），虽然在具体理解上有些差别，但划分的精神是一致的。与此做法不同的是 Lambrecht（1994），该文从焦点结构的角度对焦点进行分类。

4. Lambrecht（1994）的"谓语焦点""论元焦点"和"句子焦点"

Lambrecht（1994）探讨了句子焦点结构①的三种类型：谓语焦点、论元（argument）焦点和句子焦点。这些也可看作焦点的类型。无标记的主语—谓语句类（谓语是焦点，主语和其他非焦点成分属于预设）具有谓语—焦点结构；认定（identificational）句类［焦点认定预设开（open）命题中未出现的论元］具有论元—焦点结构；事件报道和存在句类（焦点扩展到主语和谓语，去掉一些话题性的非主语成分）具有句

---

① Lambrecht（1994：222）认为，句子的焦点结构指的是焦点意义和句子形式的规约（conventional）联系。

子—焦点结构。如：

(50) A：what happened to your car?
B：My car/It broke down.
(51) A：I heard your motorcycle broke down?
B：My car broke down.
(52) A：what happened?
B：My car broke down.

例（50）是谓语焦点结构，焦点是 broke down；例（51）是论元焦点结构，焦点是 my car；例（52）是句子焦点结构，焦点是整个句子。Lambrecht（1994：296）将谓语焦点结构看作无标记（unmarked）的焦点结构，将论元焦点结构和句子焦点结构看作有标记（marked）的焦点结构。罗仁地、潘露莉（2005：48、52）将谓语焦点结构和句子焦点结构看作宽焦点，将论元焦点结构看作窄焦点。

5. Casielles-Suarez（2004）：统一的焦点概念

Rechmont（1986）、Kiss（1998）、Gundel（1999）、Lambrecht（1994）等都有一个特点，即将焦点分成了两类或三类。而 Casielles-Suarez（2004：164）则认为焦点应保持统一的概念，可用 Gundel（1999）的语义焦点来概括。该文认为 Kiss（1998）的分类虽然有用，但这种分类不是基于内在特性的不同，而是基于焦点在句子中的位置的不同，这其实与 Lambrecht（1994）的实质一致。

认为焦点不需分成不同的类，这跟对对比焦点的理解也有关。Lambrecht（1994：291）分析了 Halliday（1961）的对比焦点以及 Chafe（1976）的对比性，认为对比不是一个语法范畴，而是一般的认知过程，可看作会话隐含。该文还援引 Bolinger 的话说"宽泛意义上说，任何语义峰（peak）都是对比的"。Gundel（1999）也指出，语义焦点内在是对比的，正因如此，徐烈炯（2005：22）将语义焦点看作一种特殊的对比焦点。如果是这样的话，语义焦点和对比焦点就不构成对立。

五 话语指称性

以上所探讨的"指称性""已知性"和"预设""焦点"等是学界常

谈到的信息结构概念，下面笔者再谈两个信息结构概念：话语指称性和信息量，它们和"预设""焦点"等概念一样，跟说话者对听话者心智状态的判定有关。

话语指称性（discourse referentiality）是指称性的另一种视角①，主要跟实体在话语主题组织中的重要性有关，这里根据 Chafe（1994：88）的观点，分为重要实体（primary）、次要实体（secondary）和不重要实体（trivial）②。重要性可通过实体在话语中的持续性（persistence/continuity）来表示，如果实体引入话语后的 10 个小句内出现 3 次以上，则为重要实体；如果出现 1—2 次，则为次要实体；如果未再出现，则是不重要实体③。如：

(53) 一只乌鸦 i 口渴了，到处找水 j 喝。乌鸦看见一个瓶子，瓶子里有水。可是瓶子里水不多，瓶口又小，乌鸦喝不着水。怎么办呢？//乌鸦看见旁边有许多小石子 k。想出办法来了//乌鸦把小石子一个一个地放进瓶子里，瓶子里的水渐渐升高，乌鸦就喝着水了。（课文《乌鸦喝水》）

上例"一只乌鸦"引入话语后，10 个小句内再次出现 7 次，即持续值是 7，因而是主要实体；"水"引入话语后，10 个小句内未再次出现（虽然后文出现"水"，但它们是不同的话语实体），持续值是 0，为不重要实体；"许多小石子"引入话语后，至结束，再次出现 1 次，即持续值是 1，为次要实体。

---

① 与"话语指称性"相关的其他术语还有"扩展性"（deployability, Jaggar, 1984）、"重要性"（importance, Givón, 1983、1984 等; significance, Hopper & Thompson, 1993）、"主题中心性"（thematic centrality, Sun, 1988/1994）、情节中心性（plot centrality, Clancy, 1980）、凸显性（salience, Du Bois, 1980）、主题主体性（thematic subjecthood, Garrod & Sanford, 1988）、新闻性（newsworthiness, Chafe, 1994）、前景性（forgrounding, Hopper & Thompson, 1993）、指称重要性（referential importance, Chafe, 1994：88）、主角性（protagonism, Cumming, 1995; main characrerhood, Downing, 1993）等（参看 Payne, 1997; Chen, 2003 等）。

② 陶红印、张伯江（2000）和张伯江（2009：199）翻译为"偶现新信息"。

③ Wright & Givón（1987）、Givón（2001：458）分为两级：高持续的 TP>3，低持续的 TP 0—2，本书据此分为三级，分别对应于主要的（TP>3）、次要的（TP 1—2）和不重要的（TP=0）。

话语指称性是与语义指称性、已知性、焦点等不同的概念，陶红印、张伯江（2000）和张伯江（2009：201）将偶现信息（即不重要实体）与一般新信息、旧信息、通指、全称等看作功能类型。

六 信息量

信息有新旧、重要性等程度上的区分，也有数量上的大小之分。如果两个词语 A 和 B，语义上 A 单向蕴涵 B，即从 A 可以推知 B，而从 B 不能推出 A，我们则说 A 的信息量大于（more informative than）B（沈家煊2005：193—194）。或者说，A 信息量大，B 信息量小。

如"白马"单向蕴涵"马"（"马"不能蕴涵"白马"），则"白马"信息量大，"马"信息量小。再如"办不成"单向蕴涵"没办成"，则"办不成"信息量大，"没办成"信息量小[①]（参看沈家煊，2005：194）。

笔者认为，信息量大小也可看作信息结构概念，它与语序有关。

第三节 信息分布

以上探讨了几种基本的信息结构概念，它们之间存在怎样的关系？它们又是如何整合成信息结构的，这就涉及信息结构的划分（articulation）或信息的分布（distribution）问题。

关于信息结构的划分问题，学界提出了许多看法，如焦点—背景（Rechmont，1985 等），话题—焦点（Sgall et al.，1986 等），旧信息—新信息（Halliday，1967 等），话题—说明（Hockett，1958：201 等），预

---

① 袁毓林（1999）基于 Shannon & Weaver（1949）"信息是对通讯过程中的不确定性（uncertainty）的一种度量"的角度提出了信息量的另一种解读：可供选择的可能性越多，不确定性就越大，则意味着被选中的信号负载的信息量越大（袁毓林，1999：191—192）；反之，可供选择的可能性越少，不确定性就越小，则意味着被选中的信号负载的信息量越小。袁毓林（1999）采用这一视角来考察多重定语，认为"信息量小的定语排在信息量大的定语之前"。周韧（2006）采用这种视角来考察汉语句法组合的韵律模式，认为"在汉语的句法组合中，信息量大的成分将得到重音，而信息量小的成分得不到重音"。这种从对立项多少的角度确定信息量大小的做法与上述做法不同，不过两种视角有一个共同点，即都认为信息量小的成分前置于信息量大的成分。

设—焦点（Jackendoff，1972；Lambrecht，1994 等），主位—述位（Halliday，1967 等），等等（参看 Vallduví & Engdahl，1996；Kruijff-Korbayová & Steedman，2003）。

Vallduví & Engdahl（1996）认为可以概括为两类：①背景—焦点。这种划分将句子分成两部分：背景（非信息的、已知的或预期的）和焦点（信息的、新的、重要的或反预期的）。这里的背景和焦点是关系概念。②话题—说明。话题是说明关涉的对象（about），或者说是句子的起点、指称框架。Gundel（1988：210）给话题下了一个定义：

（54）一个实体 E 是句子 S 的话题，当且仅当说话者使用句子的目的是增加听话者关于 E 的知识，或探寻有关 E 的信息，或者使听话者根据 E 采取某种行动。

这可以说揭示出了话题的本质，而说明是添加的新知识。
两种划分的区别可见下例：

（55）A：what about John? What does he drink?
　　　B：John drinks beer.
（56）a.　[$_T$John] [$_C$drinks beer]
　　　b.　[$_G$John drinks] [$_F$beer]

对于 B 的回答，如果从背景—焦点划分的角度分析，John drinks 是背景，beer 是焦点。如果从话题—说明的角度分析，John 是话题，drinks beer 是说明。由此可知，两者划分的结果不同。而且，两者划分都不能很好处理 drinks 的信息地位问题，前者是旧成分出现在说明中，后者是不能区分两种旧成分。

正因以上二分法的不足，Vallduví（1990）、Vallduví & Engdahl（1996）采用三分层级划分，将二分法综合起来，即：

（57）S = {focus, ground}
　　　ground = {link, tail}

也就是说，先将句子分成背景和焦点两部分，再将背景分成连接成分（link）和尾部成分（tail）。如：

(58) A：what about John? What does he do?
B：[G [L John]] [F drinks beer.]
(59) A：what about John? What does he drink?
B：[G [L John] drinks] [F beer.]

例 (58) B 答句中，John 是背景，同时它也是连接成分，该句没有尾部成分；drinks beer 是焦点。例 (59) B 答句中，John drinks 是背景，John 是连接成分，drinks 是尾部成分，beer 是焦点。这样，就可以将句子中的每一个成分的信息地位都明确标示出来。

Casielles-Suarez（2004：197—200）认为 Vallduví（1990）等将连接成分（link）和尾部成分（tail）区分开来的做法是正确的，但同时又认为这种划分体系不能很好地运用于 Catalan 语的分析，按照这种体系，左移位（lefe-dislocated）短语和动词前主语是一致的，都是连接成分，右移位成分则属于尾部成分。而实际现象不是这样的，因为在西班牙语中，左移位成分和右移位成分更具一致性，而左移位短语和动词前主语具有一系列的区别。基于此，Casielles-Suarez（2004）提出了另一种划分，即将句子分成焦点和其互补成分，后者又分为句子话题（STopic）和背景（Background）：

(60) a. STopic-Focus
b. Background-Focus

前者与 Lambrecht（1994）的话题—说明句相关，后者与确认句有关，所有的移位结构都归入后者。

第四节　信息结构原则

说话者在建构信息的时候会采用一些常见的策略或遵循一些普遍的原

则，这些策略或原则可看作信息结构原则①。可将学界谈到的常见的信息结构原则分为两类：信息流原则和信息量原则。

一　信息流原则

信息流原则主要分为两类：从旧到新原则和从新到旧原则。

（一）从旧到新原则

以下是较典型的表述：

（61）更无定的、不连续的、新信息在后，更有定的、连续的、旧信息在前。（Givón，1984：207）

类似的说法还有：

（62）在言语中，旧信息先出现，新信息后出现。（Haiman，1985/2009：237）

如意大利语：

（63）Gianni ha colpito il ragazzo.
　　　G.　　has hit　　the boy
　　　"Gianni hit the boy."
（64）E'partito Gianni
　　　Is left　　G.
　　　"Gianni left."

例（63）可作宽焦点解，即全句表达新信息，也可以作窄焦点解，主语 Gianni 是旧信息，谓语是新信息；例（64）主语 Gianni 是焦点，表达新信息。这显示意大利语的句子符合从旧到新的语用原则（参看 Mereu，2009：77—78）。

---

① 或称作语用原则（pragmatic principle，Mereu，2009：81 等）、原则（principle，Haiman，1985/2009：237）、准则（maxim，Leech，1983：63—66）。

从旧到新原则是文献中常谈到的语用原则,为许多语言所采用(Mereu,2009:78)。早在20世纪30年代初,Behaghel(1932)就提到这一原则(参看Haiman,1985/2009:237—238):

(65)第二个有力的倾向是:重要的在后,没那么重要的在前……旧概念在前,新概念在后。

与这一原则实质一致的还有,焦点在尾准则(End-focus Maxim)、尾重准则(End-weight Maxim)、范围在尾准则(End-scope Maxim)(Leech,1983:63—66)、线性增量原则(Bolinger,1977)、轻主语限制(Chafe,1987、1994:85、91),等等。

(二)从新到旧原则

典型表述如下:

(66)更让人惊奇的、不连续的、新的信息在前,更连续的、可预测的、旧的信息在后。(Givón,1984:206)

类似的说法还有:

(67)说话者头脑中最紧要的信息倾向于最先表达。(Jespersen,1949,引自Haiman,1985/2009:238)

(68)新的、更不可预测的、更不是预期的信息在前,旧的、更可预测的信息在后。(Mereu,2009:80)

Givón(1984:204—205)指出,Ute语语序受这原则的控制;Mereu(2009:82)指出Cayuga语也遵从这一原则,在这种语言里,句首是焦点成分。

(三)两种信息流原则的冲突

比较以上两个原则,可以发现它们是相互冲突的(Haiman,1985/2009:237;Croft,1990/2000:194—195;陆丙甫,2008:255等)。为此,学界还提出了不同的解释,第一,这两种原则适用于不同类型的语言或现象。如Mereu(2009:82)指出,从旧到新原则适用于结构化语言,从新到旧原则适用于非结构化语言或现象。Haiman（1985/2009：239）、Croft（1990/2000：195）等也认为从新到旧原则只适用于信息问句的情况，疑问成分属于焦点，要前移至焦点位置。第二，这两个原则中的"新信息"其实是属同一种现象的不同类别，因而两者并不是冲突的。文献中，新信息一般看作焦点，而焦点有不同类型，如信息焦点、对比焦点、语义焦点、话题焦点、心理焦点，心理焦点就是一般认为的话题（Gundel，1999；徐烈炯，2005：29 等），这样，如果从旧到新原则中的"新"指的是信息焦点，而从新到旧原则中的"新"指的是心理焦点（即话题），则它们都是焦点，那两个原则就不冲突了①。

（四）信息量由小到大原则

前文我们将信息量作为信息结构概念，笔者认为，信息量小的成分一般前置于信息量大的成分，或者说，信息量小的成分倾向于前置，信息量大的成分倾向于后置，这也是一种信息结构原则。下面的例子是这种原则的具体体现：

（69） a. 衣服买的白色的。
　　　 b. *白色的（衣服）买的衣服。
（70） a. 衣服买了两件。
　　　 b. *两件（衣服）买了衣服。
（71） a. 作业没做完，根本做不完。
　　　 b. ?作业做不完，根本没做完。

例（69）"白色的（衣服）"单向蕴涵"衣服"，所以信息量更大，倾向于后置；例（70）"两件衣服"单向蕴涵"衣服"，信息量更大，倾向于后置；例（71）"做不完"单向蕴涵"没做完"，信息量更大，倾向于后置。

---

① 陆丙甫（2008：255）指出"凸显在首原理"有更大的"因语言而异"的不稳定性，例如英语、俄语等语言一定要把疑问句中的疑问词放在句首，反映了凸显原则，但是汉语、日语等不是如此。另一方面，如果把"凸显"理解为焦点，那么其中有不同类型的焦点（信息焦点、对比焦点、语义焦点、话题焦点），分布也不同，所以陆丙甫（2008：255）指出，这条原理最复杂。

例（69）和例（70）两个实体［衣服—白色的（衣服）、衣服—两件（衣服）］之间的关系可归属于廖秋忠（1992：30—44）的"框—梿"关系，也可归属于 Liu（2004/2007）的"框架—内容"关系。但例（71）的两个成分（做不完—没做完）并不宜归属于"框—梿"或"框架—内容"关系，因而，信息量大小成分之间的关系并不完全等同于"框—梿"或"框架—内容"关系，信息量由小到大原则也不完全等同于"框架—内容"原则（Liu，2004/2007）。

二　信息量原则

信息量原则是从话语中新信息的数量限制的角度提出的原则，以下是一些较有代表性的表述：

（72）一个语调单位传达的新信息一般不超过一个，即，"一次一个新信息"。（Chafe，1987、1994：108；方梅，2005）

（73）在连续话语中，大多数句子或小句只有一个语块（名词、谓语或副词成分）在断言新信息范围内，小句中其他成分是话题、背景或预设旧信息。/一个小句一个语块处理原则（The One-Chunk-Per-Clause processing principle）（Gvión，1984：258）

（74）一个小句中不要超过一个新论元。（Avoid more than one new argument per clause）/单一新论元限制（One New Argument Constrait）（Du Bois，1987）

（72）（73）着眼于句子的所有成分，而（74）着眼于论元成分。Chafe（1994：108）指出，如下面的句子现实生活中是不常见的：

（75）The man hit the colorful ball.

因为小句的主语一般不会是新信息。Du Bois（1987）通过对 Sacapultec Maya 语的研究发现，这种语言中一个小句内的新论元不会超过一个，在该文考察的语料中，这种量的限制是绝对的。Gvión（1984）提供多条证据来证明"一个小句一个语块处理原则"，其中一条证据是有关疑问句的，典型的疑问句只有一个疑问词，而两个或三个疑问词的问句很少见。

前文探讨过话语指称性是信息结构重要概念之一，现结合"一次一个新信息"或"单一新论元限制"等信息量原则，提出另一个信息结构原则：重要新实体限制，该原则是指，一个小句中，重要的新实体最多出现一个，甚至不出现。笔者认为，重要新实体限制是比单一新实体限制限制力更强的信息结构原则。第六章探讨重动句宾语话语指称性时将涉及重要新实体限制原则。

上文将信息流原则和信息量原则分开是为表述的方便，其实它们本质是一致的，如 Du Bois（1987）所概括的"单一新论元"限制其实探讨的就是信息流问题，Chafe（1987）的"一次一个新信息"也是如此（可参看方梅，2005）。

三 汉语语序与信息结构原则

（一）汉语语序与信息流原则

赵元任先生早在20世纪60年代就指出，汉语"有一种强烈的趋势，主语所指的事物是有定的，宾语所指的事物是无定的"[①]。赵文还进一步指出，跟有定无定联系的，与其说是主语或谓语的功能，毋宁说是在句子里的较前或较后的位置（Chao，1968/1970：46、47）。这种趋势可概括为从旧到新原则。

仔细分析，Chao（1968/1970：46）所说的趋势其实有两种具体的表现形式：第一种表现，是从主语和宾语对比的角度来说的，汉语主语的有定性[②]强于宾语，所以有定成分一般做主语，无定成分一般做宾语。如：

(76) a. *一个储蓄所走进一个老头。
　　　b. 储蓄所走进一个老头。（引自方梅，2005）

例（76a）的主语"一个储蓄所"和宾语"一个老头"都表示无定，因而不合语法；例（76b）的主语"储蓄所"是有定的，宾语"一个老头"是无定的，因而合法。再如：

[①] 朱德熙（1982）也有类似的表述："汉语有一种很强的倾向，即让主语表示已知的确定的事物，而让宾语去表示不确定的事物。"

[②] 这里将有定性当作语义概念。

(77) a. *他们一看就懂上面两段古文。
   b. 上面两段古文他们一看就懂。
   c. 他们上面两段古文一看就懂。 （a、b 两例见方梅，2005）

"上面两段古文"是有定的，它倾向于前置。

第二种表现，同一个成分，前置的话，有定性强，后置的话，无定性强。如（Givón，1984：207）：

(78) a. 我打破了<u>窗子</u>。
   b. 我把<u>窗子</u>打破了。

同一个成分，如果做动词宾语，倾向于做无定解，如果前置做介词"把"的宾语，倾向于做有定解。这跟汉语学界常探讨的"客人来了"与"来客人了"本质一致。

Mereu（2009：83—86）认为汉语是一种语用指向的语言，具有非结构性（non-configulationality）的特点，因而遵循以下信息结构原则：

(79) 语用凸显的信息在前，语用不凸显的语言在后。（Mereu，2009：82）

该文提出的证据是，第一，汉语是话题—凸显语言（Li & Thompson，1981），汉语所有的成分类型（旁格成分、补足小句）都可以出现在句首。而且汉语所有的句子都可解释为如下例英语一样的句法标记句：

(80) As for education, John prefers Bertrand Russell's ideas.

第二，汉语的焦点成分可出现在句首位置，而这一位置不是焦点成分的常规位置，如：

(81) A：他跟谁念书？
   B：跟李四念书。

而且焦点成分既可以出现在动词前,也可以出现在动词后,如:

(82) a. 他<u>功课</u>已经做完了。
b. 他已经做完<u>功课</u>了。

但两者意思不同,前例表示的事件是未预料到的,后例是中性意义。第三,对比焦点可以出现在句首,如:

(83) <u>衣服</u>新的好,<u>朋友</u>旧的好。

按照一般理解,语用凸显的一般是焦点,是新信息,这样的话,Mereu(2009)的观点就是:汉语遵循从新到旧的原则,这就与 Chao(1968/1979)、Givón(1984)等的观点相冲突了。但 Mereu(2009)并没有将语用凸显与焦点、新信息联系起来,该文认为语用凸显信息是言语信息的相关部分,可以是话题,也可以是焦点,因此,既可以是新信息,也可以是旧信息,它相当于 Givón(1988)所说的"任务紧急"(task urgency)。

虽然 Mereu(2009:95)明确提出语用凸显信息与新信息、焦点并不一致,但从该文的论述中可以看出,有些语用凸显信息就是焦点、新信息,如上文所说的第二、三条证据。这样,在 Mereu 看来,汉语有些现象遵循从新到旧原则。下面笔者对此作些分析。首先看第二条证据,即例(81),再列举如下:

(84) A:他跟谁念书?
B:跟李四念书。

很显然,此例是省略了主语"他",所以焦点并不是在句首。前文说过,从新到旧原则主要用来探讨句法标记现象,如左右移位、成分前置或疑问句等现象(Mereu,2009:86;Haiman,1985/2009:239 等),此例涉及的是疑问句的情况。汉语回答疑问成分的成分(焦点、新信息)并不一定在句首,可以在句中,也可以在句尾,如:

(85) a. 你买了什么？
b. （我）买了苹果。
c. *苹果买了。

如果"苹果"置于句首的话，如（85c），并不适宜作为答句。再如：

(86) A：谁打破了玻璃？
B1：小李（打破了玻璃）。
B2：是小李。

对 A 的回答，可以是 B1，也可以是 B2。B1 焦点在句首，主要是因为问句的焦点在句首，这是受汉语句法影响的结果；但从 B2 可以看出，即使是问句的焦点在句首，答句的焦点仍可以在句末，这显示汉语句尾是焦点所处的常规位置。汉语的分裂句，分裂焦点也不一定前置，如：

(87) a. 我昨天买的是书。
b. *是书我昨天买的。

下面看例（82），再列举如下：

(88) a. 他功课已经做完了。
b. 他已经做完功课了。

其实完全可以认为它遵循了从旧到新原则，因为 a 例"功课"前置，它倾向于做有定解，如果后置，如 b 例，它倾向于做无定解。
下面看第三条证据，即例（83），再列举如下：

(89) 衣服新的好，朋友旧的好。

此例也遵循从旧到新原则，因为只有"衣服"和"朋友"前文出现过，或是正在谈论的信息，上例才适宜，也就是说，"衣服"和"朋友"都是旧信息。而且汉语的对比意义不一定要通过前置，如：

(90) 我买了衣服（没买苹果）。
(91) 我买的是衣服。

而且前置不一定就会产生对比意义，如：

(92) a. 我穿好了衣服。
　　 b. 衣服我穿好了。

b 例"衣服"并不一定要跟其他事物对比。

因此，笔者认为 Mereu（2009：82）所说的汉语遵循语用凸显信息前于语用不凸显信息的原则的观点不严密，可解释的现象不多，特别是对重要的现象（疑问句、分裂句等）不具解释力，因而值得商榷。再说学界对从新到旧原则看法也颇不一致。所以，笔者认为，从信息流的角度看，汉语一般遵循从旧到新的信息原则。当然，Mereu（2009）所谈到的一些现象确实具有一定程度的语用凸显性，但它具有不确定性，也不易把握，特别是不具较强的强制性，因而不宜看作具有普遍性的信息结构原则。

（二）汉语语序与信息量原则

汉语学界对信息量原则介绍的不多，笔者只见过方梅（2005）等少数文献，用来探讨汉语现象的就更少，笔者也只见到乐耀（2010）等，而且乐文对该原则理解也有偏误，即认为一个语调单位一定会出现一个新信息。因此，该文一方面认为"你像"后的话题成分表示旧信息，另一方面又认为表示新信息。

照笔者理解，信息量原则指的是，如果一个语调单位出现新信息的话，那一般只能有一个新信息，但一个语调单位并不一定要出现新信息，它可以完全由旧信息构成，Chafe（1987）有这样的例子，如：

(93) 34. . . I I guess that is the. . old world style,
　　 (35. Yeah.)
　　 36. . . of lecturing.

语调单位 34、36 都只有可及信息，而没有新信息。据 Du Bois（1987）统计，Sacapultec Maya 口语中没有新论元的句子占大多数，为

73.4%，而只有一个新论元的只占 26.6%。Kumagai（2006）统计了英语"梨子电影（pear film）"中的叙说语料，结果显示含一个新论元的占10.7%，而含两个新论元的只占 1.5%。因此，信息量原则未尝不可以理解为新论元限制。

笔者认为，信息量原则在汉语中的作用并未引起足够的重视。

本书主要探讨信息结构对重动句句法、语义的制约，具体来说就是探讨信息结构原则（从旧到新、从小到大、一次一个新信息、重要新实体限制等）对重动句相关句法、语义（宾语、可插入成分、否定形式、重动句使用、重动句生成以及重动句与相关句式的差异）的制约作用。

第五节　接口研究：信息结构研究的当前课题

据笔者初步统计，近十多年来，学界共出现三十多部直接以信息结构为题的外文论著，其中有三部论著（Casielles，2004；Erteschik，2007；Mereu，2009）题目中出现"接口"（interface）字样，此外，至少还有五部论著（Schwabe & Winkler，2007；López，2009；Zimmermann & Féry，2009；Fiedler & Schwarz，2010 等）以信息结构的接口为重要课题。由此可见，接口研究是信息结构的重要内容，而其中又以信息结构与句法结构的接口为核心和重点。

简单地说，信息结构与句法结构的接口就是指信息结构与句法结构的互动，指两者互相影响、互相制约的关系，特别是句法行为如何受交际有效性或话语模式的影响（Mereu，2009：5）。早在 19 世纪 20 年代后期，布拉格学派就提出，交际动力（Communicative Dynamism）决定句子成分的线性安排。这一"句子的语用组织"观目前已成学界的共识（Mereu，2009：1；Erteschik，2007：1）。大量的研究成果表明，词序、特定形式（光杆成分、量化成分）、特定句式（存在句、分裂句等）和成分左置（left-dislocation）、右置（right-dislocation）、爬伸（scrambling）等句法现象都和信息结构有关（参看 Casielles，2004；Erteschik-shir，2007 等）。甚至可以这样说，几乎所有的句法现象背后都有信息结构因素在起作用，因而，只有结合信息结构研究才全面、深刻。

信息结构与句法结构互动研究的主要内容有：第一，探讨信息结构到句法结构的映射（mapping），或者说，探讨"话题、焦点"等信息结构概念在句法结构中的实现（implementation, Erteschik-shir, 2007：1）。第二，从信息结构的角度分析句法现象，有些现象表面看是句法现象，但只有从信息结构的角度加以分析，才较合理。第三，探讨句法限制的信息结构动因，等等。当然这些方面交叉和重合。

下面举几个例子简单说明。Floricic（2009）指出，Sardinian 语有两种策略来表示全部（total）否定，一种是句首添加疑问标记 a，如例（94）；另一种是前置，如例（95），但这两种策略不能同时使用，如例（96）。否定也是如此，否定标记 no 和前置策略不能同时使用，如例（97）。

(94) A mi podes agiuare?"Could you help me?"
(95) Famidu ses?"Are you hungry?"
(96) *A famidu ses?"Are you hungry?"
(97) *Famidu no ses?"Aren't you hungry?"

Floricic（2009：141）认为，Sardinian 语否定标记 no 和疑问策略（前置）冲突源于焦点冲突（focus clash），即否定作为一种特定的判断（judgement），它具有聚焦价值，会和其他焦点标记冲突。但这种冲突限于全部否定，如果是局部否定，否定标记和疑问策略不冲突。

再如（Erteschik-shir, 2007：117）：

(98) a. *[TP A baby boy luckily was born.]
     b. Luckily [TP a baby boy was born.]
     c. John luckily [TP was born on time.]

上例的 luckily 是指向说话者的句子副词，它不能在虚指（non-specific）主语后，如例（98a），但它可在虚指主语前，如例（98b），也可以在实指主语后，如例（98c）。Erteschik-shir（2007：117）引用 Kiss（2004：115）的观点，认为句子副词划定话题和述谓的界线，即话题投射高于副词，例（98a）的虚指（non-specific）主语不是话题，因而不可说。例（98b）有一个隐含的舞台（stage）话题，例（98c）的 John 是话题，它们都处于话题短语指示词（SpecTopP）的位置，因而可说。此例显示，信息结构与副词位置具有互动关系。

探讨信息结构对重动句句法、语义的制约是接口研究的一个方面。

第六节 本书理论框架

本书采用的信息结构概念及其具体含义、分类等，前文有所涉及，现再作些介绍：

1. 关于指称性，将主要采用"有指、无指、定指、不定指"四组语义概念，各个概念的含义及其范围，以及各个概念之间的关系或者说指称性的分类，主要依据陈平（1987）、Chen（2004、2009）：①两组概念：有指—无指、定指—不定指，具体含义见陈平（1987）；②概念之间的关系：有指包括实指、一部分通指、单指；无指包括虚指、一部分通指。有指再分为定指和不定指。这其实也就是指称性的分类。

本书还将重点探讨话语指称性，探讨重动句宾语的话语指称性，主要采用 Givón（1984、2001）、Wright & Givón（1987）、Sun（1988/1994）、Chen（2009）等的观点。以持续性为话语指称性指标，以重动句后十个小句宾语实体再次出现的次数（重动句为起始句）或以重动句前五个小句和后五个小句宾语实体出现的次数（重动句为非起始句）为持续值。

2. 关于新旧信息。①新旧信息的概念，主要采用 Chafe（1976、1987、1994）的观点：旧信息（或已知信息）是指说话者认为说话当时已处在听话者意识中的知识。新信息是指说话者认为正通过所说的话引入听话者意识中的知识（Chafe，1976：30）。②新旧信息的分类，将采用 Prince（1981）、Brown & Yule（1983）、Chafe（1987）等的做法，将信息状态三分，在新旧信息之间分出可及信息，包括推理可及信息、去活动可及信息、图式可及信息等。③关于信息状态与指称性的问题，主要采用 Chafe（1976、1987）、Thompson（1997）等的观点，认为信息状态跟意识有关，而定指性跟知识有关，定指的可以是新信息，也可以是旧信息，不定指的是新信息。

3. 关于预设，主要采用 Lambrecht（1994）的观点。①预设的概念：语用预设是由句子中词汇，语法激发的一系列命题，这些命题说话者假定听话者说话当时已经知道，或认为他已经知道。②通过否定保持判断是否为预设。③预设调整：预设触发语触发的预设在一定条件下可被调整为预设，因此，新信息在一定条件下也可被调整为预设。

4. 关于焦点，主要采用 Lambrecht（1994）的观点。①概念：焦点是语用结构命题的语义成分，借此，断言和预设区别开来。焦点是新信息。②分类：将焦点分为常规焦点和非常规焦点，大致对应于 Lambrecht（1994）的谓语焦点和论元焦点（非谓语焦点）。此外，焦点敏感算子对焦点敏感，汉语的焦点敏感算子具有浮动性（徐烈炯，2005）。

5. 关于信息的分布，主要采用 Lambrecht（1994）的观点，将信息结构分为预设和焦点，焦点可包含旧信息。同时又将信息结构分为话题和说明。

6. 关于信息结构原则，笔者认为汉语一般遵循从旧到新的信息流原则、从小到大的信息量原则、一次一个新信息（Chafe，1987、1994）的信息量原则、重要新实体限制的信息量原则。

由上可知，笔者主要采用 Chafe（1976、1987、1994）、Lambrecht（1994）、陈平（1987）、Chen（2004、2009）等的观点，主要采取功能语法的研究路径。但又不限于此，只要能较合理地解释重动句相关的句法、语义现象的信息结构理论，都将之纳入研究的范围。

关于信息结构理论的其他一些问题，以后各章也将具体探讨。

第七节 本章小结

本章对信息结构（信息包装）的含义进行了分析。重点探讨了信息结构的常用概念：指称性（有指、无指、定指、不定指四组概念及其关系、话语指称性）、信息状态（旧信息、可及信息、新信息）、预设（预设的概念、预设的特征以及预设调整）、焦点（焦点的概念、分类）、信息分布等。然后探讨了信息结构原则（信息流原则：从旧到新原则、从新到旧原则、从小到大原则；信息量原则：一次一个新信息原则、重要新实体限制原则）。最后，明确了本书采用的信息结构理论框架。

第三章　重动句句法分析

句法分析是正确了解重动句的基础，也是从信息结构角度分析重动句的前提。

重动句由主语、动词、宾语和补语等成分构成，这里重点探讨宾语和补语，探讨它们的类型。然后将探讨重动句 VP_1、VP_2 之间的关系，探讨它们是连动关系，主谓关系，还是状中关系，或者说，VP_1VP_2 是连动结构、主谓结构还是状中结构。

第一节　重动句宾语和补语类型分析

一　重动句宾语类型分析

不少文献探讨了重动句宾语①的特点，如项开喜（1997）列举了八类名词性成分：

(1) A 类　人称代词　　　　　　E 类　"这/那" +（量词）+名词
　　B 类　专有名词　　　　　　F 类　领属性定语+名词
　　C 类　光杆普通名词　　　　G 类　限制性定语+名词
　　D 类　（"一"）+量词+名词　H 类　数词+（量词）+名词

项开喜（1997）认为，前四类可以充当重动句的宾语，而后四类不

---

① 这里所说的宾语是指 V_1 后的宾语，V_2 或 V_2C 后有时也会出现宾语，如"动嘴动不过人家就动手"中的"人家"，这类宾语称作后宾语，后宾语后文再讨论。

能。高增霞（2005）也认为重动句的宾语不能受数量词的修饰。王灿龙（1999）对项开喜（1997）的观点提出了商榷，认为重动句宾语并没有这些限制。

下面看实际语料中哪些成分可充当重动句的宾语。语料显示，重动句的宾语主要由两大类成分构成，一类是名词性成分；另一类是谓词性成分。这里只探讨名词性成分，名词性成分比较复杂，陈平（1987）将名词性成分的词汇形式归并为七组①：

(2) A 类　人称代词　　　　　E 类　数词+（量词）+名词

　　B 类　专有名词　　　　　F 类　"一"+（量词）+名词

　　C 类　"这/那"+（量词）+名词　G 类　量词+名词
　　D 类　光杆普通名词

陈平（1987）的光杆普通名词指不带数词、量词、指代词等附加成分的名词，包括用作名词的"的"字结构，这与文献中的 bare NP 接近（Abbott，2010：4—5；董秀芳，2010 等），如刘丹青（2002）指出，光杆名词短语（bare NP）可以是单个的名词，但不限于单个名词，它只是不带与指称和量化有关的成分，即不带指示词、数量短语、"所有、每"等，而可以带形容词定语（漂亮衣服）、名词属性定语（木头桌子）、关系从句定语（他买的衣服）等，用生成语法的概念说，光杆名词短语是 DP（指示词短语）下面所辖的 NP。

下面将以重动句实际用例为基础，主要采用陈平（1987）的归类，对重动句宾语的名词性成分进行分析，但将陈文的 E 类、F 类和 G 类归并为数量结构，具体如下：

---

① 将陈平（1987）和项开喜（1997）的名词性成分的类别进行比较，可以看出，项文的 F 类（领属性定语+名词）和 G 类（限制性定语+名词），应归入陈文的 D 类（光杆普通名词）；此外，陈文的 E 类［数词+（量词）+名词］和 G 类（量词+名词），项文合并为 H 类［数词+（量词）+名词］。

(3) A. 名词性语素　　E. 数量结构
　　B. 光杆普通名词　F. 指量结构
　　C. 人称代词　　　G. 疑问代词
　　D. 专有名词

（一）名词性语素

如果重动句 VP₁ 为《现汉》收为词条，则宾语是名词性语素。如：

（4）吃不饱就在大家鼓掌鼓得起劲的时候，悄悄溜走了。（赵树理《锻炼锻炼》）

（5）安心坐月子坐得极其享福，甚至可以对婆婆主动吆来喝去。（海岩《玉观音》）

"鼓掌"和"坐月子"都为《现汉》所收（分别见第 469、1747 页），"掌"和"月子"本书看作名词性语素。

语料中，重动句宾语为名词性语素的 201 例，这类重动句占 32.1%。

（二）光杆普通名词

重动句宾语为光杆普通名词的如：

（6）每当我看书看不下去的时候，就想起东方——齐洛瓦！（王朔《千万别把我当人》）

（7）我找我哥哥找不着着急，我跟他打听道儿。（《中国传统相声大全》）

（8）他拨戏台上的大油灯拨得很有把握，因此社里每年总是派他管老灯。（赵树理《刘二和与王继圣》）

（9）总算有一次机会能帮他一次忙了，我们欠别人的欠得太多了。（阎真《沧浪之水》）

例（6）的"书"没有修饰成分；例（7）的"我哥哥"应属于项开喜（1997）的 F 类（领属性定语+名词）；例（8）的"戏台上的大油灯"应属于项开喜（1997）的 G 类（限制性定语+名词）；例（9）的"别人

的"可看作的字短语。这些成分都是光杆普通名词。

语料中，重动句宾语为光杆普通名词的 306 例，这类重动句占 48.9%。重动句宾语光杆普通名词可分为几类：①带领属性定语①的 10 例，占 3.3%；②带限制性定语的 22 例，占 7.2%；③的字短语 3 例②，占 1.0%；④其他的 271 例，占 88.6%。③ 由此可见，重动句宾语为光杆普通名词的，不带修饰成分的占大多数。

（三）人称代词

重动句宾语为人称代词的如：

（10）我看我们都属于爱自个爱得不得了的人。（王朔《千万别把我当人》）

（11）张不三 一定快回来！一天不见，我就想你想得吃不下饭去呀！（老舍《宝船》）

（12）又说："说怪也不怪，咬别人咬得着吗？谁不想扩大自己的空间？"（阎真《沧浪之水》）

例（10）的"自个"是第一人称代词，例（11）的"你"是第二人称代词，例（12）的"别人"是第三人称代词。

语料中，重动句宾语为人称代词的 81 例，这类重动句占 12.9%。重动句宾语代词可分为几类：①为第一人称的 17 例，占 21.0%；②为第二人称的 25 例，占 30.9%；③为第三人称的 26 例，占 32.1%；④为反身代词的 11 例，占 13.6%。⑤为其他的（人家、别人）2 例，占 2.5%。

（四）专有名词

重动句宾语为专有名词的如：

---

① 只有重动句宾语三个音节以上（含）且可扩展的才看作带修饰成分，如"（勾）大拇指（勾不了）"带限制性定语，"（打）你手机（打不通）"带领属性定语。"的"字短语中"的"前的成分其实也可看作修饰成分。

② 一例是"别人的"，即例（9）中的"别人的"；两例是"别的"：①我干别的干了十几年（张宜《历时的旁白》）。②睡别的睡不惯了（刘恒《贫嘴张大民的幸福生活》）。

③ 由于四舍五入的原因，有些比例的总和比 100.0% 略少（如 99.9%）或略多（如 100.1%）。

（13）这些说起来话长，咱们回去再谈吧，你们先告我说斗王光祖斗得怎么样？（赵树理《刘二和与王继圣》）

（14）我做 Humboldt 做了很长时间，前前后后差不多读完了他几十卷的全集。（张宜《历史的旁白》）

语料中，重动句宾语为专有名词的 21 例，这类重动句占 3.4%。

（五）数量结构

重动句宾语为数量结构的如：

（15）如果被逮到的话，她已经想好了一套理由：她追一只小猫追到这里。（《可爱的骨头》）

（16）一种是被派性迷了心窍的人，打几年派仗打昏了头。（《邓小平文选》）

（17）别人跟个老板跟几年，要房要车，还要青春补偿，你总不能两手空空。（阎真《因为女人》）

例（15）的"一只小猫"和例（16）的"几年派仗"应属于陈平（1987）的 E 类［数词+（量词）+名词］；例（17）的"个老板"属陈平（1987）的 G 类（量词+名词）。

语料中，重动句宾语为数量结构的 4 例，这类重动句占 0.6%。这 4 例数量结构，为"量词+名词"类［陈平（1987）的 G 类］的两例，占50.0%；为"'一'+（量词）+名词"类［陈平（1987）的 F 类］的两例，占 50.0%。

（六）指量结构

重动句宾语为指量结构的如：

（18）他公公没了儿子，恨这媳妇恨得钻心入骨。（严歌苓《第九个寡妇》）

（19）天青嘟嘟囔囔骂那头驴骂得有些累的时候，突然醒悟到他是在骂他的叔叔。（刘恒《伏羲伏羲》）

前例"这媳妇"没有量词，后例"那头驴"有量词。

语料中，重动句宾语为指量结构的 12 例，指示词为"这"和"那"的各 6 例。这类重动句占 1.9%。

（七）疑问代词

重动句宾语为疑问代词的如：

（20）你们有 100 多万人，打谁打不赢？（都梁《亮剑》）

（21）照相馆的人全围上来看，都说这女人吃什么吃得这样嫩？（严歌苓《穗子物语》）

语料中，重动句宾语为疑问代词的只有一例，即上例（20）中的"谁"，这类重动句占 0.2%。

语料中，重动句各种宾语的数量和比例见表 3-1：

表 3-1　　　　　　重动句宾语类型及其所占的比例

重动句宾语形式	例数	占比（%）
A. 名词性语素	201	32.1
B. 光杆普通名词	306	48.9
C. 人称代词	81	12.9
D. 专有名词	21	3.4
E. 数量结构	4	0.6
F. 指量结构	12	1.9
G. 疑问代词	1	0.2
小计	626	100.0

由表 3-1 可知，重动句宾语为光杆普通名词的 306 例，占 48.9%，所占比例最高，其次是为名词性语素的，201 例，占 32.1%，两者共 507 例，占 81.0%，两者是典型形式（$\chi^2_{(1)}$ = 119.213，p < 0.001；$\chi^2_{(1)}$ = 43.255，p<0.001）。为人称代词的 81 例，占 12.9%，为边缘显著的（$\chi^2_{(1)}$ = 0.376，p = 0.539>0.05）[①]。其他四类（D、E、F、G 类）都是非

[①] 实际频数显著高于预期频数的项为典型类（type），实际频数显著低于预期频数的项为非典型类（antitype），对实际频数高于或低于预期频数但程度不显著的项为 ns（not significant）或 ms（marginally significant）。典型类表示变量间经常共现的组合，非典型类表示变量间不经常共现的组合。（参看方子纯、陈坚林，2014：845；Eye，1990：8）

典型的（均为p<0.001）。

不少文献（项开喜，1997；高增霞，2005）都指出，数量结构不能做重动句的宾语，但表3-1显示，数量结构可以做重动句的宾语，不过数量很少。

除名词性成分外，重动句宾语也可以是谓词性成分，如：

（22）打可不怕，他们都挨打挨惯了。（张天翼《大林和小林》）

（23）这都是你们大家盼我做外官盼出来的呀！（文康《儿女英雄传》）

例（22）做宾语的"打"是动词；例（23）做宾语的"我做官"是主谓短语①，由于重动句宾语为谓词性成分的用例较少，这里不重点讨论。

二　重动句补语类型分析

（一）以往研究

有许多文献从补语的角度对重动句进行分类，这其实就是重动句补语的分类。从分类的标准看，有的文献以结构形式为标准，有的是以意义为标准，更多的是兼顾了形式和意义。下面选几种有代表性的文献略作分析。

刘雪芹（2003：41—48）根据重动词（V_2）之后语言成分的特点，将重动句的句法结构形式分为四类：

（24）Ⅰ．"动助"式
　　a．"动词+得"式（他唱歌唱得好听极了。）
　　b．"动+了"式（等人等了一整天。）
Ⅱ．"动介"式
　　a．"动词+到+NP"式（帮人帮到底。）
　　b．"动词+在……上"式（打蛇要打在七寸上。）

---

① "我"也可看作兼语，因此可将此例的宾语看作代词，属C类。不过这里不考虑这类现象。

Ⅲ. "动趋"式（她丈夫吃粉笔吃出了感情。）
Ⅳ. "动名"式（买房要买现房。）

这些类别其实就是 VP$_2$ 的分类，由此可以看出补语的类别。这样分类能概括较多的语言现象，但也存在明显的不足，首先，纯粹从语言形式分类意义不是很大，因为有些形式不具强制性，如：

（25）a. 等人等了一整天。
　　　b. 等人等一整天（会把人等疯）。

这是否应分成两类呢？又如何分类呢？其次，刘文将动结式（如"我昨晚写《秋》写哭了"）看作和"动词+得"式相关的句式，两者无论从形式上（是否有"得"？补语是否复杂？），还是从意义上（表状态还是表结果？）都存在差异。最后，还有许多类型刘文没有考虑到，如可能补语、数量补语、程度补语等。

Tai（1999）将重动句补语功能分为六类：

（26）Ⅰ. 持续补足语（我睡觉睡了三个钟头。）
　　　Ⅱ. 频率补足语（我去日本去过两次。）
　　　Ⅲ. 描述补足语（他看书看得很快。）
　　　Ⅳ. 结果补足语（他看书看得很累。）
　　　Ⅴ. 地点补足语（他写字写在黑板上。）
　　　Ⅵ. 趋向补足语（我们走路走到学校。）

Tai（1999）的分类有两点不足，首先，这种分类完全是从补语表示的意义着眼的，所以有些分类见仁见智，如Ⅲ类和Ⅳ类很难区分开来。其次，有些类别也没有涉及，如可能补语（如"推他推不动"）、一般意义上的结果补语（如"看书看累了"）等。Su（2005）在 Tai（1999）的基础上又增加了三类：

（27）Ⅶ. 名词论元（阿Q看小说看《红楼梦》。）
　　　Ⅷ. 程度副词（他爱他的孩子爱得很深。）

Ⅸ. 动词语素（他踢球踢累了。）

这样分类更显得凌乱。

李讷、石毓智（2001：217—218）根据补语的语义特征和结构特点，将重动句（该文称为"动词拷贝结构"）分为四类①，这其实也就是补语的分类：

(28) Ⅰ. 补语是时间词（看书看到两点。他睡觉睡了一个小时。）
Ⅱ. 补语为单纯的形容词和不及物动词（他看书看累了。）
Ⅲ. 补语为"得"字结构（他开车开得很稳。）
Ⅳ. 补语之后另有宾语（他切菜切坏了手。）

这种分类标准不一致，不完备，也不太科学。首先，有的补语类别没有考虑到，如可能补语、程度补语（如"想家想极了"）、介词结构补语（写字写在黑板上）。其次，上文所举"看书看到两点"的补语不宜归为时间词，因为"两点"才是时间词，而"到"可看作一般动词，做结果补语，其后再带宾语，应归入Ⅳ类。再次，如果仅从补语的角度考虑，Ⅱ类和Ⅳ类可归并，尽管后者有宾语。

通过上面的分析可以看出，现有研究对重动句补语成分的分析都存在这样那样的不足。

（二）补语类型分析

首先来看常见文献或教材所概括的补语类型，可大致概括为表3-2：

表3-2　　　　　　　　常见文献补语类型

补语类型	丁声树等（1961）	朱德熙（1982）	徐枢（1985）	胡裕树主编（1995）	刘月华等（2001）	黄伯荣、廖序东主编（2011）	邵敬敏主编（2007）
结果	+	+	+	+	+	+	+
程度	+	+	+	+②	+	+	+

---

① 前三类 Li & Thompson（1981）探讨过。
② 胡裕树主编（1995：328）只在对"不用'得'的补语"的附注里提到程度补语，认为这类补语也有不用"得"的，它属于形容词的补语，如"热极了""糟透了"。

第三章　重动句句法分析

续表

补语类型	丁声树等(1961)	朱德熙(1982)	徐枢(1985)	胡裕树主编(1995)	刘月华等(2001)	黄伯荣、廖序东主编(2011)	邵敬敏主编(2007)
趋向	+	+	+	+	+	+	+
可能	"得"表可能、+①	+	+	可能式	+	+	+
状态	"得"联系的②	+	+	情态	情态	情态	情态
数量			+、时间	+	+	+	+
介词短语	次动词加宾语(1)					+	时地
时地	次动词加宾语(2)				介词短语	+	
带"个"	+						
"到"字	次动词加宾语(3)	+			结果、趋向	时地	
动态	趋向补语引申	引申	+		引申	引申	

说明：①"+"表示该文献具有这类补语；空白表示没提到这类补语。②有些文献栏中有文字说明，表示另一种叫法或说明。③有些栏有两种表示，如数量补语栏，徐枢(1985)是"+、时间"，表示徐枢(1985)既有数量补语，又有时间补语，但都属于其他文献所说的数量补语。

由表3-2可知，常见文献或教材的补语类型并非完全一致，如果考虑到程度补语的具体所指，则差异更大。

下面笔者主要采用刘月华等（2001）和黄伯荣、廖序东主编（2011）的补语分类，主要有七类：

　　（29）Ⅰ．结果补语　　　Ⅴ．数量补语
　　　　　Ⅱ．可能补语　　　Ⅵ．介宾补语

---

① 丁声树等（1961：60）将"想不起来"看作补语的可能式；而认为"要不得"的"不得"本身是补语，可看作可能补语。

② 丁声树等（1961：63）认为用"得"联系的补语，意义最复杂。因此，笔者觉得它与其他文献的"状态补语"并不完全一致，如丁声树等（1961：63）将"好得很"看作"得"联系的补语，而按照其他文献则是程度补语（参看刘月华等，2001：610；邵敬敏主编，2007：190等）。朱德熙（1982：137—138）认为"好得很"形式上是状态补语，但从意义上看，也表示程度。

Ⅲ. 状态补语　　Ⅶ. 程度补语
Ⅳ. 趋向补语

不过应注意的是，分析重动句补语类型时，应尽量将词性和补语类型对应起来，而不仅仅考虑意义，更不能将补语类型和补语意义等同起来。如刘月华等（2001：537）将"买到了一本"中的"到"看作结果补语，但刘月华等（2001：569）将"写论文需要的书都找到了"看作趋向动词"到"的结果意义，不知该书是否将结果补语和结果意义等同起来，如果是这样处理，显然是不合理的，两者关系应是这样的：结果补语具结果意义，但具结果意义的不一定是结果补语（状态补语、趋向补语和结果补语都可表结果义）。这里将趋向动词做补语的只看作趋向补语。其他各类补语的界定、范围参看黄伯荣、廖序东主编（2011）。

分析重动句补语类型时，还有几个具体问题应注意，第一，关于动词后"到"的补语类型。语料中，这类成分有 86 例①，占重动句的 13.7%，因而有必要分析。而"到"的性质和功能，学界分歧较大，如 Chao（1968/1979：335）将"走到天边"和"等到天黑"中的"到"都看作是介词。黄伯荣、廖序东主编（2011：26）将"送到车站"中的"到"看作介词②。刘月华等（2001）将"买到了一本"中的"到"看作结果补语（第 537 页），将"开到商店门前"中的"到"看作趋向补语（第 569 页），但该书将这两种用法的"到"都看作趋向动词（第 569—570 页）。大概考虑到"到"的复杂性，朱德熙（1982）将"到"字做补语单列一节（9.5），与结果补语、趋向补语、可能补语等并列。为使问题更简单，也将"到"的各种用法都统一起来，这里将"到"看作一般动词，做结果补语，其后可带处所宾语、时间宾语、一般宾语和谓词性

---

① "到"后的成分根据意义可分为五类：①表时间的名词性成分，共 23 例，占 26.7%。②表处所的名词性成分，共 35 例，占 40.7%。③"家"和"底"，"到家""到底"已成词，见《现汉》第 266 页，"到底"9 例，"到家"两例，两者共占 12.8%。④表一般事物的名词性成分，共 6 例，占 7.0%。⑤中心词为"程度""份儿"等，共 6 例，占 7.0%。⑥谓词性成分，共 5 例，占 5.8%。

② 朱德熙（1985：54—55）认为不宜将"爬到山顶上"的"到"看作介词，最合理的办法是将"到"看作"爬"的补语，"山顶上"是"爬到"的宾语，即该短语应分析为"爬到/山顶上"，而不是"爬/到山顶上"。

宾语。

第二，关于省略"得"的状态补语，朱德熙（1982：138—139）认为有些状态补语后的"得"省略了，主要有三类：①补语是"太+形容词"（如"离太远了"）；②补语是"形容词+（一）点儿"［如"放大（一）点"］；③补语是某些熟语性的述宾结构［如"抽上（了）瘾了"］。将第一类看作状态补语确实是合理的，626例重动句中，"V+得+太+形容词"共30例①，"V+太+形容词"有4例，由此可见，这类成分以带"得"为常。不仅如此，这里将补语为"表程度的修饰成分（如'这么/这样、那么/那样、很、挺'等）+形容词"的均看作状态补语。表3-3是笔者对626例重动句中的一些常见修饰成分作的统计：

表 3-3　　补语为"程度修饰成分+形容词"是否带"得"

修饰成分	V+程度修饰成分+形容词		V+得/的+程度修饰成分+形容词	
	例数	占比（%）	例数	占比（%）
太	4	11.8	30	88.2
这么/这样/如此	4	36.4	7	63.6
那么/那样	3	37.5	5	62.5
很	0	0	24	100.0
最	0	0	10	100.0
极为/极其	0	0	3	100.0
特别	0	0	2	100.0
十分	0	0	1	100.0
挺	0	0	1	100.0

由此可见，做补语的形容词前有表程度的成分修饰时，动词后倾向于出现"得"，因此，未出现"得"时看作省略是合理的。

这里将朱德熙（1982：138—139）认为省略了"得"的第二、第三类状态补语看作结果补语，因为这些成果以不带"得"为常，如第三类，626例语料中，有4例带"得"的（如"看书看得出了神""想姐姐想得发疯"），有13例不带"得"（如"熬光棍熬灰了心""念书念入了神""杀人杀红了眼""打人打顺了手"等），显然以不带"得"为常。因此，

---

① 包括两例"得"写作"的"的：(1) 掉头掉的太晚；(2) 吃田螺吃的太 HI。

这里直接将之看作结果补语,而不看作省略了"得"的状态补语。刘月华等(2011:539)也将第三类看作结果补语,它们是动宾结构做补语。

第三,关于程度补语。本书只将"厉害/利害""凶""过分""费劲""死""够可以""不行""不得了"等文献常举的几个补语看作程度补语,当它们带其他修饰成分时,也是程度补语,如"怕死怕得太厉害了""整你整的最凶""打她打得太过分了"。重动句许多补语受表程度的成分修饰,如"读书读得比较广""教书教多好""喝酒喝得太多"等,但不将它们看作程度补语,而是看作状态补语。

(三)重动句补语类型

上文(29)所概括的七种补语都可以出现在重动句中,下面具体分析。

1. 结果补语

重动句补语为结果补语的,如:

(30) 我说:"你们赚大钱赚惯了。"(阎真《沧浪之水》)
(31) 我们民族几千年来和亲和伤了心,总认为这么做是国力疲弱的屈辱表现。(王朔《浮出海面》)

语料中,重动句补语为结果补语的223例,占35.6%。

由结果补语构成的动补结构可称为"动结式",由动结式构成的重动句可称为"动结式重动句"。

2. 可能补语

重动句补语为可能补语的,如:

(32) 说怪也不怪,咬别人咬得着吗?谁不想扩大自己的空间?(阎真《沧浪之水》)
(33) 这和尚撒野,各自跑进来了,众人拦他拦不住。(曹雪芹、高鹗《红楼梦》)

前例是肯定形式,后例是否定形式。语料中,重动句补语为可能补语的48例,占7.7%,其中为肯定式的3例,为否定式的45例,由此可知,主要是否定式。

由可能补语构成的动补结构可称为"动能式",由动能式构成的重动句可称为"动能式重动句"。

3. 状态补语

重动句补语为状态补语的,如:

(34) 我说:"你保护自己保护得<u>滴水不漏</u>。"(阎真《曾在天涯》)

(35) 没点儿,抓着你就得跑。邢肃宁使人使得<u>倍儿狠</u>。(王朔《许爷》)

语料中,重动句补语为状态补语的 216 例,占 34.5%。其中不带"得/的"的 12 例,主要是补语中心语为形容词,且带表程度的修饰成分的,其中修饰成分为"这么"的 4 例,为"太"的 4 例,为"那么"的 3 例,为"最"的 1 例。

由状态补语构成的动补结构可称为"动状式",由动状式构成的重动句可称为"动状式重动句"。

4. 趋向补语

重动句补语为趋向补语的,如:

(36) 她过来扯我的手说:"别又想装无赖装<u>过去</u>,存折拿来。"(阎真《曾在天涯》)

(37) 队长坐下来,看着三大说:"你南山客背矿背<u>出甜头</u>了,也不走了?"(贾平凹《贾平凹小说精选》)

语料中,重动句补语为趋向补语的 47 例,占 7.5%。其中趋向动词为"出/出来"的 25 例,占趋向补语的 53.2%;为"来"的 7 例,占 14.9%;为"上/上来"和"下/下去"的各 6 例,各占 12.8%;为其他趋向补语的 3 例,占 6.3%。

由趋向补语构成的动补结构可称为"动趋式",由动趋式构成的重动句可称为"动趋式重动句"。

5. 数量补语

重动句补语为数量补语的,如:

（38）杀猪杀了二十天，杨百顺甚至觉出独自杀猪的好处。（刘震云《一句顶一万句》）

　　（39）王中军：他表忠心表了好多回，开始就说这个我肯定能演！（《鲁豫有约》）

前例补语为时量补语；后例为动量补语。语料中，重动句补语为数量补语的 59 例，占 9.4%。其中为动量补语的 5 例，占 8.5%；为时量补语的 54 例，占 91.5%。有 52 例 V_2 和数量补语之间有"了"，有 1 例带"过"，其余是 V_2 直接接数量补语。

由数量补语构成的动补结构可称为"动量式"，由动量式构成的重动句可称为"动量式重动句"。

6. 介宾补语

重动句补语为介宾补语的，如：

　　（40）这一次可以说是打蛇打在七寸上了。（李佩甫《羊的门》）
　　（41）小仙儿这辈子是签终身制合同签给你了还是怎么着？（鲍鲸鲸《失恋 331 天》）

语料中，重动句补语为介宾补语的只有 3 例，只占 0.5%，其中介词为"给"的两例，为"在"的一例。

由介宾补语构成的动补结构可称为"动介式"，由动介式构成的重动句可称为"动介式重动句"。

7. 程度补语

重动句补语是程度补语的，如：

　　（42）宋贵堂可有算计，穷人恨财主恨极了，放火烧财主家时，最爱先点草棚子。（杨沫《青春万岁》）
　　（43）以前偏科偏得厉害，数学拿零分照样能被清华录取。（张宜《历史的旁白》）

语料中，重动句补语为程度补语的 30 例，占 4.8%，均为 V_2 与补语之间带"得/的"的，其中补语中心语为"厉害/利害"的 16 例，占

53.3%；中心语为"要命""不得了""凶""不行"的各两例；为其他的 6 例。

由程度补语构成的动补结构可称为"动程式"，由动程式构成的重动句可称为"动程式重动句"。

（四）重动句补语类型分析

现将笔者重点考察的重动句补语类型作个统计，见表 3-4：

表 3-4　　　　　　重动句补语类型及比例

补语类型	例数	占比（%）
Ⅰ．结果补语	223	35.6
Ⅱ．可能补语	48	7.7
Ⅲ．状态补语	216	34.5
Ⅳ．趋向补语	47	7.5
Ⅴ．数量补语	59	9.4
Ⅵ．介宾补语	3	0.5
Ⅶ．程度补语	30	4.8
小计	626	100.0

由表 3-4 可知，重动句补语主要由状态补语和结果补语构成，它们的实际频数均显著高于预期频数（89.4），因而是典型的（均为 $p<0.001$），两者占全部用例的 70.1%。其余五类均是实际频数显著低于预期频数，因而是非典型的。

三　典型的重动句

由上文分析可以知道，重动句的宾语由七类成分构成，补语由七类成分构成，在实际用例中，这些类型是否都可以构成重动句呢？哪一种类型的重动句出现得最多呢？表 3-5 是笔者作的统计[①]：

表 3-5　　　　　　重动句宾语、补语搭配类型

	Ⅰ结果		Ⅱ可能		Ⅲ状态		Ⅳ趋向		Ⅴ数量		Ⅵ介宾		Ⅶ程度	
	n	%	n	%	n	%	n	%	n	%	n	%	n	%
A 名素	80	12.8	14	2.2	61	9.7	16	2.6	17	2.7	1	0.2	12	1.9

---

① 由于表格所限，表中"n"是指例数，"%"指占比，下同。宾语、补语名称也有所简省。

续表

	I 结果		II 可能		III 状态		IV 趋向		V 数量		VI 介宾		VII 程度	
	n	%	n	%	n	%	n	%	n	%	n	%	n	%
B 光杆	112	17.9	21	3.4	104	16.6	27	4.3	33	5.3	2	0.3	7	1.1
C 人称	17	2.7	8	1.3	39	6.2	2	0.3	5	0.8	0	0	10	1.6
D 专名	8	1.3	2	0.3	7	1.1	1	0.2	2	0.3	0	0	1	0.2
E 数量	1	0.2	1	0.2	0	0	1	0.2	1	0.2	0	0	0	0
F 指量	5	0.8	1	0.2	5	0.8	0	0	0	0	0	0	0	0
G 疑问	0	0	1	0.2	0	0	0	0	0	0	0	0	0	0

从理论上说,由上述宾语类型和补语类型构成的重动句可以达49类(7×7),但实际出现的只有34类,还有15类未出现。而且实际出现的类型用例数量也不同,其中用例较多的几种类型是:

(44)"B I"型(112,17.9%)>"B III"型(104,16.6%)>"A I"型(80,12.8%)>"A III"型(61,9.7%)

这四种类型的重动句共357例,占57.0%,它们的实际频数均显著高于预期频数(12.8),因而是典型的(均为 $p<.001$)。这与 VP_1、VP_2 的出现频率是一致的,因为 B 类宾语出现频率最高,而III类、I 类、IV类补语出现频率较多,由它们构成的重动句自然出现频率更高。

第二节 重动句句型分析

这里所说的重动句的句型分析,主要是探讨 VP_1、VP_2 之间的结构关系,重动句 VP_1、VP_2 之间的结构关系,学界看法颇不一致,据笔者所知,至少有以下几类:

(45) I. 连动关系
  II. 话题、述题关系
  III. 状中(偏正)关系
  IV. 并列(联合)关系

V. 多种关系①：连动关系/主谓关系

对于第四种观点，即认为 VP_1、VP_2 是并列（联合）关系，何元建（2011：421—423）作了探讨，认为典型的并列结构具有如下特征：①并列成分中间可以插进连词"和"；②动词可以承前省；③可以互换位置；④不可以只有后面的成分做焦点；⑤也不可以前置做话题。而重动句不具有这些特征，如：

(46)＊张三访问李四和访问过三次。
(47)＊我追茜和累了。
(48)＊赵六打得很累，打电脑。
(49) 王五踢门是踢了一个洞。
(50) 沏茶，李四沏在茶壶里（了）。

因此重动句不是并列结构。

下面重点对前三种观点进行探讨，即分析重动句是不是连动式（或连动结构），是不是主谓式（或主谓结构），是不是偏正式（或偏正结构）。

一 重动句与连动式

相当多的文献将重动句看作连动式（或"连动句""连谓式""连谓句""连动结构"等）（李临定，1985：311；陈建民，1986：234—236；曹逢甫，1994：100；袁毓林，1996；周国光，1997：99；吕叔湘主编，1999：37；张伯江，2000：134 等），如吕叔湘（1979：83）认为"喝酒喝醉了"是前后难分轻重的连动式，黄伯荣、廖序东主编（2011：93）将"他看书看累了"看作前后两件事表因果关系的连谓句。

---

① Chao（1968/1979）一方面认为重动句 VP_1、VP_2 造成连动式（第166页），同时又认为 VP_1、VP_2 与其说是连动，毋宁说是主谓，因为不但可以在中间插入副词，还可以插入一个主语（第219页）。再如吴竞存、梁伯枢（1992：139）认为重动句有不同的层次构造，一种是 VP_1、VP_2 之间是连动关系（如"他/写字//写得不好"），另一种是主谓关系，(S) VP_1 为主语，VP_2 为谓语（如"他写字/写得不好"）。

不过，Shi（1996）认为重动句不宜分析为连动式，因为连动式的各个动词性成分是并列的，因而它们可进行相同的句法操作，可是重动句的两个动词性成分并非处于同一地位，如前一个动词性成分的宾语不可以话题化，而后一个动词性成分的宾语可以话题化，比较（Shi，1996）：

(51) a. 我追<u>王茜</u>追累了。
　　 b. *<u>王茜</u>我追追累了。
(52) a. 我们招工已经招来了<u>李书记的儿子</u>。
　　 b. <u>李书记的儿子</u>我们招工已经招来了。

因此，Shi（1996）认为重动句不是连动式。

笔者觉得，Shi（1996）的分析是值得商榷的。首先，该文将连动关系等同于并列关系了；其次，两个动词性成分不可进行相同的句法操作是否可用来否定重动句属于连动式，这是值得探讨的问题。也就是说，到底什么是连动式，值得进一步探讨。

(一) 何为"连动式"？

一般认为，连动式（verbal expressions in series[①]）最早见于赵元任先生 1952 年发表的 *Mandarin Primers*（李荣先生译为《国语入门》），意为动词成分的连用。这里主要考察两个动词成分连用的情况，且将前一个动词成分称为前项或 VP_1，后一个动词成分称为后项或 VP_2。

正如吕叔湘（1979）所说，自从连动式出现在语法著作中以来，一直有人要取消它，也一直没取消得了。取消连动式的原因，概括起来，主要有三点：第一，总觉得这里边有两个或更多的句子成分（吕叔湘，1979）。第二，连动式并不是独一无二的格式，而是表示不同的构式，而且这些构式具有完全不同的特征，因而应该取消（张静，1977；Paul，2008 等）。第三，文献中所谓的连动式没有区别于其他基本结构类型的特点，连动式可归为其他句法结构类型，因而连动式的存在是多余的（张静，1977；Paul，2008；邓思颖，2010）。

笔者不赞成取消连动式，首先，汉语连动式并不像有些文献所说的那样庞杂，因为有些所谓的"连动式"并不宜归为真正的连动式。如果严

[①] 据 Chao（1968/1979），这一术语其实是李方桂提供的。

格按照"动词成分连用"的标准来界定连动式，它的类别就少得多，也纯净得多，如可将前项为介词短语的（如"他用笔写字"）、前后项之间有关联词的（如"打得赢就走，打不赢就跑"）、其中一项不是动词性成分而是形容词性成分的（如"颜色太杂不好看"）等排除在连动式外①。如吕叔湘主编（1999：36—37）就归纳了五类，如果再将第五类（如"我们走也走到北京"）归为紧缩复句的话，那连动式就只有四类了。因此，真正的连动式并不是庞杂的。

其次，虽然有些连动式可归为其他句法结构（如偏正结构），但有些不宜。如邓思颖（2010：181—184）将"张三倒杯水喝药"分析为动补结构，其中"喝药"表目的，是补语成分。这种分析就不太合情理，因为现有文献并没有"目的补语"这一类补语，"喝药"这类成分与一般补语也没有一致性，归为现有任何一类补语类型都不合适。这样分析仅仅根据意义，因而是不适宜的。

最后，世界上所有语言类型都存在连动式，而在很少或缺乏动词形态的语言（孤立语）中尤为常见（Payne, 1997：307）。汉语的动词没有曲折形态，汉语是种典型的孤立语，连动式是汉语常见的现象。Aikhenvald（2006）这部连动式跨语言类型学研究的论文集中就多次谈到汉语的连动式，并以专章（第二章）的形式探讨了广东话里的连动式。将汉语的连动式放在世界语言的范围内考察，对其进行跨语言的分析，具有类型学的意义，也可以深化汉语连动式的研究。

（二）连动式的形式、语义特征

Aikhenvald（2006：4—14）将连动式的形式、语义特征概括为六点，这些特征也构成连动式的定义，下面分别作些介绍：

1. 单谓性

单谓性（a single predicate）是指，连动式和话语中的单动（monoverbal）小句一样，处于小句核心功能槽的位置，构成连动式的不同动词是一个句法整体。连动式的不同动词不能带不同的句法依存标记。如在 Kambera 语中，如果连动式是关系小句的谓语，则整个结构带一个关系词（relativizer）。

---

① 跨语言的研究表明，即使是表状态或非事件的动词也很少出现在连动式中，参看 Aikhenvald（2006：12）。

特定语言的连动式的单谓性也可从对是—否问句的回答中看出，如在Tarina语中，对包含连动式的问句的回答要重复整个结构或其中的一部分，而不仅仅是一个动词。

还有，一种语言的连动式翻译成非连动语言时，一般为单一谓语。

2. 单小句性

这一点和连动式的单谓性相关，连动式具有单小句性（monoclausality），因而其成分不能带不同的句法依存标记，这一特征将连动式和并列式、关系小句、从属小句等区别开来。如在 Anyi-Sanvi 语中，连动式的主语和宾语是共享的，而并列式则是不共享的。如果将连动式解读为两个小句，要么不合法，要么语义怪异。在许多连动式语言中，连动式构成一个语法词，这显然是单小句性的。

3. 韵律特征

连动式具有单动小句的语调特征，连动式的各个成分间没有语调打断或停顿标记。

4. 共享的时/体、语气、语态和极性

连动式的各个成分不能带时、体、语气、语态、言语行为和极性等范畴的对立方面，这些范畴可标在连动式的每一个动词上，但标记形式应当相同。

5. 连动式表达的是单事件

连动式的不同动词表示单一整体事件的部分或性质。但什么是单事件并不容易界定，因为单事件和由几个次事件组成的宏事件（macro-event）界限模糊。几个动词是否组合成连动式跟它们是否吻合可识的事件类型（event-type）有关，而事件类型又是一种文化现象，因而，连动式表示的事件一般在经验上密切相关，或者这些事件文化上有重要的联系。

动词组合的语义和语用限制可导致连动式语义的非组合性，即连动式的整体意义并不等于成分意义的相加，连动式的成分也不能用其他动词替代。

从跨语言的角度看，甚至是一种语言里，连动式处于连续统（continuum）的不同位置，连续统的一端是不可分解的单一事件，另一端是一系列相互联系的次事件。

6. 连动式具有共享的论元

典型的连动式至少有一个共享的论元（没有共享论元的连动式不是

没有,而是相对较少),其中尤以共享的主语最为典型。有时,某些语言的连动式其不同成分的潜在(underlying)主语不同,但实现为表层结构时,它们会标上相同的主语标记,如 Akan 语。

典型的连动式不允许双重角色,即不会有两个不同的主语、直接宾语或工具等,但这不是绝对的,有些连动式的成分可以带不同的宾语,如广东话。

Aikhenvald(2006:14)还引用 Chan(2002)的成果,指出汉语普通话(Mandarin Chinese)也有这种现象。

Payne(1997:308)也从语言类型学的角度探讨了连动式的一些基本特征:①第二个动词没有独立的主语标记;②第二个动词没有独立的时、体标记;③语调上体现为单句调。(另可参看方梅,2011:D36)

下面即以 Aikhenvald(2006)和 Payne(1997)提到的连动式的特征来探讨重动句是不是连动式。

(三)重动句是不是连动式?

1. 从单谓性看

重动句具有单谓性,主要表现在以下几个方面:

第一,重动句的 $VP_1 VP_2$ 是一个整体,它们不能带不同的时体标记,如:

(53) a. 他看星星看得见。
 b. *他看了星星看得见。
 c. *他看着星星看得见。

第二,当重动句充当关系小句和从属小句时,关系标记词"的"和从属标记(零形式)作用于整个重动句,如:

(54) 他是[讲课讲了一上午]的那个人。
(55) 我认为[他像他父亲像极了]。

第三,对"是否"问句的回答,可以是整个重动句,也可以是动补结构,但不能是动宾结构,更不能是单个动词,如:

(56) A：他是不是讲课讲了一上午？
　　 B1：是，他讲课讲了一上午。
　　 B2：*是，他讲课。
　　 B3：是，他讲了一上午。
(57) A：是不是拦他拦不住。
　　 B1：是，拦他拦不住。
　　 B2：*是，拦他。
　　 B3：是，拦不住。

第四，单谓性显示它只有一个谓语动词，在有形态标记的语言里，谓语动词由限定动词（finite verb）充当，非谓语动词（infinite verb）由非限定动词充当（杨成凯，2000）。而限定与非限定的区别，在于有形态标记的语言有不同的形态标记来表示时态（tense）、人称、数和语气（mood）等范畴的不同，而没有形态标记的语言没有（Quirk，1985/1997：201—202；石毓智，2001等）。汉语虽缺乏标记以上范畴的形式，但汉语有些形式可标记与上述范畴相近的范畴，如汉语有时体（aspect）标记"了""过""着"等，正因为时体和时态都是表示动作的时间信息的，有文献将带时体标记的形式也看作限定形式（Huang，1982：351；石毓智，2001等）。重动句中，只有 VP_2 才可以带时体标记，而 VP_1 不能。比较：

(58) a. 搔脚板搔了一小时。
　　 b. *搔了脚板搔一小时。
(59) a. 去北京去过两次。
　　 b. *去过北京去两次。

"了"是完成体标记，"过"是经历体标记，它们都只能出现在 VP_2 中①，由此可以判断，重动句的 VP_2 是限定形式，是谓语动词，而 VP_1

---

① 笔者找到一例 VP_1 带"了"的例子："有喝了开水生病的么？""哼，还有喝了开水喝死的呢。"齐怀远冷笑（王朔《我是你爸爸》）。但此例不宜看作重动句，"喝了开水"是前文的重复，可看作引语。

是非限定形式，不是谓语动词，重动句只有一个谓语动词，具有单谓性。

吕叔湘主编（1999：16）将可能式"说得清""听不懂"中的"得""不"看作可能态，"态"与一般所说的"体"具有一定的相似性。重动句也只有 VP_2 带"得"或"不"，如：

(60) a. 磕头磕得上。
b. *磕得上头磕得上。
(61) a. 甩手甩不开。
b. *甩不开手甩不开。

吕叔湘主编（1999：16）还认为附在动词后的趋向动词（如"起来""下去"），有时候也表示类似于"态"的意思，重动句也是只有 VP_2 带这类成分，如：

(62) a. 上课上下去。
b. *上下去课上下去。

从这个意义上说，VP_2 是重动句的谓语，VP_1 不是重动句的谓语，重动句只有一个谓语，是单谓性的。

汤廷池（2000）认为限定形式可形成正反问句（V 否 A）的形式，而非限定形式不能。重动句中，只有 VP_2 才可以采用限定形式，VP_1 不能采用限定形式，如：

(63) a. *讲不讲课讲得好？
b. 讲课讲不讲得好？/讲课讲得好讲不好？
c. 讲课讲得好不好？
(64) a. *洗不洗衣服洗干净了？
b. 洗衣服洗干净没洗干净？/洗衣服洗没洗干净？

从这个意义上说，VP_2 是限定形式，为谓语，VP_1 是非限定形式，为非谓语，重动句具有单谓性。

此外，重动句的 VP_1 可以充当"连"字的成分，如：

（65）a. 他写字写得特别好。
　　　b. 他连写字都写得特别好。
（66）被捕后两三个钟头，他已支持不住了，鼻涕流下多长，连打哈欠都打不上来。（老舍《四世同堂》）

而"连"字成分具有名词性（曹逢甫，1994：100 等），因此，V_1 不是谓语动词，重动句的谓语动词是 V_2。

而且，张伯江（2000）认为重动句的 V_1 可实现动名词变换而不改变其意义和作用，如：

（67）a. 想儿子想疯了。
　　　b. 你的/这想儿子想疯了。

V_1 动名词化了，那谓语动词只能是 V_2，这也显示重动句的单谓性。

综合以上分析，可以得知重动句中，VP_2 是谓语，VP_1 不是谓语，重动句具有单谓性。

Aikhenvald（2006：5）指出，当连动式译成非连动语言的相关内容时，常常是单谓的。笔者考察了杨宪益、戴乃迭翻译的《红楼梦》（三卷本，外文出版社 1974 年版），当 15 例重动句译成英语时，其中 6 例是单句，只有一个谓语动词。如：

（68）a. 宝钗道："上次他就告诉我，在家里做活做到三更天，若是替别人做一点半点，他家的那些奶奶太太们还不受用呢。"（曹雪芹、高鹗，1982：436）
　　　b. Last time she did tell me, she has to work till midnight at home, and if she does the least bit of work for other people, the ladies of the house don't like it. ［杨宪益、戴乃迭，1994（第三卷）：473］
（69）a. 袭人笑道："你们参禅参翻了，又叫我们跟着打闷葫芦了。"（曹雪芹、高鹗，1982：1301）

b. "If your esoteric repartee leads to squabbles, we shall have to try to guess your riddles too," she answered teasingly. [杨宪益、戴乃迭，1994（第三卷）：163]

(70) a. 又听着外头嚷进来说："这和尚撒野，各自跑进来了，众人拦他拦不住。"（曹雪芹、高鹗，1982：1578）

b. Just then they heard shouts outsides, "This monk has run a-muck! He rushed in and no one could stop him." [杨宪益、戴乃迭，1994（第三卷）：502]

有些重动句也译成非单句，如：

(71) a. 姥姥忙笑道："姑娘们把我丢下来了，要我碰头碰到这里来。"（曹雪芹、高鹗，1982：572）

b. "The young ladies ditched me", said Granny Liu hastily, "I had to knock about till I found this place." [杨宪益、戴乃迭，1994（第二卷）：12]

(71a) 译成由时间状语从句和主句构成的复句。

笔者又考察了英汉对照读物《远离尘嚣》（[英]哈代著，[英]韦斯特改写，王姣兰译，外语教学与研究出版社2005年版），发现译成重动句的6例英文句子全是单句。如：

(72) a. "对，说得对，"伯德伍德顿了一顿后说道。"娶了她吧，托伊！可怜的弱女子！她这么完全献身给你，肯定是爱你爱得发疯！"

b. "True, true," agreed Boldwood after a pause. "Troy, marry her! Poor, weak woman! She must love you madly to give herself so completely to you!"

这显示，根据翻译来判断连动式或重动句比较复杂，Aikhenvald (2006) 也指出了这一点。

2. 从单小句性看

单小句性与单谓性密切相关，单谓性显示单小句性，因此重动句具有单小句性。

此外，重动句一般不能加表示并列、从属等关系的词语，前后顺序也不能换，如：

(73) a. 他讲课讲了一上午。
b. *他讲课和讲了一上午。
c. *他讲课而且讲了一上午。
d. ?他讲课，而且讲了一上午。
e. *他讲了一上午讲课。

如果是两个小句的话，一般都能独立，但重动句的 VP_1 为动宾形式，一般不自足（孔令达，1994），只有 VP_2 自足，如：

(74) a. 他讲课讲了一上午。
b. ?他讲课。
c. 他讲了一上午。
(75) a. 他讲课讲得很精彩。
b. ?他讲课。
c. 他讲得很精彩。

这也显示重动句的单小句性。

不少文献指出，重动句和相应的非重动句之间存在转换关系，而基本语义不变，如：

(76) a. 喝茶喝得再怎么精，怎么好，还不是喝茶？（曹禺《北京人》）
b. 茶喝得再怎么精，怎么好，还不是喝茶？
(77) a. 我拖他拖不住。
b. 我拖不住他。
(78) a. 念书念了三页。

b. 念了三页的书。
(79) a. 等他等了一个小时。
b. 等了他一个小时。

同时，有些重动句的 V_1 可以换成某些介词，如：

(80) a. 他们批我可批得厉害啦。
b. 他们把我可批得厉害啦。（刘维群，1986）
(81) a. 恨国王恨得直咬牙。
b. 对国王恨得直咬牙。（秦礼君，1985）

例（76）—（81）的 b 都是单句，重动句可以与它们进行变换，说明有些重动句表示的是单句的内容。

典型的连动式的两个动词成分一般不能分解为两个小句，即使有一些连动式能够分解，语义上常常有些不同，重动句的 VP_1、VP_2 如果分解为两个小句的话，句义上并没有很明显的变化。在一些民间歌谣中，有些句子的两个动词结构之间没有标点，如例（82）、（84），宜看作重动句；有些则有逗号隔开，如例（83）、（85），不宜看作重动句，应看作两个小句。如：

(82) 想郎想的俺光睡觉，寒蝉不住在枝头上叫。(《白雪遗音·十二月》，载《中国艳歌大观》，转引自崔山佳，2004：103)
(83) 想冤家，想得我恹恹憔瘦 (《桂枝儿·相思（其五）》，载《中国艳歌大观》，转引自崔山佳，2004：103)
(84) 送郎送到屋檐头，吃郎踢动子石砖头。(《送郎》，载《中国艳歌大全》，转引自崔山佳，2004：110)
(85) 送情人，直送到门儿外……(《盼冤家》，载《中国艳歌大全》，转引自崔山佳，2004：109)

据笔者观察，整理者作不同处理仅仅是因为宾语音节不同，如果是单音节的，则不加逗号，如果是双音节的，则加逗号。整理跟意义毫无关联，如上面两对句子，语义非常接近，但做不同处理。由此可知，有些语言序列处理成重动句,还是相应的非重动句,意义上并没有明显的区别,这显示重动句并不是典型的连动式。

刘维群(1986)指出,有些重动句的 VP_1、VP_2 之间插入的词语起关联作用,使全句语意不能一贯到底,而在两部分间造成了"如果……就……"的假设关系。如:

(86) 我呀,做人就做到家!(曹禺《北京人》)
(87) 当过骡马店的伙计,喂牲口一定喂得好。(赵树理《三里湾》)
(88) 拼命也得拼过去呀!(吴强《红日》)

它们应看作紧缩句,而不是重动句。秦礼君(1985)也指出,重动句的 VP_1 和 VP_2 前加上关联词的话,就变成复句形式,如:

(89) 抓工作抓得很紧。→即使抓工作也抓得很紧。
(90) 赶他没赶上。→无论怎么赶他也没赶上。

刘文和秦文的观点隐含着重动句的 VP_1、VP_2 可以成为两个小句,如果中间不加关联词,两者就构成一个小句;如果中间加上关联词,两者就构成两个小句。虽然重动句 VP_1、VP_2 之间有关联词和典型的紧缩复句性质并不完全相同,如前者关联词完全可以删去,而后者不能,但这显示,重动句和典型的单小句不同,它不是典型的连动式。

上文分析了重动句译成英文的情况,不少重动句译成了复句,这也显示,重动句并不是典型的连动式。

3. 从语调特征看

重动句的 VP_1、VP_2 之间没有中断或停顿标记,这显示重动句是连动式。但另一方面,重动句 VP_1、VP_2 之间可以停顿,如:

(91) a. 他讲课讲得很精彩。
　　　b. 他讲课啊,讲得很精彩。

上文所举的民歌整理的例子也说明，VP_1、VP_2 之间有没有停顿有一定的随意性。从这一点看，重动句也不是很典型的连动式。

4. 从共享的时/体、语态、极性看

我们这里只讨论体和极性两个范畴。

汉语较典型的体标记是完成体"了"、进行体"着"和经历体"过"。"了"和"过"都只能出现在重动句的 VP_2 上，不能出现在 VP_1 上，如：

（92）a. 讲课讲了一上午。
　　　b. *讲了课讲一上午。
　　　c. *讲了课讲了一上午。
（93）a. 他讲课讲过三次。
　　　b. *他讲过课讲三次。

标记在 VP_2 上时，其范围是整个重动句，如例（92a）的"讲课"虽然没有"了"标记，但它表示的动作是完成的，例（93a）"讲课"表示的也是经历过的动作。从这个意义上说，它们是共享的时体成分，从这个角度看，它们是连动式。但据 Payne（1997：308）的跨语言的分析，连动式的时体成分一般加在第一个动词性成分上，而重动句的完成体和经历体标记都只能加在第二个动词性成分上，从这个角度看，重动句又不是典型的连动式。

有个别重动句的 VP_1 可以带进行体"着"，如：

（94）她攥着拳头攥得手都麻了。（转引自陈建民，1986：234）
（95）赵科员等着老李接家眷已经等得不耐烦了。（老舍《离婚》）

这两例的 VP_2 表示的动作不是进行的，而是完成的，这样，这些重动句 VP_1、VP_2 带了不同的时体成分，其时体成分不是共享的。从这个角度看，这些重动句又不是典型的连动式。

否定成分在重动句中可出现在四种不同的位置，如：

(96) a. 别开车开得这样快。
    b. 开车没开得很快。
    c. 开车开不快。
    d. 开车开得不快。

以上各种形式都有文献认为是重动句的否定形式；当然，也有些形式某些文献不认为是重动句的否定形式（参看 Li & Thompson，1981：448；秦礼君，1985；刘维群，1986；屈承熹、纪宗仁，2005：307；孙红玲，2005：12 等）。笔者曾分析，由于补语的复杂性以及 VP_1、VP_2 之间关系的多样性，以上形式均可看作重动句的否定形式。这样的话，重动句可看作连动式，因为以上各种形式都只有一个否定成分。

但重动句又不是典型的连动式，首先，据 Payne（1997：308）的跨语言的研究，连动式的否定成分一般出现在第一个动词成分前，而重动句绝大多数出现在 VP_2 上。有不少文献指出，否定成分不能出现在 VP_1 前（Li & Thompson，1981：448；Tsao，1990/2005：172；刘维群，1986 等），而且这种形式实际出现的频率非常低，笔者统计了 264 例带否定成分的重动句，发现只有 4 例否定成分出现在 VP_1 前，只占 1.5%。其次，有些重动句可以有两个否定词，如：

(97)（晚上别喝太多咖啡）别睡觉睡不着。

"别"和"不"都是汉语的否定词，它们作用于不同的范围。

5. 从单事件看

重动句的 VP_1、VP_2 包含相同的动词，表示相同的动作。从 VP_1、VP_2 之间的语义关系看，后者一般是前者的结果，即使 VP_2 含有可能补语（刘维群，1986），如：

(98) 拦他拦不住。
(99) 他装哑巴装不像。

概括地说，重动句 VP_2 表示的动作可看作 VP_1 表示的动作的"产物"（outgrowth）（参看 Aikhenvald，2006：10）。

前文说过，有些重动句可以变换成相应的单句形式而基本语义不变，比较：

（100）根据元杂剧的说法，他杀阎婆惜没有别的原因，就是<u>喝酒喝醉了</u>，就是这么个原因。（刘世德《〈水浒传〉的作者》）

（101）有一次他们<u>喝醉了酒</u>，一抬手就把小打字员举到半空……（张炜《柏慧》）

单句形式一般表示的是单事件，有些重动句可表示为单句形式，说明它们也表示单事件。

不少文献探讨了重动句 VP_1、VP_2 之间的语义关系，如戴耀晶（1998）指出，从语用上说，重动句的价值在于说话人需要把语义上密切相关的两项内容用显性的句法形式连续表达出来，这与连动句式（如"他端起坛子喝酒"）有相通之处，这显示重动句的单事件性。Chao（1968/1979：219）、徐烈炯、刘丹青（1998/2007：121—137）等将重动句的 VP_1、VP_2 看作主谓或话题—说明的关系，即将 VP_2 看作是对 VP_1 的陈述，或者说 VP_2 是关于（about）VP_1 的，这也表明两者表示的动作密切相关，可看作表达的是单事件。

从上面几个方面看，重动句可看作连动式。

不过，重动句的整体意义可从其成分意义推出，而且可以分解为两个单句形式，如：

（102）a. 大家一块儿<u>吃饭吃得很痛快</u>。

b. 大家一块儿<u>吃饭</u>，<u>吃得很痛快</u>。凌把汤洒了羊一身，羊没哭，妈也没打凌。（老舍《离婚》）

（103）a. 秦母原有病，<u>因想儿子</u>，<u>想得这般模样</u>。（清·褚人获《隋唐演义》第 15 回，引自崔山佳，2010）

b. 秦母原没有病，<u>因想儿子想得这般模样的</u>，听见儿子回来，病就好了一半。（清·佚名《说唐前传》第 10 回，引自崔山佳，2010）

这与典型连动式不能分解为两个小句的特点不符，从这个意义上说，重动句又不是典型的连动式。

6. 从共享论元的角度看

重动句的表层结构可简单表示为：

(104) S_i [$ø_i VP_1$] [$ø_i VP_2$]

VP_1和VP_2的潜在主语和整个结构的主语 S 共指，VP_1和VP_2有共享的主语，正因如此，S 可以出现在VP_2前，如：

(105) a. 我早就认输了，<u>喝酒我喝不过你</u>，剑法我比不上西门吹雪和叶孤城。（古龙《陆小凤传奇》）
　　　b. 结果就是后来有一次<u>他喝酒喝醉了</u>，哭着说，"我现在爱上大哥了，我离开他啊一天我都想得要死。"（《鲁豫有约》）

(106) a. 别讲大道理，大道理谁都会讲，<u>讲大道理你们讲得过我吗</u>！（海岩《五星大饭店》）
　　　b. 你们讲大道理讲得过我吗！

从使用频率看，重动句的主语绝大多数出现在VP_1前，这与连动式的特点一致（参看 Payne，1997：308）。从这个意义上说，重动句是连动式。

此外，重动句的VP_1、VP_2都可以有各自的直接宾语，如：

(107) <u>抽烟抽紫了嘴唇</u>，<u>熬夜熬红了眼睛</u>，终于搞出一份厚达数百页多名一时去向不明的年轻女子详细报告。（王朔《怅然不供》）

"烟"和"夜"是V_1的宾语，"嘴唇"和"眼睛"是V_2C的宾语。

下列画线成分也有文献认为是重动句（参看聂仁发，2001；刘雪芹，2003）：

(108) 丁小鲁也跟着笑，"是呵，你一开始目标就选错，<u>捧人应该先捧小姐呀</u>。"（王朔《你不是一个俗人》）

（109）过年的时候萧老官只拿了他一吊八年赏，可是听说他在万仞约报帐报了两吊八。（张天翼《张天翼小说选集》）

（110）杨天白吱吱呀呀地说起话来了。他学舌先学了一个娘，后学了一个爹。（贾平凹《伏羲伏羲》）

这些句子 V_1、V_2 所带的直接宾语都不同，从这个意义上说，重动句不是典型的连动式。

通过上面的分析可以看出，重动句一方面具有连动式的多种特征，可看作连动式，但同时有些典型连动式的特征，重动句又不具备，而且这些特征可以出现在重动句的各种类型中，从这个角度看又不宜将重动句看作典型的连动式。

此外，重动句的一些特点并不是典型的连动式所具备的，如重动句可以有两个否定词，重动句的 VP_1、VP_2 可以带不同的直接宾语，重动句的 VP_1、VP_2 之间可以插入关联词，等等。

总之，我们可以将重动句看作连动式，但它不是典型的连动式。

二 重动句与主谓结构

不少文献认为重动句 VP_1、VP_2 之间具有主谓关系，属于主谓结构，如 Chao（1968/1979：219）指出"吃饭吃完了、看书看不下去"等句子，其中 V-O、V-R 之间的关系，与其说是连动，毋宁说是主谓，因为不但在中间可以插入副词，还可以插入一个主语。吴竞存、梁伯枢（1992：139）认为"动词重出"句实际包含两种句式，可作两种切分，其中一种是 SVP_1 做主语，毫无疑问，VP_2 就是做谓语了。

不少文献认为，重动句 VP_1 是话题，VP_2 是说明，如秦礼君（1985）认为 VP_1 可以看作提出了一件事情，VP_2 是对 VP_1 的延伸，起陈述作用，因此，VP_1、VP_2 之间是被陈述与陈述的关系。被陈述与陈述的关系就是主谓关系。（参看朱德熙，1982：96；胡裕树主编，1985：303；黄伯荣、廖序东主编，2011：45 等）再如 Tsao（1990/2005：171）将 VP_1 看作次要话题，徐烈炯、刘丹青（1998/2007：121—137）将 VP_1 看作拷贝话题，而"在汉语里，把主语、谓语当作话题、说明来看待，较比合适"（Chao，1968/1979：45；朱德熙，1982：96 等）。因此，"话题—说明"关系也可看作主谓关系，VP_1VP_2是主谓结构。

（一）怎样判定主谓结构？

关于什么是主语，什么是谓语，学界的看法很不一致。袁毓林（2009）基于语法功能体现在语法结构之中的理念，通过一系列由格式变换组成的形式标准，建立了判定现代汉语中主谓结构、述宾结构等语法结构类型的标准。而曹宏（2009）基于袁文的研究，根据不同的变换测试（提问方式、回答方式、指代方式等）对于有关句法结构的鉴别能力，给每一种变换测试设定了一个权重（分值），从而为主谓结构、述宾结构、述语结构、偏正结构等语法结构分别制定了一个总分为100的量表，据此，不但可以判断一个词组到底属于哪一种句法结构，而且可以测定这个词组属于那种语法结构的隶属度的大小。

比如判定下面两个结构是否属于主谓结构：

（111）王小平去深圳了。
（112）大点儿好看。

让它们分别经过七种方法测试，结果发现它们都能通过"替换提问法、否定表达法、正反提问法、是否提问法、语气词插入法、关联词语插入法"等六种测试，但前例可通过"名词化表达法"测试，而后者不能，这样，前例得100分，后例得80分，所以，比较起来，虽然后者也可以看作主谓结构，但前者是更典型的主谓结构。

再如下面两例：

（113）认真学习。
（114）到处是鲜花。

让它们分别经过十种方法测试，结果发现前例得100分，而后者只得33分。两相比较，前者是典型的谓词性偏正结构，而后者是不典型的谓词性偏正结构。

笔者觉得，袁毓林（2009）和曹宏（2009）为句法结构类型的判定提供了较易操作的方法，下面即以这种方法来探讨重动句的句法结构类型。这一节探讨重动句是否属于主谓结构，下一节探讨重动句是否属于谓词性偏正结构（状中结构）。

（二）重动句是不是主谓结构？

下面按照袁毓林（2009）、曹宏（2009）提供的操作方法，对 626 例重动句进行测试，看它们是否属于主谓结构。现随机选取 5 例作些说明：

（115）又听着外头嚷进来说："这和尚撒野，各自跑进来了，<u>众人拦他拦不住</u>。"（曹雪芹《红楼梦》）

（116）<u>他恨呼国庆恨成那样</u>，他为此曾经大闹过县政府。（李佩甫《羊的门》）

（117）他只好说："龚正开他说，<u>中国人等清官等了几千年</u>，也被误了几千年。"（阎真《沧浪之水》）

（118）<u>铁军母亲心疼儿子心疼死了</u>，敲门也不敢用力敲。她知道<u>儿子爱他这媳妇爱得一心一意</u>，儿子一直觉得他这媳妇的人品好得没法再好了。（海岩《玉观音》）

由于这里主要考察 VP_1、VP_2 的关系，所以不涉及主语。

1. 替换提问法

S0："X+Y"→S1："谁/什么/哪儿/怎样+Y？"和 S2："X+怎么样/干什么/在哪儿？"通得过，得 20 分，通不过，得 0 分。

各例测试如下：

S0	S1	S2
（119）a. 拦他拦不住。	~b.？怎样拦不住？	~c. 拦他怎么样？
（120）a. 恨呼国庆恨成那样。	~b.？怎样恨成那样？	~c. 恨呼国庆怎么样？
（121）a. 等清官等了几千年。	~b.？怎样等了几千年？	~c. 等清官怎么样？
（122）a. 心疼儿子心疼死了。	~b.？怎样心疼死了？	~c. 心疼儿子怎么样？
（123）a. 爱他这媳妇爱得一心一意。	~b.？怎样爱得一心一意？	~c. 爱他这媳妇怎么样？

5 例变换成 S1 时不是很自然，因此得 10 分，平均得 10 分。

2. 否定表达法

S0："X+Y"→S3："X+不+Y"或 S4："X+没/没有+Y"。通得过，得 20 分，通不过，得 0 分。

各例测试如下：

S0	S3	S4
（119）a. 拦他拦不住。	~b. *拦他不拦不住。	~c. ?拦他没拦不住。
（120）a. 恨呼国庆恨成那样。	~b. 恨呼国庆不恨成那样。	~c. 恨呼国庆没恨成那样。
（121）a. 等清官等了几千年。	~b. 等清官不等几千年。	~c. 等清官没等几千年。
（122）a. 心疼儿子心疼死了。	~b. ?心疼儿子不心疼死。	~c. 心疼儿子没心疼死。
（123）a. 爱他这媳妇爱得一心一意。	~b. ?爱他这媳妇不爱得一心一意。	~c. 爱他这媳妇没爱得一心一意。

当 VP_2 为"V 不 C"① 时，不能变成 S3，变成 S4 也不太自然，所以得 10 分，其他情况变成 S3 时，有的不自然，有的自然；但都可变成 S4，因而得 20 分。这 5 例最后平均得 18 分。

3. 正反提问法

S0："X+Y"→S5："X+ Y 不 Y？"或 S6："X+有没有+Y？"通得过，得 10 分，通不过，得 0 分。

各例测试如下：

S0	S5	S6
（119）a. 拦他拦不住。	~b. 拦他拦不拦得住？	~c. 拦他有没有拦不住？
（120）a. 恨呼国庆恨成那样。	~b. 恨呼国庆恨不恨成那样？	~c. 恨呼国庆有没有恨成那样？
（121）a. 等清官等了几千年。	~b. 等清官等不等几千年？	~c. 等清官有没有等几千年？
（122）a. 心疼儿子心疼死了。	~b. ?心疼儿子心疼死不心疼死？	~c. 心疼儿子有没有心疼死？
（123）a. 爱他这媳妇爱得一心一意。	~b. ?爱他这媳妇爱不爱得一心一意？	~c. 爱他这媳妇有没有爱得一心一意？

例（122）、（123）变换成 S5 时不太自然，主要是由补语的句法特点及语义造成的，不过 5 例都可以变换成 S6，因而都得 10 分。

---

① 如果是其他否定形式（"SVO 否 VC""SVOV 得否 C"），则可通过否定表示法测试，如"别传话传到我父母耳朵里"可变换成"别传话不/没有传到我父母耳朵里"；再如"写字写得不好"可变换成"写字没有写得不好"。

第三章　重动句句法分析

4. 是否提问法

S0："X+Y"→S7："X+是不是+Y？"通得过，得10分，通不过，得0分。

各例测试如下：

S0	S7
（119）a. 拦他拦不住。	~b. 拦他是不是拦不住？
（120）a. 恨呼国庆恨成那样。	~b. 恨呼国庆是不是恨成那样？
（121）a. 等清官等了几千年。	~b. 等清官是不是等了几千年？
（122）a. 心疼儿子心疼死了。	~b. 心疼儿子是不是心疼死了？
（123）a. 爱他这媳妇爱得一心一意。	~b. 爱他这媳妇是不是爱得一心一意？

各例均可变换成S7，因而均得10分。

5. 语气词插入法

S0："X+Y"→S8："X-呢/嘛/吧/啊+Y"。通得过，得10分，通不过，得0分。

各例测试如下：

S0	S8
（119）a. 拦他拦不住。	~b. 拦他呢拦不住。
（120）a. 恨呼国庆恨成那样。	~b. 恨呼国庆呢恨成那样。
（121）a. 等清官等了几千年。	~b. 等清官呢等了几千年。
（122）a. 心疼儿子心疼死了。	~b. 心疼儿子呢心疼死了。
（123）a. 爱他这媳妇爱得一心一意。	~b. 爱他这媳妇呢爱得一心一意。

各例均可变换成S8，因而均得10分。

6. 关联词语插入法

S0："X+Y"→S9："如果-（X+Y）"或S10："X+如果-Y"。通得过，得10分，通不过，得0分。

各例测试如下：

S0	S9	S10
（119）a. 拦他拦不住。	~b. 如果拦他拦不住。	~c. 拦他如果拦不住。
（120）a. 恨呼国庆恨成那样。	~b. 如果恨呼国庆恨成那样。	~c. 恨呼国庆如果恨成那样。

S0	S9	S10
(121) a. 等清官等了几千年。	~b. 如果等清官等了几千年。	~c. 等清官如果等了几千年。
(122) a. 心疼儿子心疼死了。	~b. ? 如果心疼儿子心疼死了。	~c. 心疼儿子如果心疼死了。
(123) a. 爱他这媳妇爱得一心一意。	~b. ? 如果爱他这媳妇爱得一心一意。	~c. 爱他这媳妇如果爱得一心一意。

各例均可变换成 S10，因而均得 10 分。

7. 名词化表达法

S0："X+Y"→S11："(XY)-的+Z"和{S12："Y-的+X"或 S13："Y-的=X"或 S14："X+的+Y"}。通得过，得 20 分，通不过，得 0 分。

各例测试如下：

S0	S11	S12
(119) a. 拦他拦不住。	~b. 拦他拦不住的人	~c. *拦不住的拦他
(120) a. 恨呼国庆恨成那样。	~b. 恨呼国庆恨成那样的人	~c. *恨成那样的恨呼国庆
(121) a. 等清官等了几千年。	~b. 等清官等了几千年的中国人	~c. *等了几千年的等清官
(122) a. 心疼儿子心疼死了。	~b. 心疼儿子心疼死了的人	~c. *心疼死了的心疼儿子
(123) a. 爱他这媳妇爱得一心一意。	~b. 爱他这媳妇爱得一心一意的人	~c. *爱得一心一意的爱他这媳妇

S0	S13	S14
(119) a. 拦他拦不住。	~b. *拦不住的=拦他	~c. *拦他的拦不住
(120) a. 恨呼国庆恨成那样。	~b. *恨成那样的=恨呼国庆	~c. 恨呼国庆的恨成那样
(121) a. 等清官等了几千年。	~b. *等了几千年的=等清官	~c. *等清官的等了几千年
(122) a. 心疼儿子心疼死了。	~b. *心疼死了的=心疼儿子	~c. *心疼儿子的心疼死了
(123) a. 爱他这媳妇爱得一心一意。	~b. *爱得一心一意的=爱他这媳妇	~c. *爱他这媳妇的爱得一心一意

5 例变换成 S12、S13、S14 时均不自然，虽可变换成 S11，但得 0 分。

8. 小结

通过上面分析可知，5 例重动句经过 7 种测试时，平均得 68（10+18+10+10+10+10+0）分，总分是 100 分，由此看出，这 5 例是比较典的主谓结构。626 例重动句经过这 7 种测试，平均得 69.3 分①，由此看出，笔者考察的重动句均是较典型的重动句。

三 重动句与状中结构

有些文献认为重动句的 VP_1 做状语，修饰 VP_2，如赵普荣（1958）认为重动句是动宾词组做状语的动词谓语句。张静（1977）认为"他说话说得不清楚"这类结构的中心是在后一个动词上，前面的动宾结构是它的状语，表示原因、对象或条件等。Huang（1982/1983：19）认为"我骑马骑得很累"这类结构中，"骑得很累"是谓词中心，而"骑马"更像表明"累"得原因和方式的副词。Shi（1996）也认为重动句的 VP_1 是副词（adverbial）小句的一部分。刘维群（1986）认为重动句的 V_1 有些接近起介引作用的"把""将"这类词的性质。以上观点都显示，重动句结构的 VP_1 是起修饰性成分，VP_2 是中心，整个结构可看作谓词性偏正结构。

袁毓林（2009）、曹宏（2009）探讨了谓词性偏正结构的判定，谓词性偏正结构即状中结构，这两篇文献采用了十种方法来判断。下面仍以上文所举的 5 例重动句来重点分析，看重动句对状中结构的适应情况的测试，从而看重动句是否是状中结构。

（一）核心替代法

S0："（……）X+Y"→S1："（……）Y"。通得过，得 10 分，通不过，得 0 分。

各例测试如下：

S0	S1
（119）a.（众人）拦他拦不住。	~b.（众人）拦不住。
（120）a.（他）恨呼国庆恨成那样。	~b.（他）恨成那样。
（121）a.（中国人）等清官等了几千年。	~b.（中国人）等了几千年。
（122）a.（铁军母亲）心疼儿子心疼死了。	~b.（铁军母亲）心疼死了。
（123）a.（儿子）爱他这媳妇爱得一心一意。	~b.（儿子）爱得一心一意。

---

① 626 例重动句 VP_2 为 "V 不 C" 的有 45 例，它们不太能通过否定表达法，所以平均得 10 分。其他测试均能通过。重动句最后平均得分计算方法是：50+〔（581×20+45×10）/626〕= 50+19.28=69.3。

5 例重动句均能通过该项测试,均得满分 10 分。

(二) 回答疑问法

S0:"(……) X+Y"→S2:"(……) 怎么样?"通得过, 得 10 分, 通不过, 得 0 分。

各例测试如下:

	S0	S2
(119)	a. (众人) 拦他拦不住。	~b. (众人) 怎么样?
(120)	a. (他) 恨呼国庆恨成那样。	~b. (他) 怎么样?
(121)	a. (中国人) 等清官等了几千年。	~b. (中国人) 怎么样?
(122)	a. (铁军母亲) 心疼儿子心疼死了。	~b. (铁军母亲) 怎么样?
(123)	a. (儿子) 爱他这媳妇爱得一心一意。	~b. (儿子) 怎么样?

5 例重动句均能通过该项测试,均得满分 10 分。

(三) 整体指代回答法

S0:"X+Y"→S3:"(X+Y) +怎么样?"和 S4:"这样/那样+(不)好"。通得过, 得 10 分, 通不过, 得 0 分。

各例测试如下:

	S0	S3	S4
(119)	a. 拦他拦不住。	~b. 拦他拦不住怎么样?	~c. 这样不好。
(120)	a. 恨呼国庆恨成那样。	~b. 恨呼国庆恨成那样怎么样?	~c. 这样不好。
(121)	a. 等清官等了几千年。	~b. 等清官等了几千年怎么样?	~c. 这样不好。
(122)	a. 心疼儿子心疼死了。	~b. 心疼儿子心疼死了怎么样?	~c. 这样不好。
(123)	a. 爱他这媳妇爱得一心一意。	~b. 爱他这媳妇爱得一心一意怎么样?	~c. 这样好。

5 例重动句均能通过该项测试,均得满分 10 分。

(四) 局部指代回答法

S0:"X+Y"→S5:"这样/那样+Y+怎么样?"和 S6:"这样/那样+Y+(不)好"。通得过, 得 10 分, 通不过, 得 0 分。

各例测试如下:

	S0	S5	S6
(119)	a. 拦他拦不住。	~b.？这样拦不住怎么样？	~c.？这样拦不住不好。
(120)	a. 恨呼国庆恨成那样。	~b.？这样恨成那样怎么样？	~c.？这样恨成那样不好。
(121)	a. 等清官等了几千年。	~b.？这样等了几千年怎么样？	~c.？这样等了几千年不好。
(122)	a. 心疼儿子心疼死了。	~b.？这样心疼死了怎样？	~c.？这样心疼死了不好。
(123)	a. 爱他这媳妇爱得一心一意。	~b.？这样爱得一心一意怎么样？	~c.？这样爱得一心一意不好。

虽然单独看 S5、S6，它们都成立，但它们并不是 S0 变换而来的，比较：

　　（124）A：怎样拦不住？
　　　　　B1：这样拦不住。
　　　　　B2：？拦他拦不住

因而，"这样"与"拦他"句法、语义并不是一样的。因此，5 例重动句不能通过该项测试，均得 0 分。

（五）替换提问法

S0："X+Y"→S7："怎么（样）+Y？"和 S8："X+怎么/做什么？"通得过，得 10 分，通不过，得 0 分。

各例测试如下：

	S0	S7	S8
(119)	a. 拦他拦不住。	~b.？怎么样拦不住？	~c. 拦他怎么样？
(120)	a. 恨呼国庆恨成那样。	~b.？怎么样恨成那样？	~c. 恨呼国庆怎么样？
(121)	a. 等清官等了几千年。	~b.？怎么样等了几千年？	~c. 等清官怎么样？
(122)	a. 心疼儿子心疼死了。	~b.？怎么样心疼死了？	~c. 心疼儿子怎么样？
(123)	a. 爱他这媳妇爱得一心一意。	~b.？怎么样爱得一心一意？	~c. 爱他这媳妇怎么样？

单独看 S7 似乎成立，但它并不是 S0 变换而来的，即"拦他"等与"怎么样"句法、语义并不一样。虽然 S0 可变换为 S8，但不能替换为 S7，所以 5 例不能通过测试，得 0 分。

（六）性状易位法

S0："X+Y"→S9："Y+得+X"。通得过，得 10 分，通不过，得 0 分。

各例测试如下：

S0	S9
(119) a. 拦他拦不住。	~b. *拦不住得拦他。
(120) a. 恨呼国庆恨成那样。	~b. *恨成那样得恨呼国庆。
(121) a. 等清官等了几千年。	~b. *等了几千年得等清官。
(122) a. 心疼儿子心疼死了。	~b. *心疼死了得心疼儿子。
(123) a. 爱他这媳妇爱得一心一意。	~b. *爱得一心一意得爱他这媳妇。

5 例重动句均不能通过该项测试，均得 0 分。

（七）否定表达法

S0："X+Y"→S10："不+（X+Y）"或 S11："没/没有+（X+Y）"。通得过，得 10 分，通不过，得 0 分。

各例测试如下：

S0	S10	S11
(119) a. 拦他拦不住。	~b.??不拦他拦不住。	~c.? 没拦他拦不住。
(120) a. 恨呼国庆恨成那样。	~b.??不恨呼国庆恨成那样。	~c.? 没恨呼国庆恨成那样。
(121) a. 等清官等了几千年。	~b.??不等清官等几千年。	~c.? 没等清官等几千年。
(122) a. 心疼儿子心疼死了。	~b.??不心疼儿子心疼死。	~c.? 没心疼儿子心疼死。
(123) a. 爱他这媳妇爱得一心一意。	~b.??不爱他这媳妇爱得一心一意。	~c.? 没爱他这媳妇爱得一心一意。

5 例变换成 S10、S11 都不太自然，因而各例得 5 分。

不少文献探讨了重动句的否定形式，有的文献认为否定成分不能置于 VP_1 前（Li & Thompson，1981：448；Tsao，1990/2005：172 等）。笔者发现，虽然否定成分可置于 VP_1 前，但实际用例很少，笔者在 264 例重动句（含带一个可插入成分的）中只发现 4 例，而且否定成分均为"别"，未发现否定成分"不""没"的情况。因此，笔者认为否定成分"不""没"置于 VP_1 前不自然。

第三章 重动句句法分析

（八）正反提问法

S0："X+Y"→S12："Y，+有没有+（X+Y）？" 通得过，得 10 分，通不过，得 0 分。

各例测试如下：

S0	S12
(119) a. 拦他拦不住。	~b. *拦不住，有没有拦他拦不住？
(120) a. 恨呼国庆恨成那样。	~b. *恨成那样，有没有恨呼国庆恨成那样？
(121) a. 等清官等了几千年。	~b. *等了几千年，有没有等清官等了几千年？
(122) a. 心疼儿子心疼死了。	~b. *心疼死了，有没有心疼儿子心疼死？
(123) a. 爱他这媳妇爱得一心一意。	~b. *爱得一心一意，有没有爱他这媳妇爱得一心一意？

5 例重动句均不能通过该项测试，均得 0 分。

（九）是否提问法

S0："X+Y"→S13："Y，+是不是+（X+Y）？" 通得过，得 10 分，通不过，得 0 分。

各例测试如下：

S0	S13
(119) a. 拦他拦不住。	~b. *拦不住，是不是拦他拦不住？
(120) a. 恨呼国庆恨成那样。	~b. *恨成那样，是不是恨呼国庆恨成那样？
(121) a. 等清官等了几千年。	~b. *等了几千年，是不是等清官等了几千年？
(122) a. 心疼儿子心疼死了。	~b. *心疼死了，是不是心疼儿子心疼死了？
(123) a. 爱他这媳妇爱得一心一意。	~b. *爱得一心一意，是不是爱他这媳妇爱得一心一意？

5 例重动句均不能通过该项测试，均得 0 分。

（十）名词化表达法

S0："X+Y"→S14："（XY）-的+Z" 和 S15："（XY）-的＝Z"。通得过，得 10 分，通不过，得 0 分。

各例测试如下：

	S0	S14	S15
(124)	a. 拦他拦不住。	~b. 拦他拦不住的人	~b. 拦他拦不住的=人
(125)	a. 恨呼国庆恨成那样。	~b. 恨呼国庆恨成那样的人	~b. 恨呼国庆恨成那样的=人
(126)	a. 等清官等了几千年。	~b. 等清官等几千年的人	~b. 等清官等几千年的=人
(127)	a. 心疼儿子心疼死了。	~b. 心疼儿子心疼死了的人	~b. 心疼儿子心疼死了的=人
(128)	a. 爱他这媳妇爱得一心一意。	~b. 爱他这媳妇爱得一心一意的人	~b. 爱他这媳妇爱得一心一意的=人

5 例重动句均能通过该测试，均得 10 分，平均分也为 10 分。

（十一）小结

通过上面分析可知，5 例重动句经过十种测试时，平均得 45（10+10+10+0+0+0+5+0+0+10）分，由此看出，这 5 例不是典型的状中结构。其他 626 例重动句的测试情况与这 5 例一样，平均得 45 分，由此看出，笔者考察的重动句均并不是典型的状中结构。

四　小结

以上我们分别从三个方面分析了重动句 VP_1、VP_2 间的结构关系，发现：①重动句 VP_1、VP_2 之间具有较明显的连动关系，重动句可看作连动式，但又不是典型的连动式。②重动句 VP_1、VP_2 之间具有较明显的主谓关系，重动句是较典型的主谓结构。③重动句 VP_1、VP_2 之间具有一定的状中关系，重动句不是典型的状中结构。

第三节　本章小结

本章从重动句的主要成分宾语和补语的类型以及重动句 VP_1VP_2 所属的句型两个角度分析了重动句的句法特点。通过对较大数量的实际用例的统计分析，重动句宾语以光杆普通名词（306，48.9%）、名词性语素（201，32.1%）为典型形式，这两类宾语占了所有用例的 81.0%（507/626）。重动句补语以结果补语（223，35.6%）和状态补语（216，34.5%）为典型形式，它们占了所有用例的 70.1%（439/626）。重动句以"BⅠ"型［宾语是光杆普通名词、补语是结果补语，占 17.9%（112/626）］、"BⅢ"型［宾语是光杆普通名词、补语是状态补语，占

16.6%（104/626）]、"AⅠ"型［宾语是名词性语素、补语是结果补语，占 12.8%（80/626）]、"AⅢ"型［宾语是名词性语素、补语是状态补语，占 9.7%（61/626）] 为典型形式。

　　本章还重点探讨了重动句与连动式、重动句与主谓结构、重动句与状中结构的关系。关于重动句与连动式，本章利用连动式类型学研究的成果，从六个角度（单谓性，单小句性，语调特征，共享的时/体、语气、语态和极性，单事件性，共享的论元）考察重动句，分析显示：①重动句具有单谓性，但这是相对而言。②重动句具有单小句性，但又有成为双小句的可能。③重动句 VP_1、VP_2 之间没有中断或停顿标记，但它们可停顿。④重动句具有共享的体，但它的体标记一般只能在 V_2 上。重动句具有多种否定形式，且否定标记一般置于 V_1 后，否定的范围是 VP_2，甚至有时可出现两个否定标记。⑤重动句具单事件性，但有成为双事件的可能。⑥重动句 VP_1、VP_2 具有共享的主语，但 VP_1 和 VP_2 都可以有各自的宾语。因此，重动句一方面可看作连动式，但又具备有别于典型连动式的特征，因而又不是典型的连动式。本章还采用袁毓林（2009）和曹宏（2009）判定主谓结构和状中结构的方法先后了探讨重动句和主谓结构、状中结构的关系。笔者选取了 5 例重动句加以说明，并以 626 例为考察对象，结果显示，重动句通过主谓结构测试的平均分数是 69.3 分，这显示重动句可看作比较典型的主谓结构；重动句通过状中结构测试的平均分数是 45 分，这显示重动句不是典型的状中结构。综合以上分析，将重动句看作主谓结构更合适。

　　重动句是较典型的主谓结构，这与重动句属于较典型的话题—说明的信息结构相一致。

第四章　重动句预设分析

第一节　预设和预设触发语

一　预设

什么是预设？学界看法并不一致，比较①：

(1) a. Do/Don't close the door.
　　>>b. ? the door is open（Levinson，1983：185）
(2) a. 关上门。
　　>>b. 门开着。（金立鑫，2006）
(3) a. 请把张三家的后门关上。
　　>>b. 张三家的后门原是开着的。（徐盛桓，1993）

例（1a）、（2a）表达的内容完全相同，例（3）也与之基本相同，Levinson（1983：185）认为（1b）不是（1a）触发的预设，而是请求的适宜条件（felicity condition on request），而金立鑫（2006）认为（2b）是（2a）触发的预设，徐盛桓（1993）也认为（3b）是（3a）触发的预设②。

---

① "x>>y" 表示 "x" 预设 "y"，参看 Levinson（1983）。
② 徐盛桓（1993）认为可从广、狭义两个角度研究预设，广义的预设是语用—语境性质的预设，是言语片段以外的信息提供的；而狭义的预设是由语言片段而且唯一的也只是由语言片段来确定的，照此处理，（3b）可看作广义的预设，但徐文采用的是狭义的预设（徐盛桓，1993），即按照该文，（3b）是狭义的预设。由此可见，到底何为狭义的预设，何为广义的预设，有时并不容易区分。

下列 b 例，有文献认为是由 a 例触发的预设：

(4) a. 我们要团结。
>>b. 出现了分裂。（金立鑫，2006）

(5) a. 小明聪明。
>> b. （对人而言）"聪明"是值得肯定的。（左思民，2009）

(6) a. 他不但学识丰富，而且品德高尚。
>> b. 学识丰富的人不一定品德高尚。（张斌，2002）

其实 b 例也是适宜条件或会话隐含（conventional implicature，参看 Levinson，1983：185；Huang，2007：68 等），而不是预设。

Lambrecht（1994：52）将预设（语用预设）界定为：

(7) 语用预设是由句子中的词汇、语法激发的一系列命题，这些命题说话者假定听话者说话当时已经知道，或认为他已经知道。

由此可知，预设有两个特点：第一，预设是说话者而不是句子的预设①（另可参看 Yule，1996：25）；第二，它是由话语中的词语或结构触发的。前者体现了预设的语用性，后者体现了预设的语义性，或者说预设是一种语言现象（Grundy，2000：128）。这里即采取这种定义的预设。请看一例：

(8) I finally met the woman who moved downstairs.

根据 Lambrecht（1994：55—56），这个句子词汇、语法触发的语用预设有：

(9) a. 听话者能确认由有定名词表示的女性个体。

---

① 笔者也赞成预设是说话者而不是语言形式的预设，或者更准确地说，是语言形式体现了说话者的预设。不过为了更便于表达，笔者有时也会直接说是语言形式（如句子）的预设。

b. 有人搬到说话者楼下。

c. 早先有人期望说话者遇见这个个体。

d. 说话当时，听话者意识到人称代词或者/和 who 的所指。

e. 这个句子表示的命题是有关 I 的所指的，关系从句表达的命题是有关 who 的所指的。

（9a）是由语法语素定冠词 the 激发的，（9b）是由语法结构关系小句 who moved downstairs 激发的，（9c）是由词汇项 finally 激发的。（9d）是意识预设，它是由人称代词 I 和 who 触发的，（9e）是相关预设，也是由 I 和 who 触发的。

除以上预设外，说话者知道他和听话者之间还有些共享的语用命题，如二加二等于四，等等，但这些命题在句子中得不到体现（manifestation），因而跟句子的信息结构分析无关（Lambrecht，1994：56）。

二 预设触发语

上文说过，预设是由词汇、语法等语言项目触发的，学界将触发预设的语言项目（词语或结构）称为"预设触发语"（presupposition triggers，Levinson，1983：179；Huang，2007：65）或"潜在预设指示成分"（indicators of potential presupposition，Yule，1996：27）。这里采用"预设触发语"这一术语。

哪些形式是预设触发语，有多少预设触发语，学界并没有一致的看法。据 Levinson（1983：181）介绍，Karttunen 收集了 31 类触发语，Levinson（1983：181—184）探讨了其中的 13 类：有定描述（definite descriptions）、事实动词（factive verbs）、隐含动词（implicative verbs）、状态动词的变化（change of state verbs）、重复（iteratives）、判断动词（verbs of judging）、时间小句（temporal clauses）、分裂句（cleft sentences）、带重音成分的间接分裂句（implicit clefs with stressed constituents）、比较和对比（comparisons and contrasts）、非限定关系从句（non-restrictive relative clauses）、反事实条件句（conterfactual conditions）和问句（questions）。如：

(10) a. John saw/didn't see the man with two heads.
　　>>b. there exists a man with two heads.

(11) a. It was odd/it wasn't odd how proud he was.
　　>>b. he was proud.

(12) a. The flying saucer came/didn't come again.
　　>>b. the flying saucer came before.

(13) a. Is there a professor of linguistics at MIT?
　　>>b. either there is a professor of linguistics at MIT or there isn't.

例（10）的预设触发语是 the man with two heads，为有定描述；例（11）的预设触发语是 odd，为事实动词；例（12）的预设触发语是 again，为表重复的词，例（13）的预设触发语是是非问句。

Yule（1996：27）也指出，预设和许多词、短语、结构的使用相关，这些形式是潜在预设的指示成分，只有说话者在场的语境，它们才能变成实际的预设。Yule（1996：30）将这类成分概括为六类：存在（existential）预设、事实（factive）预设、非事实（nonfactive）预设、词汇（lexical）预设、结构（structural）预设和反事实（conterfactual）预设指示成分。如：

(14) a. I regret leaving.
　　>>b. I left.

(15) a. He pretended to be happy.
　　>>b. he wasn't happy.

(16) a. He manage to escape.
　　>>b. he tried to escape.

(17) a. When did she die?
　　>>b. she died.

(18) Ia. f I wasn't ill, ……
　　>>b. I am ill.

例（14）的 regret 是事实预设指示成分；例（15）的 pretend 是非事

实预设指示成分；例（16）的 manage to 是词汇预设指示成分；例（17）的问句是结构预设指示成分；例（18）的 if 小句是反事实预设指示成分。与 Levinson（1983）比较，Yule（1996）更概括，特别是其结构预设指示成分，应该包括许多成分，不过其词汇预设指示成分也会引起歧义，前两例中的 regret 和 pretend 怎么不可以看成词汇预设指示成分呢？而且一般来说，事实（factive）预设、非事实（nonfactive）预设是相对的，可概括所有的预设，但 Yule（1996）还概括了其他类型的预设。总之，Yule（1996）的预设（也即预设指示成分）的分类有交叉。这大概跟预设触发语的复杂性有关。

Huang（2007：65—66）探讨了八类预设触发语：有定描述（definite descriptions）、事实谓语（factive predicates）、体/状态谓语变化（aspectual/change of state predicates）、重复（iteratives）、隐含谓语（implicative predicatives）、时间小句（temporal clauses）、分裂句（cleft sentences）和反事实条件句（counterfacutual conditions）预设触发语，其中前五类是词汇（lexical）触发语，后三类是结构或构式（constructional/structural）触发语。

表 4-1 是三种文献所概括的预设触发语的比较：

表 4-1   三种文献的预设触发语比较

Levinson（1983）	Yule（1996）	Huang（2007）	例
有定描述	存在的	有定描述	the man with two heads
事实动词	事实的	事实谓语	regeret/aware/be sad that
	非事实的		pretent/dream/imagin
隐含动词	词汇的	隐含谓语	manage/happened to
状态动词的变化	词汇的	体/状态谓语变化	stop/begin/go
重复	词汇的	重复	again/return/for nth time
判断动词			accuse/criticize
时间小句		时间小句	before/during/as
分裂句		分裂句	it is that/what…is
带重音成分的间接分裂句			John compete in the OLYMPICS.
比较和对比			too/back/as…as
非限定关系从句			（略）
反事实条件句	反事实的	反事实条件句	if I weren't ill
问句	结构的		when did she died?

由表4-1可知，三种文献对预设触发语的分类、范围存在一定差异。总的来说是，Levinson（1983）概括得最全面，而Huang（2007）最具概括性。

不仅如此，学界对某一形式（词汇或结构）是否为预设触发语存在争议，如束定芳（1989）认为定语从句被预设：

（19） a. The man she married was a Chinese.
　　　　>>b. she married a man.

这也意味着定语从句是预设触发语。上例定语从句即限制（restrictive）关系小句，但Levinson（1983：184）指出，只有非限制关系小句才会触发预设。Grundy（2000：124）也指出，限制关系小句不会触发预设。

不少文献探讨了汉语的预设触发语，可以这样说，与英语预设触发语意义最接近的汉语形式一般也可以看作预设触发语（蓝纯，1999；金立鑫，2006等）。如事实动词：

（20） a. 陈振发现太太怀孕了。
　　　　>> b. 陈太太怀孕了。（金立鑫，2006）
（21） a. 张杰为自己考了第一名而高兴。
　　　　>> b. 存在一个张杰，张杰考了第一名。（徐盛桓，1993）

"发现""为……而高兴"是事实动词，它们会触发预设，这些预设可称作事实预设（Huang，2007：66）。

再如"重复"：

（22） a. 我想再喝点儿酒。
　　　　>> b. 我已喝过酒了。（石安石，1986）
（23） a. 张三重申他的主张。
　　　　>> b. 张三过去曾申明他的主张。（徐盛桓，1993）

预设具有否定保持性，学界一般都把"否定测试"作为鉴别和定义预设的主要标准（束定芳，1989），这自然也成为判断一个语言形式是否为预设触发语的常见做法①。如：

(24) a. Everybody knows that John is gay.
b. Everybody doesn't know that John is gay.
c. John is gay.

句子的肯定形式（24a）和否定形式（24b）都可以推出（24c），（24c）表达的命题就是说话者预设，这一预设是由事实谓词 know 触发的，该谓词就是预设触发语。下面再看汉语的例子，比较：

(25) a. 飞碟又来了。
b. 飞碟没再来。
>>c. 飞碟来过。（索振羽，2000：131）

(26) a. 飞碟来了。
b. 飞碟没来。
?>>c. 存在飞碟。

(27) a. 她嫌我出身贫寒。
b. 她没嫌我出身贫寒。
>>c. 我出身贫寒。（宋宣，1996）

(28) a. 他认为我出身贫寒。
b. 他不认为我出身贫寒。
?>>c. 我出身贫寒。

触发预设（25c）的是表重复的副词"又"，如果没有"又"，不能触

---

① 当然，正如 Huang（2007：66）所说，否定保持既不是不要条件，因为有许多句子不太可能被否定，但它们会触发预设，如（1）；同时，否定保持也不是必要条件，因为有些推理具有否定保持性，但它们不是预设，如（2）：

(1) a. Long live the king of France!
>>b. there is a king of France.

(2) a. 你永远是我的老师。
>>b. 听话者社会地位高于说话者。

发预设（参看 26c）；触发预设（27c）的是事实动词"嫌"，如果将之换为"认为"，则不能触发预设（参看 28c）。

下面我们主要采用否定测试来判断重动句是不是预设触发语。

第二节 重动句是一种预设触发语

一 否定保持

笔者认为重动句也是一种预设触发语，下面看否定保持测试，如：

(29) a. 你要传话传到我父母耳朵里。
　　 b. 你别传话传到我父母耳朵里。
　　 >>c. 你传话。
(30) a. 人家定价定得高点（谁会买呢）。
　　 b. 人家不定价定得高点（就会赔死）。
　　 >>c. 人家定价。
(31) a. 他上课上了一上午。
　　 b. 他没上课上一上午。
　　 >>c. 他上了课。

以上各例重动句 VP_1 表达的命题都是不被否定的。

因此，我们说，重动句会触发说话者的预设，而预设是由重动结构触发的，因而它就像分裂句、时间从句等一样是一种结构预设触发语（参看 Yule，1996）。

上面我们是将否定成分位于 VP_1 前的形式看作重动句的否定形式。其实这种形式是否成立，学界有不同的看法，如 Li & Thompson（1980：448）、Tsao（1990/2005：172）等就认为否定成分不能出现在 V_1 前。

否定成分还可以出现在重动句的其他位置，如：

(32) 以后到宾馆搞材料还是你去算了，<u>我住宾馆没住</u>出什么味道，择床睡不着。（阎真《沧浪之水》）
(33) 常昊：很好，<u>说话不说</u>太满，这样反而能更长久。（《鲁豫

有约》）

(34) 当年施厅长下来了，要车要不到，站在小车班门口骂人（阎真《沧浪之水》）

(35) 万一求人求得不的当，他再指东杀西之乎者也的奚落我一阵，我又看不激，那可不是我自寻的么？（文康《儿女英雄传》）

例（32）、（33）是否定成分在 VP_1、VP_2 间。例（34）是否定成分在 V_2、C 之间，否定成分一般为"不"，"V_2 不 C"是可能补语的否定式。例（35）是否定成分在"V_2 得"、C 之间，否定成分一般为"不"，"V_2 不 C"是状态补语的否定式。

可将以上四种形式概括如下：

(36) Ⅰ. S 否 VP_1VP_2
Ⅱ. SVP_1 否 VP_2
Ⅲ. SVP_1V 否 C
Ⅳ. SVP_1V 得否 C

以上四种形式，学界均有文献认为是重动句的否定形式。笔者后文将论证，由于重动句 VC 类型的多样性（动结式、动状式、动能式等），以上四种形式均可看作重动句的否定形式。

以上四种形式后三种形式的否定成分均在 VP_1 后，由此可知，VP_1 一般不是否定范围，即 VP_1 一般不会被否定。Ⅰ式否定成分在 VP_1 前，其否定范围应是 VP_1VP_2，但其真正的否定对象是 VP_2，甚至是 C，再以上面的例子来说明：

(37) a. 别传话传到我父母耳朵里。
b. 别传话。
c. 别传到我父母耳朵里。
(38) a. 人家不定价定得高点（就会赔死）。
b. 人家不定价（就会赔死）。
c. 人家不定得高点（就会赔死）。
(39) a. 他没上课上一上午。

b. 他没上课。

c. 他没上一上午。

以上三例均是 c 例与 a 例意思最接近，可见 VP_2 才是否定的对象。这样的话，各种重动句的否定形式表现出相同的特点，即否定成分否定的是 VP_2 或 C 而不是 VP_1，换句话说，VP_1 不会被否定，这也证明 VP_1 表达的命题是说话者的预设，重动句是预设触发语。

笔者共收集到 264 例含否定成分的重动句（含带一个可插入成分的重动句），各种形式的使用频率为：① I 式（S 否 VP_1VP_2）4 例，占 1.5%；② II 式（SVP_1 否 VP_2）27 例，占 10.2%；③ III 式（SVP_1V 否 C）208 例，占 78.8%；④ IV 式（SVP_1V 得否 C）25 例，占 9.5%。由此可见，III 式的用例最多，I 式的最少。

为 II、III、IV 式的，否定成分作用的范围都是 VP_2 或 C，这三种类型的用例也最多，占了 98.5%。因此，实际用例也显示重动句 VP_1 一般不被否定，它是预设，重动句是预设触发语。

由于重动句是通过整个结构触发预设的，因而重动句是一种结构预设触发语。

二 重动与预设触发语

重动句之所以能成为预设触发语，跟它的"重动"特点有关，从表意上看，V_1、V_2 表示的是时间上或逻辑上有先后顺序的动作，它们表达相同的动作，因而 V_2 表示的动作可看作 V_1 表示的动作的重复，这与连动式有相通之处（戴耀晶，1998），前文我们也探讨过重动句与连动式的密切关系，如：

（40）上次他就告诉我，<u>在家里做活做到三更天</u>。（曹雪芹、高鹗《红楼梦》）

（41）你说这些东西能做什么？<u>烧火烧不着</u>，<u>沤粪沤不烂</u>。（赵树理《三里湾》）

这些重动句可看作表达复合事件，这些事件具有时间或意念上的先后关系，如例（40）是先"做活"，然后才"做到三更"，两个事件在时间上具有先后关系；例（41）也是先"烧火"，然后才"烧不着"，虽然两个事件的时间先后意义不明显，但意念上可感知。

因为重动句表达的是同一事件，V_2可以看作V_1的重复，这与表重复的词语这种预设触发语（Levinson，1983；Huang，2007；徐盛桓，1993/2001）有相通之处，但两者并不相同。比较：

(42) a. 张三重申他的主张。
>> b. 张三过去曾申明他的主张。（徐盛桓，1993）
(43) a. 张三申明他的主张申明了多次。
>> b. 张三过去曾申明他的主张。
(44) a. 张三申明他的主张申明烦了。
>> b_1.? 张三过去曾申明他的主张。
>> b_2. 张三申明过他的主张。

虽然重动句和表重复词语可触发相同的预设，如例（42）、（43），但非必然，如果重动句VP_2不包含表多次的成分，则其触发的预设与表重复的词语不同，比较（$44b_1$）（$44b_2$）。由此可见，重动句是通过同一动词的重复来触发预设的。

而且，从解读触发的预设的时间先后、难易程度角度来看，重动句和表重复的词语也存在明显差异：首先，从时间上看，当听话者解读到V_2，则重动句触发了预设；而当听话者解读到表重复的词语，该词触发了预设。其次，从难易程度看，重动句因为前后动词紧邻或相邻不远，则很容易解读到触发的完整的预设，而表重复的词语只有解读完整个句子才解读到触发的完整的预设，因而重动句较表重复的动词更易解读触发的预设。

重动句的VC也可触发预设，换句话说，补语可触发预设（参看金立鑫，2006；王跃平，2001等），如：

(45) a. 可是乔乔和小林看书看得出了神，一点也没有要走的意思。（张天翼《大林和小林》）
>>b. 乔乔和小林正在看书。
(45') a. 乔乔和小林看（书）得出了神。
>>b. 乔乔和小林看了（书）。

(46) a. 你念书念入了神。
　　>>b. 你念了书。
(46') a. 你念（书）入了神。
　　>>b. 你念了书。

由此可知，重动句动词重复和补语触发的预设相同。但笔者觉得，由于重复动词比补语先触发预设（或者先被解读），所以，重动句主要的触发预设的因素是动词重复。

此外，语境中 VP_1 常常表示旧信息，这与预设的性质一致，如：

(47) 张晓君：不是，家里有好多事他也能自己完成，他可以自己做饭、热饭什么的，但一般很少让他做饭。//鲁豫：他做饭做得好吃吗？（《鲁豫有约》）

(48) 没点儿，抓着你就得跑。邢肃宁使人使得倍儿狠。（王朔《许爷》）

前例触发的预设"做饭"，前文直接出现过；后例触发的预设"使人"，前文有词语"抓着你"显示。

三　预设与语态

一般预设触发语触发的预设是现实的（realis），即是已经发生或正在发生的情境，说话人和听话人能从命题中得知该事件的已发生性（王晓凌，2009：4）。如：

(49) a. You can't get gobstoppers anymore.（Levinson，1983：182）
　　>>b. you once could get gobstoppers.

(50) a. John manage/ didn't manage to open the door.（Levinson，1983：183）
　　>>b. John tried to open the door.

这两例预设（49b）、（50b）都是已经发生的命题。也有些预设触发语触发的预设是状态，如：

（51）a. if an ant were as big as a human being, it could/couldn't run five times faster than an Olympic sprinter.
>>b. An ant were not as big as a human being. （Huang, 2007：66）

有些重动句触发的预设也是现实的，如：

（52）a. 他原来是搞心理学的权威，抗战时他搞音韵学搞得很有成就。（张宜《历史的旁白》）
>>b. 他搞了音韵学。
（53）a. 当时已经不行了，就是医生开刀开错了，把那个动脉给划了，划了之后就收不住了。（《杨澜访谈录》）
>>b. 医生开了刀。
（54）a. 你终于回来了！元凯呀！我等你等得好苦呀。（琼瑶《青青河边草》）
>>b. 我在等你。

前两例重动句触发的预设"他搞了音韵学""医生开了刀"都是已经发生的；后例重动句触发的预设"等你"是正在发生的。下例重动句所在语境虽然是非现实的，但重动句触发的预设仍然是现实的：

（55）a. 他觉着，要是说买她买得不对，那么卖了她就更亏心了。（老舍《鼓书艺人》）
>>b. 我买了她。

"要是"这一假设关联词作用的是补语"不对"。

但也有不少重动句表达的命题是非现实的，是尚未发生或不能确定是否发生的情境（王晓凌，2009：4），它们不能触发现实的预设，如：

（56）a. 你们吃饭吃不来，我晓得的，我晓得的。（张天翼《清明》）

~>>b. 你们吃了饭。

（57）a. 我记得你过去说过，不管将来什么时候，<u>我要饭要到你门口你都给</u>。（王朔《浮出海面》）

~>>b. 我要了饭。

（58）a. 数额如此大的连号发票，极有可能是在审计前<u>做假账做出的</u>。（《南方周末》）

~>>b. 做了假账。

这是否意味着这些重动句仍然是预设触发语呢？

笔者认为，上述现象可看作预设取消了，因为预设具有可取消性（defeasibility, Levinson, 1983: 186; Huang, 2007: 68—73），比较（Huang, 2007: 69:）

（59）a. John got a assistant professor before he finished his Ph. D.

>>b. John finished his Ph. D.

（60）a. John died before he finished his Ph. D.

~>>b. John finished his Ph. D.

一般认为时间小句可触发预设，如（59），但如果可触发的预设与真实世界知识冲突，则该预设被取消了，如（60），因为人死后是不可能完成博士学位的。正因如此，不少文献将由预设触发语触发的预设当作潜在预设（potential presupposition）（Yule, 1996; Huang, 2007: 82）。Huang（2007: 68、83）认为当预设与下列因素冲突时，预设就取消了：①背景假设；②语境因素；③语义衍推（entailments）；④会话隐含（inplicatures）；⑤预设。比较：

（61）a. 延津人瘦，源头就在这里，<u>吃饭吃个五成</u>，就放下了筷子。

>>b. 吃了饭。

（62）a. <u>你们吃饭吃不来</u>，我晓得的，我晓得的。（张天翼《清明时节》）

~>>b. 你们吃了饭/你们正吃饭。

前例可触发预设"吃了饭",后例并不能触发预设"吃了饭",这是因为"吃不来"显示他们吃不上饭,自然她们没吃饭,这可看作预设和语义衍推相冲突而取消了预设。此外,后例不能触发预设跟它出现在会话中,而且使用了"我晓得的,我晓得的"等命题态度动词有关,Huang(2007:72—73)指出,使用 say、tell 等"说"类词和 believe、want 等命题态度动词会使预设消失,因为这些动词会界定一个有别于真实世界的世界。再如:

(63) a. 我要饭要到你门口。

  >>b. 我要了饭。

(64) a. 我记得你过去说过,不管将来什么时候,<u>我要饭要到你门口</u>你都给。(王朔《浮出海面》)

  ~>>b. 我要了饭。

(65) a. 求人求得不的当。

  >>b. 求了人。

(66) a. 愚兄这学问儿本就有限,万一<u>求人求得不的当</u>,他再指东杀西之乎者也的奚落我一阵,我又看不激,那可不是我自寻的么?(文康《儿女英雄传》)

  ~>>b. 求了人。

例(63)、(65)可触发预设,但例(64)、(66)并不能触发预设,这跟重动句出现的语境有关,例(64)重动句处于条件句(不管……都……),例(66)重动句处于假设句(万一……那么),都表示非现实语态,因而并不一定触发预设。但正如时间小句触发的预设可能取消而时间小句仍为预设触发语一样,重动句触发的预设虽可能取消,但它仍是预设触发语。

四 焦点与预设

笔者后文还将探讨重动句的 VP_1 可以做焦点,如:

(67) "你们说什么说得这么开心?也说给我听一听!"云飞笑着

说:"从过去,到未来,说不完的故事,说不完的梦!"(琼瑶《苍天有泪》)

(68) 姚长庚躺在炕上,闭着眼慢慢问:"你的眼怎么瞎的?"老婆说:"莫非说你不知道,还用问!<u>还不是哭你那两个儿子哭瞎的</u>!"(杨朔《三千里江山》)

(69) 王琦瑶看着他说:"头上都吃出白头发来了。"他说:"这怎么是吃出来的呢?<u>分明是想一个人想出来</u>的。"(王安忆《长恨歌》)

(70) 睡箱子睡舒服了,<u>睡别的睡不惯了</u>。(刘恒《贫嘴张大民的幸福生活》)

例(67)的 VP_1 "说什么"包含疑问成分。例(68)的 VP_1 "哭你那两个儿子"是对前文问句的回答。例(69)的 VP_1 "想一个人"与前文"吃"构成对比。例(70)的 VP_1 "睡别的"与前文"睡箱子"构成对比,因此它们都是焦点。

虽然以上各例重动句 VP_1 都是焦点,但它们也是重动句触发的预设,如:

(71) a. 你们说什么说得这么开心?
　　>>b. 你们说了什么/你们在说什么。
(72) a. 还不是哭你那两个儿子哭瞎的!
　　>>b. 哭了你那两个孩子。

由此可见,即使重动句 VP_1 做焦点,它也可以成为触发的预设,因而将重动句看作预设触发语是合理的。

第三节　信息状态与预设调整

一　信息状态与预设

(一) 信息状态判定

以往研究主要探讨的是名词性成分的信息状态,这里探讨动词性成分

VP_1 的信息状态①。由于 VP_1 主要由 V_1 和宾语 O 构成，而宾语又由名词性语素、光杆普通名词、人称代词、专有名词、数量结构等多种成分构成，因此，VP_1 的信息状态也应由其内部成分（V_1 和 O）的信息状态共同决定的。笔者如下界定 VP_1 的信息状态：

（73）a. 如果 V_1 和 O 信息状态相同，则 VP_1 的信息状态与之相同。如 V_1 和 O 都是新信息，则 VP_1 为新信息，其余类推。

b. 如果 V_1 和 O 信息状态不同，则 VP_1 的信息状态按如下序列判定："旧信息<可及信息<新信息"，也就是说，如果 V_1 是新信息，O 是旧信息，即 VP_1 是新信息，反之也一样，如果 V_1 是旧信息，O 是新信息，VP_1 也是新信息。其余类推。

这里举些例子来说明，如：

（74）我的少爷，你这可是看鼓儿词看邪了。你大概就把这个叫作"临阵收妻"。(文康《儿女英雄传》)

（75）说这两天满街找她找不着，昨晚去她家堵她，结果屋里有人不开门，让哥们儿几个冻了半夜。(王朔《玩的就是心跳》)

（76）只说得人人鼓掌、个个叫好。吃不饱就在大家鼓掌鼓得起劲的时候，悄悄溜走了。(赵树理《锻炼锻炼》)

例（74）的 VP_1 "看鼓儿词"，"看"和"鼓儿词"前文都没出现过，都是新信息，因此"看鼓儿词"也表示新信息。例（75）中的"找"是新信息，"她"指代的就是"李江云"，是旧信息。"找"和"她"信息状态不同，根据"旧信息<可及信息<新信息"的序列，"找她"为新信息。例（76）中的 VP_1 "鼓掌"是对前文"鼓掌"的重复，因而是旧信息。

下面具体看重动句 VP_1 的信息状态。

（二）重动句 VP_1 是旧信息

预设是说话者认为听话者已知或愿知的命题，因此一般为旧信息。据

---

① Chafe (1987) 探讨过动词性成分等非名词性成分的信息状态，可参看。

笔者考察的语料，重动句的VP_1可以表达旧信息。如：

(77) 干吗！那是干吗！又要打官司？<u>打官司</u>打得成了光屁股鸡，又要打官司！（梁斌《红旗谱》）

(78) "把我的床拆下来。别让妈睡箱子了，让妈睡我的单人床吧！" // "<u>妈睡箱子</u>睡舒服了，睡别的睡不惯了。"（刘恒《贫嘴张大民的幸福生活》）

这两例重动句的VP_1与前文"打官司""睡箱子"同形同义，而且前例两者紧承，后例两者相差不远，VP_1都可看作对前文的回指，很明显表达的是旧信息。再如：

(79) 又对女孩说："晓敏以后要听你们书记的安排。"女孩说："我会听的，<u>中学听老师的话</u>听惯了。"（阎真《活着之上》）

(80) 王满堂先是<u>当过组长</u>，后又<u>当过小队长</u>，后又<u>当大队长</u>。<u>王满堂当干部</u>当油了，懂得方针政策，懂得做庄稼。（贾平凹《王满堂》）

这两例VP_1与前文词语只部分同形，但两者表达的命题相同，因而VP_1也是对前文命题的回指，是旧信息。

下列重动句VP_1与前文某一词语并不（部分或完全）同形，但两者表意相同，因而VP_1也是旧信息：

(81) 说话，我团着舌头；行路，我扭着身儿；笑，只有声音。<u>我作小姐</u>作惯了，凡事都有一定的程式，我找不到自己在哪儿。（老舍《阳光》）

(82) 试试吧，希望太渺茫了，不试一试又不甘心，万一<u>碰运气</u>碰上了呢？（阎真《沧浪之水》）

例(81)的"说话，我团着舌头……"就是"作小姐"的具体体现。例(82)的"碰运气"和"试一试"表意相同，表达相同的命题。

下列重动句 VP₁ 表达的是现场信息，即为听说双方共知的信息，或双方/一方正实施的行为，因而是旧信息：

（83）<u>我们说话说到很晚</u>，他当了官也并不像我们厅里的官，有一套彻底的官僚气质和思维方式。(阎真《沧浪之后》)

（三）重动句 VP₁ 是可及信息

有些重动句的 VP₁ 表达的是可及信息，如：

（84）<u>他便毫无来由地尽情地骂它</u>……（中间23个小句)……天青嘟嘟囔囔<u>骂那头驴骂得有些累</u>的时候，突然醒悟到他是在骂他的叔叔。(刘恒《伏羲伏羲》)

（85）<u>谢老师喝酒喝得太多</u>。他喝了端妹子给他的一碗白糖水之后就睡了三个多钟头。(张天翼《清明时节》)

例（84）的重动句前出现天青"骂那头驴"的内容，但它再次以重动句 VP₁ 的形式出现时，两者隔了23个小句，也就是说，这一信息再次出现前它一直处在边缘意识中，因而 VP₁ 表示的信息既不是旧信息，也不是新信息，而是介于两者之间的可及信息。例（85）的重动句是张天翼《清明时节》第四章开头的句子，虽然第三章末尾就是写谢老师喝酒的事情，但第三章、第四章分属于不同的话语单位，因此重动句 VP₁ 表达的信息可看作可及信息。以上两例可及信息都可看作去活动化的结果，也就是说，某一信息前文（前时）激活过，但经过了一段时间的"沉寂"，当它再次被激活时，它就是可及信息。它不是旧信息，因为有过一段"沉寂期"，它也不是新信息，因为前文出现过。

下列重动句 VP₁ 表示的也是可及信息：

（86）我想现在单单把李如珍叔侄们那些人弄得几个来放到咱们村里，他们就活不了：<u>讹人讹不了</u>，<u>哄人哄不了</u>，<u>打人打不了</u>。(赵树理《李家庄的变迁》)

（87）谁让你给我挣钱了？你还少说这个！<u>咱俩谁花钱花得多</u>？

(王朔《无人喝彩》)

（88）有封信写得温柔凄婉，像个过来人，还是女的写的（<u>看名字看不出性别</u>），招的我回忆起一些往事，很难受。（王朔《浮出水面》）

这些重动句 VP_1 表示的信息虽然前文没直接出现过，但可从前文信息推理出来，例（86）前文没直接出现"讹人""哄人""打人"等信息，但通过前文的"李如珍叔侄们弄人"等信息可以推知，这些人干的就是"讹人""哄人""打人"等勾当，这是推理可及信息。例（87）前文没直接出现"花钱"等信息，但通过前文的"挣钱""还少说这个"等信息很容易推出"花钱"这一信息。此例"挣钱"与"花钱"构成一对相对的事件，两者往往可相互推理出。例（88）前文没直接出现"看名字"等信息，但写信时常常会写上自己的名字，而且"看信"时会"看（来信者）名字"，这些都是常识，因此，由"写信""看信"等信息很容易推出"看名字"。"看名字"也是推理可及信息。

无论是去活动化导致的可及信息，还是推理可及的信息，它们都既不是旧信息，也不是新信息，而是介于两者之间的信息。

（四）重动句 VP_1 是新信息

重动句的 VP_1 还可以是新信息，如：

（89）问她小林这么晚来做什么？回答说是<u>看书看累了</u>，来找她说几句闲话，放松放松。（王安忆《长恨歌》）

（90）他停住了，等我问是谁，讲了什么话。我偏不问，我不能被他牵着走，他只好说："龚正开他说，<u>中国人等清官等了几千年</u>，也被误了几千年。"（阎真《沧浪之水》）

无论是例（89）的"看书"，还是例（90）的"等清官"，前文都未出现过，也不可以从前文信息推理得出，因而是新信息，而且它们是全新信息。这两例都属于"问—答"类型的话语，重动句属"答"，因而听话者头脑中完全没有相关信息。下例重动句 VP_1 虽不属于"答"句，但也是全新信息，前文未出现过，也不可从前文推理出：

(91) 有<u>两个外乡男人在路边饮食摊上喝米酒喝吐了</u>，吐得捶胸顿足。（王朔《玩的就是心跳》）

(92) <u>那男孩高二时转学转到我们班</u>，功课好，长的很美型。（鲍鲸鲸《失恋 33 天》）

重动句 VP₁ 表示新信息最直接的体现是重动句做标题，如：

(93) 通渠通出跨国企业（《羊城晚报》）
(94) 倒车倒出错误，引出车祸一连串（《京华日报》）
(95) "换碗"换出来的尴尬（《工人日报》）
(96) 拔火罐拔成虚竹（网络）

由于是标题，该新闻或信息对绝大多数读者来说都是"新"的，自然重动句 VP₁ 表达的信息也是新的。

下列重动句 VP₁ 表示的信息不是全新信息，可能听话者头脑中有相关知识，但不处于意识状态中，如：

(97) "喂，你，"被罚的家伙满嘴白沫地指着一个也穿着新海军制服、端坐在那里盯着自己酒杯出神的小伙子说，"你怎么那么油，老罚不着你？你不是顶崇拜那个<u>喂鲨鱼喂出事迹来</u>的邓世昌，那丫的可是海量，要不怎么那么高兴往海里沉。"（王朔《我是狼》）

例 (97) 也是对话，通过对话可知"小伙子"对"被罚的家伙"说过崇拜"邓世昌"之类的话，但说话当时，这个"小伙子"意识中并未有这一信息，是"被罚的家伙"重新激活了这一信息。以上重动句 VP₁ 表示的信息对听话者来说是熟知的，但说话当时，这些信息并不在听话者意识中，因此，它们也是新信息，不过，更准确的说法是未用信息，有些文献将此类信息看作旧信息（参看 Prince, 1981）。

不过值得注意的是，三类信息状态之间并非是泾渭分明的，特别是"可及信息"，它既跟旧信息有相似之处，又跟新信息有相似之处，所以有时很难判定。

（五）小结

笔者统计了 626 例重动句 VP_1 的信息状态，其中为旧信息的 188 例，占 30.0%；为可及信息的 158 例，占 25.2%；为新信息的 280 例，占 44.7%。统计显示，重动句 VP_1 为新信息是典型的（$\chi^2_{(1)}$ = 10.309，p = 0.001 <.05）；为可及信息的是非典型的（$\chi^2_{(1)}$ = 7.087，p = 0.000 < 0.05）；为旧信息的既不是典型的，也不是非典型的（$\chi^2_{(1)}$ = 1.111，p = 0.292 > 0.05）。

前文说过，重动句 VP_1 是触发的预设，从信息状态角度来看，它应是典型的旧信息，而上文统计显示，它是典型的新信息，这是否意味着重动句不是预设触发语呢？笔者认为，这可从语用调整（pragmatical accommodation）的角度分析。

二　预设调整规则

先看一个例子：

(98)（as I am walking up a driveway, someone says to me）
　　　Watch out, the dog will bite you.（Hawkins, 1978, 转自 Heim, 1982: 371）

有定描述 the dog 会触发预设：有一条狗。但前文没有话语显示有"狗"，"我"也并没有看见狗，甚至听这句话之前，"我"根本不知道这儿有狗，但这句话并不会因为没有这些信息就显得不合适。再如：

(99) A: When I worked on the railways these many years ago, I was working in the claims department, at Pretona Station Warmington as office boy for a short time, and. One noticed that <u>the tremendous number of claims against the railway companies were people whose fingers had been caught in doors as the porters had slammed them.</u>

　　B: Really. Oh my goodness.（Spenader, 2003: 360—361）

事实动词 notice 是预设触发语，其后从句表达的命题就是触发的预设,即 A 认为 B 知道这一命题。但通过 B 的回答,可以推知 B 并不知道这一预设。不过,B 并没有指出:他并不知道这命题,也就是说,他愿意将之当作预设。

以上两例说明,人们交际时有时并不会因为某些信息不是共享的而受到阻碍,有些时候,发话者会将某些其实是听话者未知的信息"当作"已知信息传达给听话者,而听话者知道说话者是将之看作自己(听话者)已知的,因此听到这个未知信息时也会适时地将之"调整"为已知的信息,这体现了交际的合作原则。这种现象可称为预设调整规则。

Stalnaker(1973,1974)认为预设是个语用概念,它不是指命题或句子之间的关系,而是人与命题的关系,是种命题态度(proposition attitude),跟说话者和听话者的态度或意图有关。预设类似于说话者的背景观念(background beliefs)或背景假设(assumptions),即说话者认为或觉得属实的命题,而且是假定听话者也认为属实的命题。

既然预设是种背景观念,它可以不说出来,甚至不被提及,如:

(100)(someone is asked by another when they just meet)
A:Are you going to lunch?
B:No,I've got to pick up my sister.(Stalnaker,1974,note.3:757;背景为笔者结合上文所加)

B 的回答里有定描述 my sister① 触发预设"B 有一个姐姐",但前文语境并没有出现这个信息,但这并没有妨碍它的可接受性,即使 B 并没有假定 A 知道 B 有一个姐姐。

以上现象,Lewis(1979)称之为预设调整。Lewis 认为在一个成功(well-run)的会话中,有些东西需要被预设,即参与双方将之作为共享的知识,或者至少打算(purport to)这样做,只有这些预设得到满足的时候,另一些东西才会被接受。但我们不能就此下结论,认为有些东西因为缺乏需要的预设而不能被接受。当你说出的话需要预设,而该预设又没有出现的时候,该预设就会自动产生,使你说的话可以被接受。比较:

---

① Huang(2007:66)认为领属成分也是有定描述。

(101) a. #All Fred's children are asleep, and Fred has child.
b. Fred has child, and all Fred's children are asleep.

当突然说出上面两句话时，a 例显得很奇怪，接受性不如 b 例，这主要是因为当说出 a 例的第一部分 All Fred's children are asleep 时，它自动产生了一个预设（这也是这句话可接受的预设）："Fred 有小孩"，而第二部分 Fred has child 表达的信息与前文预设产生的信息完全相同，没增加什么内容，因此，也就缺乏交际的价值。而 b 例的前一部分 Fred has child 就是后一部分 and all Fred's children are asleep 的预设，符合一般的会话要求，因而显得更自然。

Lewis（1979）认为以上现象跟规则控制（rule-governed）方式有关，这种控制规则可概括为预设调整规则（rule of accommodation for presupposition）：

(102) 如果 t 时间某人说了某句话，这句话需要预设 P 才能接受，而 t 时间前并没有预设 P，那么在其他条件不变的情况下和一定范围内（ceteris paribus and within certain limits），说这句话的 t 时间，预设 P 就自动产生。

(一) 预设调整限制

但正如 van der Sandt（1992）、Krahmer（1998：154）等所指出的那样，语用调整是种很强的机制，需要加以限制。Lewis（1979）也指出，预设调整也只是在"其他条件不变的情况下和一定范围内"。

预设调整的条件或限制是怎样的呢？不少学者进行了有益的探讨。现作些归纳（当然是不完全的）：

1. 需调整的信息与前文话语有足够的联系（link）（参看 Heim，1982：371—373；Spenader, 2003；Lambrecht, 1994：65—73 等）。比较：

(103) a. John read a book about Schubert and wrote to the author.
b. John read a book about Schubert and wrote to a author.
(Heim, 1982：371、373)

例（103a）a book 和 the author 之间有足够的联系，因而有定描述 the author 触发的预设"有一个作者"很容易被调整。例（103b）a book 和 a author 之间没有足够的联系。

2. 需调整的信息有足够的描写内容（van der Sandt，1992；Spenader，2003 等）。据 van der Sandt（1992），有足够的描写内容是相对于代词和其他语义负载（loaded）较少的回指成分（如动词回指成分、命题回指成分）来说的。比较：

（104） a. If baldness is hereditary, then all of Jack's children are bald.
b. If baldness is hereditary, then they are bald. （van der Sandt 1992）

即使没有前后文，例（104a）也可以接受；但例（104b）如果没有前后文，就不知 they 是谁了。

3. 需调整的信息标记为话题。Lambrech（1994：197）认为非确认的（unidentifiable）成分标记为话题比标记为焦点更易调整，比较：

（105） a. The old woman died.
b. A old woman died.

例（105b）较例（105a）更不常见。这主要是因为主语被认为是话题，而话题又是语用上可及的，那么调整的"动机"（invitation）就更强烈，因而也就更易为听话者所接受。可见，调整的难易程度跟话语本身的信息状态有关，还跟说话者表达话语的方式有关。

4. 需调整的信息是习语的一部分。Kay（1990）认为 let alone 也是预设触发语，如：

（106） You're making a mountain out of something that isn't even an ant hill <u>let alone</u> a mole hill. （Key，1990：78）

上例 You're making a mountain out of…激发固定表达 to making a mountain out of a mole hill（小题大做）。

5. 需调整的信息符合一般常识。比较（Huang，2007：86）：

（107） I'm sorry I am late, my car broke down.
>>The speaker has a car and he came by car.

（108） I'm sorry I am late, my fire-engine broke down.
>>? The speaker has a fire-engine and he came by fire-engine.

例（107）的预设"我有车"易被调整，而例（108）的预设"我有消防车"不易被调整，因为按照一般常识，人一般有车，而不会有消防车，而且不会开着消防车去开会。

6. 需调整的信息听话者至少是默认或无异议或没有理由怀疑（Lewis，1979；Grice，1981；Sadock，参看 Stalnaker，1974：note.3）。Lewis（1979）指出下例对话就谈不上为调整：

（109） A：The king of France is bald.
B：But France has three kings.

A 的预设是"只有一位法国国王"，但 B 对这预设持怀疑态度。笔者认为，这个条件可看作新信息是否被调整为预设的最直接也是最客观的判断标准。

（二） 预设调整与可及信息

当重动句 VP_1 为旧信息时，自然不需要调整；当 VP_1 为可及信息或新信息时，需要调整，先看 VP_1 为可及信息的情况，如：

（110） 我后半夜<u>回到榆镇</u>……（中间隔了八句叙述语言和五个对话）//炳爷舒了口气，让我回去睡觉。<u>我走路走得很累</u>，躺到竹床上却怎么也睡不着。（刘恒《苍河白日梦》）

（111） 大贵伸开膀子，要把猪递给她。春兰一试，实在沉重，直压得弯下腰抬不起来，着急地说："不行！不行！"大贵把猪扔在地上，拍了拍身上的雪说："你搬回去吧。"//春兰笑了说："<u>救人救到底</u>，送人送到家，你给俺搬进屋来吧！"（梁斌《红旗谱》）

例（110）重动句 VP_1"走路"可由前文"回到榆镇"等信息推理出；例（111）的"救人"可由前文"大贵"把猪扛到春兰家门口这一帮人的动作推出，但帮人和"救人"并不完全等同①，因而"救人"可看作可及信息。

"走路""救人"等信息前文未直接出现过，但这些信息可被听话者调整为预设。它们基本符合上文归纳的预设调整的限制条件。第一，它们都与前文有联系，可及信息有文献看作回指信息（参看马博森，2010），回指信息指的就是前文的信息。第二，它们都有足够的描写内容，"走路"和"救人"表达的都是命题，信息相对完整。第三，重动句的 VP_1 有文献看作拷贝式话题（徐烈炯、刘丹青，1998/2007）或动宾话题前置（Tsao，1990/2005）。重动句的 VP_1 可以话题化，也可以在其后添加语气词"呢""吧"等话题标记，如：

（112）我走路呢，走得真累。
（113）救人，救到底。

因而可看作是话题，其易被听话者调整为预设。正是由于具备以上条件，这两例的 VP_1 可被说话者调整为预设。重动句 VP_1 为可及信息的都具备以上三个条件，因而都易调整为预设。

此外，例（113）"救人"易被调整为预设还跟整个重动句为俗语有关。而且，这一信息为听话者默认，说话者并没有提出异议。后文虽然出现了"不"，但它否定的是"你给俺搬进屋来吧！"这一建议，或者说是 VP_2"到底""到家"，而不是"救人""帮人"。因此，从预设调整的难易度来看，例（111）的"救人"比例（110）的"走路"更容易被调整

---

① "救人救到底，送人送到家"可看作俗语，笔者发现两个重动句连着说可构成俗语或格言，如老舍《四世同堂》有一句话："他的牌打得很好，可是他知道'喝酒喝厚了，赌钱赌薄了'的格言，不便于天天下场。"再如"俗话说，喝酒喝厚了，耍钱耍薄了。"（老舍《鼓书艺人》）。类似的还有"救人救彻，救火救灭"（文康《儿女英雄传》）等。

为预设。

（三）预设调整与新信息

下面重点看重动句 VP_1 为新信息的情况。再举一些例子：

（114）我唯一认识的在金三角待过的人就是曾焰，她不是在美斯乐，<u>她在国民党区域教书教了八年</u>。（《鲁豫有约》）

（115）星期六早上，天刚蒙蒙亮，秦一星手机响了，是他女儿打来的，问他送不送她<u>去学琴</u>……//柳依依又在康定待了一天……//下次见到秦一星，柳依依说："怎么样了？"秦一星不解地望着她说："什么事怎么样了？"柳依依心里发冷。她说："<u>你女儿学琴学得怎么样了？</u>"（阎真《比如女人》）

例（114）重动句 VP_1"教书"前文未出现过，是全新信息；例（115）重动句 VP_1"学琴"是听话者（秦一星）头脑中存有的信息，前文也出现过（不过再一次出现是几天后的事情）；但说话当时，他意识中并未有这一信息，这从他的反应和问话可以看出，因而它不是全新信息，而是未用信息。全新信息和未用信息都是新信息。

虽然它们都是新信息，但交际中会被听话者调整为预设，主要是因为它们满足以下条件：第一，它们都表达的是命题，有足够的描写内容。第二，它们具有话题的特点，如可以话题化，可以停顿（如"你女儿学琴，学得怎么样？"），可以加语气词等话题标记。重动句 VP_1 为新信息的都具备以上条件，因而可以被听话者调整为预设，或者说，在交际中，这些预设自动创建。

此外，VP_1 为未用信息的因为前文出现过或听话者头脑中有相关信息，因而它们与前文有联系。此外，有一些为新信息的 VP_1 为听话者默认，说话者并没有提出异议，如上例（115），听话者并没有否认他女儿学琴这一信息。因此，从预设调整的难易度来看，例（115）的"学琴"比例（114）的"教书"更容易被调整为预设。

某一新信息是否被听话者调整为预设最直接也最客观的标准就是看该信息是否被听话者质疑或否定。笔者语料中，VP_1 为新信息的重动句许多处于会话中，例（115）即是其中之一，下面再举一些：

（116）她说:"你只喝酒喝多了,你一喝多酒就要瞌睡,我刚才看见你坐在那儿都像要睡着了似的。"世钧不语。（张爱玲《十八春》)

（117）我说:"你是张小禾,你不说话我也知道。我等你的电话等了一上午了。"那边还是沉默着。（阎真《曾在天涯》)

（118）和平:这几年我找你找不到,原来你又混进了知识分子队伍……//孟朝辉:我坦白……（剧本《我爱我家》)

（119）他母亲一看见他便嚷:"嗳呀,等你们等得急死了!"世钧笑道:"要不因为下雨了,我们还不会回来呢。"（张爱玲《十八春》)

这些重动句 VP₁ 都是新信息,例（116）"喝酒"是未用信息,其余均是全新信息。当这些重动句出现在会话中时,听话者或者沉默不语,不回应,如前三例,或者解释原因,如例（119）。也就是说,听话者均不对其信息进行质疑,而是将之调整为预设。

下例有点特殊:

（120）"我怎么睡着了?怎么不回我们家?"//"你困了,就睡了。""噢,这是潘佑军家。我们是不是打麻将打太晚了?他和他爱人呢?""你都不记得了?"（王朔《过把瘾就死》)

重动句 VP₁ "打麻将"是全新信息。但从听话者的反问中可以看出,听话者并没有默认杜梅的预设,或者说将之调整为预设。但此例有些特殊,上述对话是在"杜梅""疯"后昏迷了且仍处在不清醒状态下进行的,"我"否定的是"杜梅"的所有的话,而不仅仅是"打麻将"。也就是说,这是一种非正常状态下的交流。

此外,除了以上文献中所谈到的预设调整的条件外,重动句 VP₁ 自身的特点也是其信息容易被调整的重要条件。第一,VP₁ 整体上为动词性成分。虽然有文献（Tsao,1990/2005）认为 VP₁ 是主题,但也有文献指出,其动作性仍较强（徐烈炯、刘丹青,1998/2007）。动词性成分与名词性成分的处理（processing）不同,前者跟短时记忆（short-term memory）有关,而后者跟长时记忆（long-term memory）有关。前者只需记忆（remembering),而后者需要创造（creating）、确认（identifying）、记忆和调整心智表征（modifying mental representation）（Lambrecht，1994：267—268）。一个很明显的特征是，动词的韵律特征不同于名词：新的动词性成分可以不带重音，旧的却可以带重音（参看 Lambrecht，1994：266）。因为动词性成分处理起来更简单，对其表达的信息的调整也更容易。第二，重动句主要用于口语，主要表达日常生活中的事件或活动。如上文提到的"打麻将""喝酒"等都是生活中时常发生的事，或某一历史时期发生的事，是听话者熟悉的。可以这样说，它们与未用信息相似，有时它们与情境可及信息很难分清。

总之，重动句的 VP_1 虽然可以表示可及信息或新信息，但它容易被听话者调整为预设。正如 Huang（2007：86—87）所说，新信息可以，而且不断地通过预设的方式来表达，调整本质上是一种机制，它将新的、无异议的假设添加到话语语境中去。从这个角度看，调整可看作格莱斯探索（Gricean exploitation）的特例：说话者利用会话原则（maxims of conversation）产生语用推理。

重动句是种结构预设触发语，其表新信息的 VP_1 很容易调整为预设信息，这一特点可以解释重动句的一些独特用法。首先，不少文献都指出重动句常用来充当书面新闻中的"事件标题"①，如（孙红玲，2005：108）：

（121）整合整出规模企业（新闻联播）
（122）通渠通出跨国企业（《羊城晚报》）
（123）过节过穷了吧？闲置宝贝大抛售（搜狐网标题）
（124）摸奖摸到轿车，喜出望外；领奖领出麻烦，对簿公堂（《宁波日报》）
（125）倒车倒出错误，引出车祸一连串（《京华日报》）

笔者发现，BBS 的标题也常出现重动句，如：

（126）做作业做累了，发个小笑话
（127）填表填得手都骂了

---

① 当然，这里所说的"常做标题"是就重动句和把字句、被字句等汉语其他特殊句式相比较而言的，如把字句实际使用频率远远高于重动句，但做标题时，重动句较把字句常见。

(128) 天哪 写论文写得累死了

(129) 网络抽风要抽到何时啊

(130) 迎财神迎得好厉害（以上均见于日月光华BBS）

其次，重动句也会用作俗语、惯用语，如：

(131) 说着，回头又向安公子道："俗语说的：'<u>救火须救灭，救人须救彻</u>。'我明明听得那骡夫说不肯给你送这封信去请褚一官。"（文康《儿女英雄传》）

(132) 赶车人说："常说道'<u>为人为到底，送人送到家</u>'，咱们既有缘相见，就是我一生的喜庆，说句大话，你这就算脱离虎口了！"（梁斌《红旗谱》）

(133) 咱俩是初次见面，所以我应当跟您一起喝一盅。俗话说，<u>喝酒喝厚了，耍钱耍薄了</u>。来，喝一口。（老舍《鼓书艺人》）

再次，重动句有时作为章节的首句，如：

(134) 叔菱（<u>等人等得焦心</u>，东坐一下，西坐一下，瞪钟，没用；看表，也没用）刘妈！刘妈！刘妈！（老舍《残雾》）

(135) <u>谢老师喝酒喝得太多</u>。他喝了端妹子给他的一碗白糖水之后就睡了三个多钟头。（张天翼《清明时节》）

(136) 一九四二年——<u>抗战抗到第五个年头</u>，共产党和共产党领导的八路军、新四军一天天发展壮大。（袁静、孔厥《新儿女英雄传》）

因为前文没有相应的语境，这些重动句 VP_1 表达的信息都是新信息。

为什么重动句会出现于这些场合呢？赵新（2002）从修辞的角度来分析，认为可以起到"表达简明，富有节奏和韵律"的效果；孙红玲（2005：111）则认为重动句无论在语义结构上，还是在语用特点上，都符合了新闻标题的基本要求：清楚地交代事件是什么，客观地突出事件的特别性。

笔者认为，虽然这些场合重动句的 VP_1 表示的是新信息，但不会给人突兀之感，因为重动句是预设触发语，它能触发预设，并使之容易"调整"为听话者的预设。这样，仍遵循了从旧到新的一般的信息安排原则，有利于信息交流。而且，这也符合信息交流的经济原则，用尽可能经济的语言表达尽可能丰富的内容，一方面 VP_1 表达新信息，同时 VP_2 也表达新信息，这样，一个小句包含两个新信息，达到言简意赅的效果，而这与标题要求、俗语要求完全吻合。如果不采用重动句形式，则可能采用两个小句的形式，如：

（137）整合，整出规模企业
（138）填表，填得手都骂了

效果显然差多了。再如，与例（135）表意相近的表达还有：

（139）谢老师酒喝得太多。
（140）谢老师喝了太多的酒。

这两例也都触发了预设"谢老师喝了酒"，但这预设只有解读完整个句子后才被触发出来，而如果是采用重动句，则解读到 V_2 即将 VP_1 调整为预设，并将之作为后文陈述的前提。因而采用重动句更简约、顺畅。而且重动句与上面两例也存在明显差异，首先，重动句对"酒"限制不强，而例（139）、（140）都要求是有指的；其次，重动句表达的是复合事件，而这两例表达的是单一事件。

第四节　重动句 VP_2 做预设

重动句的 VP_1 一般做预设，特定条件下，VP_2 也可以做预设，此时，VP_1 是焦点。

不少文献谈到重动句的 VP_1 可以做焦点（王灿龙，1999；聂仁发，2001；赵新，2002；张静，2004 等），笔者也认为重动句 VP_1 可以做焦点，下面是 VP_1 做焦点的情形[①]：第一，重动句是对上文提问的回

[①] 即重动句为单焦点的情形，在特定条件下，重动句 VP_1VP_2 可以做焦点，关于重动句的焦点，参看第五章。

答,如:

(141) 姚长庚躺在炕上,闭着眼慢慢问:"你的眼怎么<u>瞎</u>的?"老婆说:"莫非说你不知道,还用问!还不是<u>哭</u>你那两个儿子<u>哭瞎</u>的!"(杨朔《三千里江山》)

第二,VP₁本身包含疑问词,如:

(142) "真是看不下去。"希莉丝小声说着。"<u>看</u>什么<u>看不下去</u>?"听到这话的欧鲁森问着。"这里的全部啊。"(《罗德岛战记》)

第三,VP₁与前文对比,如:

(143) 王琦瑶看着他说:"头上都吃出白头发来了。"他说:"这怎么是吃出来的呢?<u>分明是想一个人想出来的</u>。"(王安忆《长恨歌》)

重动句VP₁做焦点的情形很受限制,但通过上面几例可知,这些重动句VP₂都是预设,它们表示的信息前文直接出现过,如例(141)重动句的V₂"哭"是V₁"哭"的重复,C"瞎"前文出现过;例(142)重动句VP₂"看不下去"前文出现过;例(143)重动句的V₂"想"是V₁的重复,C"出(白发)来"前文也出现过。

第五节 本章小结

重动句的肯定形式和否定形式都可以推出VP₁,显示,VP₁表示的命题是不会被否定的,重动句可看作预设触发语。重动句是一种结构预设触发语,它是以整个结构触发预设的,而这主要源于重动句具有"重动"的性质。实际语料中,否定成分可出现在重动句的四种不同的位置,但置于VP₁前(可能否定VP₁)的用例最少,而且,即使是这种情形,真正受

到否定的是 VP_2 或 C，这进一步印证了重动句是预设触发语的观点。在特定情形下，重动句 VP_1 表示的命题并未实现，可看作预设取消了，但这与重动句是预设触发语的观点并不冲突，因为可取消性是预设的特点之一，预设触发语触发的是潜在的预设，其是否变为现实预设，跟话语语境相关。从信息状态的角度看，重动句 VP_1 可为可及信息或新信息，这可通过语用调整的方式实现为预设，这一机制，使得重动句比把字句、被字句等汉语特殊句式更易做标题或更易出现在句首。

当重动句 VP_1 做焦点（重动句为单焦点）时，VP_1 仍有一定的预设性，但 VP_2 是典型的预设。

第五章 重动句焦点分析

第一节 研究概况

重动句的焦点①是重动句研究的重要内容,也是颇有争议的问题,概括起来主要有五种观点。

一 VP₂是焦点

这可以项开喜(1997)、刘维群(1986)为代表。如项开喜(1997)认为,在重动句式中,VP₂是整个句子的核心成分、语义焦点,VP₁为VP₂提供一个常量参照。并从三个角度加以证明:首先,表时体的标记("了"等)只能出现在VP₂中,因此,VP₁是背景信息,VP₂是前景信息,前景信息无疑是话语中的核心内容。其次,充当VP₁中动词宾语的名词性成分在形式上受到很大的限制。它一般只能是无标记形式(unmarked form)的名词性成分,信息量低。从这个角度看,VP₁不是重动句式中的焦点成分。再次,从认知语言学的角度看,在重动句式中,VP₁是无界的,VP₂是有界的。人们对无界事物及相对静止的现象往往习焉不察,而对有界事物及运动变化的现象会格外注意。在重动句中,交际的双方都更关注VP₂,而不是VP₁,因此,VP₂是整个句式的语义重心和信息焦点。因此,项文认为在重动句式中,VP₁并不是语义焦点,它出现在VP₂之前,既不是出于语义上的需要,也不是出于句法上的需要,不带有任何强制性,而是出于某种功能上的需要,即为VP₂提供常量参照。

---

① 有些文献称为"核心""重心""重点"或"语义重心"等,参看秦礼君(1985)、刘维群(1986)、王灿龙(1999)、赵新(2002)等。需要明确的是,这里所说的重动句的焦点是就VP₁、VP₂之间的关系来说的。

可以说，项开喜（1997）为重动句的研究提供了新的视角，结论也基本可信，但该文的论证不甚严密。首先，有无时体标记并不能成为判定某个成分是否为焦点的主要依据，焦点的判断有特定的标准。其次，名词性成分的信息量低并不意味着包含该成分的动词结构的信息量也低，结构内成分的信息地位和整个结构的信息地位并不总是一致，而且信息量的高低和是否为焦点也没有必然的联系。再次，心理学上的注意与语言学上的焦点是否一致还有待于进一步探讨，比如有些文献将心理焦点（如代词）看作话题（参看 Vallduví & Engdahl，1996；Gundel，1999；徐杰，2001：119；徐烈炯、潘海华主编，2005等）。

此外，项开喜（1997）使用的术语也较繁多，"核心成分、语义焦点、前景信息、突显、信息含量大、注意、语义重心、信息焦点"等似乎都是焦点的同义词。这些术语往往属于不同层面，有特定的含义。

二 补语是焦点

不少文献认为重动句的补语是焦点（参看秦礼君，1985；戴耀晶，1998；孙红玲，2005：9—10等），如孙红玲（2005：9—10）反对王灿龙（1999）等将重动句看作双焦点的观点，认为重动句的补语C是语义焦点。首先，VP_1和VP_2不可能全都成为重动句所传递的信息重心。其次，双焦点论者（王灿龙，1999等）的"VP_1和VP_2都不可或缺"说的是"信息足量"而不是"信息地位"。再次，VP_2比VP_1更有资格成为焦点。

虽然孙红玲（2005：9—10）的结论可信，但基本上没有论证，因而说服力不足。而且，孙文一方面说C是焦点，同时又将VP_2看作焦点。到底是C为焦点，还是VP_2为焦点呢？

第一、二种观点的差别在于，前者着眼于焦点域（focus domain），而后者着眼于焦点成分本身。因此，如果不强调区别，两种观点可以合并，有些文献（孙红玲，2005：9—10）认为VP_2或C是重动句的焦点。

三 VP_2、VP_1都可以是焦点

聂仁发（2001）认为，一般情况下VP_2是焦点，特定情况下VP_1也可以是焦点（另参看 Hsu，2008）。聂仁发提出现代汉语小句单焦点原则（Principle of one focus in one clause），比较：

(1) 你学校里有人上你家<u>找你</u>，<u>没找着</u>。他们打了电话给你爸爸，你爸爸可生气呢。（张天翼《宝葫芦的秘密》）

(2) 你学校里有人<u>找你没找着</u>。

根据聂仁发（2001），"找你"在例（1）中是小句的焦点，"没找着"也是小句的焦点，分属不同的小句。例（2）只有一个小句，"没找着"（VP$_2$）是焦点。"找你"（VP$_1$）不再是小句的焦点，成了VP$_2$的背景信息。复句转换成小句时，都从双焦点或多焦点变为单焦点。

聂仁发（2001）认为特定情况下，VP$_1$也能成为小句的焦点，说明VP$_2$的原因、方式等。如：

(3) 还不是哭你那两个儿子哭瞎的。（杨朔《三千里江山》）
(4) 那是掘地掘出来的。（张天翼《宝葫芦的秘密》）

句中用了强调句式"是……的"，"哭你那两个儿子""掘地"成了焦点。再如：

(5) 他们从四方坪、星沙走路走到世界之窗。（长沙电视台《长视新闻干线》）

因"走到"已含"走路"之意，此句目的在于突出"走路"这一方式。如略去"走路"，重读"走"，效果也一样。

聂仁发（2001）最大的特点就是注意到了重动句VP$_1$也可以是焦点，不过VP$_1$在怎样的条件下成为焦点却需要进一步探索。如"是VP$_1$VP$_2$（的）"句式并不总是强调VP$_1$，"是"的作用范围是整个重动结构，其强调的可以只是VP$_2$，如：

(6) 金一趟也明白，自己是<u>疼孙子疼得不讲理</u>了，可还硬是搅理。（陈建功、赵大年《皇城根》）
　　a. 金一趟也明白，自己是疼孙子。
　　b. 金一趟也明白，自己是疼得不讲理了。

(6b) 与原句意思更接近，可见"是"真正作用的还是"疼得不讲理了"。

以上三种观点都认为重动句只有一个焦点，因而可称为单焦点说。

四　宾语和补语都是焦点

如王灿龙（1999）认为重动句最大的特点是重复动词，让它们分别引出宾语和补语。孤立地看，宾语和补语都可以看作表义重点，因此，实际上重动句是个双语义焦点句。而且很难说动宾结构重要还是动补结构重要。因为前一项表示一个动作事件，后项紧接着表示该动作造成的一种结果或状况，少了哪一项句子的表义都不全面、不完整。但是前后两项结构在句法上的地位却不平等，在这一点上又不同于并列结构。

笔者认为，王灿龙（1999）主要是从句法的角度或者说是从重动句"产生"（宾补争动）的角度来立论的，因为宾语和补语都是必不可少的，因而都是焦点。这其实是将语用层面的问题（焦点）同句法层面（宾语、补语等成分）的问题等同起来了。而且，大多数重动句的宾语是名词性语素或光杆普通名词，绝大多数是无指成分，"这类动名组合语义单一，名词性成分不代表语境中任何一个具体的事物，而只是作为补充动词语义的外延性成分进入组合"（陈平，1987），将这类补充性成分作为焦点，显然不太合理。

五　VP$_1$和VP$_2$都是焦点

张静（2004：29）认为重动句主题和述题即 VO 和 VC 都是说话者的话语焦点，都是要强调的焦点信息，即重动句是双焦点的信息结构。证据有三，首先，在整个重动句中，VO 和 VC 都是说话者要强调的部分。其次，在语流中，VO 和 VC 在语音上都是句子的重音部分。再次，在一般句子中，动宾结构中的宾语一般是不定指的新信息，动补结构中的补语更是要强调的新信息。所以，张文认为可以确定地说重动句属于信息双焦点句式。张文的前两个证据缺乏论证和说明，没有说服力，后一个证据则是不正确的，学界大多数文献都认为重动句宾语一般是无指的（Li & Thompson, 1981；李讷、石毓智，1997；项开喜，1997 等），对实际语料的统计（曾传禄，2007；刘雪芹，2003 等）也显示重动句宾语主要是无指的，而很少是不定指的①。

赵新（2002）认为重动句是由一个动宾结构和一个动补结构一前一后结合而成的，前一个动宾结构叙述一个动作行为，后一个动补结构对前面的动作行为进行描述或说明。这两个结构都是语义重心，缺一不可。语义重心一般为焦点（参看张伯江、方梅，1996：73 等），所以赵文的观点也可归为双焦点论。

第四种、第五种观点都认为重动句有两个焦点，不过前者着眼于焦点本身，后者着眼于焦点域，它们可概括称为双焦点说。双焦点说者要探讨的一个问题是：既然 VP_1、VP_2 都是焦点，那它们有没有区别呢？是同等对待，还是将一个看作主焦点，另一个看作次焦点？②

下面将以上五种观点概括如下（见表 5-1）：

表 5-1　　　　　　　　学界关于重动句焦点的观点

	焦点	代表文献及其主要使用术语
单焦点说	VP_2	语意重心（刘维群，1986）；语义焦点、核心（项开喜，1997）；语义重心（孙红玲，2005）
	C	核心（秦礼君，1985）；焦点（戴耀晶，1998）；语义焦点（孙红玲，2005）
	VP_2（一般）、VP_1（特定）	焦点（聂仁发，2001）
双焦点说	O 和 C	表义重点、语义焦点（王灿龙，1999）
	VP_1 和 VP_2	语义重心（赵新，2002）；话语焦点（张静，2004）

总之，虽然研究重动句焦点的文献不少，也有些观点很有启发性，但它们都不同程度地存在以下不足：对焦点缺乏一个较明确、较科学的界定，如何判断焦点也缺乏较客观可行的标准。

具体探讨之前，这里先简要区别两组概念：①焦点和焦点成分。根据 Lambrecht（1994），"焦点是语用结构命题的语义成分，借此，断言和预设区别开来"。因而，焦点是语义概念，表现焦点的形式则是焦点成分。为便于称说，我们会直接将某一成分说成是焦点，其实它是焦点成分。

---

① 笔者重点探讨的 626 例重动句中，无指的 447 例，占 71.4%；定指的 176 例，占 28.1%；不定指的 3 例，占 0.5%。

② 徐杰（2001：124—125）也认为一个简单句可以有两个或多个焦点成分，但这些不同的焦点所受到的强调程度可能是不均匀的，因而有主次焦点之分。

②焦点（focus）和焦点域（focus domain）。通过前面的分析可知，有些文献认为补语 C 是焦点，有些文献则认为整个 VP_2 是焦点。笔者认为 V_2 不可能是焦点，因为从线性序列来看，它是对 V_1 的重复，不是焦点，补语 C 才可能是焦点①，VP_2 是焦点域②，V_2 是焦点域中的非焦点成分，它可看作预设成分。不过为了便于称说，也可认为 VP_2 是焦点。VP_1 的情况则复杂一些，有时 VO 整个是焦点，有时 V_1 是焦点，有时 O 是焦点，但无论何种情况，VP_1 都是焦点，因为根据焦点投射（focus projection, Selkirk, 1995；另参看 Erteschik-Shir, 2007: 30—34）规则，无论是短语的中心词，还是内在论元，当它们各自标记为焦点时，VP_1 都标记为焦点。下面主要从焦点域的角度来探讨。

第二节　焦点居尾与重动句的信息焦点

一　标记信息焦点的手段

从类型学的角度看，世界语言标记焦点的手段有音系的和形态—句法的（Dik et al., 1981，引自 Mereu, 2009: 81）：

(7) i. 音系手段：语调突出（在焦点上标主重音或音高）
ii. 形态句法手段：①特定位置（匈牙利语）
②运用焦点标记将焦点和其他成分隔开（索马里语）
③特定的构式，如分裂句。（意大

---

① 有些重动句补语后还有宾语（后宾语），如"熬夜熬红了眼睛""老大爱丑丑爱到骨子里去"则后宾语为焦点，根据焦点投射规则（focus projection, Selkirk, 1995；另参看 Erteschik-Shir, 2007: 30—34），如果内在论元（宾语）标记为焦点，则其中心词也标记为焦点，进而整个动宾短语标记为焦点。

② 焦点域是句子中表现焦点的句法域（syntactic domain），焦点域必须是短语范畴，焦点域允许包括非焦点成分，如：

A: Which did you buy?
B: The green one.

焦点域包括冠词 the 和话题 one（参看 Lambrecht, 1994: 214—216）。

利语)

当然,以上所说的"焦点"既包括信息焦点,也包括对比焦点,如匈牙利语动词前位置标记的是认定焦点(Kiss,1998),比较:

(8) a. Mari <u>egy kalapot</u> nézett ki magának.
　　　　Mary　a hat. ACC　picked　out　herself. ACC
　　　　"It was a hat that Mary picked for herself."
　　b. Mari ki nézett magának <u>EGY KALAPOT</u>.
　　　　"Mary picked for herself A HAT."

例(8a)的 egy kalapot 位于动词前,是认定焦点,强调它是从诸多服装中挑选出来的。例(8b)中的 EGY KALAPOT 是信息焦点,引入新的非预设信息。而 Cayuge 语信息焦点在句首(Mereu,2009:82)。当然,有的语言使用多种手段来标记焦点,如索马里语,焦点在动词前位置,而且焦点成分后还用焦点标记 baa。有的语言只使用一种手段。

二 句末是汉语信息焦点的基本位置

标记汉语信息焦点的手段是什么呢?Xu(2004)认为汉语信息焦点主要通过句法手段来表现的,即句末位置(树形图中递归分支的最内嵌位置)是汉语信息焦点的基本位置。该文发现汉语允许一定程度的语序变化,在某些情况下,一个直接成分 C 可以出现在句末位置 P_n(此时句子为 S_n),也可以出现在其前面的任一位置 P_1、P_2……P_{n-1}(此时句子为 S_1、S_2……S_{n-1})。如果以问答形式出现的语篇来显示 C 是代表新信息的成分,然后分别以 S_n 和 S_1、S_2……S_{n-1} 作为回答,结果显示前者比后者更适宜,这表明句末位置是汉语信息焦点的基本位置。如:

(9) 老王不吃什么?
(10) a. 老王不吃牛肉。
　　　b. #牛肉老王不吃。
　　　c. #老王牛肉不吃。

很显然,"牛肉"是焦点,但只有当它出现在句末时,即(10a)句,才是最适宜的回答,由此可知,句末是信息焦点所在的位置。有的文献认为主语和动词之间的成分(如 c 句中的"牛肉")是焦点成分,但通过上面的操作可以发现,它不是焦点成分,而是次话题。这也显示汉语焦点的表现手段和匈牙利语不同。再如:

(11) 你刚才喝了什么?
(12) a. 我喝了咖啡。
　　　b. #我把咖啡喝了。
(13) 你怎么处理这些咖啡的?
(14) a. #我喝了咖啡。
　　　b. 我(把)咖啡喝了。

(12a)是(11)最适宜的回答,(14b)是(13)最适宜的回答,它们对应疑问成分的成分(即焦点)都处于句末,由此证明,信息焦点处于句末。

除以上两种句式结构外,Xu(2004)还比较了以下句式的差异:①"宾语—持续/频率成分"和"持续/频率成分—宾语";②"直接宾语—间接宾语"和"间接宾语—直接宾语";③"主语—动词"和"动词—主语"。这些操作都显示,句末是信息焦点的基本位置。这也显示,汉语主要通过句法手段来表现信息焦点。

Xu(2004)指出,汉语有时也会通过重音手段来标记信息焦点,但这与英语等欧洲语言通过重音来标记信息焦点不同,首先,汉语主要通过音长或音重而不是音高来标记。其次,汉语重音既不是信息焦点的必要条件(信息焦点不一定用重音标记),也不是充分条件(重音标记的不一定是信息焦点),它只是一种补充性手段,即只有当焦点成分因某些结构上的限制不能出现在基本焦点位置时,才使用语音手段,如:

(15) 你常常见到邓小平吗?
(16) a. 我只见过一次邓小平。
　　　b. 我只见过邓小平<u>一次</u>/一次。

（16b）是（15）最适宜的回答，焦点成分既可以重读，也可以不重读。（16a）不是（15）最适宜的回答，但如果重读"一次"，会更适宜。

陆丙甫（2004）也认为汉语是信息焦点突出的语言，陆文援引刘丹青（1995）的例子：

（17）a. 经济缓慢地增长。
b. 经济增长得很缓慢。

（17a）"增长"后置，肯定的仍是经济在"增长"，语气偏积极；（17b）"缓慢"做补语，强调的是"缓慢"，语气基本上是消极的。再如（刘月华，1996）：

（18）a. 这个节目介绍了五个人，都住在一起，可是每个人有不同的想法。
b. 这个节目介绍了五个人，都住在一起，可是每个人的想法不同。

（18a）强调的"想法"而不是"不同"；（18b）强调的是"不同"，因此，比较起来，后例说法更自然。陆丙甫（2004）指出，以上"状语"补语化和"定语"谓语化的现象说明，汉语信息焦点后置的强烈倾向。

除 Xu（2004）、陆丙甫（2004）以外，张伯江、方梅（1996）和 LaPolla（1995）等也都讨论了汉语自然焦点位于句末位置的现象，可参看。

三 重动句的信息焦点

既然汉语信息焦点处于句子末尾，我们也完全有理由认为重动句 VP_2 是焦点。不过，由于重动句 VP_2 成分的复杂性，其具体表现又不同。大多数重动句的焦点是补语，如：

（19）小莫说："我先生说他结婚结早了，刚一结婚，漂亮姑娘

不知从什么地方都冒出来了。"（阎真《沧浪之水》）

（20）当年施厅长下来了，<u>要车要不到</u>，站在小车班门口骂人，别人只当作笑话传说，这个不识时务的人。（阎真《沧浪之水》）

（21）天青得到快乐，得到更多的却是忧愁。<u>读书读得生厌</u>，他便迫切地需要行动了。（刘恒《伏羲伏羲》）

（22）等人都出去后，孙布袋缓声说："过去，我一直怕你。<u>我怕你怕了一辈子</u>。我现在不怕你了。"（李佩甫《羊的门》）

例（19）的焦点是结果补语"早"。例（20）的焦点是可能补语"不到"。例（21）的焦点是状态补语"生厌"。例（22）的焦点是数量补语"一辈子"。由于补语既不是中心语（head），也不是内在论元，所以当补语是焦点时，不会投射到动词（V_2），所以这类重动句的焦点是补语。

有的重动句的焦点是补语和后宾语（O_2），如：

（23）<u>抽烟抽紫了嘴唇</u>，<u>熬夜熬红了眼睛</u>，终于搞出一份厚达数百页多名一时去向不明的年轻女子详细报告。（王朔《枉然不供》）

（24）阿姐怕他喝它<u>喝出毛病</u>，不卖了，他便硬要买，最后自然是杯跌水覆、不欢而散。（刘心武《四牌楼》）

（25）旅馆静得像座坟墓，各层的客人都睡了。<u>我上楼上到我住的那层</u>，闻到一股浓浓的香烟味。（王朔《橡皮人》）

例（23）的焦点是结果补语"紫""红"和后宾语"嘴唇""眼睛"。例（24）的焦点是趋向补语"出"和后宾语"毛病"。例（25）的焦点是补语"到"和后宾语"我住的那层"。以上各例焦点结构可表示为 $[[[V]\ C_F]\ O_F]_{FD}$，即 C 和 O 都是焦点，V 是预设，也是句法上的需要，而整个 VCO 是焦点结构或焦点域。

以上从焦点居尾的角度探讨了重动句的焦点，显示，重动句的补语或后宾语是焦点，但这是否意味着 VP_1 不可能是焦点呢？而且焦点居尾仅是一种规律或倾向，有无更明确、具体的操作手段来揭示焦点呢？因而需要进一步探讨重动句的焦点。

第三节　重动句焦点再分析

一　焦点的判定

（一）问答与焦点

如何判断焦点？一般的做法是采用"问—答"的形式，如：

（26）A：谁来了？
　　　B：小李来了。

因为答句 B 中的"小李"对应于问句 A 中的疑问成分"谁"，所以"小李"是焦点成分。但实际语料中，这种情形非常少见，大多数句子并不出现在这种语境中，因而判断某一成分是否为焦点并不容易。

（二）重音与焦点

还可以根据音系（重音）来判断焦点，这种做法在研究英语、意大利语等语言时会使用，但它并不是一种具有普遍意义的做法，第一，并非所有的语言都有重音（Mereu，2009；Erteschik-Shir，2007）；第二，关于重音和焦点的关系，学界存在两种截然不同的观点，一种观点认为由重音得焦点，另一种观点则相反，认为由焦点得重音（Erteschik-Shir，2007：30—34）[①]。至于具体到汉语，重音和焦点的关系更是复杂，学者观点并不一致（参看 Xu，2004；赵建军等，2012 等），因而重音并不宜作为判断汉语焦点的手段。

也可以根据句法特征（如分裂句）来判断焦点，但对大多数句子来说，它们并不具有特殊的句法特征，它们是无标记的，因而其焦点的判断并不容易。总之，判定汉语的焦点并不是一件容易的事情。

（三）Cheng（1983）的"焦点的表示法"

Cheng（1983）较全面地探讨了汉语有关焦点的表示法（focus de-

[①] 也有学者认为这是一个问题的两面，前者是从说话者的角度来说的，后者是从听话者的角度来说的（参看 Erteschik-Shir，2007：34）。

vices)。焦点表示法，是指可以使语意重点更容易认定的各种句型结构（Cheng，1983）。主要有七种：

1. 非焦点成分的省略（Deletion of Unfocused Elements）。以省略全部或部分的非焦点成分来简缩句子，如：

（27） A：你在哪儿度了假？
  B_1：我在马尾度了假。
  B_2：在马尾。

B_1 和 B_2 都可以作为 A 的回答，但 B_2 省略了非焦点成分，只剩下了焦点成分。由此，我们可以推出，能省略的成分往往是非焦点，不能省略的是焦点。

2. 非焦点成分的话题化（Topicalization of Unfocused Elements）。把全部或部分的非焦点成分话题化也是使焦点更容易认定的手段，如：

（28） A：你在哪儿度了假？
  B_1：我度假在马尾度的。
  B_2：我度假是在马尾度的。
  B_3：我度假的地方是马尾。

以上三例回答都采取了非焦点成分话题化的方式，最后一例将全部的非焦点成分都话题化了。

3. 非焦点成分的重复（Repetition of Unfocused Elements）。上例（$28B_1$）（$28B_2$）都重复了动词"度"：话题里有"度"，同时"度"也是动词，但它们都不是焦点，重复动词仅仅因为它是离心（endocentric）结构的中心。如果动词的副词或补足语被焦点化（focused），而动词未被焦点化，动词常重复，如（$28B_1$）（$28B_2$）。由此，我们可以推断：被重复的成分往往不是焦点。重复非焦点成分，往往导致并列结构。

4. 并列结构（Parallel Constructions）。一个并列结构往往包含两个小句，可分为两种类型，一种是两个小句的非焦点成分重复，而焦点成分和谓语真值不同，如：

(29) 我在马尾度假没在别地方度假。

另一种是既涉及对比，又涉及焦点，如：

(30) 他要吃面，我要吃饭。

"我""饭"分别与前一小句的"他""面"构成对比，同时，它们也是焦点。并列结构中，重复的是非焦点，不重复的是焦点。

5. 将焦点包含在"是"字谓语中（Inclusion of Focus in a Shi-Predicate）。如：

(31) 他是在马尾度的假。

这类结构有几点值得注意：第一，"是"不是焦点标记，而是动词，带动词或句子为宾语。第二，语义上，这种结构强调"是"后面的成分，而且焦点成分往往是开始的部分，如（Cheng, 1983）：

(32) 是他昨天在学校伤害了张三。

"他"是焦点成分。但下例的焦点成分并不是"吃"，而是"很多"：

(33) 他昨天是吃了很多。

第三，当出现其他表示焦点的方法，如疑问形式或分裂成分时，要严格受统一焦点（unified focus）原则的限制，比较（Cheng, 1983）：

(34) a. *谁是要吃点心？
　　　 b. 是谁要吃点心？

6. 将焦点包含在由模态成分引导的谓语中（Inclusion of Focus in a Predicate Led by Other Modals）。和"是"一样，其他助动词，如"会""有""可能""一定"和"的确""大概"等，也会选择句子的一部分将之归入由它们引导的谓语中，如"会"：

(35) a. 我会在<u>明天</u>在公园里见他。
　　 b. 我明天会在<u>公园里</u>见他。

"会"后的成分常是焦点成分。当句中出现疑问形式时，也要受统一焦点原则的限制，比较：

(36) a. 你在公园会在<u>什么时候</u>见他？
　　 b. *你会在公园在<u>什么时候</u>见他？

7. 疑问结构（Interrogative Constructive）。疑问结构是一种表示焦点的方法，因为说话者要求答话者答复疑问结构里的重要成分。疑问形式（form）本身可看作焦点，答复疑问结构的重要成分也是焦点，如：

(37) A：<u>谁</u>要吃点心？
　　 B：<u>小明</u>。

"谁""小明"都是焦点。

（四）焦点与否定

除 Cheng（1983）上述谈到的七种焦点表示法，还有一些文献认为否定和焦点密切相关，一种常见的观点是，否定对焦点敏感（Lakoff, 1972；Payne, 1985：232），如德语的否定小品词 *nitch* 紧邻重音成分，Welsh 语的否定小品词 *dim* 置于前移的主语前，这可看作一种特别的否定分裂结构（Payne, 1985：232）。汉语学界则一般认为否定的中心是焦点（吕叔湘, 1985；钱敏汝, 1990；徐杰、李英哲, 1993；李宝伦、潘海华, 2005：100 等）。如：

(38) a. 我没问他的<u>经历</u>。（只是谈了谈现在的情况）
　　 b. 我没问他的<u>详细</u>经历。（只知道他在农村待过）

前例重音成分（焦点）是"经历"，后例焦点是"详细"，它们都是否定的中心。

（五）焦点与内嵌最深的成分

Cinque（1993）指出，不同语言之间短语和句子重音模式跟各自的成分结构有关，它总是位于树形图中递归分支中最内嵌的成分上。而递归分支又和首中心或尾中心等句法参数有关，如英语等 VO 语言中，重音在 V 的右侧，而德语等 OV 语言中，重音在 V 的左侧。汉语基本上属于 VO 语言，因而其重音在 V 右侧，即句子末尾。由于重音一般用来标记焦点的，因而，某一成分是否为内嵌最深的成分也成为判断该成分是否为焦点的一种手段。有些文献据此来分析汉语现象（参看 Xu，2004；玄玥，2007）。

（六）重动句焦点测试法

上面探讨了跟焦点有关的各种现象或结构，现以之为基础，概括出判断重动句焦点的七种方法，可称为"重动句焦点测试法"①：

(39) Ⅰ. 可不可以省略？
　　　Ⅱ. 可不可以话题化？
　　　Ⅲ. 是否为重复成分？
　　　Ⅳ. 是否为并列成分？
　　　Ⅴ. 是否为"是"作用的对象②？
　　　Ⅵ. 是否为疑问中心③？
　　　Ⅶ. 是否为否定中心？

二　重动句焦点的判定

下面笔者以上面提到的七种焦点测试法来探讨重动句的焦点，对 626

---

① 这里未考虑内嵌程度与焦点的关系，主要是内嵌程度跟重音有关，而笔者主要考察的是书面语料。也未考虑模态成分与焦点的关系，因为笔者语料中只有 1 例是模态成分置于重动句 VP_1、VP_2 前的，而且该模态成分后面还带"是"［四凤：(笑) 真的？您大概是想我想的梦里到过这儿（曹禺《雷雨》）］。

② Cheng（1983：65）认为"他是在马尾度的假"中的"是"是动词，而不是焦点标记，这里不作区分，径直称为"是"。

③ 笔者语料中未发现重动句作为答句的，所以不考虑重动句答复疑问的情况。重动句前可出现"因为""由于"等成分（共 11 例），如"鲁贵满身是汗，因为喝酒喝得太多，说话也过于卖了力气，嘴里流着涎水，脸红的吓人（曹禺《雷雨》）"，但它不是直接作为答句。

例重动句进行分析,看是 VP_1 更满足做焦点的条件,还是 VP_2 更满足做焦点的条件①,进而判定哪个成分更容易做焦点。

(一)可不可以省略?

可否省略不仅要考虑句法上的合格性,还要考虑语义、语用是否适切,是否适切主要看是否与原句表意一致。只有省略后句法上合格,而且语义、语用适切才算是可以省略,否则是不可省略②。

有些重动句的 VP_1 可省略,而 VP_2 不可省略,如:

(40)等人都出去后,孙布袋缓声说:"过去,我一直怕你。我怕你怕了一辈子。我现在不怕你了。"(李佩甫《羊的门》)

(40')a. 孙布袋缓声说:"过去,我一直怕你。我怕了一辈子。我现在不怕你了。"

b. #孙布袋缓声说:"过去,我一直怕你。我怕你。我现在不怕你了。"

(41)他回头一看,怪物没追上他,他才停下来。喘气喘得要命。(张天翼《大林和小林》)

(41')a. 他回头一看,怪物没追上他,他才停下来。喘得要命。

b. #他回头一看,怪物没追上他,他才停下来。喘气。

(42)谁让你给我挣钱了?你还少说这个!咱俩谁花钱花得多?(王朔《无人喝彩》)

(42')a. 谁让你给我挣钱了?你还少说这个!咱俩谁花得多?

b. #谁让你给我挣钱了?你还少说这个!咱俩谁花钱?

此三例的重动句 VP_1 都可省略,这主要是因为它们的 VP_2 表意明确,

---

① 严格意义上讲,重动句 V_1、O、C、O_2 都有可能是焦点,但这里只以 VP_1 和 VP_2 为对象进行判定,因为焦点是个语义概念,但实现为句法结构(短语),而且只有短语才可能进行相应句法操作。如果结果显示 VP_1 是焦点,则 V_1 或 O_1 都可能是焦点,如果 VP_2 是焦点,则 C 或 CO_2 为焦点。

② 这些限定或说明是笔者为了使研究更具可操作性,同时结合重动句实际情况而确定的,与 Cheng(1983)的并不完全一致。其他方法也是如此。

如例（40）VP$_1$"怕你"前文直接出现过，因而可省略①。例（41'a）"喘得要命"指的就是"喘气喘得要命"，《现汉》"喘"后为名词性成分的词条只有"喘气"（见第 202 页），由"喘"可知喘气。例（42'a）的"花得多"中的"花"也指的是"花钱花得多"，因为前文出现"挣钱"，这是两种相反的行为。这三例重动句的 VP$_2$ 都不可以省略，这主要是省略后语意与原句不一致。

有些重动句 VP$_1$ 不能省略，VP$_2$ 也不能省略，如：

(43) <u>佩全知道自己斗嘴斗不过他</u>，挣开端方的手，怒火中烧，对着端方的脸就是一拳。（毕飞宇《平原》）

(43') a. #佩全知道<u>自己斗不过他</u>，挣开端方的手。
　　　 b. ?佩全知道<u>自己斗嘴</u>，挣开端方的手。

(44) 刘姥姥忙笑道："姑娘们把我丢下来了，<u>要我碰头碰到这里来</u>。"（曹雪芹、高鹗《红楼梦》）

(44') a. ?姑娘们把我丢下来了，<u>要我碰到这里来</u>。
　　　 b. *姑娘们把我丢下来了，<u>要我碰头</u>。

(45) <u>大概是当亡国奴当惯了</u>，所以拿挨杀当作理应如此的事。（老舍《哀启》）

(45') a. ?<u>大概是当惯了</u>，所以拿挨杀当作理应如此的事。
　　　 b. #<u>大概是当亡国奴</u>，所以拿挨杀当作理应如此的事。

这三例重动句 VP$_1$ 不能省略是因为它们本身表意不明确，如例（43'a）"斗不过他"更易理解为"争斗或斗争不过他"，而较难理解为"斗嘴斗不过他"，也就是说，"斗"与"嘴"结合是非常见搭配。例（44'a）中的"碰到这里来"也极难理解为"碰头碰到这里"，"碰"和"头"结合也是非常见搭配。同理，例（45'a）中的"当惯了"也很难理解为是"当亡国奴当惯了"，因而省略后表意不清，不能省略。这三例的 VP$_2$ 也不能省略，主要是省略后与原句表意不一，有的则不合句法。

---

① 重动句 VP$_1$ 的信息状态和它是否可省略存在相关性，VP$_1$ 为旧信息倾向于省略（75.5%，142/188），VP$_1$ 为可及信息不倾向省略（60.8%，96/158），VP$_1$ 为新信息的不倾向于省略（70.0%，196/280）（$\chi^2_{(2)} = 97.768$, $p<0.001$, Cramer 的 $V = 0.395$）。

有些重动句 VP_1 不可省略，VP_2 可省略，如：

(46) 姚长庚躺在炕上，闭着眼慢慢问："你的眼怎么瞎的？"老婆说："莫非说你不知道，还用问！还不是哭你那两个儿子哭瞎的！"（杨朔《三千里江山》，引自聂仁发，2001）

(46') a. 莫非说你不知道，还用问！还不是（因为）哭你那两个儿子。

b.#莫非说你不知道，还用问！还不是哭瞎的。

(47) 王琦瑶看着他说：头上都吃出白头发来了。他就说：这怎么是吃出来的呢？分明是想一个人想出来的。（王安忆《长恨歌》）

(47') a. 这怎么是吃出来的呢？分明是（因为）想一个人。／分明是想一个人想的。

b.#这怎么是吃出来的呢？分明是想出来的。

省略 VP_1 似乎可说（46'b、47'b），但与原句意思不完全一致，因而还是不可省略。这两例省略 VP_2 后都不太自然，但如果在 VP_1 前加上"因为"等字眼会更好一些，这也显示，V_2 可省略而保留，主要是句法上的需要。

笔者语料中，VP_1 可省略 VP_2 不可省略的 288 例，占 46.0%；VP_1 和 VP_2 都不可省略的 336 例，占 53.7%；VP_2 可省略 VP_1 不可省略的 2 例，只占 0.3%；未见 VP_1、VP_2 都可省略的，显然属于第一、二种情形的是重动句的典型形式（$\chi^2_{(1)}$ = 38.564，p<0.001；$\chi^2_{(1)}$ = 64.992，p<0.001）。

从 VP_1 和 VP_2 可省略对比的角度看，VP_1 可省略的 288 例，VP_2 可省略的 2 例，VP_1 倾向于省略，而 VP_2 不倾向于省略（$\chi^2_{(1)}$ = 367.082，p<0.001，φ = 0.541）。由此看出，重动句的 VP_1 比 VP_2 更倾向于省略，VP_2 比 VP_1 更可能是焦点。

(二) 可不可以话题化？

话题化就是让某个本来处于句中位置的成分移到句首 S/S′位置，成为话语平面上的话题或次话题（sub-topic），从形式上看，话题跟后边的说明部分之间可以有一个明显的停顿，话题后面可以有"呢、吧、啊

（及其语境变体）"等语气词① （参看袁毓林，1996）。不是焦点的成分可话题化，不可话题化的一般是焦点。

一般来说，重动句中，VP_1可以话题化，其后可添加停顿、语气词等话题标记，如果有主语，VP_1可置于主语前做主话题②；但重动句的VP_2不能话题化，如：

(48) 孔素贞可以说是老样板了，每一次批斗都少不了她，<u>游街游了起码有五十回了</u>，可她这个地主婆子就是抹不开脸面。（毕飞宇《平原》）

(48') a. 每一次批斗都少不了她，<u>游街，游了起码有五十回了</u>。

　　　b. 每一次批斗都少不了她，<u>游街呢/吧，游了起码有五十回了</u>。

　　　c. ? 每一次批斗都少不了她，<u>游了起码有五十回了，游街</u>。

(49) <u>徒弟们练架式练得累了</u>，老组长陈秉正便和他们休息一阵子。（赵树理《套不住的手》）

(49') a. 徒弟们练架式，练得累了。
　　　b. ? 徒弟们练得累了，练架式。
　　　c. 练架式，徒弟们练得累了。
　　　d. ? 练得累了，徒弟们练架式。

下列是重动句VP_1话题化的实际用例：

(50) 他比较哇，说那儿古事儿啊，他说得清楚。（1201-1，转引自袁毓林，2002）

---

① 这里所说的"话题化"与 Cheng（1983：63）的 topicalization 并不完全一致，如 Cheng (1983) 将"我度假是在马尾度的"中的"度假"看作话题化成分。但笔者认为，该例"度假"回不去（*我度假是在马尾度度假的；*我度假是在马尾的）。

② 另可参看 Tsao（1990/2005：178）。而且这里只限于考察重动句本身成分的话题化，而不考虑话题化后是否与上下文语境适宜，因为话题化是一种非标准的（noncanonical）语序（Birner & Ward, 1998）。

（51）她说："读书我读不懂，读你我还读不懂吗？月亮下看影子，我都看得出那个人是不是你。"（阎真《活着之上》）

（52）就是写一些案件他写得很好，刀笔精通，吏道纯熟。（张俊《百家讲坛话·说及时雨》）

（53）咱们的本钱有限，拼伤亡咱们拼不起，打仗不能硬拼，要打巧仗。（都梁《亮剑》）

（54）咱们今天谈的都是现实情况，别讲大道理，大道理谁都会讲，讲大道理你们讲得过我吗！（海岩《五星大饭店》）

例（50）VP₁后有语气词"啊"，而且 VP₁ 和 VP₂ 之间有明显的停顿（逗号隔开），这是典型的 VP₁ 话题化的例子。例（51）—（54）VP₁ 和 VP₂ 之间有人称代词，也可以看作 VP₁ 话题化了。

在一些民间歌谣中，有些成分序列 VP₁、VP₂ 之间没有标点符号，另一些 VP₁、VP₂ 则用标点符号隔开。前一种现象宜看作重动句，后一种虽然可看作复句，也可以看作 VP₁ 的话题化。这两种形式可相互转化：

（55）a. 想郎想的俺光睡觉，寒蝉不住在枝头上叫。（《中国艳歌大观》，转引自崔山佳，2004：103）

　　b. 想郎，想的俺光睡觉，寒蝉不住在枝头上叫。

（56）a. 想冤家，想得我恹恹憔瘦。（《中国艳歌大观》，转引自崔山佳，2004：103）

　　b. 想冤家想得我恹恹憔瘦。

（57）a. 送郎送到五里墩，再送五里当一程。（《中国艳歌大观》，转引自崔山佳，2004：103）

　　b. 送郎，送到五里墩……

（58）a. 送情人，直送到城隍庙。（《中国艳歌大观》，转引自崔山佳，2004：103）

　　b. 送情人直送到城隍庙。

值得注意的是，下列现象不是话题化，而是两个独立的小句：

(59）咳，你还不知道？到处<u>找你</u>，<u>找你一天了</u>，给你们单位打电话你也不在班上。（王朔《我是你爸爸》）

（60）我们甚至可以去下两盘棋，喝两杯酒，让他在这里<u>等你</u>，<u>等得他急死为止</u>。（古龙《天涯·明月·刀》）

如果是两个独立的小句，前一小句 VP₁ 往往有修饰性成分，有的还有时体性成分，或可以加时体标志，如（61）：

（61）走，走，回家去，妈妈还在<u>找你</u>，<u>找了半天</u>。（曾卓《小鲁宾逊的一天》）

即使没有这些成分，也不宜将之看作话题化，如：

（62）寒儿（高兴地）："爹，<u>我找你</u>，<u>找了很久</u>，干吗你……"（夏衍《憩园》）

此例的"找你"不是话题化成分，而是焦点。

当然，并非所有重动句的 VP₁ 都可以话题化，如：

（63）吃不饱就在大家<u>鼓掌</u><u>鼓得起劲</u>的时候，悄悄溜走了。（赵树理《锻炼锻炼》）

（63'）a. *<u>鼓掌</u>，吃不饱就在<u>大家</u><u>鼓得起劲</u>的时候，悄悄溜走了。

　　　b. *<u>鼓得起劲</u>，吃不饱就在<u>大家鼓掌</u>的时候，悄悄溜走了。

（64）来的都是领导，也都知道<u>这烟是打假打来的</u>，他们硬不给钱，我能挡住谁呢？（李佩甫《羊的门》）

（64'）a. *<u>打假</u>，也都知道<u>这烟是打来的</u>。

　　　b. *<u>打来</u>，也都知道<u>这烟是打假的</u>。

前例重动句充当关系从句，VP₁"鼓掌"不宜话题化。后例 VP₁、

VP₂ 前有 "是"，而且重动句做宾语从句，也不宜话题化。这两例重动句的 VP₂ 都不可话题化。

重动句 VP₁ 不可话题化的主要是重动句做宾语从句或关系从句，或者重动句 VP₁ 前有 "是" 这两种情况。

笔者语料中，重动句 VP₁ 可话题化的 571 例，不可话题化的 55 例，显然，VP₁ 可话题化的是典型的（$\chi^2_{(1)}$ = 75.299，p<0.001）。从 VP₁、VP₂ 可话题化对比的角度看，VP₁ 可话题化的 571 例，VP₂ 可话题化的 0 例，因此，VP₁ 倾向于话题化，VP₂ 不可话题化（$\chi^2_{(1)}$ = 1049.768，p<0.001，φ = 0.916）。由此显示，重动句 VP₁ 比 VP₂ 更易话题化，VP₂ 更倾向于是焦点。

（三）是否为重复成分？

是否重复与是否可省略有一定关系，但两者并非完全一致，重复的可能不能省略，可省略的并非一定是重复的，如：

（65） a. "您想把冰箱改保险箱？" // "不是。我就是想省电。" // "省电？您把插销拔下来不就行了么。" …… （中间省了六个小句）……添了许多麻烦，<u>省电省了不少</u>，也算不是法子的法子。（刘恒《贫嘴张大民的幸福生活》）

　　　b.? 添了许多麻烦，<u>省了不少</u>，也算不是法子的法子。

（66） a. 你说这些东西能做什么？<u>烧火烧不着</u>；<u>沤粪沤不烂</u>。（赵树理《三里湾》）

　　　b. 你说这些东西能做什么？<u>烧不着</u>；<u>沤不烂</u>。

前例重动句的 VP₁ "省电" 是对前文 "省电" 的重复，但不能省略。后例两个重动句的 VP₁ 不是对前文的重复，但可省略。

笔者如此限定，如果重动句的 VP₁、VP₂ 是对上文十个小句内某个成分的完全重复（同形或同义），则可认为 VP₁ 或 VP₂ 是重复，如上例（65）；再如：

（67）她笑得很开心，像一朵花儿。我知道她在<u>装相</u>，她不想让家里人看出她的苦处，甚至不想让婆家人看出她的苦处。可惜她哥哥一走，她就不再笑。//想笑笑不出来了吧？//我要是她哥哥，能不为她高兴么？//她装洋蒜装得真厉害。(刘恒《苍河白日梦》)

(68) 三十多天下来，北京的大街小巷，旮旮旯旯，凡是贼易去的地方，刘跃进全熟了。找贼找了三十多天，这贼也没找着，突然有一天知道，这贼也白找了。(刘震云《我叫刘跃进》)

前例重动句 VP_1 "装洋蒜"与前文"装相"意思一样，因而可看作是重复。后例重动句 C "三十多天"是对前文"三十多天"的重复。由此可见，重动句 VP_1、VP_2 都有可能是重复成分①。

笔者语料中，重动句 VP_1 为重复成分的 90 例，VP_2 为重复成分的 11 例，VP_1 倾向于是重复成分，VP_2 不倾向于是重复成分（$X^2_{(1)} = 67.214$，$p<0.001$，$\varphi = 0.232$），由此可见，重动句 VP_1 比 VP_2 更易做重复成分，VP_2 更倾向于做焦点。

(四) 是否为并列成分？

重动句之间可构成并列结构，也可以与非重动句构成并列结构，如：

(69) "病重，并不见得难治。只要断症断得准，下药下得对！断症最难！"大夫的眼始终没看病人，而很有力量地看着瑞宣。(老舍《四世同堂》)

(70) 因为她唱戏唱得好，歌也唱得好，所以一下班回来都是一边唱一边跳，远远儿地就能听见她回来了。(《鲁豫有约》)

(71) 我想现在单单把李如珍叔侄们那些人弄得几个来放到咱们村里，他们就活不了：讹人讹不了，哄人哄不了，打人打不了，放债没人使，卖土没人吸，放赌没人赌，串门没人要，说话没人理，他们怎么能活下去？(赵树理《李家庄的变迁》)

---

① 重动句 VP_2 重复主要是在并列结构中，如：

(1) 我想现在单单把李如珍叔侄们那些人弄得几个来放到咱们村里，他们就活不了：讹人讹不了，哄人哄不了，打人打不了。(赵树理《李家庄的变迁》)

(2) 不过，这个榜样是蛮横的，动嘴动不过人家就动手，动手动不过人家就动棍子，动棍子动不过人家就动刀子。(毕飞宇《平原》)

例（69）是两个重动句并列，它们的 VP_1、VP_2 互为并列成分。例（70）是重动句与非重动句并列，重动句的宾语"戏"与非重动句的主语"歌"为并列成分，重动句 VP_2 与非重动句的谓语重复，也是并列成分。例（71）是三个重动句之间构成并列，它们又与五个连动句并列，它们的 VP_1、VP_2 都是并列成分。

笔者语料中，共有28例重动句是并列结构，它们的 VP_1、VP_2 都是并列成分，按照一般理解，它们都是焦点，从这个角度，我们不易判定哪个成分更容易做焦点，只能结合其他测试才能判定。

（五）是否为"是"作用的对象？

这里讨论的"是"满足以下条件：第一，"是"置于 VP_1 前或 VP_2 前；第二，"是"一般可省略①。因此下例都不是这里探讨的对象：

（72）这点钱也是我们奔命奔来的，他谁要是忍心坑我们，他也下不去手哇不是？（《我爱我家》剧本）

（73）我觉得他完全是面向应用的，《修辞学发凡》也是这样的。他是在大学教书教了十几年积累而成的。（张宜《历史的旁白》）

以上两例"是"都不是置于 VP_1 前。

"是"前可出现一些副词或连词，构成"就是""还是""真是""可是""大概是""到底是""也是"等组合，它们也可置于 VP_1 前，如：

（74）只得勉强冷笑一声，说："我的少爷，你这可是看鼓儿词看邪了。"（文康《儿女英雄传》）

（75）志英到底是哄孩子哄惯了，说："乖，听话，我们打针去。"（毕飞宇《平原》）

这些例子中的"是"依附于前面的副词，按照董秀芳（2004），它们是词内成分，是判断词或焦点标记的进一步语法化，因而不属于这里所说的"是"，它们也不是这里探讨的对象。

---

① 张伯江、方梅（1996：76—77）将"是"看作标记词，标记词应遵循三条原则：①本身不负载实在的意义；②其后成分语音上凸显；③可以被省略掉。

语料中,"是"可出现在重动句 VP$_1$ 前,如:

(76) 铁军说:"老潘他爸爸是吸毒吸死的,他苦大仇深,你又何苦来的?"(海岩《玉观音》)

(77) 话是这么说,金一趟也明白,自己是疼孙子疼得不讲理了,可还硬是搅理。(陈建功、赵大年《皇城根》)

"是"置于 VP$_1$ 前,是否意味着它的作用对象是 VP$_1$ 呢,笔者不这样认为,此时"是"的作用对象有三种情形:第一种情形是,"是"作用于 VP$_1$,如:

(78) a. 爷爷说,这叫花疯,是想男人想疯的(刘醒龙《威风凛凛》)

b. 爷爷说,这叫花疯,是(因为)想男人。/是想男人想的。

此例补语"疯"前文直接出现过,可省略,采用重动句主要是因为句法上的需要①。

第二种情形是,"是"作用于 VP$_2$,如上例(77),再如:

(79) a. 他想,这是怎么了?是练功练走火了?! 这么一想,他害怕了,也不敢再练了。(李佩甫《羊的门》)

b. 他想,这是怎么了?是练走火了?!

c. 他想,这是怎么了?练功是练走火了?!

此例 VP$_1$ 为旧信息,可省略,而且"是"可置于 VP$_2$ 前。"是"作用

---

① 用"是"来标记焦点在句法上较受限制,如:

A:你怎么去学校?

B$_1$:我是骑自行车,(他是走路)。

B$_2$:我是骑自行车去。

B$_2$ 就比 B$_1$ 更自然。

于 VP_2 的都具有这样的特征。

第三种情形是,"是"作用于 VP_1VP_2, 如上例(76), 再如:

(80) 慕瑾问,知她<u>是洗衣服洗多了</u>,所以扭了腰。(张爱玲《十八春》)

  a. [?]慕瑾问,知她<u>是洗衣服</u>。
  b. [#]慕瑾问,知她<u>是洗多了</u>。

此例 VP_1、VP_2 都是新信息,因而都不宜省略。

笔者语料中,"是"置于 VP_1 前的用例共 12 个,其中作用于 VP_1 的 1 例,作用于 VP_2 的 4 例,作用于 VP_1VP_2 的 7 例,显然以作用于 VP_1VP_2 的居多(58.3%, 7/12)。

实际语料中,"是"可置于 VP_2 前,如:

(81) 董柳说:"我们这样的人,不是那块材料,说来说去还是得依靠组织,靠自己<u>是靠不住的</u>。"(阎真《沧浪之水》)

(82) 思文很快察觉了这一点,说:"看样子我们分手<u>是分定了的</u>。"(阎真《曾在天涯》)

(83) 二伯出事<u>是出在秋天</u>,保良跟着父母从那条住了多年的小巷里搬出来的时候,街上的树叶还没有来得及黄遍。(海岩《河流如血》)

显然,"是"置于 VP_2 前,其作用对象是 VP_2。

笔者在同样的范围内收集到"是"置于 VP_2 前的用例 19 个,这与"是"置于 VP_1 前的用例(12 个)不存在显著差异($\chi^2_{(1)} = 1.581$, $p = 0.209 > 0.05$),但如果考虑到"是"的实际作用对象,则"是"只作用于 VP_2 的用例(23 个)显著多于"是"只作用于 VP_1 的用例(1 个)($\chi^2_{(1)} = 20.167$, $p < 0.001$),因此,从"是"的作用对象看,VP_2 比 VP_1 更倾向于做焦点。但由于"是"插入 VP_1、VP_2 之间的不是这里重点考察的重动句,所以统计时不考虑。下面只统计"是"置于 VP_1 前的 12 个用例。

（六）是否为疑问中心？

这里也只探讨疑问语气作用于 VP_1VP_2 或其中成分的对象，因此下列都不是这里考察的对象：

(84) <u>难道你真喜欢他喜欢到骨头里</u>，他喜欢你也喜欢到骨头里？（阎真《因为女人》）

(85) 这也是为什么后来<u>我学文学学不下去</u>的原因，因为我脑子里都是工科的东西。（张宜《历史的旁白》）

两例都是疑问语气作用于 SVP_1VP_2。

语料中有疑问语气作用于 VP_1VP_2 的，如：

(86) 你的信写去才个把月，人家在外国的战场上，回信没那么快！<u>你想念他想念得急吗</u>？告诉姐，怎么个滋味儿？（柳青《创业史》）

    a. #你想念他吗？

    b. 你想念得急吗？

(87) 高老师，我来晚了是不是，我是迟到的第三者是不是？<u>你为什么结婚结这么早</u>？（阎真《曾在天涯》）

    a. #你为什么结婚？

    b. 你为什么结这么早？

(88) 噢，这是潘佑军家。<u>我们是不是打麻将打太晚了</u>？他和他爱人呢？（王朔《过把瘾就死》）

    a. #我们是不是打麻将？

    b. 我们是不是打太晚了？

例（86）是是非疑问句；例（87）是特殊疑问句；例（88）是正反疑问句。虽然以上3例疑问语气都是作用于 VP_1VP_2，但其中心在于 VP_2，即上述各例只有 b 例才与意思原句一致。

有些反问语气也是作用于 VP_1VP_2，如：

（89）试试吧，希望太渺茫了，不试一试又不甘心，万一<u>碰</u>运气<u>碰上了</u>呢？（阎真《沧浪之水》）

　　a. #万一碰运气呢？
　　b. 万一碰上了呢？

（90）说怪也不怪，<u>咬</u>别人<u>咬得着</u>吗？谁不想扩大自己的空间？（阎真《沧浪之水》）

　　a. #咬别人吗？
　　b. 咬得着吗？

两例均是 b 例与原句意思最接近，因此 VP$_2$ 才是疑问中心。

语料中，有些疑问中心是补语，如：

（91）聚宝说："说起来话长，咱们回去再谈吧，你们先告我说<u>斗</u>王光祖<u>斗得怎么样</u>？"老刘说："斗得也不轻，如今只留下三十来亩地了。"（赵树理《刘二和与王继圣》）

（92）张宜：<u>您带</u>博士生<u>带到什么时候</u>呢？一般要带到 75 岁吧？//张斌先生：75 岁以后，我也带了。（张宜《历史的旁白》）

（93）世钧问<u>她考</u>学校<u>考取了没有</u>。她母亲笑道："考中了。"（张爱玲《十八春》）

（94）鲁豫：那个时候您多长时间画一幅漫画？<u>催稿催得厉害不厉害</u>？//方成：那个时候一般都是一个礼拜画一幅，那时候还不大会催稿。（《鲁豫有约》）

前两例采取特殊疑问句形式，后两例采取正反问句形式。

笔者语料中，也有一例 VP$_1$ 中出现疑问形式的①：

---

① 更常见的形式是 VP$_1$、VP$_2$ 之间有"都""也"等副词的，如：

(1) 每个作家都该有自己的风格，<u>谁学谁也学不来</u>。（王朔《修改后发表》）

(2) 过那么七八十来年，我就五十岁了，<u>做什么都做不动了</u>。（阎真《因为女人》）

不过，由于这些用例带了可插入成分，不是这里讨论的对象。

（95）你们有100多万人，打谁打不赢？一人一口唾沫也能把人淹死啦。（都梁《亮剑》）

但此例中的"谁"并不是表疑问，而是表任指①。

笔者语料中共有30例疑问句，其疑问中心为VP_2或C，由此看出，VP_2比VP_1更易做焦点。

（七）是否为否定中心？

同样，这里考察的是否定词（不、没、别）出现在VP_1VP_2前或其中的成分前。由于这里所说的重动句VP_1、VP_2之间不插入其他成分，因而下列重动句虽然有否定词，但不是探讨的对象：

（96）就是因为对这个人没有做过系统分析，所以才上了当；好在上当没有上到底，在法律上没有履行过订婚手续，还算没有和他拴在一起！（赵树理《卖烟叶》）

（97）过了几天我主动对他说："以后到宾馆搞材料还是你去算了，我住宾馆没住出什么味道，择床睡不着。"（阎真《沧浪之随》）

上面两例否定词"没有/没"置于VP_1、VP_2间。

语料中，否定词出现在VP_1VP_2前的有4例，如：

（98）说好了，没有妖精，你以后别管我管那么紧，结个婚跟坐牢一样，那我结这个婚干什么？（阎真《因为女人》）
    a. #别管我。
    b. 别管那么紧。

（99）刚才我跟你说的那些话，你可得为我保密，千万别传话传到我父母耳朵里，要不我没法做人了。（王朔《我是你爸爸》）

---

① 笔者找到3例疑问代词表疑问的，如：
（1）"真是看不下去。"希莉丝小声说着，"看什么看不下去？"听到这话的欧鲁森问着。"这里的全部啊"（《罗德岛战记》）
（2）她问爸爸吃什么吃了这么长时间。"啊，得了，"爸爸说，"还不算太晚嘛。"（《读者》1990年第6期）
但3例都源自翻译作品。

a. #别传话。
　　b. 别传到我父母耳朵里。

两例都是"别"置于 VP_1VP_2 前，但其否定中心是 VP_2，这从两例都是 b 与原句意思一致可以看出。
　　语料中，大多数否定词置于 V_2 和 C 之间的，如：

　　（100）元豹手捧书贴着脸，深情地说："每当我看书看不下去的时候，就想起东方——齐洛瓦！"（王朔《千万别把我当人》）
　　（101）老林说："老钱来了个电话，打你手机打不通，打到我那儿去了。"（海岩《拿什么拯救你，我的爱人》）

两例都是可能式的否定形式，否定词否定的是 C 或 VP_2，笔者语料中，这类形式有 111 例，占 82.8%（111/134）。
　　语料中，还有否定词置于"V 得"和 C 之间的①，如：

　　（102）他觉着，要是说买她买得不对，那么卖了她就更亏心了。（老舍《鼓书艺人》）
　　（103）可是自从到了这儿，就说话说得没停。（张爱玲《十八春》）

前例否定词是"不"，后例是"没"。这两例否定词否定的都是 C。这类形式共 19 例，占 14.2%（19/134）。
　　由上面的分析可知，无论是否定词置于 VP_1VP_2 前，还是置于 V_2 和 C 之间，否定的都是 VP_2 或 C。由此看出，重动句 VP_2 比 VP_1 更易做焦点。
　　（八）小结
　　上面我们基于具体语料，采用七种方法探讨了重动句是 VP_1 更倾向于做焦点，还是 VP_2 更倾向于做焦点，其中有六个角度显示 VP_2 比 VP_1 更倾向于做焦点，有一个角度（是否为并列成分）显示，VP_2 和 VP_1 都倾向于

---

① 重动句"那个女孩对他好像没那么在乎，但他喜欢人家喜欢得不行"（《鲁豫有约》）。中"不行"凝固成词了（见《现汉》第 112 页），它与"行"不构成反义关系。

做焦点。因此,重动句的焦点一般是VP_2。

三 重动句焦点统计分析

下面笔者以 626 个重动句为对象,分析它们 VP_1、VP_2 通过七种测试的情况,每一种测试符合为焦点的条件,则得 1 分,不符合为焦点的条件,得 0 分,然后比较 VP_1、VP_2 得分情况,如果 VP_1 分数高于 VP_2,则显示 VP_1 焦点性高于 VP_2,我们就说 VP_1 是焦点,反之亦然。而且两个成分得分差距越大,其焦点性差异就越大。语料还显示,并非所有重动句都可采用这七种方法①,如果是这样,则只考虑可采用的方法②。

现举几个例子来具体分析。

(104) 第二,关于军队支左的问题,这条指示太笼统、太模糊,谁是左派? 标准是什么? <u>支左支到什么程度</u>? 是光喊喊口号呢,还是提供武器弹药? 或者干脆是出动部队参战? (都梁《亮剑》)

(105) 邹静之:从那以后我就把唱歌这个事彻底地了断了,决心不当歌唱演员了! //鲁豫:就开始改当桥牌大师了? //邹静之:对。我这人特别奇怪,可能有时候闲不住,结婚以后吧,就突然开始玩桥牌了,而且打得也不错,打得很好。所以那时候就想,既然<u>唱歌唱不了了</u>,怎么也打进专业队。(《鲁豫有约》)

(106) 方成:那个时候我身体还好,她身体垮了。她整个的面容都改了,一天到晚地发愁,回到家一句话也不讲。以前她下班的时候都是唱着回来的,因为<u>她唱戏唱得好</u>,歌也唱得好,所以一下班回来都是一边唱一边跳,远远儿地就能听见她回来了。 (《鲁豫有约》)

(107) 他去了,我想:他的时间果然从来就是有效益的。没效益的事,比如学生辩论赛当评委等等,那是我这种人的事,他从不沾边。//在宾馆待着快到中午,<u>我看电视看得憋闷</u>,就下楼去走走,想顺便在那里吃碗饺子。(阎真《活着之上》)

---

① 可否省略、可否话题化和是否为重复成分这三种方法可运用于每一个重动句,其余四种方法只能用于部分重动句。

② 也可考虑,此时 VP_1、VP_2 均得 0 分,两种方法结果一致。

第五章　重动句焦点分析

（108）高大歇了顶的光头反射着阳光，矮瘦身子转向粮客了。粮客把<u>摸算盘珠子摸得很灵活</u>的手，伸到凉帽底下去了。（柳青《创业史》）

（109）女人有一个毛病，只要一见到标致点的男人，她就跟上去，不说话，只是笑，爷爷说，这叫花疯，<u>是想男人想疯的</u>。//那时，镇上的红卫兵很厉害，一天到晚广播毛主席语录，写别人的大字报和大标语，连妻子和丈夫亲嘴的事也公开批判。（刘醒龙《威风凛凛》）

表 5-2 是上举六例 VP_1、VP_2 为焦点的得分情况：

表 5-2　　　　重动句 VP_1、VP_2 得分比较例示

	省略		话题化		重复		并列		是		疑问		否定		分差 (VP_2-VP_1)
	VP_1	VP_2	VP_1	VP_2	VP_1	VP_2	VP_1	VP_2	VP_1	VP_2	VP_1	VP_2	VP_1	VP_2	
（104）支左支到什么程度？	0	1	0	1	0	1					0	1			4 (4-0)
（105）唱歌唱不了了。	0	1	0	1	0	0							0	1	3 (3-0)
（106）她唱戏唱得好。	1	1	0	1	0	1	1	1							2 (4-2)
（107）我看电视看得憋闷。	1	1	0	1	0	0									1 (2-1)
（108）摸算盘珠子摸得很灵活。	1	1	1	1	1	1									0 (3-3)
（109）是想男人想疯的。	1	0	1	1	1	0			1	0					-3 (1-4)

注：第一栏省略了具体的测试方法，只保留关键词。

由表 5-2 看出，不同重动句 VP_1、VP_2 在各个测试上得分并不相同，这显示，不同重动句 VP_1、VP_2 的焦点性差异不同，如例（109）的 VP_1 "想男人" 得 4 分，而例（105）的 VP_1 "唱歌" 得 0 分，这显示，"想男人" 的焦点性强于 "唱歌"。同样的，例（104）的 VP_2 "支到什么程度" 得 4 分，而例（107）的 VP_2 "看得憋闷" 得 1 分，这显示，"支到什么程度" 的焦点性强于 "看得憋闷"。而且各个重动句 VP_2 与 VP_1 的差值也不相同，如例（104）相差 4 分，例（105）相差 3 分，例（109）相差-3 分，可以这样说，从例（104）到例（109），VP_2 的焦点性逐步降低，而

VP₁的焦点性逐步升高，例（109）VP₁是焦点。

下面对626例重动句作些统计。首先看 VP₁ 和 VP₂ 各个得分段的情况，可见表5-3：

表5-3　　　　　　　　　重动句 VP₁、VP₂ 得分比较

得分	VP₁		VP₂	
	例数	占比（%）	例数	占比（%）
0	70	11.2	0	0
1	207	33.1	2	0.3
2	295	47.1	3	0.5
3	49	7.8	531	84.8
4	5	0.8	86	13.7
5	0	0	4	0.6
小计	626	100.0	626	100.0①

由表5-3可知，重动句 VP₁ 各个分数上的数量存在显著差异，主要是1分和2分，两者都是实际频数显著高于预期频数（125.2）（$\chi^2_{(1)}$ = 20.253，p<0.001；$\chi^2_{(1)}$ = 68.810，p<0.001），为典型的；其他的都不是典型的。重动句 VP₂ 各个分数上的数量也存在显著差异，主要是3分，其实际频数显著高于预期频数（125.2），为典型的（$\chi^2_{(1)}$ = 251.274，p<0.001）；其他的都不是典型的。此外，重动句 VP₁ 有得0分，没有得5分的，而 VP₂ 刚好相反，没有得0分，有得5分的。这些都显示重动句 VP₂ 得分高于 VP₁ 得分，由此看出，重动句 VP₂ 焦点性高于 VP₁，VP₂ 倾向于是焦点。

统计还显示，重动句 VP₁ 平均得分为1.54分，而 VP₂ 平均得分为3.14分，VP₂ 平均得分显著高于 VP₁ 平均得分（t=-43.677，p<0.001），这进一步显示，重动句 VP₂ 焦点性明显比 VP₁ 高，VP₂ 倾向于做焦点。

由上面的分析可以看出，上文判定重动句焦点的方法更具可操作性，同时也易揭示出焦点性差异。

---

① 由于四舍五入的原因，有些比例的总和比100.0%略少或略多，本书仍用100.0%表示，下同。

四 重动句焦点类型及结构分析

下面从 VP_2、VP_1 得分组配的角度进一步探讨重动句的焦点结构。

（一）重动句 VP_2、VP_1 得分组配

重动句 VP_2、VP_1 得分组配情况见表 5-4。

表 5-4　　　　　　　　重动句 VP_2、VP_1 得分组配

VP_2-VP_1 得分组配	例数	占比（%）	VP_2-VP_1 分差	例数	占比（%）
4-0	4	0.6	4	4	0.6
5-2	2	0.3	3	91	14.5
4-1	24	3.8			
3-0	65	10.4			
5-3	2	0.3	2	221	35.3
4-2	37	5.9			
3-1	181	28.9			
2-0	1	0.2			
4-3	17	2.7	1	275	43.9
3-2	256	41.0			
2-1	2	0.3			
4-4	4	0.6	0	33	5.3
3-3	29	4.6			
1-3	1	0.2	-2	1	0.2
1-4	1	0.2	-3	1	0.2
合计	626	100.0		626	100.0

重动句 VP_2、VP_1 得分差为 1 和 2 的占大多数，大于 0 的 VP_2 应看作焦点，小于 0 的 VP_1 应看作焦点，这类重动句只有 2 例，只占 0.4%。由此看出，实际用例中，VP_2 为焦点占绝大多数。

表 5-4 还显示，VP_2、VP_1 得分等于 0 的也有 33 例，占 5.3%，那么这些用例的焦点是 VP_2，还是 VP_1 呢？下面对此作些分析。

（二）重动句 VP_2、VP_1 焦点性一致分析

重动句 VP_2、VP_1 得分一样有 33 例，可分为三类，第一类是 VP_1VP_2 前有"是"的以及有副词或连词带"是"的，如：

（110）"谁呀？你们那儿谁是英雄？" // "多啦，比如说，老潘。" // "哎哟，"铁军说："老潘他爸爸是吸毒吸死的，他苦大仇深，你又何苦来的？"（海岩《玉观音》）

（111）我本人还是转系转出来的。所以你说（我对中国语音学研究）有什么影响，恐怕还是从我这个淘气鬼开始的吧。（张宜《历史的旁白》）

这类重动句共 14 例。笔者认为此类重动句是 VP_1VP_2 做焦点，可以看作广焦点，从信息状态看，VP_1、VP_2 都是新信息。

第二类是重动句为依附小句，做定语从句或宾语从句等，或者做复句的一个分句，如：

（112）犁、耙、锄、割、扬种、插秧，除了铁人郭庆喜，没有比得上他俩的。这是他们熬长工熬来的本领。（柳青《创业史》）

（113）曼桢笑道："没说你理箱子理得好？"世钧笑道："没有。"（张爱玲《十八春》）

这类重动句 15 例。笔者认为，这类重动句是 VP_2 做焦点，如果 VP_1 是新信息或可及信息，则可看作调整的预设。关于此，第四章已作过分析。

第三类是重动句为并列小句或并列小句的一部分，如：

（114）我想现在单单把李如珍叔侄们那些人弄得几个来放到咱们村里，他们就活不了：讹人讹不了，哄人哄不了，打人打不了，放债没人使，卖土没人吸，放赌没人赌，串门没人要，说话没人理，他们怎么能活下去？（赵树理《李家庄的变迁》）

这类重动句 4 例。笔者认为，这类重动句是 VP_1 做焦点[①]。从信息状态看，VP_1 是新信息，而 VP_2 是旧信息。

[①] 并不一定是对比焦点，如例（114）"讹人""哄人""打人"对比意味并不很明显。

因此，这三类重动句可代表三类焦点类型，第一类是 $VP_1 VP_2$ 做焦点，第二类是 VP_2 做焦点，第三类是 VP_1 做焦点。

（三）重动句 VP_1 为焦点的进一步分析

综合上面的分析，VP_1 做焦点的情况主要有两类，一类是 $VP_1 VP_2$ 前有焦点标记"是"且 VP_1 为新信息，VP_2 为旧信息的，这类重动句笔者语料中只有两例，聂仁发（2001）举过一个 VP_1 做焦点的例子，笔者前文也涉及，现补足语境再列举如下：

（115）姚志兰回房后，姚大婶掉下泪说："……我已经瞎了一只眼，还要我再瞎一只不成！"姚长庚躺在炕上，闭着眼慢慢问："你的眼怎么瞎的？"老婆说："莫非说你不知道，还用问！<u>还不是哭你那两个儿子哭瞎的</u>！"便哭着数落说："我那孩子呀，你们的命好苦啊！"（杨朔《三千里江山》）

此例 V_2 "哭"是对 V_1 "哭"的重复，C"瞎"前文出现过，因而 VP_2 是旧信息，而 VP_1 "哭你那两个儿子"对听话者来说是新信息①。除上例外，聂仁发（2001）还认为下例重动句也是 VP_1 为焦点：

（116）那是掘地掘出来的。（张天翼《宝葫芦的秘密》）
（117）他们从四方坪、星沙走路走到世界之窗。（长沙电视台《长视新闻干线》）

句中用了强调句式"是……的"，VP_1 是小句的焦点，说明 VP_2 的原因、方式等。笔者觉得聂文的分析不完备。首先，VP_1 前有"是"确实是 VP_1 为焦点的重要条件，但这不是充分条件，此时可能 VP_1 是焦点，可能 VP_2 是焦点，还可能 $VP_1 VP_2$ 是焦点，这要结合上文语境分析其信息状态后再确定。其次，关于例（117），聂文一方面认为"走路"是焦点，同时又认为可以略去"走路"，这显然矛盾了，因为一般来说焦点是不可以

---

① 即使听话者知道这一信息，但听话当时这一信息并未在意识中，它是未用信息，也是新信息（参看 Chafe, 1976; Lambrecht, 1994 等）。

省略的。

第二类 VP_1 做焦点的情况是重动句与重动句或其他句式构成并列，且 VP_2 是旧信息，这两个条件缺一不可。如果仅仅构成并列，而 VP_1 不是旧信息，则仍是 VP_2 为焦点，如：

（118）走回来，<u>切菜切得又大又粗</u>，<u>烧火烧得毛毛草草</u>，洗盆洗碗也湿水淋淋擦不干。（贾平凹《腊月·正月》）

此两例重动句 VP_2 得 4 分，VP_1 得 3 分，因而仍是 VP_2 为焦点，不过两者焦点性差异不大。

第三类 VP_1 做焦点的情况是 VP_1 含有表疑问的疑问代词，如：

（119）"你们说<u>什</u>么说得这么开心？也说给我听一听！"云飞笑着说："从过去，到未来，说不完的故事，说不完的梦！"（琼瑶《苍天有泪》）

（120）"真是看不下去。"希莉丝小声说着。"<u>看什么看不下去</u>？"听到这话的欧鲁森问着。"这里的全部啊。"希莉丝如此回答着这个长年相处的伙伴，并且看了看四周。（《罗德岛战记》）

许多文献都指出，疑问词本身就是焦点（参看 Lambrecht，1998；徐杰，2001：134；袁毓林，2003 等），因此上例的"（说）什么""（看）什么"都是焦点。此外，这两例的 VP_2 都是旧信息。如果采用上文的测试，则例（119）VP_2 得 0 分，VP_1 得 3 分，两者相差 -3 分，显然 VP_1 为焦点；例（120）VP_2 得 1 分（否定中心），VP_1 得 3 分，VP_1 得分高，两者相差 -2 分，VP_1 也是焦点。但以上两例是笔者特意搜索而得，重点考察的语料中未见此类 VP_1 为焦点的情形。

上文我们分析了有些重动句的 VP_1 为焦点，但即使如此，VP_1 仍具有预设的性质，如：

（121）a.（你的眼怎么瞎的？）还不是哭你那两个儿子哭瞎的！
　　　>>b. 哭了你那两个儿子。

（122）a. 你们说什么说得这么开心？

>>b. 你们在说什么。

（123）a.（这怎么是吃出来的呢?）分明想一个人想出来的

>>b. 想了一个人。

同一个成分既是焦点，又是预设，这是不是矛盾呢？因为一般来说，预设和焦点是相对的。

笔者认为并不矛盾，因为这是从不同角度而言的，说 VP_1 是焦点，主要是从语境的角度来说的，它们表示的命题前文语境中未出现过，是新信息；说它是预设，是从推理的角度来说的，它是可从重动句中推断出来的。对于这类现象，有不少文献作过探讨，如（Lambrecht，1994：68）：

（124）A：What did you do before you sat down to eat?

B：(Before you sat down to eat) I washed my hands.

（125）A：When did you wash you hands?

B：(I washed my hands) before I sat down to eat.

（126）I didn't realize that you LIED to me.

（127）I didn't realize that YOU lied to me.

时间从句和事实（factive）动词都是预设触发语（Levinson，1983：181、182），因此例（124）、（125）中的 before-从句表达的都是预设，也就是说它们的语义预设相同。但两者的信息地位不同，例（124）前文已出现，可以删去。而例（125）是对问句的回答，不可删去，可看作焦点。例（126）、（127）中的 realize 是事实动词，从语义预设的角度看，上两例的预设相同，都是 that-小句表达的内容；但从语用预设的角度看，例（126）中的 that-小句表达的命题并不一定是语用预设，并不一定是说话双方共知的背景，此时句子的意思相当于：

（128）I've just found out that you lied to me.

因此，可看作焦点。例（125）的时间小句和例（127）宾语小句表达的命题都是预设，同时又是焦点。

与此相类似的现象是旧信息（实体）可以做焦点的情况，如：

（129）Q：Which laundry did John wash, the white, or the colored?

A：He washed the WHITE laundry. (Erteschik – Shir, 2007：30)

（130）A：小张的妈妈选了谁？

B：她选了小张。(徐烈炯，2005：14)

这两例的焦点（the WHITE laundry 和"小张"），同时也是旧信息，它们上文中已出现过。

不过，当重动句 VP_1 既是预设，又是焦点时，其主要表现是焦点，因为焦点的效力强于预设，根据前面的分析，在一定条件下，预设是可取消的。而与焦点相关的语境信息一旦确定，一般就已成事实，不容否定。比较：

（131）A：你的眼怎么瞎的？

B：还不是哭你那两个儿子哭瞎的！

A_1：你骗人，你根本就没关心过我的儿子。

A_2：#你骗人，你根本就没瞎。

（132）A：（三个人嘻嘻哈哈，阿超问）你们说什么说得这么开心？

B_1：我们没说什么啊。

B_2：#我们没很开心啊。

例（130 A_1）取消预设"哭了你那两个儿子"，对话照样很自然，而例（130A_2）对语境中的"瞎"予以否定，显然问话者（130A 与 130A_2）前后自相矛盾了。例（131B_1）也是取消预设"你们在说什么"，对话很自然，而（131B_2）对语境中的"嘻嘻哈哈"予以否定，如果对话要成立的话，那答话者（131B_2）在骗人。

总之，虽然重动句 VP_1 既可以是预设，也可以是焦点，但它主要体现焦点性。

（四）重动句的焦点结构分析

由上面的分析可知，重动句 VP_1VP_2 的焦点有三类：①VP_1VP_2 为焦点；②VP₁是焦点；③VP₂是焦点，各类焦点的使用条件及实际使用频率见表 5-5。

表 5-5　　　　　　重动句各类焦点使用条件及实际用例

	使用条件	举例	例数	占比（％）
VP₁VP₂是焦点	VP₁VP₂ 前有"是"，VP₁、VP₂ 都不是旧信息	老潘他爸爸是吸毒吸死的。	14	2.2
VP₁是焦点	ⅰ. VP₁前有"是"，VP₂为旧信息	这叫花疯，是想男人想疯的。	2	0.3
	ⅱ. 并列结构，VP₁不是旧信息，VP₂为旧信息	讹人讹不了，哄人哄不了。	4	0.6
	ⅲ. VP₁表疑问	看什么看不下去？	0	0
VP₂是焦点	其他	她跳舞跳得那样好。	606	96.8
	小计		626	100.0

由表 5-5 可知，VP₁VP₂ 为焦点和 VP₁ 为焦点的使用受限制，实际使用频率低，为非典型的；而 VP₂ 为焦点的几乎不受限制，实际使用频率高，为典型的。前两者可称为非常规焦点，后者可称为常规焦点。

既然重动句有三种焦点类型，那它的焦点结构如何呢？笔者认为可作如下刻画①：

(133) VP₁VP₂为焦点：［(S) [VP₁VP₂]_F］
　　　VP₁为焦点：［(S) [[VP₁]_F[VP₂]_P]］
　　　VP₂为焦点：［(S) [[VP₁]_P[VP₂]_F]］

由此可见，重动句的焦点结构颇为复杂。

由此也可看出，重动句 VP₁、VP₂ 信息状态与焦点类型的密切关系，下面只看 VP₁ 信息状态与焦点类型的关系。统计显示：①VP₁ 为旧信息，VP₂ 为焦点的 188 例，未见 VP₁VP₂ 为焦点和 VP₁ 为焦点的。②VP₁ 为可及信息，VP₂ 为焦点的 149 例，占 94.3%；VP₁VP₂ 为焦点 5 例，占 3.2%；VP₁ 为焦点 4 例，占 2.5%。③VP₁ 为新信息，VP₂ 为焦点的 272 例，占

---

① F 指焦点成分，P 指预设成分。

97.1%；VP$_1$VP$_2$为焦点 6 例，占 2.1%；VP$_1$为焦点 2 例，占 0.7%。由此可见，只有 VP$_1$VP$_2$为焦点和 VP$_1$为焦点的，VP$_1$的信息状态才要求是新信息；VP$_2$为焦点的，VP$_1$可以为旧信息，可以为可及信息，也可以为新信息，而且以新信息为主（$\chi^2_{(1)}$ = 38.926，p<0.001）。

第四节 重动句不是双焦点结构

一 以往研究

上文探讨了重动句 VP$_1$和 VP$_2$都可以做焦点，那重动句是不是双焦点结构呢？

王灿龙（1999）、赵新（2002）、张静（2004）都主张重动句是双焦点结构或双焦点现象①，都认为，重动句 VP$_1$、VP$_2$是完整的整体，"不可或缺"，因而两个都很重要。对此，孙红玲（2005）提出了批评，认为"VP$_1$和 VP$_2$都不可或缺"说的是"信息足量"而不是"信息地位"，这种批评很到位。上面我们分析了 VP$_2$为常规焦点、VP$_1$为非常规焦点的情形，结果都显示重动句是单焦点，而不是双焦点。

下面从另一个角度进行分析，笔者认为，文献中所谓的"双焦点"（或"多焦点"）具有特定的含义或具有特定的形式特征。

二 文献中的"多焦点"

下面笔者对文献中常说的"多焦点"② 概括为四种，并作些分析。

（一）多焦点是指多疑问（multiple wh-questions）

因为疑问成分本身是焦点（刘探宙，2008；Cheng，1983；徐杰，2001：135；沈园，2005：83 等），所以有几个疑问成分一般就有几个焦点，如：

(134) 谁买了什么？（徐杰，2001）

---

① 王灿龙（1999）称为"双语义焦点句"；张静（2004：29）称为"双焦点的信息结构"。
② 学界用的"多焦点"包括而且大部分指的就是"双焦点"，所以下文用"多焦点"统称。

(135) 谁烧什么汤？（Kabagema-Bilan et al.，2011）
(136) Taroo-ga dare-ni nani-o ageta no? "Who did Taroo give what?"（日语，Stoyanova，2008）
(137) Wer hat was gekauft? "Who bought what?"（德语，Stoyanova，2008）

由此可以看出，不少语言都存在含多个疑问成分的句子。下列疑问成分不表疑问，所以不是多疑问句，也不是多焦点：

(138) 在"9.11"之前，谁能知道会发生什么呢？（CCL语料）
(139) 大家都是周天子下面的诸侯，谁能服谁呢？（CCL语料）

但不少文献指出，虽然一个句子可含有多个疑问成分，但这些疑问成分在地位上并不相同，首先，多疑问中的多个焦点在语音表现上不同，Kabagema-Bilan et al.（2011）通过语音实验发现，汉语多焦点中的第二个焦点才具有语音 F0 效应，即焦点成分升（raising），而焦点后成分降（lowering）、缩（compression），这与单焦点一致；而第一个焦点不具有 F0 效应。其次，Erteschir-Shir（2007）指出，多疑问涉及限制列（restrictive sets），如：

(140) A：Who read what?
　　　B：John read The Times, Peter read The New Yorker, and Susan read The Economist.（Erteschir-Shir, 2007：50）

此例允准的条件是，读者列（John，Peter 和 Susan）正为听说双方讨论，即它们是语境可及（contextually available）的，而报纸列（The Times, The New Yorker 和 The Economist），可以是语境可及的，也可能是语境未及的。最后，徐杰（2001：135）指出，多疑问中不同的焦点受到的强调程度不同，一般是第一个焦点受强调的程度高，可称为主焦点，比较：

(141) 是谁买了什么？

（142）*是谁是买了什么？
（143）*谁是买了什么？

总之，多疑问虽然有多个焦点，但它们在语音、句法、语义和语用等方面的表现均不同，因而它们的地位并不相等，将其中一个焦点看作主焦点，另一个看作次焦点比较合理①。

此外，也有文献认为多疑问虽然有多个疑问成分，但它们的解释是相互关联的（Zubizarreta，1998，沈园，2005：83），因而并不是多焦点。从跨语言的角度看，多疑问并不是所有语言都有的现象，Stoyanova（2008：2）就指出，索马里语、Berber、意大利语和爱尔兰语等语言没有这样的现象，如：

（144）*yaa goormuu yimid?"Who came when?"（索马里语，Stoyanova，2008：2）

（145）*Wiy yzrin may?"Who saw what?"（Berber 语，Stoyanova，2008：3）

（146）*Che cosa hai dato a chi? "What did you give to whom?"（意大利语，Stoyanova，2008：3）

因此，Stoyanova（2008）认为是否具有多疑问具有类型学的意义。虽然不少文献举了汉语多疑问的例子，但它是一种标记性非常的现象，使用频率极低，接受性也有争论。

（二）多焦点是指含有多个对比焦点

如：

（147）A：伯父烧番茄汤吗？
B：<u>姑姑</u>烧<u>冬瓜</u>汤。（Kabagema-Bilan et al.，2011）

（148）<u>这条鱼</u>我要吃<u>鱼头</u>，<u>那条鱼</u>我要吃<u>鱼尾</u>。（Cheng，1983）

---

① 到底哪一个是主焦点，哪一个是次焦点，学界有不同的看法，如按照 Kabagema-Bilan et al.（2011），后一个为主焦点，前一个为次焦点；而按照徐杰（2001），前一个是主焦点，后一个是次焦点。

（149）Kore wa oisii ga are wa oisikunai. "this is delicious, but that is not."（日语，Cheng，1983）

（150）(Perhaps Sally made the salad, but) Ronald made the hamburgers. (Chafe, 1976: 35)

不过，不少文献都指出，对比焦点和信息焦点不同，旧信息可以做对比焦点（徐烈炯，2005；Chafe，1976: 38；Cheng，1983），而信息焦点不能。而且，多个对比焦点地位并不相同，后一个对比焦点（一般处于谓语中）一般为主焦点。比较：

（151）Kore wa oisii ga are wa oisikunai. "This is delicious, but that is not."

（152）Iya. Are ga oissi. Kore wa titto mo oisikunai. "Not, it is that delicious. This is not delicious at all."

Cheng（1983）指出，日语的 wa 既可以用来标示话题，也可以用来标示对比焦点，例（151）Kore 是对比焦点，但它不是主焦点，如果它要变成主焦点，只能采用例（152）的形式，而且用 ga 标记。Cheng（1983）指出下例（153）的主焦点是"鱼头"和"鱼尾"，而不是"这条"和"那条"：

（153）这条鱼我要吃鱼头，那条鱼我要吃鱼尾。（Cheng，1983）

Kabagema-Bilan et al.（2011）则通过语音实验发现，下例（154）中的第二个焦点"冬瓜"才具有语音 F0 效应，即焦点成分升（raising），而焦点后成分降（lowering）、缩（compression），这与单焦点一致；而第一个焦点"姑姑"不具有 F0 效应：

（154）A：伯父烧番茄汤吗？
　　　B：姑姑烧冬瓜汤。（Kabagema-Bilan et al. 2011）

这些都显示，含多个对比焦点的多焦点，一般只有一个主焦点，而且一般是后一焦点（处于谓语显要位置的）是主焦点。

（三）多焦点是指由多个焦点算子或焦点标记联系多个焦点

这也是学界较普遍采用的观点（参看 Beck & Vasishth, 2009）。如：

（155）John only introduced HILL to SUE

（156）Even$_1$ [JOHN]$_{F1}$ drank only$_2$ [WATER]$_{F2}$.（Krifka, 1992）

（157）John even$_1$ drank [only$_2$]$_{F1}$ [water]$_{F2}$.（Krifka, 1992）

（158）Csak két filmet láttak csak Hárman. "It was only two films that only three persons saw."（Kiss, 1998）

（159）最靠后那两个月小王就出差了一次。（刘探宙，2008）

按照 Rooth（1996），例（155）有两个焦点，因为焦点敏感算子 only 联系了两个不同的焦点域。不过，Krifka（1992）不认为例（155）是多焦点，因为只有一个焦点敏感算子，它是复合焦点（complex foci），可表示为：

（155'）John only$_1$ introduced [HILL]$_{F1}$ to [SUE]$_{F1}$

Krifka（1992）认为真正的多焦点是如例（156）和例（157），它们都有两个焦点敏感算子，分别联系两个焦点。不过例（157）算子又成为焦点。Kiss（1998）认为匈牙利语中受 csak "only" 修饰的论元（arguments）成分具有固有的确认性焦点特征，例（158）有两个这样的成分，因此有两个焦点。刘探宙（2008）认为例（159）是汉语的多焦点句，唯量词"就"和焦点算子"最"分别联系两个焦点。

由于这类多焦点现象具有较明确的标记，所以较为学界关注。但哪些成分可以是焦点敏感算子或焦点标记，则需要进一步探讨。

（四）多焦点是指含有两个重音成分

先看如下例句：

（160）A：what happened?

　　B：My stereo just short-circuited.（Culicover & Rochemont,

1983)

Culicover & Rochemont（1983）认为答句的两个重音成分 stereo 和 cir-cuited 都是存现（presentational）焦点，它们表示的信息都是共知的，因而是多焦点。该文也指出，存现句并非都是多焦点，如：

(161) A：what happened?
B：My stereo just short-circuited.

此例答句就只有一个焦点 short-circuited。

但根据 Lambrecht（1994：309）的分析，例（160B）虽然有两个成分带有重音，但它仍是单焦点，即谓语焦点，从焦点类型上看，它与例（161B）是一样的。两者唯一的不同在于（150B）的 My stereo 不是话语话题（discourse topic），而是需要激活的实体。也就是说，重音与焦点并不是一一对应的关系，有些重音标记的是焦点，而有些重音则跟激活性（activation）相关。如果要将（161B）看作存现焦点，或 Lambrecht（1994）所说的句子焦点，重音只能在主语 My stereo 上，而不能在谓语 short-circuited 上。

总之，文献中的多焦点需要有非常明确的形式标记（重音、焦点标记、焦点敏感算子等），没有这些标记就不再是多焦点，形式标记是多焦点的必要条件。而且，不少多焦点可以做单焦点解。从实际使用频率看，这些多焦点极不常见。

三 重动句不是多焦点

（一）"多焦点"的重动句？

由于学界对汉语重音和焦点的关系尚无定论，这里不探讨第四类多焦点现象，只看前三类。首先看第一类，VP_1、VP_2 都含有疑问成分，如：

(162)? 你吃什么吃得怎么样？
(163)? 你等谁等了多久？

两例都是宾语和补语含有疑问成分。显然，它们都不太自然。笔者语料中也未找到这类重动句，不仅如此，VP₁含有疑问成分的重动句也极少见，VP₁中的疑问成分一般都不表疑问，而表任指，其后常有"都""也"等成分，如：

（164）你们有 100 多万人，<u>打谁打不赢</u>？一人一口唾沫也能把人淹死啦，你们算啥以少胜多？（都梁《亮剑》）

（165）秦一星说："过那么七八十来年，我就五十岁了，<u>做什么都做不动了</u>。"（阎真《比如女人》）

（166）就您现在这副扮相，进城<u>找谁也找不到</u>，弄不好净街的许把您当游民再抓起来。（邓友梅《烟壶》）

例（164）重动句虽然是疑问句（带问号），但"谁"不表疑问。因此，笔者认为，重动句 VP₁、VP₂都带疑问成分的极受限制，实际语料中未发现。

第二类，重动句 VP₁、VP₂都是对比焦点，如：

（167）"把我的床拆下来。别让妈睡箱子了，让妈睡我的单人床吧！"//"<u>妈睡箱子睡舒服了</u>，<u>睡别的睡不惯了</u>。"（刘恒《贫嘴张大民的幸福生活》）

（168）他的牌打得很好，可是他知道"<u>喝酒喝厚了</u>，<u>赌钱赌薄了</u>"的格言，不便于天天下场。（老舍《四世同堂》）

两例中的两个重动句都构成并列，两个 VP₁构成对比，两个 VP₂构成对比。照一般理解，四个重动句的 VP₁、VP₂都是对比焦点。正如 Cheng（1983）等所说，各个对比焦点有主次之分，以上各例重动句 VP₁、VP₂也有主次之分。如果采用上文判定焦点的方法，例（167）前一个重动句 VP₁"睡箱子"得 1 分（并列成分），VP₂"睡舒服"得 4 分（不可省略、不可话题化、并列成分、非重复成分）；后一个重动句 VP₁"睡别的"得 2 分（并列成分、非重复成分），VP₂"睡不惯"得 5 分（不可省略、不可话题化、并列成分、非重复成分、否定中心），两例重动句都是 VP₂的焦点性都明显强于 VP$_1$ 的焦点性，因而，仍然是 VP$_2$ 为焦点。例（168）两个重动句也是 VP$_2$ 做焦点。

第三类，VP$_1$、VP$_2$ 部分出现焦点敏感成分，如：

（169）把式样子，连走路都走不好，横七竖八，胳膊和腿东一榔头西一棒，不是母螳螂，就是雌螃蟹。（毕飞宇《平原》）

（170）? 总是喝酒就喝一个晚上

刘探宙（2008）将"连……都……"看作标记句式的焦点标记，"连"后的成分被标记为焦点，同时刘文将"不"看作焦点敏感算子。据此，例（169）中重动句"走路走不好"被标记为焦点，其中"走路"和"好"都是焦点。不过，关于"连……都……"的地位，学界颇有争议，如曹逢甫先是将"连"后的成分看作焦点，后来则认为是话题（曹逢甫，1994：95—116）。徐烈炯、刘丹青（1998/2007：86）也认为"连"是前附性话题标记。如果是这样，此例重动句就不是双焦点结构了。刘探宙（2008）将"总是"看作焦点敏感算子，将"就"看作唯量词，据此，例（170）重动句"喝酒喝一晚上"的宾语和补语都是焦点，不过此例并不自然。

笔者认为刘探宙（2008）所概括的引导焦点的句法形式①范围太广，据此，多重强式焦点就很普遍。而且，刘文也指出，多重强式焦点句中的多重焦点呈现明显的层次性，焦点强度有高低、主次之别。不过，笔者认为既然焦点是最重要、最凸显（most important or salient）或最本质的（most essential）信息②（参看 Dik, 1997：326, Erteschik-Shir, 2007：38），那么，一个小句中只能有一个焦点。

---

① 包括焦点标记（一个词，五个句式）、焦点敏感算子（主力军）和唯量词（九个）。

② 原文是：the focal information in a linguistic expression is that information which is relatively the most important or salient in the given communicative setting, and considered by [the] S[peaker] to be most essential for [the] A[ddressee] to integrate into his pragmatic information.（句子成分的焦点信息是特定交际场景中相对最重要或最凸显的信息，是说话者认为对听话者融入自己的语用信息的最本质的信息。）从重音角度探讨焦点的文献也认为焦点是带最强重音（the highest stress, Jackendoff, 1972：237；Erteschik-Shir, 2007：30）。从句法角度探讨焦点的认为焦点是嵌入最深的成分（most deeply embedded, Cinque, 1993；Erteschik-Shir, 2007：34）。

退一步说，即使认为上例（169）、（170）等都是多焦点，这也并不意味着重动句是多焦点，文献上的多焦点与其说是跟句子或结构有关，毋宁说是跟特定的形式标记（焦点敏感算子、焦点标记等）有关，也就是说，形式标记是构成多焦点的必要条件，而这些标记附丽的结构则既不是必要条件，也不是充分条件。因此，不仅重动句可以构成多焦点现象，一般主谓句也可以构成多焦点现象，如上文所举的例（141）（"谁买了什么"）和（154B）（"姑姑烧冬瓜汤"）都是主谓句。正如不宜将主谓句看作多焦点结构一样，也不宜将重动句看作多焦点结构。

一般认为，由于受记忆或信息处理能力的限制，一个小句只有一个焦点（Du Boias，1987；Chafe，1987；Lambrecht，1994；方梅，2005 等）。要使重动句的 VP_1、VP_2 都成为焦点，一般是将它们独立成小句，成为各自独立的语调单位，比较：

（171）a. 结果就是后来有一次<u>她喝酒喝醉了</u>，哭着说，"我现在爱上大哥了，我离开他啊一天我都想得要死。"（《鲁豫有约》）

b. 凤举在外面回来了，晚上点着个灯在那儿<u>喝酒</u>，<u>喝醉了</u>。（徐德明《〈金粉世家〉与家族小说》）

（172）a. <u>我到处找你找不着</u>，用车去接你你倒自己跑来了，快跟到这边来。（王朔《刘慧芳》）

b. 王同志，我各处<u>找你</u>，<u>找不到</u>。刚才遇见白花蛇，才知道你在这里。（老舍《方珍珠》）

例（171a）、（172a）是重动句，焦点是 VP_2；例（171b）、（172b）是两个独立小句，VP_1、VP_2 都是焦点。

（二）重动句 VP_1、VP_2 都是焦点与多焦点

前文指出，重动句有一种焦点类型是 VP_1、VP_2 都是焦点，再举一些例子：

（173）我看你纯粹是<u>看反特电影看出毛病来了</u>，哪儿有那么多"秘密图纸"被窃呀。（海岩《便衣警察》）

（174）你也知道，我头皮老薄呀，来的都是领导，也都知道<u>这</u>

烟是打假打来的，他们硬不给钱，我能挡住谁呢？（李佩甫《羊的门》）

这些重动句 VP_1、VP_2 前有"是"，而且 VP_1、VP_2 都不是旧信息，从焦点性来看，VP_1 和 VP_2 一样，这是广焦点或宽焦点（参看 Lambrecht, 1994），而不是双焦点结构。

第五节　本章小结

重动句焦点是重动句研究的重要论题，也是争论最多的问题之一，至少有五种观点：①VP_2 是焦点；②补语是焦点；③一般情况下 VP_2 是焦点，但特定情况下 VP_1 也可以是焦点；④宾语和补语都是焦点；⑤VP_1、VP_2 都是焦点，可归纳为单焦点说（前三种）和双焦点说（后两种）。重动句焦点之所以众说纷纭，主要是因为：①学界对焦点有不同的理解，而这源于焦点的复杂性；②判断焦点缺乏较客观的标准，缺乏具可操作性的方法。

笔者在以往研究的基础上（特别是 Cheng, 1983），概括出七种判断（测试）焦点的方法：①可不可以省略？②可不可以话题化？③是否为重复成分？④是否为并列成分？⑤是否为"是"作用的对象？⑥是否为疑问中心？⑦是否为否定中心？并以 626 例实际语料为对象，探讨重动句 VP_1、VP_2 的焦点性差异，进而探讨重动句的焦点。统计显示，重动句 VP_1 为焦点的平均得分为 1.54 分，而 VP_2 为焦点的平均得分为 3.14 分，VP_2 得分显著高于 VP_1 得分（t=−43.677，p<0.001），因而，VP_2 比 VP_1 更倾向于做焦点。根据 VP_2 和 VP_1 焦点性差异，可将重动句焦点类型分为三类：①VP_2 是焦点；②VP_1VP_2 是焦点；③VP_1 为焦点。第一类使用频率最高，几乎无使用限制，因而 VP_2 可看作常规焦点，第二、第三类使用频率极低，使用限制严格，因而 VP_1VP_2、VP_1 可看作非常规焦点。本章为焦点的判定提供了一种较客观、较全面、也更具可操作性的方法，也揭示出焦点具有程度之别的特点。

本章还认为，多焦点（双焦点）是一种标记性非常强的现象，而所谓的"多焦点"（双焦点）的重动句要么限制极严，要么并不是真正的多焦点，因而重动句不是多焦点（双焦点）结构。

第六章　信息结构与重动句宾语话语指称性

第一节　重动句的宾语

重动句中可以出现一个宾语，也可以出现两个宾语，如：

(1) 是吗？噢，刚才擦香炉擦得时候太长了！你看我擦得亮不亮？（老舍《谁先到了重庆》）

(2) 王琦瑶吃鱼吃出一根仙人刺，用筷子抹着，往下一抛，仙人刺竟站住了。（王安忆《长恨歌》）

前例重动句出现一个宾语"香炉"，后例重动句出现两个宾语"鱼"和"一根仙人刺"。这里将只出现一个宾语的重动句称作单宾重动句，其宾语可称作单宾语。将出现两个宾语的重动句称作双宾重动句，双宾重动句中，前一个宾语叫作前宾语，如上例（2）的"鱼"，后一个宾语叫作后宾语（另可参看刘雪芹，2003、2011），如上例（2）的"一根仙人刺"。广义上说，重动句宾语既包括单宾语，也包括前宾语和后宾语。不过为便于称说，如果不是对比着说，这里所说的重动句宾语一般指单宾语或前宾语。

重动句的宾语是重动句研究的重要内容，涉及重动句宾语的表现形式、指称性质及其形成机制（项开喜，1997；刘雪芹，2003、2011 等），结论也基本一致，也比较符合语言事实，所以这里不再探讨，下面拟从话语指称性的角度进一步探讨重动句宾语，为便于称说，直接将重动句宾语表示的实体称作重动句宾语。

第二节　重动句宾语话语指称性分析

一　话语指称性概述

话语指称性（discourse referentiality）是指称性的一种视角，它主要跟实体在话语主题组织（thematic organization）中的重要性有关（Chen, 2009）。

先看下面的例子：

(3) 猫妈妈带着小花猫在河边钓鱼。//一只蜻蜓$_{i1}$飞来了。小花猫放下钓鱼竿，就去捉蜻蜓$_{i2}$。蜻蜓$_{i3}$飞走了，小花猫没捉着。回到河边一看，妈妈钓着了一条大鱼$_{j1}$。//一只蝴蝶飞来了。小花猫放下钓鱼竿，就去捉蝴蝶。蝴蝶飞走了，小花猫没捉着。回到河边一看，妈妈又钓着了一条大鱼。（选自课文《小猫钓鱼》）

下面看两个实体"一只蜻蜓$_i$"和"一条大鱼$_j$"，它们都是数量结构，从语义指称的角度看，它们都是不定指的。但这两个实体在话语主题组织中的重要性不同，"一只蜻蜓$_i$"引入话语后，还出现了两次；而"一条大鱼$_j$"引入话语后，未再出现过。由此，我们说，"一只蜻蜓$_i$"比"一条大鱼$_j$"在话语主题组织中更重要，它们的话语指称性不同，话语指称性可通过持续性来表现。由此也看出，话语指称性与语义指称性不同。

关于话语指称性的研究现状，话语指称性的句法表现，以及话语指称性与语义指称性的联系和区别，笔者作过专题探讨，这里从略。

二　研究思路

话语指称性可通过持续性（persistence/continuity）来表示，但不同文献采取的方法略有不同，如 Sun（1988/1994）采用的方法是：先统计出首次引进后 10 个小句中出现的次数，然后被 10 平均而得出。而 Wright & Givón（1987：13）采用的方法是：计算实体引入话语后紧接着 10 个小句内再次出现的次数（另可参看 Givón, 2001 等）。以上两种方法有相似处，不同之处在于，Wright & Givón（1987）计算出再现次数后，不再被 10 平均。Chen（2009）采用的则是统计实体在整个篇章中的频率。考虑到篇章篇幅长短不一，计算篇章频率的方法有时不易操作，因而不被广泛应用（参看 Sun，1988/1994）。

这里基本采用 Wright & Givón（1987：13）计算持续性的思路和方法，但有所改进。Sun（1988/1994：145）认为，由于方法论的原因，测算时不考虑引语或关系小句中出现的话题。笔者则认为应该考虑，因为无论是引语，还是关系小句中，只要提及，就显示它的重要性。这里将再现次数称作持续值。Wright & Givón（1987：23）将 TP0-2 的看作低持续的①，TP>2 的看作高持续的，这里也如此处理。

以上方法着眼的都是实体首次引入话语及其后的情形，但重动句宾语有的表示首次引入的实体，而有的是再次出现的实体，比较：

（4）只得勉强冷笑一声，说："我的少爷，你这可是看鼓儿词看邪了。你大概就把这个叫作'临阵收妻'。"（文康《儿女英雄传》）

（5）铁军是个内向人，文静人，知识分子，不习惯大喊大叫摔东西什么的。铁军母亲心疼儿子心疼死了，敲门也不敢用力敲。（海岩《玉观音》）

前例重动句宾语"鼓儿词"是首引实体，该实体其后 10 个小句内未再次出现，其持续值是 0，为低持续的。后例重动句宾语"儿子"是再现实体，其持续性应考虑其首次引入话语的情况，该实体首次引入及其后的表现是：

（6）也许我并没有真正爱上安心，也许我对她已经爱得太深，当她说出与她相爱的另一个男人ᵢ时，我没有失望，没有反感，我在内心里冷静地接受并端详了这个陌生的男人ᵢ₁。//他ᵢ₂名叫张铁军，ø ᵢ₃岁数比我大，在两年半前他ᵢ₄爱上安心的时候就已经二十七岁。他ᵢ₅毕业于著名的云南大学，ø ᵢ₆是学新闻的，ø ᵢ₇毕业后分到了云南广屏市的市委宣传部，ø ᵢ₈在新闻处当干事。

---

① TP 的全称是 Topic Persistence。

首次引入形式是数量结构"与她相爱的另一个男人",首次引入后,其后 10 个小句内再现 8 次,因而该实体的持续值是 8,为高持续的。

但有时,重动句宾语不易确定其首次引入,或者即使可以确定,但距离重动句宾语太远,时间间隔太长,如上例(6)重动句宾语出现在第 16 章,其首次引入出现在第 5 章,中间隔了 10 章,检索时也非常费劲。为此,这里提出另一种计算重动句宾语持续值的方法①,即:

(7)以重动句为目标,以 10 个小句为考察范围:
ⅰ.如果重动句是首句(重动句宾语首次引入),则计算其后 10 个小句内(不足 10 个的,以 10 个计)出现的次数,此数值即为其持续值。
ⅱ.如果重动句是中间句(重动句宾语再次出现),则计算其前 5 个小句和其后 5 个小句(不足 10 个的,以 10 个计)出现的次数,此数值即为其持续值。
ⅲ.如果重动句是末句(重动句宾语再次出现),则计算其前 10 个小句(不足 10 个的,以 10 个计)出现的次数,此数值即为其持续值。

重动句一般是中间句,所以(7ⅱ)用的最多。现举几例说明②,如:

---

① 笔者曾提出一种测算话题保持率(持续性)的方法。根据所指是否首次出现:(一)如果该所指首次出现,则以它首次出现的小句为基点,计算出其后 10 个小句内(如果其后小句数不足 10 句,也以 10 句计算;而且不考虑直接引语内的各种形式)同一所指出现的次数 n_1,最后算出平均值(M_{TP}),即 $M_{TP}=n_1/n_2$,n_2 为 10。(二)如果该所指非首次出现,或者其首次出现不易确立(如语料是长篇小说),则以该所指所在小句为基点,计算出其前后 20 个小句内(如果前后小句数不足 10 句,也以 20 句计算;而且不考虑直接引语内的各种形式)同一所指出现的次数 n_1,最后算出平均值(M_{TP}),即 $MTP=n_1/n_2$,n_2 为 20。如果 $M_{TP}=0$ 则表示该所指是话语无指的,如果 $M_{TP}>0$ 则表示该所指是话语有指的,又分为话语指称性高的($M_{TP}>0.2$)和话语指称性低的($0<M_{TP}≤0.2$)。这样就可以不受语料的限制,而且可用于不同形式所指话语指称性的测算,而且不仅仅限于首次出现的所指的测算,因而更具普适性和可操作性。这里进一步简化,以 10 个小句为考察范围,因为学界一般以 10 个小句为对象(参看 Sun, 1988/1994;Wright & Givón, 1987),这样便于比较。

② 为节省篇幅,下文举例时并未将重动句前后 5 个小句全列出,一般只列举到出现相关实体的小句(有时为保持语境的完整,会列出该实体前后一两个小句)。

(8) "病重，并不见得难治。只要断症断得准，下药下得对！断症最难！"大夫的眼始终没看病人，而很有力量的看着瑞宣。(老舍《四世同堂》)

(9) 路上，那头小草驴$_{i1}$意外地给了他大量的新鲜感，绵绵而至的秋雨又使他感到莫名其妙的忧伤。叔叔的言行举止变得越来越愚蠢。天青嘟嘟囔囔骂那头驴，骂得有些累的时候，突然醒悟到他是在骂他的叔叔。他不理会叔叔咪咪的笑声，但他疑心婶子听出了什么，她的暗示通过那头驴$_{i2}$传达到他扯着缰绳的手上，他的回答是赶紧闭嘴。(刘恒《伏羲伏羲》)

(10) 他原打算体体面面地把她$_{i1}$养大。一起头，他并没安心让她$_{i2}$作艺。她$_{i3}$很机灵，ø$_{i4}$又很爱唱，他这才教了她$_{i5}$一两支曲子。他觉着，要是说买她买得不对，那么卖了她$_{i6}$就更亏心了。他希望她$_{i7}$能再帮上他几年，等她$_{i8}$够年纪了，给她$_{i9}$找个正经主儿，成个家。(老舍《鼓书艺人》)

例（8）重动句宾语"药"是首次引入，其后10个小句内，该实体未再出现过，因而持续值为0，为低持续的。例（9）重动句是中间句，宾语"那头驴"是再次出现，该重动句前5个小句，该实体出现了一次，即"那头小草驴$_{i1}$"，重动句后5个小句，该实体出现了一次，即"那头驴$_{i2}$"，因而，该实体的持续值是2，也为低持续的。例（10）重动句也是中间句，宾语"她"是再次出现，该重动句前5个小句，该实体共出现5次，该重动句后5个小句，该实体出现4次，因而该实体持续值是9，为高持续的。

下面再看上文举过的例（5）（重新编号，下同）：

(11) 隐隐听到铁军$_{i1}$压抑的啜泣。铁军$_{i2}$是个内向人，ø$_{i3}$文静人，ø$_{i4}$知识分子，ø$_{i5}$不习惯大喊大叫摔东西什么的。铁军母亲心疼儿子，心疼死了，敲门也不敢用力敲。她知道儿子$_{i6}$爱他$_{i7}$这媳妇爱得一心一意，儿子$_{i8}$一直觉得他$_{i9}$这媳妇的人品好得没法再好了，媳妇能出这种辱没家门祖宗的丑事，对他$_{i10}$真是个晴天霹雳。

实体"儿子"的持续值是10，也为高持续的。由此看出，虽然采用两种计算持续值的方法具体结果不同，但两者都是高持续的。

第六章　信息结构与重动句宾语话语指称性　　189

计算持续值时，有些问题要注意，第一，如何判别是否为同一实体。如上例（6）实体"与她相爱的另一个男人"首次引入后的第四个小句是"他名叫张铁军"，上文将"他"看作再现形式，但不将"（名叫）张铁军"看作再现形式，这是因为这里的"张铁军"表示的是名字，而不是实体，如它不能用其他表现形式代替，如：

（12）a. *他名叫<u>与她相爱的另一个男人</u>。
　　　b. *他名叫<u>这个陌生的男人</u>。

因此，实体和姓名、称呼语应区分开。此外，有些同形或部分同形的并不一定表示同一实体，如：

（13）"（他们）给第邱买了<u>辆又好又便宜的车</u>$_{j1}$，直接从<u>车</u>$_{j2}$上拆下来的钱就上了万。""不止<u>这一辆车</u>$_{j3}$，<u>李白玲卖车</u>·卖多了，"杨金丽愤愤地说，"要不她怎么那么有钱……"（王朔《橡皮人》）

此例重动句宾语"车$_i$"与前文的"辆又好又便宜的车$_j$"虽然部分同形，但两者并不是同一实体，如前者不能用后者替换（*李白玲卖辆又好又便宜的车卖多了）。不过"辆又好又便宜的车$_{j1}$"、"车$_{j2}$"和"这一辆车$_{j3}$"三个形式表示的是同一实体。

有些重动句宾语连同其前面的动词（VO）作为一个整体，在前文或后文出现，如：

（14）第二，关于军队<u>支左</u>$_{i0.5}$的问题，这条指示太笼统、太模糊，谁是<u>左派</u>$_{i1}$？标准是什么？<u>支左</u>·支到什么程度？（都梁《亮剑》）

此例重动句是中间句，其VO"支左"前文出现过（第一个小句），这里认为此时该实体出现了0.5次，该实体前文还出现了一次"左派$_{i1}$"，因此该实体持续值是1.5次，为低持续的。只有宾语相对独立出现，或者宾语为有指的，才算作出现一次。

如果不同实体之间存在个体—群体之间的关系，如：

(15) 文章：对不起，那个女孩$_{i1}$对他好像没那么在乎，但他喜欢人家$_i$喜欢得不行。结果那女的$_{i2}$没太把他当回事，然后两个人$_{i2.5}$就分手了。(《鲁豫有约》)

此例重动句宾语"人家"（那女孩）与后文的"两个人"存在个体—群体的关系，因此，"两个人"可看作是"人家"再次出现0.5次，重动句宾语的持续值是2.5，为高持续的。前文有一个"女孩"，它和"人家"不是个体和群体的关系，所以不计算在内。

此外，只有与前文主话题构成话题链的省略的话题（能够补上）才算作出现次数，其余都不看作出现次数，如上例（10）最后一小句"成个家"，从前文看，应是承前省略了"给她"，但这里不看作出现一次，只有省略了"她"或"他"，才算作出现一次。再如上例（3）：

(16) 一只蜻蜓$_{i1}$飞来了。小花猫放下钓鱼竿，就去捉蜻蜓$_{i2}$。蜻蜓$_{i3}$飞走了，小花猫没捉着。回到河边一看，妈妈钓着了一条大鱼$_{j1}$。(选自课文《小猫钓鱼》)

此例第四个小句"小花猫没捉着"，从语义上看，似乎省略了宾语"蜻蜓"（小花猫没捉着蜻蜓），但由于它处于宾语位置，不是话题，因而不认为此时该实体出现了一次。这里也不认为此句承前省略了话题"蜻蜓"，因为补上很勉强（？蜻蜓小花猫没捉着），此句的话题（也是主语）是"小花猫"。因此，"一只蜻蜓$_i$"的持续值是2，为低持续的。

第二，如何判定是否为一个小句，笔者认为，只有存在谓语的才是一个小句，表时间或地点的小句不看作一个小句，因而下列画线成分都不是一个小句：

(17) 天明，柳子言起得早，站在院子里仰头看一棵枣树。(贾平凹《美穴地》)

(18) 柳子言慌了，竭力饰其中机，不敢苟笑，说："瞧，枣树上有一棵枣哩!"(贾平凹《美穴地》)

(19) 他还是婆婆妈妈的说："医生，请来看看吧！病得很重！"(老舍《四世同堂》)

例（17）的"天明"表时间，这里不看作一个小句。例（18）的"瞧"是插入语，例（19）的"医生"是称呼语，它们都是独立语（黄伯荣、廖序东主编，2011：77—79），这里不看作小句。

下列画线部分不看作一个小句：

（20）我看我们都属于爱自个爱得不得了的人。（王朔《千万别把我当人》）

此例的"我看"和重动句"爱自个爱得不得了"虽然都有谓语，但这里将它们所在的整个句子"我看我们都属于爱自个爱得不得了的人"看作一个小句，因此，书面上的标点符号是判断是否为一个小句的重要标志。由此相关的是，下例（21）画线成分是一个小句，而例（22）画线成分不是一个小句：

（21）她哭着说："你好呀，你做父亲做得好！让你儿子睡在鸽子笼里，蚊子不在这里成堆又到哪里去成堆？"（阎真《沧浪之水》）

（22）起初说是喂那些到村里扫荡的日本人，又说八路催粮催紧了也喂。（刘恒《伏羲伏羲》）

前例画线成分"他哭着说"和后文有明显的停顿，而后例画线成分"又说"和后文无明显的停顿。

三　重动句宾语表现形式持续性分析

笔者依据上文确立的思路对 626 例重动句宾语的持续性一一进行了分析，结果见表 6-1。

表 6-1　　　　　　　　重动句宾语持续值

持续值	例数	占比（%）	类例数	类占比（%）
0	451	72.0		
0.5	2	0.3		
1	52	8.3	533	85.1
1.5	3	0.5		
2	25	4.0		

持续值	例数	占比（%）	类例数	类占比（%）
2.5	3	0.5	93	14.9
3	22	3.5		
3.5	2	0.3		
4	14	2.2		
4.5	3	0.5		
5	14	2.2		
6	10	1.6		
6.5	1	0.2		
7	11	1.8		
7.5	2	0.3		
8	2	0.3		
9	3	0.5		
10	5	0.8		
11	1	0.2		
合计	626	100.0	626	100.0

由表6-1可知，重动句宾语持续值最高的是11，只有一例，即下例：

(23) 阿眉$_{i1}$大失面子，$\emptyset_{i2}$含着泪发狠地洗牌，$\emptyset_{i3}$说："你还要打我$_{i4}$，我$_{i5}$妈妈都没打过我$_{i6}$，你倒打我$_{j}$打上了瘾。你再动我$_{i7}$一下试试，$\emptyset_{i8}$非跟你拼了。"//"你$_{i9}$别没完啊。"//"$\emptyset_{i10}$没完怎么着。"她$_{i11}$居然攥起小拳头，"不爱待你滚。"（王朔《空中小姐》）

10个小句出现11次，主要是第四个小句出现了两次，一次是做定语，一次是做宾语。持续值为10的有5例。持续值最小的是0，有451例，占72.0%。由此可知，重动句宾语主要是持续值为0的。

由表6-1还可知，重动句宾语低持续的533例，占85.1%，高持续的93例，占14.9%，因此，重动句宾语以低持续为主。

由表6-1还可知，重动句宾语持续值存在显著差异，这跟重动句宾语的表现形式有关。前文已分析，重动句宾语的表现形式可分为七类：①名词性语素；②光杆普通名词；③人称代词；④专有名词；⑤数量结构；⑥指量结构；⑦疑问代词。下面分别对各类表现形式的话语指称性作些分析。

（一）名词性语素持续性分析

重动句宾语为 VO 复合词的（《现汉》收为词条），O 即为名词性语素，其话语指称性全部为 0，如：

（24）又跑了两个钟头，跑到了。大家拍手$_i$拍得更响了。看赛跑的人太多了，看不明白谁跑第一。（张天翼《大林和小林》）

（二）光杆普通名词持续性分析

光杆普通名词是指不带数量成分或指量成分等的（可以带形容词、代词等定语）名词性成分，重动句宾语光杆普通名词持续性表现多样，如：

（25）"大家争会长$_i$争得不可开交"，我猜想着："所以让给他作，是不是？"（老舍《听来的故事》）

（26）他拨戏台上的大油灯$_i$拨得很有把握，因此社里每年总是派他管老灯$_{i1}$。（赵树理《刘二和与王继圣》）

（27）尤其在母亲哭着抱怨父亲不该干涉女儿$_{i1}$恋爱自由的时候，父亲居然说：我们一时见不到她$_{i2}$，也比她$_{i3}$跟人私奔了恨我们一辈子强。//十三岁的保良，想姐姐$_i$想得发疯。//十三岁的保良，心里包藏着巨大的惶恐。//在寻人启事见报后的第四天，姐姐$_{i4}$突然回到了鉴宁。//姐姐$_{i5}$回来了，但她$_{i6}$没有回家，她$_{i7}$用一个电话把权虎约到了他们$_{i7.5}$经常相约的一个路口。（海岩《河流如血》）

例（25）重动句宾语"会长"持续值为 0，为低持续的。例（26）重动句宾语"戏台上的大油灯"持续值是 1，为低持续的。例（27）重动句宾语"姐姐"持续值是 7.5，为高持续的。

统计显示，重动句宾语光杆普通名词低持续的占大多数，有 291 例，占 95.1%，高持续的只有 15 例，只占 4.9%。因此，重动句宾语光杆普通名词基本是低持续的。而且，低持续用例中，持续值为 0 的 238 例，占低持续的 81.8%，因此，重动句宾语光杆普通名词以持续值 0 的为主。

（三）人称代词持续性分析

在重动句宾语的七种表现形式中，人称代词持续性表现最多样，如：

（28）又说："说怪也不怪，咬别人$_i$咬得着吗？谁不想扩大自己的空间？"（阎真《沧浪之水》）

（29）长脚$_{i1}$终于回来了。这一走可是不短的时间，关于他$_{i2}$的流言早已经平息，张永红等他$_{i}$等得绝望。（王安忆《长恨歌》）

（30）这事不怪别人，只能怪我自己$_{i1}$，怪我自己$_{i2}$！我$_{i3}$总觉得自己$_{i4}$有什么不对，原来不对是在这里！我$_{i5}$打自己$_{i}$打得太轻了，实在是太轻了。//我$_{i6}$猛地蹲下去，ø$_{i7}$双手拼命拔自己$_{i8}$的头发，ø$_{i9}$一定要连头皮都拔了下来，我$_{i10}$才解恨！（阎真《沧浪之水》）

例（28）重动句宾语"别人"持续值是0，为低持续的。例（29）重动句宾语"他"持续值是2，为低持续的。例（30）重动句宾语"自己"持续值是10，为高持续的。

统计显示，重动句宾语人称代词用例最多的是持续值3的，有13例，占16.0%。低持续的12例，占14.8%，高持续的69例，占85.2%，因此，重动句宾语代词主要是高持续的。

（四）专有名词持续性分析

重动句宾语专有名词持续性表现也较多样，如：

（31）老蔺一方面怪严格找老邢找错了，找来刘跃进的朋友韩胜利。（刘震云《我叫刘跃进》）

（32）她回过头来，又向众人笑道："驷华这两天听杨乃武听入了迷了！"大家就说起杨乃武$_{i1}$，说起公堂上的酷刑拷打。（张爱玲《十八春》）

（33）他$_{i1}$的手艺是跟老张师傅学的；这次老张师傅来指导做鱼，也是他$_{i2}$亲自去请来的。当年间他$_{i3}$才十七八岁，$_{i4}$也在那个旧财政局里当差。//当时张维叫杜禄叫不应，就改叫"老张"，张师傅答应说："壶还不开哩！""杜禄$_{i5}$哩？""不知道！"（赵树理《张来兴》）

例（31）重动句宾语"老邢"持续值是0，为低持续的。例

（32）重动句宾语"杨乃武"持续值是1，也为低持续的。例（33）重动句宾语"杜禄"持续值是5，为高持续的。

统计显示，重动句宾语专有名词持续值最低的是0，共7例，占33.3%，也是比例最高的持续值。持续值最高的是5，只有两例。低持续的16例，占76.2%，高持续的5例，占23.8%，因此，重动句宾语专有名词主要是低持续的。

（五）数量结构持续性分析

重动句宾语数量结构共4例，一例持续值是3，一例持续值是1，两例持续值是0，如：

（34）别人跟个老板_i跟几年，要房要车，还要青春补偿。（阎真《因为女人》）

（35）临上床，又目夹目夹，寻寻觅觅，找一样什么东西_i找不到。曼桢在床上忍不住开口说道："妈，你的拖鞋_{i1}在门背后的箱子上。"（张爱玲《十八春》）

（36）王琦瑶_{i1}看着他说：头上都吃出白头发来了。他就说：这怎么是吃出来的呢？分明是想一个人_j想出来的。王琦瑶_{i2}白他一眼，_{i3}说：谁同你唱"楼台会"！（王安忆《长恨歌》）

例（34）重动句宾语"个老板"持续值是0，为低持续的。例（35）重动句宾语"一样什么东西"持续值是1，为低持续的。例（36）重动句宾语"一个人"持续值是3，为高持续的。

重动句宾语数量结构低持续的3例，高持续的1例，显然以低持续的为主。

（六）指量结构持续性分析

语料中，重动句宾语指量结构12例，其持续值表现较多样，如：

（37）一拳打在车厢的木沙发上，痛得"哎哟哎哟"的直甩手。恨那个人_i恨到了极点，忽然我又醒悟到自己真正恨的还是张小禾。（阎真《曾在天涯》）

（38）"前一年两年那么多男生_{i1}追我，我心里动都不动，你又不是不知道。"苗小慧笑了笑说："你还反过来咬我一口！"又说："那

时候你看那些男生ᵢ看不入眼,再说——我不说了。"(阎真《因为女人》)

(39)院子的水ᵢ₁涨高了,ø_{i2}漫过了较低的台阶,水ᵢ₃溅到屋门来,ø_{i4}溅到我们的裤脚上了,我和妞儿看这凶狠的雨水ᵢ看呆了,眼睛注视着地上,一句话也不讲。(林海音《城南旧事》)

例(37)重动句宾语"那个人"持续值是0,为低持续的。例(38)重动句宾语"那些男生"持续值是1,为低持续的。例(39)重动句宾语"这凶狠的雨水"持续值是4,为高持续的。

统计显示,重动句宾语指量结构持续值最低的是0,持续值最高的是5,用例最多的是持续值1的,共5例,占41.7%。为低持续的9例,占75.0%,为高持续的3例,占25.0%,因此,重动句宾语指量结构以低持续为主。

(七)疑问代词持续性分析

语料中,重动句宾语疑问代词的只有一例:

(40)你们有100多万人,打谁ᵢ打不赢?一人一口唾沫也能把人淹死啦,你们算啥以少胜多?(都梁《亮剑》)

重动句宾语"谁"持续值是0,为低持续的。

(八)小结

上面我们逐一分析了重动句七种表现形式的持续值,现将它们为低持续和高持续的用例整合成表6-2:

表6-2　　　　　　重动句宾语七种表现形式持续值

表现形式	低持续		高持续	
	例数	占比（%）	例数	占比（%）
名词性语素	201	100.0	0	0
光杆普通名词	291	95.1	15	4.9
人称代词	12	14.8	69	85.2
专有名词	16	76.2	5	23.8
数量结构	3	75.0	1	25.0
指量结构	9	75.0	3	25.0

续表

表现形式	低持续		高持续	
	例数	占比（%）	例数	占比（%）
疑问代词	1	100.0	0	0
小计	533	85.1	93	14.9

由表6-2可知，重动句宾语的七种形式中，有六种主要是低持续的，只有人称代词主要是高持续的（86.8%），由此可知，重动句宾语主要是低持续的。重动句宾语高持续的，主要是人称代词，占了74.1%（69/93）。

四 重动句宾语话语指称性和语义指称性对比分析

话语指称性和语义指称性都是指称性的重要视角，上面分析了重动句宾语的话语指称性，下面将其与语义指称性作一个简单对比。

重动句宾语七种表现形式的语义指称性和话语指称性见表6-3：

表6-3　　　重动句宾语话语指称性与语义指称性比较

	话语指称性				语义指称性					
	低持续		高持续		无指		定指		不定指	
	例数	占比（%）	例数	占比（%）	例数	占比（%）	例数	占比（%）	例数	占比（%）
名词性语素	201	100.0	0	0	201	100.0	0	0	0	0
光杆普通名词	291	95.1	15	4.9	239	78.10	65	21.2	2	0.7
人称代词	12	14.8	69	85.2	2	2.2	79	97.8	0	0
专有名词	16	76.2	5	23.8	1	4.8	20	95.2	0	0
数量结构	3	75.0	1	25.0	2	50.0	1	25.0	1	25.0
指量结构	9	75.0	3	25.0	1	8.3	11	91.7	0	0
疑问代词	1	100.0	0	0	1	100.0	0	0	0	0
小计	533	85.1	93	14.9	447	71.4	176	28.1	3	0.5

由表6-3可知，从语义指称性看，重动句宾语以无指的为主，其次是定指的，最少的是不定指的。而从话语指称性看，重动句宾语以低持续为主。统计显示（点二系列相关统计），语义指称性和话语指称性显著正相关（r=0.621，P<0.001），无指的倾向于是低持续的，定指的倾向于

是高持续的。统计也显示，无指的平均持续值是 0.1476，定指的平均持续值是 3.0710，不定指的平均持续值是 0.3333，显然，定指的平均持续值显著高于无指的平均持续值。

同时，由表 6-3 可知，从七种形式的表现倾向看，重动句宾语在表现话语指称性方面更齐整、更具一致性，即除了代词主要表现高持续外，其他六种形式都是主要表现低持续。而表现语义指称性方面没那么齐整，有四种形式（名词性语素、光杆普通名词、数量结构和疑问代词）主要表现无指，而有三种形式（人称代词、专有名词和指量结构）主要表现定指。由此看出，话语指称性和语义指称性不同，应引起学界的重视；同时也看出，重动句宾语在表现话语指称性方面更具一致性和规律性，甚至可以认为，重动句宾语各种形式对话语指称性比对语义指称性更敏感，这从有 85.1% 的用例表现低持续，而只有 72.5% 的用例表现无指的也可以得到证明。因此，我们认为，重动句宾语主要是低持续的是重动句宾语的重要特征。

五 重动句前后宾语话语指称性对比分析

上面分析重动句宾语话语指称性时并未考虑重动句前后宾语，下面从前后差异的角度分析。语料中，带前后宾语的重动句共 104 例，占 16.6%。重动句后宾语共有六种表现形式：①光杆普通名词；②人称代词；③专有名词；④数量结构；⑤指量结构；⑥疑问代词。从后宾语表示的意义看，主要有以下几类：①表时间；②表地点；③表人物；④表身体部位；⑤表程度，这五类占了 76.9%（80/104）。

下面看几例重动句后宾语的持续值，如：

（41）不然，你就是革命革到十里堡$_i$，也进不了城里哎！（柳青《创业史》）

（42）临时往开向广州的客车上，加挂了两节货车，上货上到十点$_i$。收了工，几个扛大包的伙计，约吴摩西去喝酒。（刘震云《一句顶一万句》）

（43）榆木疙瘩被端方$_{i1}$问住了，不会说话了，光会抖。佩全知道自己斗嘴斗不过他$_j$，挣开端方$_{i2}$的手，怒火中烧，对着端方$_{i3}$的脸

就是一拳。端方$_{i4}$晃了一下，ø$_{i5}$闭上一只眼睛。（毕飞宇《平原》）

例（41）重动句后宾语"十里堡"是专有名词，表地点，其持续值是0，为低持续的。例（42）重动句后宾语"十点"是数量结构，表时间，其持续值是0，为低持续的。例（43）重动句后宾语"他"是人称代词，表人物，其持续值是5，为高持续的。

统计显示，重动句后宾语持续值最高的是7，为代词；最低的是0，五种形式都有用例。除代词外，其他五种形式持续值都主要集中于0—2，即低持续的。由此推断，重动句后宾语主要是低持续的。

下面从重动句前后宾语各种形式持续性差异的角度分析，具体信息见表6-4：

表 6-4　　　　　　　　　重动句前后宾语表现形式持续值

	后宾语				前宾语			
	低持续		高持续		低持续		高持续	
	例数	占比（%）	例数	占比（%）	例数	占比（%）	例数	占比（%）
名词性语素	0	0	0	0	36	100.0	0	0
光杆普通名词	60	93.8	4	6.3	49	96.1	2	3.9
人称代词	1	33.3	2	66.7	1	10.0	9	90.0
专有名词	6	85.7	1	14.3	3	60.0	2	40.0
数量结构	15	93.8	1	6.3	0	0	0	0
指量结构	10	100.0	0	0	2	100.0	0	0
疑问代词	4	100.0	0	0	0	0	0	0
小计	96	92.3	8	7.7	91	87.5	13	12.5

由表6-4可知，重动句后宾语五种形式（光杆普通名词、专有名词、数量结构、指量结构和疑问代词）都主要是低持续的，这与重动句前宾语的表现一样（前宾语未见数量结构和疑问代词的），因此，各种形式无论是做重动句前宾语，还是做重动句后宾语，其话语指称性表现是一致的。这与语义指称性的表现完全不同，重动句前后宾语语义指称性表现见表6-5：

表 6-5　　　　　　　　　重动句前后宾语语义指称性

	后宾语						前宾语					
	无指		定指		不定指		无指		定指		不定指	
	n	%	n	%	n	%	n	%	n	%	n	%
名词性语素	0	0	0	0	0	0	36	100.0	0	0	0	0
光杆普通名词	18	28.1	45	70.3	1	1.6	42	82.4	9	17.6	0	0
人称代词	0	0	3	100.0	0	0	0	0	10	100.0	0	0
专有名词	0	0	7	100.0	0	0	1	20.0	4	80.0	0	0
数量结构	5	31.3	7	43.8	4	25.0	0	0	0	0	0	0
指量结构	0	0	10	100.0	0	0	0	0	2	100.0	0	0
疑问代词	1	25.0	1	25.0	2	50.0	0	0	0	0	0	0
小计	24	23.1	73	70.2	7	6.7	79	76.0	25	24.0	0	0

由表 6-5 可知，虽然重动句前后宾语在人称代词、专有名词和指量结构的语义指称性上具有一致性，但在光杆普通名词上表现迥异，后宾语光杆普通名词主要是定指的，而前宾语光杆普通名词是无指的。而且重动句前宾语未见数量结构和疑问代词这两种表现形式。总之，重动句后宾语主要是定指的，而重动句前宾语主要是无指的。这与重动句前后宾语话语指称性表现完全不同，这进一步证实，汉语话语指称性研究的必要性。

下面从重动句前后宾语持续性组配的角度进一步探讨。先看几例：

（44）阿眉$_{i1}$大失面子，ø$_{i2}$含着泪发狠地洗牌，ø$_{i3}$说：//"你还要打我$_{i4}$，我$_{i5}$妈妈都没打过我$_{i6}$，你倒打我$_j$打上了瘾$_j$。你再动我$_{i7}$一下试试，ø$_{i8}$非跟你拼了。"//"你$_{i9}$别没完啊。"//"ø$_{i10}$没完怎么着。"她$_{i11}$居然攥起小拳头，"不爱待你滚。"（王朔《空中小姐》）

（45）汤豆豆说："了解啊，他不是银海$_{j1}$人……"//杨悦接过来说："对，他老家在淮岭市，他是考大学$_j$考到银海$_j$来的。他从上中学开始，就出来自己打工挣学费了。他家里的经济条件不是很好，能考上［银海$_{j2}$旅游学院］$_{i0.5}$真是挺不容易的。"　（海岩《五星大酒店》）

（46）她十七岁那年，他们原籍有两个亲戚因为地方上不太平，避难避$_j$到上海$_j$来，就耽搁在他们家里。（张爱玲《十八春》）

例（44）重动句前宾语"我"和后宾语"瘾"持续值分别是 11 和 0。例（45）重动句前宾语"大学"和后宾语"银海"持续值分别是 0.5 和 2。例（46）重动句前宾语"难"和后宾语"上海"持续值分别是 0 和 0。

统计显示，重动句前后宾语以 0—0 组配最常见①，有 49 例，占 47.1%。而且前后宾语都为高持续的很少组配，如前宾语持续值最高的（10）与后宾语 0 持续的组配（1 例，占 1.0%），后宾语持续值最高的（7）与前宾语 0 持续的组配（1 例，占 1.0%）。而且，重动句前后宾语在持续值上存在前低后高（如 0—1、0—2、1—3 等组配）倾向，此类重动句有 32 例，占 30.8%，明显高于前高后低（如 1—0、4—3 等）的类型（17 例，16.3%）。

从重动句前后宾语类持续值组配情况看：①"低持续—低持续"组配的有 77 例，占 74.0%；②"低持续—高持续"组配的有 12 例，占 11.5%；③"高持续—低持续"组配的有 14 例，占 13.5%；④"高持续—高持续"组配的，只有 1 例，只占 1.0%，由此可见，重动句力避两个高持续的宾语。此外，"高持续—低持续"组配的稍多于"低持续—高持续"组配，但不存在显著差异。而且，从重动句前后宾语持续值看，前低后高型的（32 例，30.8%）比前高后低型的（17 例，16.3%）多，由此看来，重动句前后宾语在持续值高低组配上并没有很明显的规律性，这也与重动句前后宾语语义指称性差异不同。统计显示，重动句前后宾语"无指—定指"组配最多，有 53 例，占 51.0%，而"定指—无指"组配的只有 3 例，占 2.9%，这再一次显示，话语指称性和语义指称性不同。

六 小结

上文我们对重动句宾语持续性进行了较全面、深入的分析，显示，重动句宾语以低持续的为主。而且，重动句后宾语也是以低持续为主。从重动句前后宾语比较的角度看，以"低持续—低持续"为主，"高持续—高持续"的极为少见。

---

① 持续值为 0.5 的做 1 计算。

第三节 重要新实体限制与重动句宾语特点

前面我们分析了重动句宾语的话语指称性，显示，不管是前宾语，还是后宾语都以低持续的为主，而且前后宾语极少出现"高持续—高持续"组配的，笔者认为，这是受到重要新实体限制这一信息结构制约的结果，重要新实体限制，是指一个小句中，重要新实体一般不超过一个，甚至是不出现。重要新实体限制同其他信息结构原则（由旧到新、一次一个新信息，新论元限制等）一样，是受人类大脑处理、加工信息限制的结果。

重要新实体限制可以看作重要实体限制和新实体限制的综合。重要实体限制，是指一个小句中，重要的实体一般不超过一个，重动句宾语话语指称性是重要实体限制制约的结果，上文已分析，重动句宾语低持续的有533例，占85.1%，高持续的只有93例，只占14.9%，这显示重动句宾语一般不是重要实体，重动句主语是重要实体，这意味着重动句一般只有一个实体，这与重要实体限制一致。不过也很明显，重要实体限制制约性不强，因为毕竟还有近15%的重动句不受该原则制约。笔者认为，除重要实体限制外，重动句宾语还受新实体限制（又叫作新论元限制、一次一个新信息等），即一个小句中，新实体一般不超过一个。重动句宾语是重要实体限制和新实体限制综合作用的结果。上文指出，还有93例，14.9%的重动句有两个重要实体。从信息状态看，为旧信息的87例，占93.5%；为可及信息的5例，占5.4%；为新信息的1例，占1.1%。由此可知，重动句宾语重要实体绝大多数不是新信息，重动句宾语话语指称性受重要新实体限制。

下面再进一步分析，从重要性角度来看，可分为重要实体和不重要实体或次要实体，从持续值来看，前者是高持续的，后者是低持续的。从信息状态来看，这里分为旧信息、可及信息（半新半旧信息）和新信息，由此，由重要性和信息状态可构成六种组配。重动句单宾语各组配情况如下：①次要旧实体，153例，占29.3%；②次要可及实体，126例，占24.1%；③次要新实体，163例，占31.2%；④重要旧实体，75例，占14.4%；⑤重要可及实体，4例，占0.8%；⑥重要新实体，1例，占0.2%。由此可见，重动句单宾语为重要新实体的只有1例，只占0.2%，基本可以忽略不计。现将该例列举如下：

（47）许是昨儿晚上，运涛看书$_i$看乏了，歪下身子就睡着，没顾得吹灯，把灯油熬干了。枕头边放着一套书$_{i1}$，ø$_{i2}$是《水浒传》$_{i3}$。（梁斌《红旗谱》）

重动句宾语"书"持续值是3，为高持续的。同时它又是前文未出现过的实体，因而是新实体。不过值得注意的是，首先，该实体的持续值只有3，是重要实体的最低持续值；其次，"看书"具动宾复合词性质，因而"书"不太具有独立性，其信息状态不是十分明确。因此，"书"作为重要新实体不是典型的。由此可知，重动句单宾语受重要新实体限制，而且这种限制具有很强的强制性。

下面看重动句双宾语的情况，其组配信息见表6-6：

表6-6　　重动句前后宾语重要性和信息状态组配

重动句双宾语重要性和信息状态组配	例数	占比（%）
次要旧实体—次要旧实体	8	7.7
次要旧实体—次要可及实体	7	6.7
次要旧实体—次要新实体	23	22.1
次要旧实体—重要旧实体	2	1.9
次要旧实体—重要新实体	2	1.9
次要可及实体—次要旧实体	3	2.9
次要可及实体—次要可及实体	4	3.8
次要可及实体—次要新实体	8	7.7
次要新实体—次要旧实体	4	3.8
次要新实体—次要可及实体	3	2.9
次要新实体—次要新实体	24	23.1
次要新实体—可及旧实体	3	2.9
重要旧实体—次要旧实体	2	1.9
重要旧实体—次要可及实体	1	1.0
重要旧实体—次要新实体	8	7.7
重要旧实体—重要旧实体	1	1.0
重要可及实体—次要可及实体	1	1.0
小计	104	100.0

由表6-6可知，重动句前后宾语中只有两例有一个重要新实体，而且均是后宾语为重要新实体，未见前后宾语均为重要新实体的。还值得注

意的是，当后宾语是重要新实体时，前宾语均为次要旧实体，这种组配是各种组配的两极，似乎是为了达到某种平衡。现将这两例列举如下：

(48) 鲁豫：相亲$_i$相到第三个$_j$有感觉了？//范伟：对，第三个$_{j1}$还是比较对的（笑）。//鲁豫：你太太$_{j2}$的名字跟香港一个港姐的名字是一模一样的，你们俩$_{j2.5}$当初是一见钟情吗？//范伟：没有，是我对人家$_{j3.5}$有好感，但人家$_{j4.5}$对我不是那个意思。(《鲁豫有约》)

(49) 那天，他"透气$_i$"透到了天桥的龙源楼$_j$。//龙源楼$_{j1}$是家规模挺大的酒楼，平常，ø$_{j2}$是富商巨贾请客宴会之处，出入的人还非常整齐，ø$_{j3}$不像一般小酒楼那样混杂。(琼瑶《梅花烙》)

例 (48) 重动句 VO"相亲"是复合词，《现汉》收为词条（第 1420 页），后宾语"第三个"是数量结构，其持续值是 4.5，为高持续的。例 (49) 重动句 VO"透气"也是复合词，《现汉》也收为词条（第 1315 页），后宾语"天桥的龙源楼"是专有名词，其持续值是 3，也为高持续的。

总之，无论是重动句单宾语，还是重动句前后宾语，为重要实体的用例都极为少见，由此，笔者认为重动句宾语受到重要新实体限制的制约。

第四节 本章小结

话语指称性是指称性的重要视角之一，重动句宾语话语指称性具有鲜明的特点和齐整的规律性，即它主要是低持续的（533 例，占 85.1%），而且，不管是前宾语，还是后宾语，都以低持续为主（前宾语 91 例，占 87.5%；后宾语 96 例，占 92.3%），前后宾语组配也极少见"高持续—高持续"的（只有 1 例，占 1.0%），而且绝大多数形式不管其语义指称性如何，几乎一致表现为低持续。重动句话语指称性的特点是重要新实体限制制约的结果，重要实体限制制约的结果是重要实体较少，大多数是次要实体，而新实体限制制约的结果是，重要实体很少是新信息，重要新实体限制是一条制约性很强的信息结构原则。

第七章 信息结构与重动句可插入成分

第一节 什么是可插入成分？

重动句的 VP_1、VP_2 之间常出现一些成分，如：

(1) 董柳说："我们这样的人，不是那块材料，说来说去还是得依靠组织，靠自己<u>是</u>靠不住的。"（阎真《沧浪之水》）

(2) 最后，只得无可奈何地跟女儿笑："这丫头，学戏<u>就没</u>学出好来，光练嘴皮子了！"（陈建功、赵大年《皇城根》）

(3) 三丫都死在你的手上了，你还想让我的女儿也死在你的手上不成？你做你的榔头梦吧——你喂猪<u>还没把自己</u>喂饱呢！（毕飞宇《平原》）

(4) 他行文极为流畅，很轻松写意，有关私人的话也说得很多，这是他同时代其他的心理学家，特别是德国人，做梦<u>也绝不会</u>做到的。（《普通心理学》）

例（1）出现的成分是"是"。例（2）有两个成分"就"和"没"。例（3）有三个成分："还""没""把自己"。例（4）则有四个成分"也""绝""不""会"。这些成分这里称为"可插入成分"。再如：

(5) 说着，回头又向安公子道："俗语说的：'<u>救火须</u>救灭，<u>救人须</u>救彻。'我明明听得那骡夫说不肯给你送这封信去请褚一官。"（文康《儿女英雄传》）

(6) 如此一转移间，就打算个护送他们的法儿也还不难，自己也算

"救人救彻，救火救灭"，不枉费这番心力。（文康《儿女英雄传》）

两例出自同一个作品，VP$_1$、VP$_2$都相同，但前例VP$_1$、VP$_2$间有助动词"须"，后例没有。

有的可插入成分可以删去，意思基本不变，如例（1）：

（1'）说来说去还是得依靠组织，靠自己靠不住的。

再如：

（7）a. 马林生困惑地说，"我不知道还要怎么才算牢靠，我肯定现在谁也勾搭不走她，她迷我已经迷得一塌糊涂了"。（王朔《我是你爸爸》）

b. 她迷我迷得一塌糊涂了。

（8）a. 谁有资格反对你结婚？我觉得除了你的情敌，没人反对你结婚。你问我根本就是问错了对象。（刘恒《贫嘴张大民的幸福生活》）

b. 你问我问错了对象。

有的可插入成分则词汇意义较明显，因此，虽然可以删去，但意思会发生改变，如：

（9）a. 去年打几石粮食不够人家要，一家四口人过着年就没有吃的，吃树叶把爷爷脸都吃肿了！（赵树理《李家庄的变迁》）

b. ？一家四口人过着年就没有吃的，吃树叶吃肿了。

（10）a. 批斗会是在王家庄小学的操场上召开的，一开始气氛就相当地好，像热闹的、成功的酒宴，喝酒大家都喝过的，一开始总是谦让着，客客气气的。（毕飞宇《平原》）

b. ？像热闹的、成功的酒宴，喝酒喝过的，一开始总是谦让着。

如果将例（9a）的"把爷爷脸"删去，如（9b），则会理解为"一家四口"吃树叶，而且不清楚什么"肿"了。例（10a）的"大家"删去,如(10b),也表意不清。这两例删去可插入成分后都不连贯。

这里主要考察可以删去而意思基本不变的成分,下列成分删去了意思也发生变化:

(11) a. 当兵没当成,"弄一把步枪玩玩",总是可以的吧。(毕飞宇《平原》)
b. #当兵当成(了)。

(12) a. 什么?刚才我叫人家抬回来,丢人丢大啦,你又要抬我,我于铁子丢人不能丢两回!(老舍《神拳》)
b. #我于铁子丢人丢(了)两回。

(13) a. 阿来:做生意可能做到五十来岁。写作,只要写得动就写吧。(《鲁豫有约·码字》)
b. 做生意做到五十来岁。

例(11a)、(12a)删去否定成分"没""不能",则由否定变成肯定,例(13a)如果删去"可能",语气则由不确定变成确定。但以上都属于语气的改变,它们仍是这里考察的对象。

下列 VP_1、VP_2 之间的成分不是可插入成分:

(14) 在孔素贞看来,这个女人一不下地,二不务农,三不顾家,是一个连讨饭都讨不好的邋遢货。(毕飞宇《平原》)
(15) 在赤瓜礁上,一个小战士对我说:"如果祖国不信任我,我想来这里吃苦还吃不上哩!"(《人民日报》)

两例都是 VP_1 与其前的成分构成直接成分,然后它们再与 VP_2 构成直接成分,如前例的结构层次为:连讨饭/都讨不好,后例的结构层次为:我想来这里吃苦/还吃不上。因而"连讨饭讨不好"和"我想来这里吃苦吃不上"不是重动句,自然 VP_1 和 VP_2 之间的"都"和"还"不是这里所说的可插入成分,不是这里考察的对象①。

---

① 虽然例(14)画线部分不是重动句,但它可成为参照的对象,参看后文"都"与重动句信息结构相关内容。

第二节　重动句还是紧缩复句？

重动句 VP_1、VP_2 之间可插入其他成分，那么带有可插入成分的重动句是否还是重动句呢？秦礼君（1985）、刘维群（1986）、孙红玲（2005）等都对此进行过探讨。下面也对此作些分析。

秦礼君（1985）认为可以在"动$_重$"（即 V_2）前加某些表程度或语气等的副词来修饰，如加"一定""毕竟"等表示强调，加"相当"表示程度，加"也许"等表示猜测、估计，等等。如：

(16) 打敌人一定打得狠。
(17) 爱人民尤其爱得深。
(18) 做菜也许做得香。
(19) 喝酒毕竟喝得多。
(20) 经常打篮球就能打得好。
(21) 天天洗衣服还洗不干净。

秦文指出，如果"动+宾"前加"如果、即使、要讲、无论"等关联词，在"动$_重$+补"前加"也、就、都"等关联副词，那就变成复句形式了（秦礼君，1985），如：

(22) 抓工作抓得很紧。→即使抓工作也抓得很紧。
(23) 讲课要讲好。→如果讲课，就要讲好。
(24) 过年过得怎么样了？→要讲过年，都过得怎么样了？
(25) 赶他没赶上。→无论怎么赶他也没赶上。
(26) 练字练得忘了。吃饭→提起练字，都练得忘了吃饭。

秦文指出凡是"动+宾+动$_重$+补"结构都可以加某些关联词，相应地变成某种复句形式。其中，"动+宾"前的关联词往往可以省略，而靠"动$_重$+补"前的关联词来体现意思。

刘维群（1986）指出 O 和 V_2 之间出现的修饰语只限于为数不多的一

些副词，其中以"也"较常见。如：

(27) 亲翁，你抛文太抛得厉害了。
(28) 他爱个人都爱到自己的容貌上。
(29) 那穿衣也穿得真好，井井有条……
(30) 您看我生火总是生不着，反弄了一厨房的烟。

这些副词都表示一种强调的语气。可是有些句子插入的词语主要起关联作用，它们使全句的语意不能一贯到底，而在它们前后两部分间造成了一种"如果……就……"的假设关系。例如：

(31) 我呀，做人就做到家！
(32) 当过骡马店的伙计，喂牲口一定喂得好。
(33) 拼命也得拼过去呀！

刘维群（1986）认为它们应该看作紧缩复句，而不是重动句。孙红玲（2005：22—23）基本赞同刘维群（1986）的观点，认为（31）（33）都不是重动句，而是紧缩复句，但孙文没有讨论（32）是不是紧缩复句。

因此，根据以上文献，重动句 VP_1、VP_2 之间有其他成分后是不是仍为重动句取决于这些成分是关联成分还是修饰成分。如果是关联成分，VP_1、VP_2 间就会形成条件、假设关系，因而变成复句；如果是修饰成分，则仍为重动句。

但以上文献对什么是关联成分，什么是修饰成分并没有一致的意见：首先，不同文献对同一个成分看法不一，如对"一定"，秦礼君（1985）认为是起修饰作用，而按照刘维群（1986），它起关联作用：

(34) 打敌人一定打得狠。（秦礼君，1985）
(35) 当过骡马店的伙计，喂牲口一定喂得好。（刘维群，1986）

孙红玲（2005）则未涉及"一定"。再如"都"，按照秦礼君（1985），它起关联作用，而按照刘维群（1986），它起修饰作用，比较：

(36) 提起练字，都练得忘了吃饭。(秦礼君，1985)

(37) 他爱个人都爱到自己的容貌上。(刘维群，1986)

上两例的"都"都表"甚至"的意思。

其次，同一种文献对同一个成分处理前后矛盾。如秦礼君（1985）一方面认为"都"有关联作用，同时又将下例看作重动句：

(38) 想看电影都想迷了。(秦礼君，1985)

与刘维群（1986）举的上例（37）比较，"都"的作用完全一样。可见，到底什么是表关联的，什么是表修饰的，不同文献有不同的意见，同一文献前后也不一致。

再次，某些文献认为重动句变成了紧缩复句主要是因为一些关联成分使 VP_1、VP_2 构成了假设或条件关系。但有些重动句即使没有这些成分，VP_1、VP_2 也可以构成假设或条件关系。比较：

(39) 他到便宜坊拿了一对烧鸡，并没跟王掌柜说什么。帮忙就帮到家，他不愿意叫王老头儿多操心。(老舍《正红旗下》)

(40) 我说啊，汤团，你帮忙帮到底，说服文达来给她道个歉，好不好？(网络语料)

(41) 我家多大的地方啊，肯定放不下这巴掌大的东西。你就帮忙帮到底了，把这东西放好，放枕头下，记住哦！(网络语料)

例（39）VP_1、VP_2 间有"就"；例（40）没有；例（41）则是在 VP_1 前有"就"。这是否意味着（39）是紧缩复句，其他两例就不是呢？笔者不这样认为，因为以上三例重动句表达的意思一样，适用的情境也一致。可以将（39）中的"就"删去，如（39'）；也可以在（40）VP_1、VP_2 间加上"就"，如（40'a），或者将"就"置于 VP_1 前，如（40'b）；还可以将（41）中的"就"置于 VP_1、VP_2 之间，如（41'a），或者删去"就"（41'b）：

(39') 帮忙帮到家，他不愿意叫王老头儿多操心。

（40'）a. 汤团，你帮忙就帮到底，说服文达来给她道个歉，好不好？

b. 汤团，你就帮忙帮到底，说服文达来给她道个歉，好不好？

（41'）a. 你帮忙就帮到底了，把这东西放好，放枕头下，记住哦！

b. 你帮忙帮到底，把这东西放好，放枕头下，记住哦！

这样处理后，意思与原句几乎一样。可见，即使没有关联成分，有些重动句的 VP_1、VP_2 之间也可以表示假设或条件关系。这种关系显然跟关联成分无关，因为有些重动句 VP_1、VP_2 间根本没有关联成分。这种关系是由 VP_1、VP_2 本身的语义决定的。如果将没有关联成分的重动句看作紧缩复句，显然是很不合理的。

更进一步，为什么 VP_1、VP_2 存在假设、条件关系就认定为紧缩复句？存在其他关系是不是也该看作紧缩复句呢？如：

（42）不信看你的脸，想夫人想得憔悴了。（叶圣陶《小病》，见刘维群，1986）

（43）看老城看累了，肚子也饿了，我们想去找一个地方吃饭。（张静，2004：12）

（44）她吃西瓜吃坏了肚子。（张旺熹，2002/2006）

（45）他看书看累了。（黄伯荣、廖序东主编，2011：93）

刘维群（1986）认为例（42）的 VP_1 表示 VP_2 的原因，VP_2 是结果。张静（2004：12）认为例（43）的 VP_1、VP_2 存在因果关系。张旺熹（2002/2006）则认为例（44）谓语动词成分和补语成分之间存在着一种语义上的因果关系。黄伯荣、廖序东（2011：93）认为例（45）的前后两件事表示因果关系。但这些用例的 VP_1、VP_2 之间都没关联词语，而它们之间存在因果关系，将上述用例看成紧缩复句也显然不合理。

刘月华等（2001：895）认为有些句子虽然不包含关联词语，但如果存在因果关系的，也是紧缩复句，如：

(46) 您年老体弱干不了这一行了。（因为年老体弱，所以干不了这一行了）

不过，将（46）与（42）—（45）对比，两者差别很明显，前者可以填上表因果的关联词语，而后者不能，如：

(42')? 不信看你的脸，因为想夫人，所以想得憔悴了。
(45')? 他因为看书，所以看累了。

不少文献指出，有些紧缩复句没有关联词语，如：

(47) 你不说我替你说。（胡裕树主编，1995：371）
(48) 面善心不善。（黄伯荣、廖序东主编，2011：142）
(49) 不同意别勉强。（刘月华等著，2001：906）
(50) 钱，钱是我的，我爱给谁给谁。（刘月华等著，2001：907）

但它们也与重动句不同，一个重要的差别是，这些句子可以添上关联词语，如：

(47') 如果你不说，那我替你说。
(48') 面善，但心不善。
(49') 如果不同意，那就别勉强。
(50') 钱，钱是我的，我爱给谁就给谁。

而重动句并不一定能添加关联词语。

现将含有可插入成分的重动句与文献中常探讨的含有关联词语的紧缩复句作进一步比较，比较：

(51) a. 想看电影都想迷了。（秦礼君，1985）
　　 b. 你走都走不稳，还想跑？（刘月华等，2001：905）
　　 c. 你走到哪儿我都跟着。（邵敬敏主编，2001：261）

（52） a. 拼命也得拼过去呀！（刘维群，1986）
　　　 b. 过去，过去想也不敢想啊。（刘月华等，2001：895）
　　　 c. 不睡觉也要做完作业。（黄伯荣、廖序东主编，2011：142）
（53） a. 我呀，做人就做到家！（刘维群，1986）
　　　 b. 你有意见就说出来。（邵敬敏主编，2001：261）
　　　 c. 玩就玩个痛快。（刘月华等，2001：901）

上面 a 例是含有可插入成分的重动句，也有文献认为是紧缩复句；b、c 例是紧缩复句，它们都选自常用现代汉语教材。通过比较，可以发现两者存在一些重要差别，第一，a 例的可插入成分一般可删去，而 b、c 例的关联词语一般不可删去，比较：

（51'） a. 想看电影想迷了。
　　　 b. *你走走不稳，还想跑？
　　　 c. 你走到哪儿我跟着。
（52'） a. 拼命得拼过去呀！
　　　 b. *过去，过去想不敢想啊。
　　　 c. #不睡觉要做完作业。
（53'） a. 我呀，做人做到家！
　　　 b. 你有意见说出来。
　　　 c. *玩玩个痛快。

（51c）（52c）（53b）删去关联词语后，句子仍成立，这说明紧缩复句内部存在差别。

第二，a 例的可插入成分一般可前置于 VP_1 前，而 b、c 例的关联词语不能前置于 VP_1 前，比较：

（51"） a. （我）都想看电影想迷了。
　　　 b. *你都走走不稳，还想跑？
　　　 c. *你都走到哪儿我跟着。
（52"） a. （我）也得拼命拼过去呀！

b. *过去,过去也想不敢想啊。

c. #(我)也不睡觉要做完作业。

(53″) a. 我就做人做到家!

b. *你就有意见说出来。

c. *(你)就玩玩个痛快。

(52c)将关联词语"也"前置于VP₁也可说,但这个"也"表"同样"(《现汉》第 1588 页),不是关联词语,其前后成分不构成让步、条件、假设等关系。可见,能否前置是含有可插入成分的重动句与含有关联词语的紧缩复句的最大区别。

以上紧缩复句只含有一个关联词语,如果含有成对关联词语,则它们与含可插入成分的重动句差别更大,比较:

(54) a. 他不说我也明白。(邵敬敏主编,2001:262)

b. ? 他说我明白。

c. *不他说也我明白。

(55) a. 我再忙也要看报。(胡裕树主编,1995:372)

b. ? 我忙要看报。

c. *再我忙也要看报。

(56) a. 身体越不好越要加强锻炼。(刘月华等,2001:897)

b. 身体不好要加强锻炼。

c. *越身体不好越要加强锻炼。

(57) a. 非去不可(黄伯荣、廖序东主编,2011:141)

b. ? 去可。

c. *非不去可。

以上 b 例是将成对关联词语删去,基本不可说,c 例是将关联词语前置,全部不可说。

因此,笔者认为,重动句 VP₁、VP₂ 含有可插入成分的仍是重动句。而且,学界一般也将带有可插入成分的看作重动句,如可插入成分为"都"的用例有:

(58) 我真的说话都说不出来了。(刘丹青、徐烈炯,1998)
(59) 买瓶酒都买不着。(项开喜,1997)
(60) 他说他看王朔写的小说都看腻了。(王灿龙,1999)
(61) 好支书啊,我们平时盼您都盼不来呢?(杨玉玲,1999)
(62) 老师讲课把学生都讲跑了。(张旺熹,2006)
(63) 干什么都干得好。(赵长才,2002/2016)

可插入成分为"也""还"等的,如:

(64) 什么顺手就是什么罢了,<u>一年闹生日也闹不清</u>。(曹雪芹、高鹗《红楼梦》,李讷、石毓智,1997)
(65) 我做一个夫人也做得过。(《西厢》二本三折,何融,1958)
(66) 只有像曾文正……<u>料事也料得好</u>。(《老残游记续集》,岳俊发,1984)
(67) 家里上千的人,他也跑来,我也跑来,<u>我们认人问姓还认不清呢</u>。(曹雪芹、高鹗《红楼梦》,李讷、石毓智,1997)
(68) 殊不知便是真风雅这个字,也最容易误人,<u>误人还误得不浅</u>。(文康《儿女英雄传》,何融,1958)
(69) 吃饭还吃得下。(赵长才,2002/2016)

不过,虽然这里认为带可插入成分的重动句[①]仍是重动句,但它不是重点探讨的对象。

第三节 可插入成分的特点

笔者共收集到含有可插入成分的重动句657例,可插入成分1—4个的都有,再各举一例:

[①] 学界对这类带可插入成分的重动句有不同说法,如"联接式"(赵林晓等,2016)、"隔开式"(施春宏,2014)等。

(70) 虚的许许多多都是虚的，活得了一千吗？我学历史都学到博士了，什么事没想过？(阎真《曾在天涯》)

(71) 苏米哭起来，说，我等这句话都快等成老太婆了。(刘醒龙《威风凛凛》)

(72) 有人说青楼女子看两样东西是不会看走眼的，一是看首饰，看珠宝是不会看走眼的。(《百家讲坛》)

(73) 他行文极为流畅，很轻松写意，有关私人的话也说得很多，这是他同时代其他的心理学家，特别是德国人，做梦也绝不会做到的。(《普通心理学》)

语料中，出现一个可插入成分的重动句有 496 例，占 75.5%；出现两个可插入成分的 142 例，占 21.6%；出现三个可插入成分的 17 例，占 2.6%；出现四个可插入成分的 2 例，占 0.03%。由此可见，以一个可插入成分的居多。

下面重点看出现一个可插入成分的，这些成分中，主要是副词（345 例）、助动词（70 例）和系动词（33 例），三者占 90.3%（448/496）。表 7-1 是出现频率超过（含）五次的可插入成分：

表 7-1　　　　出现频率超过（含）五次的可插入成分　　　（单位:%）

可插入成分	例数	占比（x/496）	可插入成分	例数	占比（x/496）
也	83	16.7	一直	14	2.8
都	72	14.5	又	9	1.8
已经（已）	34	6.9	可以	8	1.6
要	28	5.6	会	7	1.4
是	27	5.4	只	7	1.4
没（没有）	27	5.4	却	5	1.0
就	25	5.0	真	5	1.0
能	17	3.4	小计	383	77.2
还	15	3.0			

由此看出，"也"出现频率最高，达到 83 例，其次是"都"，有 72 例。由表 7-1 也可看出，可插入成分相对较集中，出现频率超过（含）五次的可插入成分只有 16 个，出现这些成分的用例却占了所有出

现一个可插入成分用例的 77.2%。

重动句 VP₁ 前也可出现一些成分，它们与可插入成分同形同义，如：

(74) a. 我还以为什么大事呢，吓得我！你读博真的读傻了呀，你？（阎真《活着之上》）

　　　b. 你真的读博读傻了呀。

(75) a. 她应该回去了，奶奶等门一定等得心焦了。（周而复《上海的早晨》）

　　　b. 奶奶一定等门等得心焦了。

(76) a. 记住啊，想事可以想一天，你一天没完没了地想，这个东西就叫暗耗。（曲黎敏《养生十二说》）

　　　b. 可以想事想一天。

比较：

(77) a. 胡柳连忙添了煤油，又故意把灯头扭大了一点，这样一来，她看周炳就看得更清楚。（欧阳山《苦斗》）

　　　b. 可是自从到了这儿，就说话说得没停，因为刚到的时候，伟民还没有回来，她不免把她的经历先向媳妇和亲家母叙述了一遍。（张爱玲《十八春》）

(78) a. "你找我真是找错人了。"汪若海说。（王朔《玩的就是心跳》）

　　　b. 柳先生真是爱女人爱得深呀！我并不杀你，你是我请来的贵客，我还要谢酬你哩。（贾平凹《美穴地》）

(79) a. 安逸被她看得心虚地动了动身子，丢人已经丢成这样，她破罐子破摔地反驳。（苏亦迷《明明很心动》）

　　　b. 已经不可以再拖时间，只差专辑的名字了，已经录音录到最后了，做母带的时候，必须得有名字了。（《杨澜访谈录》）

由此看出，"就""真是""已经"既可以做可插入成分，也可置于 VP₁ 前。这里将可置于重动句 VP₁ 前与可插入成分同形同义的成分称为重动句 VP₁ 前成分。

重动句 VP₁ 前成分也是一个到四个成分的都有，如：

(80) 几年来，牛爱国对庞丽娜的态度，一直按杜青海给他出的主意。既然离婚离不起，牛爱国就不离婚。（刘震云《一句顶一万句》）

(81) 柳子言叫道："不！这与四姨太无关，要杀要剐，我柳子言一人承担！"掌柜说："柳先生真是爱女人爱得深呀！"（贾平凹《美穴地》）

(82) 有那么多记忆，状态能好到哪里去？你别想太多状态问题，换一个也还是一样，谁会纯洁地等你等到三十岁？你等了他吗？（阎真《因为女人》）

(83) 金葵说："那个台湾人，也就是在大陆做生意做闷了，想找个女孩陪他罢了，谁知道他在台湾有没有老婆。"（海岩《河流如血》）

例（80）VP₁ 前成分是"既然"，为关联词。例（81）VP₁ 前成分是"真是"，由两个成分构成。例（82）VP₁ 前成分是"会纯洁地"，也由两个成分构成。例（83）VP₁ 前成分是"也就是在大陆"，有四个成分。

重动句 VP₁ 前成分共 256 例，其中一个成分的 195 例，占 76.2%，这些成分中，主要是表时间（69 例，占 35.4%）、地点（29 例，占 14.9%）、关联（26 例，13.3%）和对象（17 例，占 8.7%）的，为副词的也有 26 例（不包括表时间的），占 13.3%。由此看出，重动句 VP₁ 前成分在（表意）类型上和可插入成分很不相同。重动句 VP₁ 前成分出现频率超过（含）三次的有："是"（9 例，占 5.5%）、"现在"（6 例，占 3.1%）、"刚才"（4 例，占 2.1%）、"就"（4 例，占 2.1%）、"到处"（3 例，占 1.5%）、"而且"（3 例，占 1.5%）、"后来"（3 例，占 1.5%）、"以前"（3 例，占 1.5%）。由此看出，重动句 VP₁ 前成分比较分散，这与可插入成分也形成鲜明对比。

下面看实际语料中既是可插入成分，又是 VP₁ 前成分的（只考察一个成分的），这里称这类成分为共有成分，具体见表 7-2。

表 7-2　　　　　　　　　　　共有成分　　　　　　　　　　（单位:%）

	VP₁前成分		可插入成分			VP₁前成分		可插入成分	
	例数	占比(x/195)	例数	占比(x/496)		例数	占比(x/195)	例数	占比(x/496)
只	1	0.5	7	1.4	可	1	0.5	4	0.8
真	1	0.5	5	1.0	就	4	2.1	25	5.0
又	1	0.5	9	1.8	会	1	0.5	7	1.4
已经	1	0.5	23	4.6	而	1	0.5	1	0.2
也	1	0.5	91	18.3	都	2	1.0	72	14.5
要	1	0.5	28	5.6	倒	1	0.4	4	0.8
是	9	4.6	27	5.4	才	1	0.5	1	0.2

由此看出，有 14 个共有成分，其中有 12 个成分是可插入成分比例比 VP₁前成分比例高，而两个成分（"而""才"）VP₁前成分比例比可插入成分比例高，但相差不大；而且两者都只有一个用例，基本可忽略不计。

统计显示，为共有成分的可插入成分有 304 例，占 61.3%（304/496），这表明，实际语料中，有 60% 多的可插入成分可以置于 VP₁前。而为共有成分的 VP₁前成分有 26 例，占 13.3%（26/195），这也表明，虽然可插入成分可置于 VP₁前，但仍以做可插入成分为主。

总之，可插入成分主要具有如下一些特点：①以一个成分的居多；②以副词、助动词和系动词为主；③大多数可置于 VP₁前；④实际以做可插入成分为主。笔者认为，后面三个特点都和重动句信息结构有密切关系。

第四节　可插入成分的特点与重动句信息结构

一　为什么可插入成分可前置？

前文指出，重动句可插入成分可前置，从实际语料看，至少有 60% 的可插入成分与 VP₁前成分是共有的，也就是说，至少有 60% 的可插入成分可以置于 VP₁前。笔者认为，这主要是因为重动句 VP₁具有话题的性质，是已知或预设信息。

Wu（1999）的研究发现，当一些成分出现在"都"及其指向成分之间时，会阻碍"都"的指向，因而造成句子不合格，如：

(84) a. 他们都用筷子吃饭。
     b. *他们用筷子都吃饭。
(85) a. 他们都不情愿地答应了。
     b. *他们不情愿都地答应了。

Wu（1999）将这种现象称为"都"的阻隔效应。Wu（1999）认为，动词短语内副词性成分（如表示工具和方式情态的成分）会引起阻隔效应，但动词短语外副词性成分（如表示时间、地点的成分）不会引起阻隔效应。（以上内容参看董秀芳，2003。）董秀芳（2003）认为 Wu 的分析存在问题，并从功能的角度提出新的思路，认为阻隔效应不是由于结构上的原因，而是由于成分信息状态决定的。董文认为，能够出现在"都"及其指向成分之间的是非焦点成分，焦点成分不能出现在两者之间，因此"都"可看作句子分布的一个分界点，"都"前是非焦点信息，"都"后是焦点信息。董文还指出，不仅是"都"，"还"也具有非焦点信息和焦点信息分界的功能。

笔者认为，从另一个角度来看，例（84a）和例（84b）未尝不可以看作"都"在"用筷子"前后的移位，因此，上述现象就可表述为，如果"都"可在某一成分前后移位，则该成分是非焦点成分（话题或预设成分）。当然，可否移动还应受句法结构的限制，以上是指在句法结构允许的条件下移动①。而且，不仅仅是指"都"，其他副词、助动词、系动词等许多成分都是如此。因此，上述现象可扩展为：

(86) 如果某一成分 A 在句法结构允许的条件下可在另一成分 B

---

① 对于"这些书谁都看过"这类"反例"（"都"及其指向目标"这些书"之间有疑问词"谁"，疑问词是焦点，但并未形成阻隔效应），董秀芳（2003）引用了 Kuno（1979，1987）提出的"处理话语规则违反的标记原则"来解释，根据这一原则，话语规则违反有两类：一类是无标记或无意违反，这种违反出于句法或语义等合理动因；另一类是有标记或有意违反，是没有合理动因的违反。如果是前者，则不受惩罚，句子仍可接受，如果是后者，则受惩罚，句子不可接受。如"这些书谁都看过"，因为汉语中"谁"是主语，要在谓语前出现，因而它的位置是由句法决定的，是无意违反，不受惩罚，句子仍可接受。

前后移位，则 B 是非焦点成分。如果 B 是焦点成分，则 A 不可在 B 前后移位。

这里将这一现象称为成分移位限制。
下面举些例子来说明，比较：

（87）a. 是他来了。
　　　b. 他是来了。
（88）a. 是谁来了？
　　　b. *谁是来了？
（89）a. 都哪些人来了？
　　　b. *哪些人都来了？
（90）a. 恐怕/似乎他来了。
　　　b. 他恐怕/似乎来了。

以上各例的"他"是话题，所以，"是""恐怕""似乎"等既可置于"他"前，又可置于谓语前。相反，"谁""哪些人"是疑问成分，为焦点，"是""都"等成分只能前置于这些成分，而不能后置于这些成分。这说明，有些成分可在话题成分前后移动。

以上话题成分是名词性成分，下面看为动词性成分的，如：

（91）（他怎么了？）
　　　a. 他是/肯定上街买菜了。
　　　b. #他上街是/肯定买菜了。
（92）（他上街做什么了？）
　　　a. 他是/肯定上街买菜了。
　　　b. 他上街是/肯定买菜了。

例（91）的语境显示，连动式的两个动词性成分"上街"和"买菜"都是焦点成分，所以"是"和"肯定"只能置于"上街"前，而不能置于"买菜"前。例（92）的语境显示"上街"是已知成分，"买菜"是焦点成分，此时，"是"和"肯定"既可以前置于"上街"，也可前置

于"买菜"。这显示,"是"和"肯定"等成分既可置于已知成分前,也可置于已知成分后。再如:

(93)(他们做什么了?)
 a. 他们一定/可能/恐怕/似乎/正骑自行车上街(了)。
 b.#他们骑自行车一定/可能/恐怕/似乎/正上街(了)。
(94)(他们骑自行车做什么?)
 a. 他们一定/可能/恐怕/似乎/正骑自行车上街(了)。
 b. 他们骑自行车一定/可能/恐怕/似乎/正上街(了)。
(95)(他们怎么上街的?)
 a. 他们一定/可能/恐怕/似乎/正骑自行车上街的。
 b.#他们骑自行车一定/可能/恐怕/似乎/正上街的。

 例(93)的语境显示,"骑自行车上街"是焦点成分,因此,"一定、可能、恐怕、似乎、正"等成分只能置于"骑自行车"前,而不能置于"上街"前。例(94)的语境显示,"骑自行车"是已知成分,因此,这些成分既可置于该成分前,又可置于该成分后。例(95)的语境显示"骑自行车"是焦点,因此,"一定、可能、恐怕、似乎、正"等成分只能前置于"骑自行车",而不能后置于"骑自行车"。这也显示,"一定、可能、恐怕、似乎、正"等成分既可置于已知成分前,也可置于已知成分后。但它们不能既置于焦点成分前,也置于焦点成分后。再看其他连动式的情况:

(96)(他怎么样?)
 a. 他总/老/尽上课迟到。
 b.#他上课总/老/尽迟到。
(97)(他上课怎么样?)
 a. 他总/老/尽上课迟到。
 b. 他上课总/老/尽迟到。
(98)(他做什么事迟到?)
 a. 他总/老/尽上课迟到。
 b.#他上课总/老/尽迟到。

下面看补语为状态补语的动补式，一般认为此种结构中，动词是已知信息，状态补语是焦点（陈平，1985），正因如此，"一定"等成分既可置于动词前，也可置于动词后，如：

（99）他们走得很快。
　　a. 他们一定/恐怕/也/还/似乎/都/总/没/不/是/就走得很快。
　　b. 他们走得一定/恐怕/也/还/似乎/都/总/没/不/是/就很快。

由此看出，一些成分之所以能前置于另一些成分，主要是后者为话题成分或预设信息，如果是新信息或焦点，则不能置于其前。

由此我们认为，大多数重动句可插入成分可前置于 VP_1，也跟其信息结构有关，即 VP_1 一般是预设信息，为话题成分。下面再举一些例子：

（100）a. 货车司机毕竟罪不容抵，声音自然弱了许多，但也并不任人宰割："你停车怎么停在那个地方，那地方就不是停车的地方……"（海岩《舞者》）
　　b. 你怎么停车停在那个地方。

（101）a. 叹一口气又说："依依，你看事情要看远一点，潇洒浪漫了鼻子下面这几天，只有那么大的意思。"（阎真《因为女人》）
　　b. 依依，你要看事情看远一点。

（102）a. 判官果然来了，跟朱尔旦成了好朋友，朱尔旦写文章总写不好，陆判断定，这是因为朱尔旦"心之毛窍塞矣"。（《百家讲坛》）
　　b. 朱尔旦总写文章写不好。

例（100）"停车"是非焦点成分，疑问词"怎么"可在其前后移位。例（101）"看事情"也是非焦点成分，助动词"要"可在其前后移位。例（102）"写文章"是非焦点成分，"总"可在其前后移位。

有些成分是非焦点成分，但由于焦点性不同，另一些成分移位后的接受性也不一样，比较：

（103）a. 他夺一个伪军的枪没有夺过来，被猪头小队长抽了一指挥刀，踢了一脚。（刘流《烈火金刚》）
b. *他没有夺一个伪军的枪夺过来。

（104）a. 就是因为对这个人没有做过系统分析，所以才上了当，好在上当没有上到底，在法律上没有履行过订婚手续，还算没有和他拴在一起！（赵树理《卖烟叶》）
b. 好在没有上当上到底。

例（103）否定词"没有"置于 VP_1 "夺一个伪军的枪"前接受性很低，而例（104）否定词"没有"置于 VP_1 "上当"前接受性很高，这跟两者 VP_1 焦点性程度不同有关，根据前面的焦点测试，例（103） VP_1 "夺一个伪军的枪"为焦点的得分是 2 分（不可省略，不是重复成分），"夺过来"为焦点的得分是 3 分（不可话题化，不是重复成分，否定中心），两者相差 1 分。例（104） VP_1 "上当"为焦点的得分是 0 分，"上到底"为焦点的得分是 4 分（不可省略，不可话题化，不是重复成分，是否定中心），两者相差 4 分。因此，例（103）"夺一个伪军的枪"的焦点性明显高于例（104）的"上当"，因而"没有"置于"上当"前的接受性也高于"没有"置于"夺一个伪军的枪"前①。

前面我们分析过，重动句 VP_1 有时也具有焦点性，则可插入成分不能置于 VP_1 前，如：

（105）a. 三个人嘻嘻哈哈，阿超远远地看，忍不住也跑过来了。"你们说什么说得这么开心？也说给我听一听！"云飞笑着说："从过

---

① 如果"没有"置于 VP_1 前，VP_1 就处于否定范围，它就可能成为否定中心，这样就可能有意违反"没"的句法结构限制，因而接受性很低。虽然有些文献认为"没"可置于重动句 VP_1 前，如屈承熹、纪宗仁（2005：307）就认为重动句否定形式之一是将否定词加在第一个动词前，并举"我没上课上一整天"例来说明。但笔者语料中，未发现否定词"没"置于 VP_1 前的（但发现"别"和"不"置于 VP_1 前的）。此外，由于"没"是焦点敏感算子，在句法结构允许的条件下会靠近焦点，从这个角度来看，这又跟信息结构有关。

去，到未来，说不完的故事，说不完的梦！"（琼瑶《苍天有泪》）

　　b. 你们是说什么说得这么开心？

　　c. *你们说什么是说得这么开心。

（106）a. 姚长庚躺在炕上，闭着眼慢慢问："你的眼怎么瞎的？"老婆说："莫非说你不知道，还用问！还不是哭你那两个儿子哭瞎的！"（杨朔《三千里江山》）

　　b. *哭你那两个儿子还不是哭瞎的。

例（105a）"说什么"为焦点的得分是 4 分（不可省略，不可话题化，不是重复成分，是疑问对象），"说得这么开心"为焦点的得分是 1 分（不可话题化），因此，"说什么"是焦点成分。例（105a）VP_1 前可添加系动词"是"，如（105b）；但其不可置于 VP_2 前，如（105c）。例（106a）"哭你那两个儿子"为焦点的得分是 4 分（不可省略，不可话题化，不是重复成分，"是"的作用对象），"哭瞎"为焦点的得分是 1 分（不可话题化），因此，"哭你那两个儿子"是焦点成分。例（106a）VP_1 前有"（还不）是"，但不能将之置于 VP_2 前，如例（106b）。

再如：

（107）问：来杭州之前做过些什么？

　　答：a. 我基本啥都做的，挖煤也挖过，工地上也做过，数都数不清了。

　　　b. ?我基本啥都做的，也挖煤挖过……

例（107 答 a）VP_1"挖煤"的焦点性高于 VP_2"挖过"[①]，是焦点，可插入成分"也"不能置于 VP_1 前。当然，此例"也"不能前置也跟其句法结构有关，即"也"的指向目标是它前面的成分"挖煤"，如果它置于"挖煤"前，则其指向目标是承前省略的"我"，也就是说，此例是有

[①] "挖煤"为焦点的得分是 3 分（不能省略，不是重复成分，是并列成分）；"挖过"为焦点的得分是 2 分（不可话题化，是并列成分），"挖煤"的焦点性高于"挖过"，因此"挖煤"是焦点成分。

标记或有意违反成分移位限制,因而不可说。

有意违反成分移位限制的还有:

(108) a. 网友:我的姑姑五年前患病,现在出现了肝转移,且肝功能正常,平时吃什么都吃不下,请问一线教授有没有好的改善?(网络语料)

b. *平时都吃什么吃不下。

此例 VP_1 "吃什么"焦点性低于 VP_2 "吃不下"[1],是非焦点成分,但"都"不能置于"吃什么"前,这是因为,"都"的指向目标是其前表任指的疑问词"什么",如果将"都"置于"吃什么"前,则违反了"都"的句法结构限制,是有意违反成分移位限制,因而不可说。比较:

(109) a. 张文展说:"人家现在也红得可以呀,你没听见刚才一出场那片碰头彩?"//苏敏说:"那是!可您别忘喽,上座儿才上了六成。梅老板程老板是怎么个红法儿?"(陈建功、赵大年《皇城根》)

b. 才上座儿上了六成。

此例 VP_1 "上座儿"焦点性低于"上了六成"[2],为非焦点成分,"才"可前置于"上座儿"。"才"的指向对象是"六成",但两者之间可以出现谓语动词,"??上了才六成","上"前两上问号"才"前置于"上座儿"并未违反其句法结构限制,因而可说。

上面我们分析了重动句可插入成分的限制条件,即重动句 VP_1 一般为非焦点成分,所以可插入成分可前置于 VP_1,而有些可插入成分不能前置

---

① "吃什么"为焦点的得分是 1 分(不是重复成分),"吃不下"为焦点的得分是 4 分(不能省略、不可话题化、不是重复成分、处于否定范围),"吃什么"的焦点性低于"吃不下",因而为非焦点成分。

② "上座儿"为焦点的得分是 2 分(不可省略,不是重复成分),"上了六成"为焦点的得分是 3 分(不可省略,不可话题化,不是重复成分),因而"上了六成"是焦点成分。

是因为有意违反了句法结构限制。

二 为什么可插入成分不倾向于前置？

（一）可插入成分与焦点敏感算子

有些可插入成分可前置于 VP_1 前，但实际用例中又不倾向于前置，而以置于 VP_1、VP_2 之间为常，如"都"置于 VP_1 前是 2 例，而置于 VP_1、VP_2 之间是 72 例。再如"是"，置于 VP_1 前是 9 例，而置于 VP_1、VP_2 之间是 27 例。笔者认为这种现象跟可插入成分的性质以及重动句的信息结构有关。

语言中有一类词或成分会和焦点关联，它们会影响句子的语义解释，甚至真值，比较（参看徐烈炯，2005：23 等，画线部分是焦点）：

（110）a. <u>Mary</u> took John to the movies.
b. Mary always took <u>John</u> to the movies.
c. Mary always took John <u>to the movies</u>.

假设 Mary 带 John 去看电影，Bill 也带 John 去看电影，则例（110a）是真的，例（110b）是假的。再假设，Mary 总是带 John 去看电影，她也带 Bill 去看电影，则例（110b）是假的，例（110c）是真的。例（110a）与例（110b）不同在于后者有 always 这一成分，可见它会影响句子的语义解释。例（110a）与例（110b）不同在于焦点，前者焦点是 Mary，后者焦点是 John。由此可见，always 会和不同的焦点关联，造成语义解释的不同。与此例对应的中文也可作同样的解释。再举个中文的例子（参看徐烈炯，2005：23）：

（111）a. 老张明年放假。
b. 只是老张明年放假。
c. 老张只是明年放假。
d. 老张明年只是放假。

例（111a）与后面三例比较，不同在于后面三例有"只是"。后面三例则焦点不同。假设老张和老李明年都放假，则只有例（111b）是假的，其余都是真的。再假设老张后年放假，则只有例（111c）是假的，其余都是真的。

像上文 always、"总是、只是"等会和焦点关联，会影响句子的语义解释，甚至影响句子真值，学界一般称为焦点敏感算子（focus-sensitive operator）。

与焦点敏感算子性质类似的说法还有"焦点敏感结构"（Hajicová 等，1998）、"焦点提示语"（张今、张克定，1998）、"引导焦点的句法形式"（刘探宙，2008），现分别作些介绍。

Hajicová 等（1998：24—26）在前人研究的基础上概括了英语的十种焦点敏感结构：①量化副词，如"always、usually、mostly、never"等。②焦点敏感小品词（particles）或焦化成分（focalizers），如"only、even、also"等。③反事实条件句，如"if"引导的条件句。④模态成分，如"must"等。⑤频率副词，如"most often"等。⑥类指成分（generics）。⑦why-疑问词，如"why、when"等。⑧情感现实词和态度动词，如"odd、found out"等。⑨否定下的预设和断言。⑩最高级。对其中的九类（除第七类），李宝伦、潘海华（2005：92—102）作了较详细的介绍和说明。

张今、张克定（1998：88—145）从英汉对比的角度，将汉语的焦点提示词语分为四类：①排他性的，如"只、仅（仅）、才、就、光、单"等。②特指性的，如"尤其、特别"等。③添加性的，如"也、还、甚至、连"等。④否定性的，如"不、没（有）、别"等。

刘探宙（2008）探讨了汉语中引导焦点的句法形式，主要分为三类：①汉语焦点标记，如"是"、分裂句（是……的/的……是）和"连"字句。②汉语焦点算子，如全称量化副词："总、都"；频率副词："通常、常常、有时候、偶尔"；疑问副词："为什么、怎么"；否定副词："不、没"；程度副词："最"；重复副词："也、又"；语气副词："真的、居然、竟然、幸亏、反正、大概、偏偏、可、甚至"；连词："如果、要是"；动词："必须、应该（情态动词）、很+态度动词（奇怪、惊讶）+宾语从句"；其他成分："越来越、更别说"。③汉语唯量词：如"只、就、唯、惟、唯独、仅、仅仅、单、单单"等。

除此之外，还有些文献对个别焦点敏感算子作了分析，如刘丹青、唐正大（2001）认为"可"（如"我可没说过这话"）是话题焦点敏感算子；温锁林、范群（2006）认为"给"（如"我把被子给打破了"）是口语中的自然焦点标记；宗守云（2008）认为"数"（如"数他最坏"）是焦点标记，等等。

徐烈炯（2005：25—26）对汉语的焦点敏感算子也有所探讨，内容虽不多，但很有启发性。徐文认为与英语焦点敏感算子语义相当的汉语词一般也会是焦点敏感算子，如相当于全称量词的"总是"，表示频度的"通常"，表示情态的"必须"，表示条件的"如果""要是"，表示否定的"不"，表示说话者看法态度的"很奇怪""真的""居然""竟然"以及疑问词"为什么"，等等。徐文认为哪些词语是焦点敏感算子取决于语义，因而数量会更多。徐文还比较了汉英语焦点敏感算子的差异：①英语的焦点敏感算子往往属于不同的语类，而且句法位置多半比较固定。②汉语的焦点敏感算子则语类比较一致，绝大多数是副词，语序方面具有较大的灵活性，徐文将这种特点叫作"算子浮动性"，即汉语的语义焦点通过算子的变换来表现。

笔者认为，按照上面的分析，可插入成分（只出现一个成分）基本上都可看作焦点敏感算子。前文指出，可插入成分基本上都是副词、助动词和系动词，三者占90.3%，而这三类基本上都是焦点敏感算子。如出现频率超过五个的"也""都""是""没有（没）""就""还""一直""又""只""真"都是学界探讨过的焦点敏感算子。按照语义及其浮动性的特点，"已经（已）""可以""却"也可看作焦点算子。

（二）可插入成分与重动句信息结构

既然可插入成分具有焦点敏感算子的性质，也就是说，可插入成分所在的位置是焦点敏感算子所在的位置。为什么重动句 VP_1、VP_2 之间是焦点敏感算子所在的位置呢？笔者觉得，这是重动句焦点结构与焦点敏感算子互动的结果。首先，前面已经分析过，重动句的常规焦点是 VP_2，如果重动句中出现焦点敏感算子，它应当和 VP_2 关联。其次，汉语的焦点敏感算子具有浮动性，它主要通过算子变换位置来表现语义焦点（徐烈炯，2005：26）。因此，只要句法上允许，焦点敏感算子就会尽量靠近焦点，即出现在 VP_2 前[①]。由此带来的结果是，重动句 VP_1、VP_2 之间出现大量的可插入成分。

---

① 为什么不前置于补语，主要是受句法的限制。

不过，虽然从句法上看，它们可前置于VP$_1$，但由于焦点敏感算子与焦点之间隔着VP$_1$，不满足焦点敏感算子要尽量靠近焦点的要求，因此，当它们前置于VP$_1$时，有时并不自然，如：

(112) a. 木犊醒不开老爹的话，黑氏听得出，那意思全说给她，是：木犊配你是配不上，既然你做了他的婆娘，你就得把篱笆儿扎好，不敢有个三心二意！（贾平凹《黑氏》）

b. #木犊是配你配不上，既然你做了他的婆娘，你就得把篱笆儿扎好。

(113) a. 他说："想不到你手下还有几个明白人。要是我，我就要把他提拔上来，算个人才！他看事情真看到点子上去了，比有些名人还清醒。"（阎真《沧浪之水》）

b. ?他真看事情看到点子上去了，比有些名人还清醒。

这在实际语料中的表现是，焦点敏感算子置于VP$_1$前的比较少见，对此，前文进行过统计分析，如14个共有成分（既可前置于VP$_1$，又可置于VP$_1$和VP$_2$之间），其中有12个成分（只、真、又、已经/已、也、要、是、可、就、会、都、倒）是可插入成分比例比VP$_1$前成分比例高，而两个成分（而、才）VP$_1$前成分比例比可插入成分比例高，但相差不大，都只有一个用例。而且，为共有成分的可插入成分有304例，占61.3%（304/496）；而为共有成分的VP$_1$前成分有26例，占13.3%（26/195），这也表明，虽然有些成分既可置于VP$_1$前，也可置于VP$_1$和VP$_2$之间，但仍以置于VP$_1$和VP$_2$之间为常，即以做可插入成分为主。而这是由这些成分具有焦点敏感算子的特点和重动句VP$_2$为常规焦点的特点决定的。

当然，实际语料中，有些成分只可置于VP$_1$前，不可置于VP$_1$、VP$_2$之间，如：

(114) a. 女人有一个毛病，只要一见到标致点的男人，她就跟上去，不说话，只是笑，爷爷说，这叫花疯，是想男人想疯的。（刘醒龙《威风凛凛》）

b. *爷爷说，这叫花疯，想男人是想疯的。

(115) a. 他还是婆婆妈妈地说："医生，请来看看吧！病得很

重！""病重，并不见得难治。只要断症断得准，下药下得对！断症最难！"（老舍《四世同堂》）

b. *断症只要断得准，下药下得对！断症最难！

这主要是因为这些重动句的 VP_1 具有焦点性，从信息状态看，例（114）的 VP_1"想男人"表达的信息前文未出现过，是全新信息，具有很明显的焦点性，而 VP_2"想疯"表达的信息前文出现过，是旧信息。由此可知，焦点敏感算子"是"置于 VP_1 前，而不置于 VP_1、VP_2 之间也是受重动句信息结构的制约。例（115）两个重动句构成对比，"断症"和"下药"也构成对比，对比成分具有较明显的焦点性，因而焦点敏感算子"只要"置于 VP_1 前也是受信息结构的制约。

总之，可插入成分是焦点敏感算子，它们置于 VP_1、VP_2 之间，受到重动句信息结构制约；而有些焦点敏感算子不置于 VP_1、VP_2 之间，同样受到重动句信息结构制约。

（三）其他制约因素

有一类成分既可置于 VP_1 前，也可置于 VP_1、VP_2 之间做可插入成分，但实际语料中，它们又置于 VP_1 前，如何解释这样现象呢？

笔者认为，这主要是由以下几个原因造成的，第一，这些成分跟主语关系更密切，一般是语义指向主语，如：

（116）a. 小林想，这足刑大概是用鞭子打脚。打可不怕，他们都挨打挨惯了。（张天翼《大林和小林》）

b. #打可不怕，他们挨打都挨惯了。

"都"语义上指向主语"他们"，指向成分与被指向成分只要句法上允许，就会靠在一起，因此，虽然"都"作为焦点敏感算子与焦点"（打）惯了"联系，但它在语义上又与主语"他们"联系，因此，当语义制约和信息结构制约不一致时，语义制约胜出。

第二，跟这些成分的辖域有关，它们一般以整个谓语（VP_1、VP_2）为辖域，这主要是一些关联词，如：

（117）a. 老弟，你知道的，愚兄这学问儿本就有限，万一求人求得不的当，他再指东杀西之乎者也地奚落我一阵，我又看不激，那可不是我自寻的么？（文康《儿女英雄传》）

b.#愚兄这学问儿本就有限，求人万一求得不的当。

（118）a. 停了一下，姐姐似乎掰清了关系，"再说他杀你又不是权虎的意思。三枪那人太莽了，他要杀人杀红了眼，谁也拦不住他"。（海岩《河流如血》）

b.#三枪那人太莽了，他杀人要杀红了眼，谁也拦不住他。

例（117）的"万一"是一个表假设的关联词，例（118）的"要"是表假设的关联词，它们一般都以整个谓语为辖域。这类关联词还有"就""才""只要""因为""既然""如果""而且""但""不过"等等，因为它们以整个谓语为辖域，因而置于主语（包括零形主语）后，VP_1、VP_2前。

第三，跟话语衔接有关。如例（118）"要"置于"杀人"前，是以"他（三枪）"为话题，这样它就与前文构成话题链，衔接自然。如果"要"置于VP_1、VP_2之前，则"杀人"也是一个话题，但它不与前文话题构成话题链，因而衔接不够自然。再如：

（119）a. 鲁贵满身是汗，因为喝酒喝得太多，说话也过于卖了力气，嘴里流着涎水，脸红得吓人。（曹禺《雷雨》）

b.#鲁贵满身是汗，喝酒因为喝得太多，说话也过于卖了力气。

"因为"置于VP_1前，重动句主语（零形）与前后话题构成话题链，衔接很自然；如果"因为"置于"喝酒"和"喝得太多"之间，则"喝酒"也是一个话题，它不与前文话题构成话题链，因而衔接不够自然。

第四，受前文结构影响。重动句处于语境中，它会受前文小句结构的影响，如：

（120）a. 阿眉大失面子，含着泪发狠地洗牌，说："你还要打我，我妈妈都没打过我，你倒打我打上了瘾。你再动我一下试试，非

跟你拼了。"（王朔《空中小姐》）

b. #我妈妈都没打过我，你打我倒打上了瘾。

"倒"完全可置于 VP_1、VP_2 之间，此例"倒"置于 VP_1 前，主要是因为受前文结构影响，即"我妈妈"和"你"构成对比。如果置于 VP_1、VP_2 之间，则没有这种对比效果。"倒"并不一定以整个谓语为辖域，比较：

(121) a. 金虎是个好说直话的人，他说："没有吃的，刘家给发粮吗？跟我们要粮倒要得凶，发粮还没有见他发过！"（网络）

b. 倒跟我们要粮要得凶。

此例"倒"做可插入成分，它并不以 VP_1、VP_2 为辖域；它也可置于 VP_1 前，它之所以做可插入成分，主要是"要粮"和"发粮"构成对比。

总之，有些成分可置于两种位置，而实际语料置于 VP_1 前受多种因素影响，是多种因素互相制约的结果，信息结构只是其中制约因素之一。

第五节　"都"与重动句的信息结构

重动句可插入成分相对较集中，前文已统计，只出现一个可插入成分的有 496 例，占 75.5%，其中出现频率超过五次的可插入成分有 383 例，占 77.2%。下面重点探讨"都"和"是"，因为它们出现频率较高，而且较复杂，本节探讨"都"，第六节探讨"是"。

下列加点的"都"不是重动句的可插入成分"都"：

(122) 被捕后两三个钟头，他已支持不住了，鼻涕流下多长，连打哈欠都打不上来。他什么也顾不得想，而只搭拉着脑袋等死。（老舍《四世同堂》）

(123) 这些读后感有时评析本稿得失，也有时从这篇习作说开去，谈及有关创作的问题，见解精到，文笔讲究。——一个作家应该不论写什么都写得讲究。（网络语料）

(124) 小时候每次和中国孩子打架都打不过。（《1994年报刊精选》）

这些画线成分，VP₁和VP₂都不首先构成直接成分，如例（122）层次划分首先应是：连打哈欠/都打不上，因而不是这里所说的重动句，其中的"都"自然不是重动句的可插入成分。

一　重动句中的"都"

《现代汉语八百词》（增订本①，第177—178页）将"都"分成三个义项：①表示总括全部，如"大伙儿都同意"。②甚至，如"我都不知道你会来"。③已经，如"都十二点了，还不睡"。《现汉》（第318页）在此基础上再列一个义项：跟"是"字合用，说明理由，如"都是你磨蹭，要不我也不会迟到"。《现汉》的这一义项《八百词》归并到第一个义项（第177页）。这里遵照《八百词》的处理，将"都"的义项分为三个。

重动句可插入成分中的"都"有三个义项，或者说有三个"都"：

1. "都₁"：表总括全部，如：

（125）梁冬：我发现<u>绝大部分糖尿病人吃饭</u>都<u>吃</u>得很快，都是很饿的样子。（梁冬《对话罗大伦》）

（126）不过，根据他说，你说过在沙隆时送出去干洗了。但<u>他在那儿找谁</u>都<u>找</u>不到，谁都不知道有这一回事。（《美国悲剧》）

例（125）的"都"总括的对象是主语"绝大部分糖尿病人"；例（126）的"都"总括的对象是宾语"谁"。

2. "都₂"：表示"甚至"，如：

（127）以前我们转移出去的个别同志，不要说干别的工作，<u>当农民</u>都<u>当</u>不了。（海岩《玉观音》）

（128）他一把抱住了安心，他说："心肝，<u>我想你</u>都<u>想</u>疯了！"（海岩《玉观音》）

3. "都₃"：表示"已经"，如：

（129）他一把抓住我说："姐夫，李智找你是有点事，<u>求我</u>都<u>求</u>

---

① 以下简称《八百词》。

好几次了。我牛皮吹出去了,又抹不下面子,就答应了。"(阎真《沧浪之水》)

(130)"你怎么知道?""我琢磨它都琢磨了二十年了。"(刘恒《贫嘴张大民的幸福生活》)

不过,重动句中的"都$_3$"也可做"都$_2$"解释,其中的"都$_3$"可以换成"甚至",所以,这里将两者合并,都看成"都$_2$"。①

语料中,可插入成分只为"都"的72例,占72.0%;包含"都"的28例,占28.0%。它们的义项呈现见表7-3:

表7-3　　　　　　　　重动句中的"都"

	一个可插入成分		多个可插入成分		小计		合并小计	
	例数	占比(%)	例数	占比(%)	例数	占比(%)	例数	占比(%)
都$_1$	19	26.4	8	28.6	27	27.0	27	27.0
都$_2$	44	61.1	20	71.4	64	64.0	73	73.0
都$_3$	9	12.5	0	0	9	9.0		
小计	72	100.0	28	100.0	100	100.0	100	100.0

由表7-3可知,无论是可插入成分只含"都"的,还是可插入成分包含"都"的,都主要以"都$_2$"为主,如果将"都$_3$"并入"都$_2$",则这一比例更为明显。需要探讨的一个问题是,为什么重动句VP$_1$、VP$_2$之间的"都"以"都$_2$"为主。

下面分别探讨"都$_1$"和"都$_2$"与重动句信息结构的关系。

二　"都$_1$"与重动句信息结构

重动句可插入成分"都"为"都$_1$"的主要是以下几种情形,第一,"都$_1$"的指向对象是主语,如:

(131)杭州、内蒙古等地打假都打得有始无终,千辛万苦追查

---

① 张斌主编《现代汉语虚词词典》(商务印书馆2001年版,第152—153页)、北京大学中文系1955/1957级语言班编《现代汉语虚词例释》(商务印书馆1982年版,第165页)均将"都$_2$""都$_3$"看作强调用法。

的供货线索，最后都汇集到浙江义乌。(《1994年报刊精选》)

(132) 宇秋：我听说现在很多软件杀毒都杀不干净，那我能一次多装几个软件吗？(网络语料)

这类"都₁"共10例，占52.6%（10/19）。

第二，"都₁"的指向对象是宾语，宾语主要是表任指的疑问代词。如：

(133) 网友：我的姑姑五年前患病，现在出现了肝转移，且肝功能正常，平时吃什么都吃不下，请问一线教授有没有好的改善？(网络语料)

(134) 三四年了，你对我到底是什么感情，我自己都搞糊涂了。我看别人都看得清楚，就是看不清你！(阎真《因为女人》)

这类"都₁"共5例，占26.3%（5/19）。

第三，VP₁前有"每"的，如：

(135) 杨澜：大家都会觉得，您的确不太给自己留后路，每一次说话都说得很满，这是你的个性所致吗？(《杨澜访谈录》)

(136) 我每天盘算着如何让朋友夸自己、让生意对方恨自己，每天晚上想事都想到凌晨两三点，头疼得要命。(网络语料)

这类"都₁"共4例，占21.1%（4/19）。

由此可见，重动句可插入成分"都₁"主要是"都₁"的指向对象是主语的。这三类"都₁"，除第二类外，都可置于VP₁前，如：

(137) a. 秦一星说："过那么七八十来年，我就五十岁了，做什么都做不动了。"(阎真《因为女人》)
　　　b. *（我）都做什么做不动了。

(138) a. 梁冬：我发现绝大部分糖尿病人吃饭都吃得很快，都是很饿的样子。(梁冬《对话罗大伦》)
　　　b. 绝大部分糖尿病人都吃饭吃得很快。

(139) a. 那时候监狱里非常残酷,每天吃饭都吃不饱,冬天没有暖气,窗户都漏风。(网络语料)
　　　 b. 每天都吃饭吃不饱。

这样,可前置于 VP_1 的 14 例,占 73.7%,由此可知,"都$_1$"大部分可前置于 VP_1。

语料中,"都$_1$"也可以是 VP_1 前成分,如:

(140) 小林想,这足刑大概是用鞭子打脚。打可不怕,他们都挨打挨惯了。(张天翼《大林和小林》)

(141) 宋旭升说:"这几年给他们的钱都看病看掉了。"柳依依说:"嗯。"(阎真《因为女人》)

两例都是"都$_1$",这进一步证实"都$_1$"可前置。

大部分"都$_1$"可置于 VP_1 前,而实际又置于 VP_1、VP_2 之间,这主要是由重动句的信息结构决定的,即因为它们的 VP_1 是话题性成分,所以,"都"既可以和其总括对象相邻,也可以和其总括对象相隔,也就是说,这些重动句 VP_1 不会引起"都"与其总括对象的"阻隔效应"。关于这个问题,董秀芳(2003)也有论述,董文举的例子是:

(142) a. 他们都说话说得很快。
　　　 b. 他们说话都说得很快。

董文认为"说话"是非焦点成分,所以"都"可置于其后。

关于第二类"都$_1$",我们前面分析过,如果将"都$_1$"置于 VP_1 前,虽然符合成分移位限制条件,但它有意违反了句法结构限制("都$_1$"的指向目标是其前的疑问代词),因而不合语法。

三 "都$_2$"与重动句信息结构

重动句可插入成分"都$_2$"主要分为三类:第一类,VP_2 为"V 不 C"式,如:

(143) "得了,我自己心里明白,涮腰都涮不下去了。"金枝笑着说,"还真得谢谢你,拉我回来唱几场。"(陈建功、赵大年《皇城根》)

(144) 余娇娇听了便生气地扔下筷子:"谁啊,这么穷,订个包厢都订不起。"(蓝泽《天亮就逆袭》)

这类"都₂" 14例,占31.8%(14/44)。
第二类,VP₂带"疯""病""瘾""腻""老"等表示程度深的词语的,如:

(145) 他一把抱住了安心,他说:"心肝,我想你都想疯了!"(海岩《玉观音》)

(146) 骗你是小狗,刚才我走到路上,成已结结巴巴告诉我,家宝想你都想出病来了。(《作家文摘》)

这类"都₂" 15例,占34.1%(15/44)。
第三类,VP₂表其他异常或反常的,如:

(147) 我一愣,知道她是开玩笑。不过他们这种司法人员开玩笑都开得阴森森的。(海岩《玉观音》)

(148) 刚才我在区上开会,听了不少奸商干的坏事。妈的,奸商搞"五毒"都搞到咱们志愿军头上来了。(《老舍戏剧》)

这类"都₂" 15例,占34.1%(15/44)。
重动句可插入成分"都₂"一般不能置于VP₁前,如:

(149) a. 住在这里,一不上工,二不做饭,整天白相,我这双眼睛看风景都看累了。(周而复《上海的早晨》)
　　　　b.? 整天白相,我这双眼睛都看风景看累了。

(150) a. 我现在这技术也退步,撒个谎都撒不圆了,自个先忘了,没劲,没劲。(王朔《玩的就是心跳》)
　　　　b.? 我现在这技术也退步,都撒个谎撒不圆了。

第七章　信息结构与重动句可插入成分　　239

不过也有一些可前置于 VP_1 的，如：

(151) a. 何庆魁：这个义无反顾，伺候她都伺候上瘾了。(《鲁豫有约》)
　　　b. 这个义无反顾，都伺候她伺候上瘾了。

(152) a. 蓉儿将大忠移到草地上时，大忠用手将她箍住，说，今天就跟我结婚吧，我想女人都想疯了。(刘醒龙《威风凛凛》)
　　　b. 今天就跟我结婚吧，我都想女人疯了。

语料中，能前置的 13 例，占 29.5%（13/44），不能前置的 31 例，占 70.5%（31/44）。因此，"$都_2$"倾向于做可插入成分。

"$都_2$"能前置于"VP_1"，可以从信息结构制约的角度加以分析，即重动句 VP_1 一般为预设或话题，因而，"$都_2$"可置于 VP_1 前。实际语料中，"$都_1$"倾向于置于 VP_1、VP_2 之间，也跟信息结构有关，因为"$都_2$"是焦点敏感算子，且 VP_2 为常规焦点，因而焦点敏感算子在允许的条件下会尽可能靠近焦点。不能置于 VP_1 前的"$都_2$"也跟信息结构有关，因为"$都_2$"是焦点敏感算子，在允许的条件下要尽可能靠近焦点 VP_2，所以不前置于非焦点的 VP_1。

下面从另一个角度分析。带可插入成分"$都_2$"的重动句与带"连……都……"的重动句具有一致性，比较：

(153) a. 弟娃走路都走不稳，在鸭棚里摇摇摆摆，抓得一手的鸭屎。(网络语料)
　　　b. 满地去挖掘鸭蛋。弟娃连走路都走不稳，在鸭棚里摇摇摆摆。

(154) a. 我不想让你再去开车，你现在连走路都走不稳。(网络语料)
　　　b. 我不想让你再去开车，你现在走路都走不稳。

(155) a. 到那时候，你连找妈都找不着了，你还带着水瓶干什么？(萧红《马伯乐》)
　　　b. 到那时候，你找妈都找不着了，你还带着水瓶干什么？

(156) a. 她说："我不想嫁给一个个体户，哪天他犯错误了，找

他的领导都找不到。"（阎真《因为女人》）

b. 哪天他犯错误了，连找他的领导都找不到。

而且，未带"连"的可加上，带了"连"的可省去。语料中，带"连……都……"的用例共 15 例，它们的"连"都可删去；同样，未带"连"的，基本上都可以在 VP₁ 前加上"连"。因此，可以认为带"都₂"的，其实前文省略了"连"。

带"连……都……"的重动句是连字结构的一类，由于"连"后的成分一般是 NP，所以连字结构可表示为"连 NP 都 VP"，关于连字结构的焦点，学界有几种看法：①认为 NP 是焦点（参看 König，1991：19；袁毓林，2006 等）。②认为 VP 是焦点，NP 是话题（曹逢甫，1994：95—114；刘丹青，2009）。③认为连字结构是双焦点结构，NP 和 VP 都是焦点，如王灿龙（2004：79—87）认为 NP 是话题焦点，VP 是信息焦点；刘探宙（2008）认为连字句是多重强式焦点句。此外，徐烈炯、刘丹青（1998/2007：247—250）则认为 NP 同时具有话题性和焦点性，是话题焦点。非常有意思的是，曹逢甫先生在不同时期，看法不一样，曹逢甫（1979）认为"连"字成分是焦点，因为它带有对比重音；但曹逢甫（1994）却认为是话题，其带重音是因为"连"NP 指某个集合中最不期望的成员，所以总带有对比和惊讶的伴音（参看曹逢甫，1994：111）。

笔者认为，连字结构的焦点不是 NP 而是 VP。首先，如果 NP 是焦点的话，连字结构一般不说，比较：

(157) a. 他去了。
　　　b. 连他都去了。
(158) a. 是他去了。
　　　b. *连是他去了。
(159) a. 谁去了？
　　　b. *连谁都去了？

例（157a）的"他"是话题，"连"字可置于其前，如例（157b）。例（158a）中的"他"是焦点，因为有焦点标记"是"标记，此时"连"不能置于其前，如例（158b）。例（159a）中的"什么"是疑问代词，为焦点,"连"也不能置于其前,如例(159b)。可见,"连"不能置于焦点前。

再看"都"字重动句的情况,如:

(160) a."你们说什么说得这么开心?也说给我听一听!"云飞笑着说:"从过去,到未来,说不完的故事,说不完的梦!"(琼瑶《苍天有泪》)

b.#你们连说什么都说得这么开心?也说给我听一听!

(161) a. 王琦瑶看着他说:头上都吃出白头发来了。他就说:这怎么是吃出来的呢?分明是想一个人想出来的。(王安忆《长恨歌》)

b.*这怎么是吃出来的呢?连是想一个人都想出来的。

例(160a)的"什么"是疑问代词,VP_1是焦点,不能使用连字结构。根据语境,例(161a)中的重动句的VP_1"想一个人想"与前文的"吃(出来)"构成对比,为对比焦点,也不能使用连字结构。由此可知,"连"后的VP_1不是焦点。

前文探讨了判断焦点的七种方法:

(162) Ⅰ. 可不可以省略?
Ⅱ. 可不可以话题化?
Ⅲ. 是否为重复成分?
Ⅳ. 是否为并列成分?
Ⅴ. 是否为"是"作用的对象?
Ⅵ. 是否为疑问中心?
Ⅶ. 是否为否定中心?

现利用这些方法对带"都$_2$"的53例重动句(包括含"都$_3$"的9例重动句)和带"连……都……"的13例重动句(以上都是只有一个可插入成分的重动句)VP_1和VP_2的焦点性进行比较分析,统计显示,"都$_2$"前VP_1为焦点的平均得分是1.6364,最低分是0,最高分是3;而"都$_2$"后VP_2为焦点的平均得分是3.4545,最低分是3,最高分是4。统计显示,VP_2平均得分显著高于VP_1平均得分($t=-16.903$, $p<0.001$),也就是说,

VP₂比VP₁更容易做焦点。

还值得注意的是，带"连……都……"重动句 VP₁ 为焦点的平均得分（2.5385）显著高于带"都₂"重动句 VP₁ 为焦点的平均得分（1.4151）（t=-6.477，p<0.001），带"连……都……"重动句 VP₂ 为焦点平均得分（4.0000）显著高于带"都₂"重动句 VP₂ 为焦点的平均得分（3.3208）（t=-5.167，p<0.001）。这显示，带"连……都……"重动句的 VP₁ 比带"都₂"重动句 VP₁ 焦点性更高，带"连……都……"重动句的 VP₂ 比带"都₂"重动句 VP₂ 焦点性也更高。不过，带"连……都……"重动句 VP₁ 为焦点的平均得分（2.5385）仍显著低于带"都₂"重动句的 VP₂ 为焦点的平均得分（3.3208）（t=-5.260，p<0.001），这显示，带"连……都……"重动句的 VP₂ 的焦点性高于带"都₂"重动句的 VP₂ 的焦点性，这再一次印证重动句 VP₂ 比 VP₁ 更易做焦点。

下面举两个例子来说明：

（163）她认为，儿子回来应当先看看娘。一别12载，<u>娘想儿都想出病来了</u>，哪怕早一分钟见到也是好的啊！（《蒋氏家族全传》）

（164）身体特别弱，特别瘦弱，连服药都已经不能服进去了。就是说病已经到了很深的层面，<u>连喝药都喝不了了</u>，那还怎么治啊？（曲黎敏《养生十二说》）

前例带可插入成分"都₂"，后例带"连……都……"这两例 VP₁、VP₂ 的焦点性得分具体见表7-4：

表7-4　　　　　　　两例 VP₁、VP₂ 的焦点性得分

	省略		话题化		重复		并列		是		疑问		否定		分差（VP₂-VP₁）
	VP₁	VP₂	VP₁	VP₂	VP₁	VP₂	VP₁	VP₂	VP₁	VP₂	VP₁	VP₂	VP₁	VP₂	
（163）娘想儿都想出病来了。	0	1	0	1	1	1	0	0	0	0	0	0	0	0	2（3-1）
（164）连喝药都喝不了。	1	1	0	1	0	0	0	0	0	0	0	0	0	1	2（3-1）

例（163）VP₁"想儿"为焦点的得分是1，VP₂"想出病来了"为焦点的得分是3，显然后者高于前者，"想出病来了"比"想儿"焦点性

高。例（164）VP_1"喝药"为焦点的得分是 1，VP_2"喝不了"为焦点的得分是 3，后者也高于前者，"喝不了"比"喝药"焦点性高。

下面再从连字结构的意义的角度来分析。不少文献都指出，"连"字句包含多重信息：①基本信息；②附带信息；③预设信息；④推断信息（参看崔希亮，2001：42—53）。如：

（165）连家长的话都不听。
　　ⅰ. 基本信息：有人不听家长的话。
　　ⅱ. 附带信息：不听家长的话有些不寻常。
　　ⅲ. 附带信息：在说话人看来，家长的话和其他人的话比较起来是最不该不听的。
　　ⅳ. 推断信息：更不听其他人的话。

但笔者觉得，最重要的信息是基本信息和预设信息①：
下面看重动句：

（166）把式样子，连走路都走不好，横七竖八，胳膊和腿东一榔头西一棒，不是母螳螂，就是雌螃蟹。（毕飞宇《平原》）
　　ⅰ. 基本意义：走路走不好。
　　ⅱ. 预设意义：走路走得好。
（167）他一把抱住了安心，他说："心肝，我想你都想疯了！"（海岩《玉观音》）
　　ⅰ. 基本意义：我想你都想疯了。
　　ⅱ. 预设意义：我想你不会想疯了。

比较基本意义和预设意义，可以发现两者 VP_2 表达的信息正好相反，由此可以推断重动句 VP_2 是强调突出的信息，是焦点。

通过上面的分析，我们认为带可插入成分"都₂"的重动句，其焦点也是 VP_2。其中的"都"是焦点敏感算子，位于焦点 VP_2 的左边。这样处

---

① 袁毓林（2006）将连字句看成是反预期（counter-expectation）格式。

理也有其他的理据。第一，汉语焦点敏感算子一般位于焦点前边，如果认为 VP_1 是焦点，则违背了焦点敏感算子的特点。第二，"都$_1$""都$_2$"具有内在联系。一般情况下，"都$_1$"的总括对象放在其前，但问话中，"都$_1$"的总括对象（疑问代词）放在其后，疑问代词一般是焦点，而"都$_2$"也是位于焦点前边，这样两者具有内在一致性。

四 为什么以"都$_2$"为主？

前文说过，可插入成分"都"中，"都$_1$"为 19（或 27）例，占 26.4%（或 27.0%），"都$_2$"（包括"都$_3$"）为 53（或 73）例，占 73.6%（或 73.0%）。不仅如此，从所有可插入成分来看，"都$_2$"也是出现频率最高的可插入成分①，由此看出，重动句 VP_1、VP_2 间倾向于出现"都$_2$"。

下面的现象也值得注意，当"都"置于 VP_2 前时，它倾向于做"都$_2$"解；而置于 VP_1 前时，倾向于做"都$_1$"解。比较：

(168) a. 好支书啊，我们盼你都$_2$盼不来。
　　　b. ? 好支书啊，我们盼你都$_1$盼不来。
　　　c. 好支书啊，我们都$_1$盼你盼不来。
　　　d. ? 好支书啊，我们都$_2$盼你盼不来。

(169) a. 好支书啊，我盼你都$_2$盼不来。
　　　b. *好支书啊，我盼你都$_1$盼不来。
　　　c. *好支书啊，我都$_1$盼你盼不来。
　　　d. ? 好支书啊，我都$_2$盼你盼不来。

由于出现"都$_1$"时，前文要出现其总括的表复数的对象，而 (169d) 中的"我"是单数，所以此例接受度较低。

笔者还曾就此做过一个测试，请十位母语为汉语的测试者判断句子中"都"的意思，要求是第一反应。表 7-5 是统计结果：

---

① 虽然可插入成分"也"（只有一个可入成分）有 83 例，但"也$_1$"（表类同）27 例，占 32.5%；"也$_2$"（表"即使"或"甚至"等）25 例，占 30.1%；其他 31 例，占 37.3%。因此，从义项的角度看，"也$_2$"出现频率最高。

表7-5　　　　　　　　　　　　"都"的义项呈现

	都₁		都₂	
	例数	占比（%）	例数	占比（%）
（170）a. 走路都走不好。	1	12.5	7	87.5
b. 他们走路都走不好。	0	0	8	100
（171）a. 喝酒都喝醉了。	3	50	3	50
b. 他们喝酒都喝醉了。	6	66.7	3	33.3

例（170）和例（171）的不同在于，前者 VP_1、VP_2 的关系一般是反预期或不符合常理的，即"走路走不好"是不太可能的，而后者 VP_1、VP_2 的关系一般是预期的或符合常理的，即"喝酒"一般会"喝醉"。语义上的差别显示前两例 VP_1、VP_2 间适宜用"都₂"，而后两例不宜。但测试结果显示，当"都"出现于后两例 VP_1、VP_2 之间时，仍有测试者将之看作"都₂"，这显示重动句 VP_1、VP_2 之间的关系和"都₂"有某种相宜性。

为什么会出现这种情形呢？笔者认为这仍然和重动句的信息结构相关，前文探讨过，重动句的 VP_2 是常规焦点，而焦点是突出强调的部分，而 VP_1、VP_2 构成一种反常理或反预期关系是强调突出的一种形式，因而，不少重动句 VP_1、VP_2 之间构成一种反常理或反预期的关系[①]。反常或反预期的即是意志性低的，笔者语料中，重动句 NP 意志性高的 147 例，占 23.5%；意志性低的 317 例，占 50.6%；其他的 162 例，占 25.9%，意志

---

① 项开喜（1997）认为重动句式的述补结构（即 VP_2——笔者注）一般是表示动作行为的某种超常性（超常结果、超长量、超常状态或超常程度）。张旺熹（2006）认为致使性重动结构（如"它抽大烟抽上瘾了"）的谓语动词成分和补语成分之间存在着一种语义上的因果关系。这种因果关系超出了人们一般认识的常规范围而呈现出一种偏离性的、偶发性的特征，可定义为"结果的偏离"。陈忠（2012：229）认为重动句重复动词产生一种功能识解，即两个 VP 之间进行对比，产生偏离预期的非自主损益评估。但这要涉及两个条件：出现跟施事利益攸关的关涉者 N2；补充成分蕴含显著损益性缺乏这两个条件就不能产生偏离预期的"非自主损益"。因此，陈文认为项开喜（1997）所谓重动句强调动作行为"超常"，在重动句内部缺乏普遍性，以偏概全。王灿龙（1999）也认为项文的结论只适用于部分具体的重动句，如果将它作为重动句句式的一个重要性质，那么就有失偏颇了。施春宏（2010）指出，认为动词拷贝句可以表示超常量、非预期性结果、远距离动因等功能是很有见地的；不过施文又指出，这并非动词拷贝句独有的现象，致使表达系统中的所有句式都是如此（用词汇形式表达致使的除外）。

性低的是典型形式（$X^2_{(1)}$ = 22.175，p < 0.001），它们一般可以加上"都$_2$"，比较：

  （172）a. 于铁子　　什么？刚才我叫人家抬回来，<u>丢人丢大啦</u>。（老舍《神拳》）
     b. 刚才我叫人家抬回来，<u>丢人都丢大啦</u>。
  （173）a. 宝钗道："上次他就告诉我，<u>在家里做活做到三更天</u>。"（曹雪芹《红楼梦》）
     b. 上次他就告诉我，<u>在家里做活都做到三更天</u>。

而"都$_2$"正是反预期的标记，两者相宜，"都$_2$"就很容易出现在重动句的 VP$_1$、VP$_2$ 间。

  不仅是"都"，"也"也有表"甚至"的意思（《八百词》，第596—597页），它们都可换成"都"，如：

  （174）a. 不行，<u>逗嘴也逗不过这个老家伙</u>。认输吧！（老舍《无名高地有了名》）
     b. 不行，<u>逗嘴都逗不过这个老家伙</u>。认输吧！
  （175）a. 晴雯道："阿弥陀佛，你来的好，且把那茶倒半碗我喝。渴了这半日，<u>叫半个人也叫不着</u>。"（曹雪芹《红楼梦》）
     b. 渴了这半日，<u>叫半个人都叫不着</u>……

下面的是实际用例：

  （176）a. 最后实在没辙，只好跑到乡里用高音喇叭喊了几嗓子，说我<u>老爹想儿子都想死了</u>，阿江你赶紧回来吧。（《无厘头水浒故事：完全强盗》）
     b. 玉德爷爷让李芒快些领小织子回来，说再要不回来，<u>他想孙女也想死了</u>。（网络语料）
  （177）a. 我们一个老年人，一个100岁的老年人，<u>走路也走不动</u>，为什么？（《百家讲坛》）
     b. 把式样子，<u>连走路都走不好</u>，横七竖八，胳膊和腿东

一榔头西一棒。(毕飞宇《平原》)

此外,"还"虽然可表示"尚且"的意思,但它可换成"都$_2$"(参看《八百词》,第253—254页),如:

(178) a. 现在人多饭少,填窟窿还填不住,为什么先要把咱们说到前头?(赵树理《邪不压正》)
b. 填窟窿都填不住。
(179) a. 他此时的心绪,避人还避不及,我怎好引你去见他?(文康《儿女英雄传》)
b. 避人都避不及。
(180) a. 我想铁军的母亲肯定是脚踩着棉花回家的,也许她坐公共汽车还坐过了站。(海岩《玉观音》)
b. 也许她坐公共汽车都坐过了站。

做可插入成分的15例"还"中,可替换成"都$_2$"的有9例,占60%,也占了大多数。

上面"也""还"的情况从另一个侧面证明"都$_2$"倾向于出现在VP$_1$、VP$_2$间的事实,也进一步证明重动句信息结构会对多义副词的意义呈现产生影响,即,当含有多个义项的副词出现在重动句VP$_1$、VP$_2$间时,该副词倾向于呈现表强调的意思,而这源于重动句的VP$_2$是常规焦点。

五 小结

"都"是出现频率较高的可插入成分,语料中,"都"的三个义项都有用例,不过以"都$_2$"为主。"都"的句法特点和义项呈现都和重动句的信息结构有关:第一,大多数"都$_1$"可前置,显示,重动句VP$_1$是预设或话题;可前置而语料中不倾向于前置,显示,重动句VP$_2$一般是焦点。第二,大多"都$_2$"不可前置,显示重动句VP$_2$一般是焦点,焦点测试也显示,VP$_2$焦点性高于VP$_1$。第三,重动句VP$_1$、VP$_2$之间倾向于出现"都$_2$",显示VP$_1$、VP$_2$之间具有超常性,这与VP$_2$一般为焦点相适应。

第六节　"是"与重动句的信息结构

"是"也是出现频率较高的可插入成分，有的只含"是"；有的除了"是"以外，还含有其他成分，如：

（181）往日里得意忘形的她，到如今方晓了叔叔的权力只在两岔乡内，靠他是靠不住了。（贾平凹《浮躁》）

（182）汪辩称：我儿子脑壳笨得很，读书硬是读不进去，上学期学费都交了，他自己不愿意去。我们拿他没办法。（《作家文摘》）

（183）我不加思索说："想好了。"她说："你爱我还是没有爱到骨头里面去。"（阎真《沧浪之水》）

例（181）可插入成分只含"是"。例（182）含有两个可插入成分"硬""是"，语料中，这类成分还有"还是""都是""那是""不是""算是""真是""只是""倒是"等。例（183）有三个可插入成分"还""是""没有"。

语料中，可插入成分只含"是"的有27例，还含有其他成分的37例，下面重点探讨只含"是"的。"是"一般可置于VP_1前，如：

（184）a. 我说："你也不要怪我，我伤心是伤透了，昨天的事我很难忘记。"（阎真《曾在天涯》）

　　　b. 你也不要怪我，我是伤心伤透了，昨天的事我很难忘记。

（185）a. 这种风月才情，读书是读不出来的。（王安忆《逃之夭夭》）

　　　b. 这种风月才情，是读书读不出来的。

实际语料中，也有"是"置于VP_1前的，如：

（186）明白是怎么回事时，她们嘲讽地说："你们是读书读蠢了

哟!"(郑正辉《博士生》)

(187) 金一趟也明白,自己<u>是</u>疼孙子疼得不讲理了,可还硬是搅理。(陈建功、赵大年《皇城根》)

"是"学界一般认为是焦点标记或焦点敏感算子(张伯江、方梅,1996;徐烈炯,2005;刘探宙,2008等)。正如前文所说,焦点敏感算子在句法允许的条件下可在预设或话题成分前后移动,"是"可在VP_1前后,这显示,VP_1是预设或话题。但实际语料中,"是"置于VP_1的(只含一个可插入成分)只有9例,而置于VP_2前的有27例,后者显著多于前者($X^2_{(1)}=9.000$,$p=0.002<0.05$),因此,虽然"是"可前置于VP_1,但仍以置于VP_2前为主,这显示重动句VP_2一般为焦点,因为焦点敏感算子会尽可能靠近焦点。笔者也利用前文提到的焦点测试方法,对27例含"是"重动句VP_1、VP_2的焦点性进行分析,统计显示,这些重动句VP_1为焦点的平均得分是1.3704,而VP_2为焦点的平均得分是4.6667,VP_2平均得分显著高于VP_1平均得分($t=-14.497$,$p<0.001$),因此,VP_2的焦点性显著强于VP_1,VP_2倾向于做焦点,这印证了前文的观点。由此可见,重动句中可插入成分"是"的特点与重动句信息结构有关。

我们也发现"是"前置于VP_1的用例,语料中共9例,这是共有成分(既可以出现在VP_1前,又可出现在VP_2前)中,出现在VP_1前频率最高的成分。这些用例中,有的"是"可置于VP_2前,有的不能,比较:

(188) a. 我斜眼看向王小贱,<u>这人是爱电影学院爱到了什么程度啊</u>。(鲍鲸鲸《失恋33天》)
　　　　b. 我斜眼看向王小贱,<u>这人爱电影学院是爱到了什么程度啊</u>。

(189) a. 杨悦接过来说:"对,他老家在淮岭市,<u>他是考大学考到银海来的</u>。"(海岩《五星大饭店》)
　　　　b. *他老家在淮岭市,<u>他考大学是考到银海来的</u>。

笔者发现,如果是"S是VP_1VP_2的"结构的(4例),"是"不可置于VP_2前,如果不是这种结构的(5例),则"是"一般可置于VP_1前,由此看出，前者是句法限制的后果，后者则跟重动句信息结构有关。

不过与"是"做可插入成分相比，"是"做 VP_1 前成分重动句 VP_1、VP_2 的焦点性不同，特别是 VP_1 的焦点性较高。笔者利用焦点测试方法对这 9 例重动句 VP_1、VP_2 的焦点性分别作了统计分析，显示，其 VP_1 为焦点的平均得分是 2.7778，VP_2 为焦点的平均得分是 3.7778，虽然 VP_2 比 VP_1 平均得分高，但两者不存在显著差异（$t=-1.765$，$p=0.097>0.05$），这显示，相对来说，VP_1 的焦点性较高。前文已统计，"是"做可插入成分时，VP_1 的平均得分是 1.3704，统计显示，"是"置于 VP_1 前 VP_1 为焦点的得分显著高于"是"置于 VP_2 前 VP_1 为焦点的得分（$t=-3.561$，$p=0.001<0.05$），这显示，"是"置于 VP_1 前 VP_1 焦点性比"是"置于 VP_2 前 VP_1 焦点性高，这与前文探讨过的带"连……都……"重动句与带"都"重动句的情况类似。表 7-6 是两例的具体情况：

表 7-6　　　　含可插入成分"是"的重动句焦点分析

	省略		话题化		重复		并列		是		疑问		否定		分差（VP_2-
	VP_1	VP_2	VP_1	VP_2	VP_1	VP_2	VP_1	VP_2	VP_1	VP_2	VP_1	VP_2	VP_1	VP_2	VP_1）
（190）木犊配你是配不上。	1	1	0	1	1	1	0	0	0	1	0	0	0	1	3 (5-2)
（191）是想男人想疯的。	1	0	1	1	1	0	0	0	1	0	0	0	0	0	-3 (1-4)
（192）自己是疼孙子疼得不讲理了。	1	1	0	1	1	1	0	0	0	1	0	0	0	1	3 (5-2)

例（190）VP_1 "配你"为焦点的得分是 2，VP_2 "配不上"为焦点的得分是 5，后者焦点性高于前者。例（191）VP_1 "想男人"为焦点的得分是 4，VP_2 "想疯"为焦点的得分是 1，前者焦点性高于后者，此例重动句 VP_1 做焦点①。例（192）VP_1 "疼孙子"为焦点的得分是 2，VP_2 "疼得不讲理"为焦点的得分是 5，后者焦点性高于前者。

这进一步证实，当两个成分焦点性不同时，焦点敏感算子"是"在句法允许的条件下会尽量靠近焦点性高的成分（VP_1 与 VP_2 比较）。这从

---

① 语料中，还有三例重动句 VP_1、VP_2 焦点性得分一样：(1) 铁军说："老潘他爸爸是吸毒吸死的。"（海岩《玉观音》）；(2) 也都知道这烟是打假打来的（李佩甫《羊的门》）；(3) 慕瑾问，知她是洗衣服洗多了（张爱玲《十八春》）。

另一个角度证实，可插入成分"是"与重动句信息结构的密切关系。

第七节 本章小结

  重动句 VP_1、VP_2 常出现一些成分，这些成分可称作可插入成分。可插入成分一般是副词、助动词和系动词，它们一般可删去。

  可插入成分有的可前置于 VP_1，这主要是由重动句 VP_1 是非焦点成分（话题或预设）决定的。但实际语料中，可插入成分又不倾向于前置，这主要是因为可插入成分具有焦点敏感算子的性质，而重动句的 VP_2 一般是焦点，因而可插入成分会尽可能靠近焦点 VP_2。但如果 VP_1 为焦点，则这些成分只宜置于 VP_1 前，而不宜置于 VP_2 前。由此可见，可插入成分的句法表现受到信息结构的制约。

  在实际语料中，"都"是出现次数最多的可插入成分，"都"可概括为两个义项：①表总括（"$都_1$"），②表"甚至"（"$都_2$"）。大部分"$都_1$"可前置于 VP_1，这跟重动句 VP_1 为非焦点成分有关。有的"$都_2$"可前置于 VP_1，这跟重动句 VP_1 为非焦点成分有关。但大多数"$都_2$"不能置于 VP_1 前，这跟"$都_2$"是焦点敏感算子要靠近焦点 VP_2 有关。实际语料中，"$都_2$"出现频率明显多于"$都_1$"，这与"$都_2$"具有强调性质，而重动句 VP_1、VP_2 之间具有超常关系有关，即两者是协调一致的。而重动句 VP_1、VP_2 之间具有超常关系也是 VP_2 为焦点的一种具体体现。

  "是"是既常出现在重动句 VP_1 前，也常出现在 VP_2 前的成分，这显示"是"具有明显的"浮动性"的特点，这也跟重动句信息结构有关：重动句 VP_1 一般为非焦点成分，"是"可前置于 VP_1；而 VP_2 是焦点成分，作为焦点敏感算子的"是"要尽可能靠近焦点，因而，实际语料中，"是"又以置于 VP_1、VP_2 之间为常。

第八章 信息结构与重动句否定形式

第一节 研究概况

否定成分可出现在重动句的四个不同的位置,如:

(1) 刚才我跟你说的那些话,你可得为我保密,千万别传话传到我父母耳朵里,要不我没法做人了。(王朔《我是你爸爸》)

(2) 就是因为对这个人没有做过系统分析,所以才上了当,好在上当没有上到底,在法律上没有履行过订婚手续,还算没有和他拴在一起!(赵树理《卖烟叶》)

(3) 又听着外头嚷进来说:"这和尚撒野,各自跑进来了,众人拦他拦不住。"(曹雪芹《红楼梦》)

(4) 他觉着,要是说买她买得不对,那么卖了她就更亏心了。(老舍《鼓书艺人》)

例(1)否定词"别"出现在 VP_1 前;例(2)否定词"没有"出现在 VP_2 前。后两例否定词"不"均出现在 C 前,不过又有不同,例(3)"不"出现在 V_2 和 C 之间;例(4)"不"出现在"得"和 C 之间。以上四种含有否定成分的重动句可概括为以下四种形式①:

(5) Ⅰ.S 否 VP_1VP_2
　　Ⅱ.SVP_1 否 VP_2

---

① Ⅲ式Ⅳ式的 C 后面有时会出现宾语,这里仍如此概括。

Ⅲ. SVP$_1$V 否 C
Ⅳ. SVP$_1$V 得否 C

这四种形式有时可互相变换：

（6）a. 好在上当没有上到底。
　　　b. 好在没有上当上到底。
（7）a. 众人拦他拦不住。
　　　b.？众人没拦他拦住。
　　　c. 众人拦他没拦住。
（8）a. 买她买得不对。
　　　b. 买她没买对。

这四种形式都有文献认为是重动句的否定形式或否定表达法。如 Li & Thompson（1981：448）认为重动句的否定是把否定词加在 V$_2$ 前，而不是 V$_1$ 前，比较：

（9）a. 我拍手没拍两次。
　　　b. *我没拍手拍两次。
（10）a. 爸爸挂帽子不挂在衣架上。
　　　b. *爸爸不挂帽子挂在衣架上。

Tsao（1990/2005：172）也认为，只有 V$_2$ 前才能够带否定副词，比较：

（11）a. 他上个月打球打了三次。
　　　b. 他上个月打球没打三次。
　　　c. *他上个月没打球打了三次。

秦礼君（1985）认为可以在 V$_1$ 或 V$_2$ 前加否定副词来体现否定形式。V$_1$ 前一般可以加"别""未必"来对整个结构进行修饰，但不能加"没""不"；V$_2$ 前一般可以加"别""未必"，有的还能加"没""不"，这是对陈述部分（VP₂）的否定，如：

(12) 说话不（没）说清楚。
(13) 讲课没（*不）讲得好。

屈承熹、纪宗仁（2005：307）也认为含有动词重复的句子有两种否定形式：一种形式是将否定词加在第二个动词前，如例（14a）、（15a），这是比较常见的形式；另一种形式是将否定词加在第一个动词前，如例（14b）、（15b）：

(14) a. 我上课没（有）上一整天。
 b. 我没（有）上课上一整天。
(15) a. 我一年出差不出很多次。
 b. 我一年不出差出很多次。

屈承熹、纪宗仁（2005：308）认为 b 表示一种特别的意义，它一方面可做 a 解（不过一般人不太能接受这种解释），如例（14b）表示"上课是事实，但是并没有上一整天"，也可以用来否定所陈述的整个事实，如表示"我上课上一整天这件事根本没有发生"。b 唯一不可能解释的是：该否定词仅否定其后的动词加宾语。

刘维群（1986）认为重动句的否定表示法有两种：一是在 V₂ 与 C 之间加否定词"不"，如：

(16) 这一回，我们找连长找不到，找排长也找不到。
(17) 他说话说得不好。

这是对 C 的否定；二是在 O 与 V₂ 之间加否定词，一般是"没有"，如：

(18) 几十年打仗没打死，我不能让他气死。
(19) 刘社长临时召开的积极分子会，找你没找到。

这是对 V_2C 进行否定,这种否定的重心往往落在 C 上,它绝不可能仅仅否定 V_2。刘维群(1986)认为否定词不能出现在 V_1 前。

孙红玲(2005:12)对秦礼君(1985)和刘维群(1986)的观点都提出了商榷,认为重动句的否定形式是对句子的否定,真正以否定形式存在的重动句是否定标记在 V_1OV_2C 结构前的句子,如:

(20)那人说,<u>人家要不定价定得高点</u>,满 200 送 236 那还不赔死啊。

(21)他非常地后悔,<u>没能送殡送到地土</u>。

(22)走吧,<u>别看她看着迷了</u>。

孙文认为,重动句很少以否定形式出现,在该文收集的 1020 例重动句中,以否定形式出现的重动句只有 3 例。孙文认为,这主要跟重动句自身的表达特点有关,因为重动句是一种现实句,表述的大都是客观上已经发生或存在的事实,而客观上已经发生或存在的事实都可以归结为"存在"的意义,因此是不需要否定的。

现将以上各文献的观点概括如下(见表 8-1):

表 8-1　　　　　　　文献中涉及的重动句的否定形式

	I	II	III	IV
Li & Thompson(1981)	-	+	*	*
Tsao(1990/2005)	-	+	*	*
秦礼君(1985)	+	+	*	*
屈承熹、纪宗仁(2005)	+	+	*	*
刘维群(1986)	-	+	+	+
孙红玲(2005)	+	-	-	-

说明:①"+"表示该文献认为该式是重动句的否定形式。②"-"表示该文献不认为该式是重动句的否定形式或者说该式不成立。③"*"表示该文献未直接谈及该式。

由此可知,含有否定成分的四种形式都有文献认为是重动句的否定形式,重动句的否定形式是什么呢?这四种都会是重动句的否定形式吗?下文将重点探讨这些问题。

第二节　重动句的否定形式分析

一　考察对象

下列重动句虽然也有否定词，但不是这里的考察对象：

（23）我和她那时候也是，觉得什么都好笑，路人在地上摔倒好笑，打嗝打得<u>止不住</u>好笑，为了爱情要死要活，好像更好笑。（鲍鲸鲸《失恋33天》）

（24）"大家争会长争得<u>不可开交</u>"，我猜想着："所以让给他作，是不是？"（老舍《听来的故事》）

（25）其实当儿子也没您说得那么轻松，苦衷也多着呢，有一弊必有一利，您当爸爸不也当出<u>不少</u>的乐趣？（王朔《我是你爸爸》）

（26）我爱人单位有个小伙子，打麻将打得<u>不上班</u>，被单位除名了。（《读者》）

（27）可是自从到了这儿，就说话说得<u>没停</u>，因为刚到的时候，伟民还没有回来，她不免把她的经历先向媳妇和亲家母叙述了一遍。（张爱玲《十八春》）

例（23）"止不住"构成一个整体，为可能补语否定式；例（24）"不可开交"是一个成语，"不"作用的是"可开交"；例（25）的"不少"做"乐趣"的定语。例（26）（27）中的"不"和"没"不是否定补语[①]，这些用例的否定成分都不是直接否定重动句的必有成分（S、V_1、V_2、C），所以不考虑。

下列画线成分也不是这里考察的对象：

（28）吼吼！这是小叔！——我们到处找你找<u>不见</u>，你却在这儿！（刘心武《四牌楼》）

[①] 例（26）的"上班"和例（27）的"停"并不是补语，因为不能说"打麻将打得上班""说话说得停了"。

（29）第一次投胎没投入豪门，那不怪自己，第二次还不投到一个好地方，那就不能怪别人了。（阎真《因为女人》）

例（28）"找你"是和"到处"先组合，然后它们再和"找不见"组合，即"找你"和"找不见"不是直接组成成分。例（29）也是如此，"投胎"也是先和"第一次"组合，然后它们再和"投入豪门"组合，"投胎"和"投入豪门"不是直接组成成分。两例都不是这里要讨论的重动句。

有些否定成分和模态成分（能愿动词）结合，出现在重动句的不同位置上，如：

（30）他非常的后悔，没能送殡送到地土；多一个人，说不定也许能手急眼快的救了钱太太。（老舍《四世同堂》）

（31）走近资料室我心里很痛苦，都是几个读书人，怎么要这样兵戎相见？搞学术不应该搞到白刀子进红刀子出的地步。（阎真《活着之上》）

（32）这些，说是风俗也好，说是迷信也罢，我们权当它是个笑话。只是笑过之后，不妨稍微想一想，说话不能说得太满，太绝。（《读者文摘》）

（33）玉梅说："他既然知道要请假，你就可以向他说没有请准。难道请假不许请不准吗？"（赵树理《三里湾》）

这些用例的否定词是先否定模态成分，然后再与 VP_1VP_2 或 VP_2 组合，即否定词不是直接否定重动句的必有成分，因而它们也不是这里考察的对象。例（33）画线部分由于不是这里讨论的重动句，虽然 VP_2 "请不准"是可能补语否定式，也不是这里考察的对象。

此外，这里只考察没有插入成分和只有一个插入成分的重动句的否定成分，因而有两个或两个以上可插入成分的重动句不是这里考察的对象，如：

（34）你要他的命不一定要得了，他要你的命那是吹口气的事情，不整你把你晾着总可以吧。（阎真《沧浪之水》）

（35）爷爷说，你擦席子怎么不擦干，床上尽是水。（刘醒龙《威风凛凛》）

（36）打嗝谁还没有打过呢？身子抽一下，喉咙里发出一些声音罢了。（毕飞宇《平原》）

例（34）有两个可插入成分"不""一定"，而且，"不"不直接否定重动句的必有成分。例（35）"不"虽然否定重动句必有成分补语"干"，但有两个可插入成分。例（36）"没有"也是否定重动句必有成分补语"过"，但由于有三个可插入成分，因而不是这里考察的对象。之所以考察带一个可插入成分的重动句，是因为典型重动句中这些形式数量不多，而且，上文所说的Ⅱ式（SVP$_1$否VP$_2$）其实就是带一个可插入成分。

语料中，满足以上条件的共264例，表8-2是各种否定形式及否定成分的使用情况：

表8-2　　　　重动句否定形式及否定成分使用情况　　　　（单位:%）

	典型重动句		带一个可插入成分的重动句		小计		否定词					
							别		不		没	
	例数	占比	例数	占比	例数	占比	例数	占比	例数	占比	例数	占比
Ⅰ式	4	3.0	0	0	4	1.5	4	80	0	0	0	0
Ⅱ式	0	0	27	20.8	27	10.2	1	20	1	0.4	25	100.0
Ⅲ式	111	82.8	97	74.6	208	78.8	0	0	208	88.9	0	0
Ⅳ式	19	14.2	6	4.6	25	9.5	0	0	25	10.7	0	0
小计	134	100.0	130	100.0	264	100.0	5	100.0	234	100.0	25	100.0

由表8-2可知，无论是典型重动句，还是带一个可插入成分的重动句，都是Ⅲ式占大多数。此外，Ⅰ式数量很少，而且只见于典型重动句。由于典型重动句不带可插入成分，所以Ⅱ式未出现。还值得注意的是，Ⅳ式主要见于典型重动句。统计显示，典型重动句和带一个可插入成分的重动句四种形式之间存在显著相关性（$X^2_{(3)}=38.651$，$p<0.001$，Cramer 的 V=0.383）。

从否定成分看，Ⅰ式全是"别"。Ⅱ式有25例是"没（没有）"，一例是"不"，见下例（37），一例是"别"，见下例（38）：

(37) 常昊：很好，说话不说太满，这样反而能更长久。(《鲁豫有约》)

(38) "谢谢你。你开车别开得这么快。"翁信良劝她。(张小娴《卖河豚的女孩》)

Ⅲ式和Ⅳ式的否定词都是"不"。因此，四种形式否定成分也是差别明显。

二 什么是句子否定？

（一）孙红玲（2005）的句子否定条件

以上各种文献除孙红玲（2005）对重动句的否定形式进行过界定或解释外，其他各文献都只是简单地提出观点，所以，这里重点探讨孙文。孙红玲（2005：12）认为重动句的否定形式是Ⅰ式（S 否 $VP_1 VP_2$），这是因为该式满足了句子的否定必须满足的条件：

(39) ⅰ. 既有形式上的"否定"，也有意义上的"否定"，二者缺一不可。
　　ⅱ. 是对整个命题的否定而不是对某一个句子成分的否定，是对整个句子的意义的否定而不是对部分意义的否定。
　　ⅲ. 否定形式固定统一，不会随着部分意义的否定而改变。
　　ⅳ. 不能再被否定。

由此可知，孙文强调的是"句子的否定"，其所谓的"以否定形式存在的重动句"当是指对整个重动句进行否定的形式。照此观点，秦礼君（1985）的Ⅱ式（SVP_1 否 VP_2）、刘维群（1986）的Ⅱ、Ⅲ（VP_1 V 否 C）、Ⅳ式（VP_1 V 得否 C）就不是重动句的否定形式了，因为这些文献已明确指出，这些格式要么是对 VP_2 的否定，要么是对 C 的否定，而不是对整个重动句的否定。

笔者赞成孙红玲（2005）关于重动句否定形式是对整个重动句进行否定的观点。但需进一步探讨的是：什么样的形式是对整个重动句进行否定呢？如何判定句子否定呢？我们先对孙文所列的条件作些分析，（39ⅰ）笔者赞同，其他三个并不完全赞同。先看（39ⅱ），首先，表面上看，句子的否定似乎是对整个命题的否定，但句子否定和命题否定（propositional negation）不同，命题否定是一个逻辑—语义概念，而句子否定需要通过句法测试来界定（Miestamo，2005：5）。其次，不少文献指出，主语一般是不会被否定的（Payne，1985：199；陈平，1985；Givón，1984：326、2001：380 等），那只有谓语部分可能被否定，孙文认为下列是句子否定：

（40）那人说，人家要不定价定得高点，满 200 送 236 那还不赔死啊。

（41）他非常地后悔，没能送殡送到地土。

（42）走吧，别看她看着迷了。

但这些例子否定词处于主谓之间，否定的是谓语部分。这样就与孙文所说的句子的否定"不是对某一个句子成分的否定"相矛盾了，因为谓语部分就是句子的一个成分。

再次，(39ⅲ) 也有疏漏。什么叫"否定形式固定统一"呢？采用不同的否定词是不是固定统一呢？否定词处于不同位置呢？而以上两种现象都很常见，如：

（43）a. 他不来。
　　　b. 他没来。
　　　c. 他别来。

（44）He said something about it.
　　　a. He said nothing about it.
　　　b. He didn't say anything about it.

根据陈平（1985），例（43a）、（43b）都表示句子否定。Miestamo（2005：6）提到，自由否定标记可置于动词或整个小句前或后。可见，孙红玲（2005）所说的句子否定的第三个条件存在界定不明确的问题，因此不具可操作性。

最后，(36ⅳ) 也值得商榷。如：

(45) 明天你别不来学校啊。
(46) 千万别看不起自己，即使是一个乞丐，也要抬起头。（网络语料）

很显然，例（45）"别"否定的是"不来学校"；例（46）"别"否定的是"看不起自己"。这些例子都有两个否定词，后面的否定再次被否定。

总而言之，孙红玲（2005）提出的四个条件，有三个都存在界定不明确的问题，而且有些与事实不符，因而是不可行的。

（二）句子否定的判定

据笔者所知，Klima（1964）是较早探讨句子否定（sentential negation）与成分否定（constituent negation）的区别的文献，该文认为表示句子否定的句子要满足下列句法条件（参看陈平，1985：229；Payne，1985：198；Miestamo，2005：4 等）：

(47) i. 能加…either。
ii. 句子后面能接 not even…
iii. 接肯定形式的附加疑问句。
iv. 后面能接以 neither 起头的句子。

比较（Payne，1985：200—201）：

(48) a. John doesn't often pay taxes.
b. John doesn't often pay taxes, does he?
c. John doesn't often pay taxes, and neither do I.
d. John doesn't often pay taxes, not even to Malta.
(49) a. John often doesn't pay taxes.
b. ??John often doesn't pay taxes, does he?
c. ??John often doesn't pay taxes, and neither do I.
d. ??John often doesn't pay taxes, not even to Malta.

虽然例（48a）和例（49a）都是标准否定（standard negation），但例

(48a) 满足句子否定的句法条件，因而是句子否定；例 (49a) 不满足句子否定的句法条件，因而不是句子否定，这是标准否定和句子否定不一致的用例 (Payne, 1985: 201)。

有不少文献采用 Klima (1964) 的测试方法来探讨不同语言的句子否定（参看 Payne, 1985: 198; Miestamo, 2005: 4)。但也有不少文献指出，这些条件只是适用于英语，它们是否适用于所有语言还不清楚，Miestamo (2005: 4) 甚至说，这些条件需要说当地话的人判断，因而不适用于基于大量语言样本的类型学研究。Hsieh (2001: 67) 也说，这些测试只适用于英语，不适用于汉语。

Payne (1985: 200) 指出句子否定和句子的语境分解 (articulation) 密切有关。句子否定中，否定成分语义上处于语境固着 (bound) 成分和语境自由成分之间，因此，可采用是否能通过如下解读判断是否为句子否定：

(50) I say of X that it is not true that Y.

其中 X 是语境固着成分，Y 是语境自由成分。Payne (1985: 200) 指出，只有句子否定才能做例 (50) 这样的解读。比较：

(51) a. John doesn't often pay taxes.
　　　b. John often doesn't pay taxes.

例 (51a) 能做 (52a) 解读，例 (51b) 只能做 (52b) 解读：

(52) a. "I say of john that it is not true that he often pays taxes."
　　　b. "I say of john that it is true that he often doesn't pays taxes."

因此，例 (51b) 不是句子否定。

Payne (1985) 提出的判断标准虽然也主要适用于英语，但其提出的句子否定与语境分解密切相关的观点则具普遍性，因为这样的操作可适用于各种语言，而且句子否定主要是从语义角度考虑的（参看 Payne,

1985：197；陈平，1985）。

也有不少文献探讨了汉语的句子否定与成分否定，如邓守信（1974/2002）认为句子否定和成分否定①的区别可以看作义违（contradictory）和义反（contrary）的区别，辨明句子否定，可由照应（anaphoric）现象得到证明：

(53) a. 昨天没有下雨。
     b. 克林顿不会辞职。

它们可分别加以继续叙述：

(54) a. ……虽然电视那么说。
     b. ……虽然大家那么说。

这里的"那么"指的是与句子（53）相对的肯定意义，即"那么＝昨天下雨/克林顿会辞职"，因而它们是句子否定②。

Hsieh（2001：67—72）采用 Carston（1998）的观点，认为取消预设的否定是小句否定，而保持预设的是成分否定，比较：

(55) 我没有戒那种烟，我从来没吸过。
(56)[#]我不戒那种烟，我从来没吸过。

如果将"没有"换成"不"，句子就不适宜了，正因如此，Hsieh（2001：67）认为"没"是句子否定标记，而"不"不是。

通过上文分析，可知学界对"什么是句子否定，什么是成分否定？"分歧很大。

---

① Teng（1974）是英文稿，邓守信（2002）是中文译文，据作者介绍，译文作了小幅修改，译文稿句子否定称为"句外否定"，"成分否定"称为"句内否定"。

② Teng（1974/2002）指出，不少文献（如 Wang，1965 等）认为（53）中的两个句子是句内（成分）否定，由此可见学界对"什么是句子否定，什么是成分否定，句子否定和成分否定的区别是什么？"等问题看法并不一致。

陈平（1985）是较全面、系统探讨汉语否定结构的文献，而且采用英汉对比的角度，论证颇为深刻。陈文从形式和语义两个角度对含有否定成分的句子作了区分。从形式看，可分为一般否定句和特殊否定句，前者指否定词形式上否定谓语动词（或形容词）或者否定词直接做谓语的句子；后者指否定词不直接修饰谓语动词，而在句子其他地方出现的句子。从语义看，可分为句子否定和部分否定，前者否定主谓之间的肯定关系，后者仅仅否定句中某一成分而不影响主谓之间的肯定关系（陈平，1985）。由此，判断句子否定关键看句子的主谓关系。如：

(57) 顶不妥当的主意也比没主意好。（陈平，1985）
(58) 运动会不是明天开。（陈平，1985）

此两例否定词都没否定主语和谓语之间的肯定关系，因而是部分否定。

不过，这里有一个问题需要明确一下，陈平（1985）的定义中用到两个术语，一个是"谓语动词"，另一个是"主谓"的"谓"，前者较好理解，后者既然是跟"主"相对，应该是除主语以外的整个谓语部分，不仅仅包括谓语动词，如：

(59) a. 他走累了。
b. 他没走累。

"走"显然是谓语动词，"主"自然指"他"，"主谓"的"谓"当是指"走累（了）"。由于"谓"有两个成分（谓语动词和结果补语），所以不清楚是"他没走"这种主谓关系被否定，还是"他没累"这种主谓关系被否定。按照陈平（1985）的观点，只有谓语动词"走"被否定了，主谓关系"他走累"才被否定，此时才是句子否定。而结果补语"累"被否定，主谓关系没被否定，仍是肯定的，因而是成分否定。如果这样的话，陈文就将谓语和谓语动词等同起来了。

其实某些动补结构的谓语动词到底是什么也不好判断，学界也有争论，如：

(60) 门打开了。
　　　a.？门打了。/*打了开门了。
　　　b. 门开了。/打开了门了。

表面上看，"打"动词，但"开"更具谓语动词的特点，第一，"打"可以省去，而"开"不可以，或者说，"门开了"比"门打了"更接近原句的意思。第二，时体成分"了"可添加在"开"后，而不可添加在"打"后。而且，即使有些动补结构的补语是形容词，它也具有较强的谓语动词的性质，比较：

(61) a. 他走。
　　　b. 他走不走？
(62) a. 他慢。
　　　b. 他慢不慢？
(63) a. 他走得慢。
　　　b.？他走不走得慢？
　　　c. 他走得慢不慢？
(64) a. 他走得慢。
　　　b.？他走。
　　　c. 他慢。

虽然单独做谓语，动词"走"和形容词"慢"都可采用"A 不 A"的形式，但由它们构成的动补结构"走得慢"中，只有"慢"可采用"A 不 A"的形式。而且，"慢"更不易删去，例（64c）与例（64a）意思更接近。

综上所说，虽然动补结构中动词似乎是谓语动词，但补语更具谓语动词的性质，如果这样的话，补语被否定才是主谓关系被否定，这样才是句子否定。

（三）句子否定的两个条件

笔者觉得有必要区分三个概念：谓语、谓语动词和谓语重心。谓语是相对于主语来说的，一个句子分为主语和谓语两部分；谓语动词是谓语中的动词；谓语重心是谓语的信息中心，或者说是谓语的焦点（参看李临

定,1984;马希文,1989;屈承熹、纪宗仁,2005:231等对相关问题的探讨)。如:

(65) a. 他走了。
b. 他走累了。

例(65a)谓语、谓语动词和谓语重心都是"走",三者重合为一。例(65b)谓语是"走累(了)",谓语动词是"走",谓语重心是"累",三者不同。

笔者认为,如果一个含有否定成分的句子其否定成分否定的是谓语重心,则该句子表示句子否定。这样界定与Payne(1985)实质是一致的,其"语境自由成分"是"新信息","语境固着成分"是"旧信息"(参看Miestamo,2005:5),其所说的否定成分位于语境固着成分和语境自由成分之间,其实表示否定成分否定的是语境自由成分,即新信息。而这里的信息重心是焦点,也即新信息。

下面来分析陈平(1985)所举的一些例子:

(66) 别走得太快,您的腿还没全好呢。(陈平,1985)
(67) 运动会不是明天开。(陈平,1985)

按照陈文,例(66)的"走"语义上作肯定理解,"别"语义上否定的是否定焦点"太快",因而也是成分否定。而照我们的观点,此例"别"否定的是谓语重心"太快",因而是句子否定。按照陈文,例(67)并不意味着运动会不开了,而只是说时间不是在明天,因而是成分否定。而照我们的分析,虽然"明天"是新信息,但否定词不在旧信息和新信息之间,"开"也是旧信息,因而也是成分否定。

总之,笔者觉得句子否定要满足两个条件:

(68) ⅰ. 否定成分语义上处于语境固着成分(旧信息)和语境自由成分(新信息)之间。
ⅱ. 否定成分否定的是谓语重心。

下面据此来分析上文所讲的四种形式是否是句子否定，进而分析它们是否是重动句的否定形式。

三 重动句的四种否定形式

(一) 四种形式满足句子否定条件

上面我们分析了判断句子否定的两个条件，下面即此来分析重动句的否定形式。为便于分析，现将包含否定成分的重动句的四种形式再列举如下：

(69) Ⅰ. S 否 $VP_1 VP_2$
　　　Ⅱ. SVP_1 否 VP_2
　　　Ⅲ. $SVP_1 V$ 否 C
　　　Ⅳ. $SVP_1 V$ 得否 C

现在看各种格式是否满足（68 ⅰ），首先，Ⅰ式似乎不太满足这一条件，因为重动句的 VP_1 一般看作预设或话题，它是语境固着成分，否定成分应当处于 VP_1 后。其次，Ⅱ、Ⅲ、Ⅳ式的否定成分都在语境固着成分（SVP_1）和语境自由成分（VP_2）之间，因而它们都满足（68 ⅰ）。

下面看是否满足（68 ⅱ），Ⅲ式、Ⅳ式否定成分均在 C 前，其否定的自然是 C。先看Ⅲ式，如：

(70) 老林说："老钱来了个电话，<u>打你手机打不通</u>，打到我那儿去了。"（海岩《拿什么拯救你，我的爱人》）
　　　a. 不打。
　　　b. 不通。

(71) <u>看问题看不清楚</u>时，应该站得高一点，"凌空"来看，联系有关的事件一起来看。（《读书》）
　　　a. 不看。
　　　b. 不清楚。

两例都是 b 与原句意思最接近，C 可看作谓语中心。因而它们的否定成分否定的都是 C，满足句子否定的条件（68 ⅱ）。

下面看Ⅳ式，如：

(72) 万一求人求得不的当，他再指东杀西之乎者也的奚落我一阵，我又看不激，那可不是我自寻的么？（文康《儿女英雄传》）
  a. 不求人。
  b. 不的当。

(73) 他觉着，要是说买她买得不对，那么卖了她就更亏心了。（老舍《鼓书艺人》）
  a. *要是说不买她。
  b. 要是说买她不对。

两例都是 b 与原句意思最接近，C 可看作谓语中心。由此可知，它们的否定词否定的都是 C，Ⅳ式满足句子否定的条件（68ⅱ）。

Ⅰ式、Ⅱ式的否定成分都不直接置于 C 前，Ⅰ式否定成分和 C 之间至少隔着 V_1、O、V_2 三个成分，而Ⅱ式否定成分和 C 之间隔着 V_2，它们的否定成分是否否定 C 呢？先看Ⅰ式，如：

(74) 刚才我跟你说的那些话，你可得为我保密，千万别传话传到我父母耳朵里，要不我没法做人了。（王朔《我是你爸爸》）
  a. 千万别传话。
  b. 千万别传到我父母耳朵里。

(75) 谁知道呢！别找人找错了，我咋看布袋有些冒失！（刘震云《故乡天下黄花》）
  a. 别找人。
  b. 别找错了。

以上各例，都是 b 例与原句意思更接近，C 可看作谓语中心。可见Ⅰ式满足句子否定的（68ⅱ）。

下面看Ⅱ式，如：

(76) 金枝离校并不久，她认为校长管学生没管到点子上。（陈建功、赵大年《皇城根》）

a. 没管学生。
b. 没管到点子上。

(77) 常昊：很好，说话不说太满这样反而能更长久。(《鲁豫有约》)

a. 不说话。
b. 不说太满。

以上各例，也是 b 例与原句意思更接近，这说明它们的否定成分否定的是 C，C 可看作谓语中心，V_2 是承前文的 V_1 来的，它不是否定的对象。Ⅱ式否定成分否定 C 而不直接于 C 是句法限制的结果。Ⅱ式否定成分否定的是 C，C 是谓语重心，因而Ⅱ式也满足句子否定的条件。

综合上面的分析，可知Ⅰ、Ⅱ、Ⅲ、Ⅳ四式均满足句子否定的第二个条件。现在看四个格式，满足句子否定条件的情况。显然，Ⅱ、Ⅲ、Ⅳ三式满足句子否定的两个条件，它们可看作重动句的句子否定，现在需要思考的问题是：①为什么一个句式（重动句）有三种格式表示句子否定？②Ⅰ式只满足句子否定的一个条件（条件二），它是不是句子否定呢？下面对此作些分析。

（二）重动句否定形式与 VP_2 的复杂性

通过上面的分析可知，Ⅱ、Ⅲ、Ⅳ三式是重动句的否定形式。笔者认为，这跟重动句 VP_2 的复杂性有关。现将语料中各式（包括Ⅰ式）VP_2 的肯定形式概括如下（见表 8-3）：

表 8-3 语料中各式 VP_2 肯定形式 （单位:%）

	Ⅰ式		Ⅱ式		Ⅲ式		Ⅳ式	
	例数	占比	例数	占比	例数	占比	例数	占比
a. 结果补语	4	100.0	18	66.7	0	0	0	0
b. 可能补语	0	0	0	0	208	100.0	0	0
c. 状态补语	0	0	1	3.7	0	0	23	92.0
d. 趋向补语	0	0	8	29.6	0	0	0	0
e. 数量补语	0	0	0	0	0	0	2	8.0
f. 介宾补语	0	0	0	0	0	0	0	0
g. 程度补语	0	0	0	0	0	0	0	0
小计	4	100.0	27	100.0	208	100.0	25	100.0

由表 8-3 可知，Ⅱ、Ⅲ、Ⅳ三式 VP$_2$ 的肯定形式呈现互补性，即Ⅱ式主要是动结式和动趋式，Ⅲ式是动能式，Ⅳ式是动状式，这决定了它们的否定形式也具互补性，当它们采用其他否定形式时，要么不能说，要么能说，但意思变了。

首先看Ⅱ式，该式 VP$_2$ 由动结式、动趋式和动状式构成，如：

(78) a. 刚从安徽来，<u>找亲戚没找着</u>，正打算回去，冷不防来了个生人，在我身上一撞，再在我身上一摸，盘费都给他拿去了。（夏衍剧本）

b. 找亲戚找着了。

(79) a. "谢谢你。<u>你开车别开得这么快</u>。"翁信良劝她。（张小娴《卖河豚的女孩》）

b. 你开车开得这么快。

(80) a. 以后到宾馆搞材料还是你去算了，<u>我住宾馆没住出什么味道</u>，择床睡不着。（阎真《沧浪之水》）

b. 住宾馆住出了味道。

Ⅱ式 VP$_2$ 主要是动结式，占 66.7%（18/27）。动状式只有 1 例，而且否定词是"别"，其余Ⅱ式否定词都是"没（没有）"。动趋式有 8 例，占 29.6%（8/27），其中 7 例是"V 上"（如"后来考大学没考上"），一例是"V 出 X"式，即上例 (80)。动趋式和动结式关系密切，从意义上看，其实都是表结果（参看吕叔湘，1979）。因此，Ⅱ式否定的是结果。

Ⅲ式 VP$_2$ 全是动能式，如：

(81) a. 以前我们转移出去的个别同志，不要说干别的工作，<u>当农民都当不了</u>。（海岩《玉观音》）

b. 当农民都当得了。

(82) a. 纵观当今世界，我等于事难与人争，<u>打架再打不出个金牌</u>，祖宗的脸就算让咱们这些不肖子孙丢尽了。（王朔《千万别把我当人》）

b. 打架打得出金牌。

Ⅳ式 VP$_2$ 由动状式和动数式①构成，如：

（83）a. 我们学校有很多干部本来很聪明的，业务上有好苗头的，<u>后来处理工作、业务的关系处理得不好</u>，这是教训。（张宜《历史的旁白》）

b. 处理工作、业务的关系处理得好。

（84）a. 你瞧咱们门官神位两旁那副对子："门从积德大，官自读书高"！<u>咱们积德也积了不少了</u>，就是读书还读得不多。（欧阳山《三家巷》）

b. 积德也积了很少。

例（83）是动状式，例（84）是动数式。动数式只有两例，另一例补语也是"不少"（反正今天看书也看了不少）。有些动状式否定词和补语关系结合很紧密，如"不错"（4例）、"不够"（2例）、"不耐烦"（5例）等，相应的动状式肯定式一般不说，如：

（85）<u>尹小跳说你说得不错</u>，我在有些方面是有点儿讲究，我早就知道你看不惯我的讲究。（铁凝《大浴女》）

a. *尹小跳说你说得错。
b. 尹小跳说你说错了。

例（85b）VP$_2$ 不是动状式，而是动结式了。这里仍将"说得不错"等看作动状式的否定形式。

总之，Ⅱ、Ⅲ、Ⅳ三式的 VP$_2$ 除极个别用例外，完全是互补的，因此，三式不同是由补语的不同决定的。既然可以认为不同的补语有不同的否定形式②，我们也有理由认为，由于重动句 VP$_2$ 类型不同，因而重动句有不同的否定形式。

---

① 由动数式构成的格式这里归入Ⅳ式，它与动状式有相似之处，可以看作省略了"得"，如例（84）相应句子可说成"咱们积德也积得不少了"，其肯定式为"咱们积德也积得少了"。

② 如刘丹青（1983）谈到三种补语（结果补语、状态补语和可能补语）有三种否定形式（结构）。

而不同的补语采用不同的否定形式是汉语发展的结果。比如，历史上，可能补语的否定成分可置于动词前，如：

(86) 若功夫有所欠缺，便于天理不凑得着。(《朱子语类·训门人》，转引自岳俊发，1984)

(87) 李真人道："我并不理会得来。"(《元代白话碑集》附，转引自岳俊发，1984)

(88) 若不打得开阵势，如何得他退军？(《水浒全传·八十八回》，转引自岳俊发，1984)

但现代汉语中，这种格式已不见。此外，状态补语的否定成分也可置于动词前，如：

(89) 别想的太多了，好好躺着吧。(《独幕剧选》1954—1955，转引自李临定，1963)

(90) 它们照例每天定时进食，并且从来不吃得过饱。(《人民日报》，转引自李临定，1963)

(91) 他的店没有经营得很成功。(引自屈承熹、纪宗仁，2005：351)

但这种形式受到诸多限制（参看屈承熹、纪宗仁，2005：347），如将它们的程度状语删去了，句子接受性就低得多，而且这种形式不如"V得不C"出现得多。

综上所说，之所以Ⅱ、Ⅲ、Ⅳ三式均是重动句的否定形式，原因主要在于重动句补语的复杂性，不同的补语要采取不同的否定形式，而不能采用同一种否定形式。这也可以看作句法限制的结果，也是汉语发展的结果。

(三) Ⅰ式也是否定形式

Ⅰ式是不是句子否定？前文说过，Ⅰ式满足句子否定的一个条件 (68ⅱ，否定成分否定的是谓语重心)，而对另一个条件 (68ⅰ，否定成分语义上处于语境固着成分和语境自由成分之间) 不满足，这是否意味着它不是重动句的否定形式呢？

语料中Ⅰ式 VP_1 全是动结式,而且,否定词全是"别",再如:

(92) 刘卯指着胡同一说:"睁开眼看看,那是谁来啦?<u>别想超产粮想红了眼</u>!"(张一弓《赵镢头的遗嘱》)

(93) 说好了,没有妖精,<u>你以后别管我管那么紧</u>,结个婚跟坐牢一样,那我结这个婚干什么?(阎真《因为女人》)

以上两例 VP_2 看作动状式也可以①。

笔者认为该式也满足句子否定的两个条件,是重动句的否定形式。前文之所以认为它不满足条件一,是从 VP_1、VP_2 对比的角度来看的,即相对来说,VP_1 是语境固着成分,而 VP_2 是语境自由成分。但如果我们将 VP_1VP_2 作为一个整体,将之与重动句的主语 S 对比的话,S 是语境固着成分,而 VP_1VP_2 是语境自由成分。S 是话题,它常省略,因而是典型的旧信息,而将 VP_1VP_2 作为一个整体,句法上也很容易得到证明,如:

(94) 你管我管那么紧。
  a. 你啊管我管那么紧。
  b. 你,管我管那么紧。
  c. 你总是管我管那么紧。
  ……

这样的话,Ⅰ式否定成分语义上就处于语境固着成分和语境自由成分之间,(68 i) 这一条件满足。既然Ⅰ式句子否定的两个条件都满足,自然它是句子否定。

(四) 四种形式的互补性

前文指出,句子否定要满足两个条件,而包含否定成分的重动句的四

---

① 例 (92) "红眼"可以看作熟语性的述宾结构,按照朱德熙(1982:139),这是省略了"得"的动状式。朱德熙(1982:138)将补语是"太+形容词"也看作省略了"得"的状态补语。笔者觉得,"程度副词+形容词"的,都可以看作省略了"得"的状态补语。这两例都可以填上"得":"别想超产粮想得红了眼";"别管我管得那么紧"。语料中也有类似用例,如像后例的有"想必是他爱她爱得那么深"。

种形式均满足这两个条件，因而，它们都是重动句的否定形式。重动句之所以有四种否定形式，归根结底和重动句内部成分具有多样性有关，首先，从 VP_1、VP_2 之间的关系看，它们可看作一个整体，和 S 构成新旧信息的对立，S 是旧信息，VP_1VP_2 是新信息；同时 VP_1、VP_2 之间也可构成新旧信息的对立，VP_1 是旧信息，VP_2 是新信息。这样，可将四种形式分成两类，第一类是 I 式，它适合第一种情形，第二类是 II、III、IV 三式，它们适合第二种情形，这样，两类互有区别，同时又形成互补。其次，II、III、IV 三式又因补语的多样性而形成互补，II 式 VP_2 的补语主要是趋向补语、结果补语、状态补语，因为受句法限制的影响，其否定形式只能置于 V_2 前，III 式 VP_2 的补语是可能补语，受句法限制的影响，只能构成"V 不 C"结构；而 IV 式的补语是状态补语和数量补语，否定成分在 C 前，构成"V_1 得否 C"或"V（得）不 C"结构。这样，这三种格式互有区别，同时又形成互补。它们的关系可用表 8-4 表示：

表 8-4　　　　　　重动句四种否定形式的互补性

	VP_1VP_2 之间的关系	补语的多样性		
	VP_1VP_2 看作一个整体	结果、趋向补语等	可能补语	状态补语、数量补语
I 式	+			
II 式		+		
III 式			+	
IV 式				+

音系学中根据互补关系来归纳音位，而同一个音位由于受语音环境的制约会表现为若干个不同的音系，这些不同的音系就叫作条件变体（叶蜚声、徐通锵，1997：73）。如果我们比附音系学中归纳音位的做法，那也可以说，重动句的四种否定形式其实可归纳为同一个否定形式，这四种否定形式是这个否定形式的四个条件变体。这样的话，我们可以认为，重动句其实只有一种否定形式。

（五）VP_1 做焦点与否定形式

上面的分析显示，重动句否定形式其实是信息结构和句法结构共同作用的结果，以上的分析都是以 VP_2 为焦点域为前提来探讨重动句的否定形式，我们前面分析过，VP_1 在特定条件下也可以是焦点域，再举例如下：

（95）姚长庚躺在炕上，闭着眼慢慢问："你的眼怎么瞎的？"老婆说："莫非说你不知道，还用问！<u>还不是哭你那两个儿子哭瞎的</u>！"（杨朔《三千里江山》）

（96）在这时希莉丝察觉到，好像有一个乞丐察觉到了他们而走了过来。"真是看不下去。"希莉丝小声说着。"<u>看什么看不下去</u>？"听到这话的欧鲁森问着。"这里的全部啊！"希莉丝如此回答着这个长年相处的伙伴，并且看了看四周。（翻译作品《罗德岛战记》）

（97）女人有一个毛病，只要一见到标致点的男人，她就跟上去，不说话，只是笑，爷爷说，这叫花疯，<u>是想男人想疯的</u>。（刘醒龙《威风凛凛》）

例（95）VP_1 是对前文问句的回答，例（96）VP_1 包含疑问成分"什么"，例（97）VP_1 是新信息，这三例的 VP_2 都在前文出现过。

这三例重动句如果要出现否定成分的话，只能出现在 VP_1 前，形成"S 否 $VP_1 VP_2$"这一格式，比较：

（98）a. 不是哭你那两个儿子哭瞎的。
　　　b. *哭你那两个儿子不是哭瞎的。
（99）a. 不是看什么看不下去。
　　　b. *看什么不看不下去。
（100）a. <u>不是想男人想疯的</u>。
　　　b. *<u>是想男人不想疯的</u>。/*<u>想男人不是想疯的</u>。

这种格式也是重动句的否定形式，它满足句子否定的两个条件，第一，否定成分语义上处于语境固着成分 S 和语境自由成分 $VP_1 VP_2$ 之间，第二，否定成分否定的是谓语重心 VP_1。如果否定成分置于 VP_1、VP_2 之间，即"S VP_1 否 VP_2"式，虽然该格式满足句子否定的条件一，即处于语境固着成分 VP_2 和语境自由成分 VP_1 之间，但不满足句子否定的条件二，即否定成分不能否定谓语中心 VP_1，因而不是重动句的否定形式，句子也不合法。

总之，如果重动句的 VP_1 是焦点的话，它只有一个否定形式"S 否 $VP_1 VP_2$"，这也是信息结构和句法结构共同作用的结果。

第三节　信息结构与重动句否定形式使用的不均衡性

一　重动句否定形式使用的不均衡性

虽然重动句否定形式具有多样性，但各种形式使用的频率并不均衡，表 8-2 已统计，相关部分再列举如下（见表 8-5）：

表 8-5　　　　　重动句各种否定形式使用频率　　　　　（单位：%）

	典型重动句		带一个可插入成分的重动句		小计	
	例数	占比	例数	占比	例数	占比
Ⅰ式	4	3.0	0	0	4	1.5
Ⅱ式	0	0	27	20.8	27	10.2
Ⅲ式	111	82.8	97	74.6	208	78.8
Ⅳ式	19	14.2	6	4.6	25	9.5
小计	134	100.0	130	100.0	264	100.0

无论是典型重动句，还是带一个可插入成分的重动句，都是以Ⅲ式为主。总的来看，重动句否定形式使用频率存在如下特点：

（101）　Ⅲ式＞Ⅱ式＞Ⅳ式＞Ⅰ式

由此看出：①Ⅰ式使用频率最低；②Ⅲ式使用频率最高；③Ⅱ式和Ⅳ式使用频率接近。

下面对其中的原因作些分析，重点探讨Ⅰ式使用频率最低和Ⅲ式使用频率最高涉及的因素，特别探讨信息结构的制约作用。

首先应当说明的是，这四种形式使用频率不同，跟各自表达内容不同有关，如Ⅰ式是对 VP_1VP_2 进行否定，Ⅱ式是对动结式或动趋式进行否定，Ⅲ式是对动能式进行否定，而Ⅳ式是对动状式、动数式的补语直接进行否定，它们之间存在较严整的互补关系，但为什么对动能式进行否定的Ⅲ式使用频率最高，而对 VP_1VP_2 进行否定的Ⅰ式使用频率最低？笔者认为，这还跟否定成分的性质、重动句的信息结构等因素相关。

二　重动句否定形式使用条件

不少文献指出，否定成分是一种焦点敏感算子（李宝伦、潘海华，2005：99—100；徐烈炯，2005：25），它会与句中某个成分关联，而这个成分就是句子的语义焦点。与其他语言通过语调或移位来体现语义焦点不同，汉语的焦点敏感算子（包括否定词）具有浮动性，汉语的语义焦点通过算子变换位置来表现。比较（徐烈炯，2005：24）：

(102) a. 不是大家会上同意就不行。
　　　b. 大家不是会上同意就不行。
　　　c. 大家会上不同意就不行。

这三例与否定成分（"不是""不"）关联的成分分别是"大家""会上""同意"，它们即是语义焦点。由此可见，汉语的否定成分会尽量"靠近"焦点成分。

关于重动句的焦点，学界颇有争论（项开喜，1997；王灿龙，1999；聂仁发，2001；孙红玲，2005 等）。笔者认为：①一般情况，重动句的 C 或 CO_2 做焦点（下文直接表述为"C 做焦点"）；②特定条件下，VP_1 也可以做焦点（V_1 或 O_1 或 VO 都可以做焦点，下文直接表述为"VP_1 做焦点"），如：

(103) 三个人嘻嘻哈哈，阿超远远的看，忍不住也跑过来了。"你们说什么说得这么开心？也说给我听一听！"云飞笑着说："从过去，到未来，说不完的故事，说不完的梦！"（琼瑶《苍天有泪》）

此例"什么"表疑问，是焦点（参看 Cheng，1980；徐杰，2001：134 等），其 VP_2 是预设，前文出现过。

由于 VP_1 做焦点的情形很受限制，使用频率低，也未发现其否定形式的用例，所以这里重点探讨 C 为焦点的情形。为便于分析，这里将否定形式及其作用范围表示为"否+VC"，其具体表现是：①"否……VC"（Ⅰ式）；②"否 VC"（Ⅱ式）；③"V 否 C"（Ⅲ式）；④"V 得否 C"（Ⅵ式）。

既然否定成分会尽可能靠近焦点，而重动句的焦点是 C，因此，重动句中的否定成分会尽可能靠近 C。笔者觉得，这是重动句否定形式使用的重要条件之一。

根据沈家煊（2005：194），如果两个词语 A 和 B，语义上 A 单向蕴涵 B，即从 A 可以推知 B，而从 B 不能推知 A，则 A 信息量大于（more informative than）B。"不能实现"单向蕴涵"没有实现"，比较（沈家煊，2005：193）：

（104）A：这件事办成了没有？
B：根本没有可能办成。（蕴涵"未办成"）

这显示，"没有可能办成"比"未办成"信息量大。表达"没有可能办成"的典型形式是"V 不 C"，而表达"未办成"的形式有多种，比较典型的有两种：

（105）a. 否+VC（没写好。）
b. V+得+否+C（写得不好。）

"V 不 C"和这些形式存在单向蕴涵关系：

（106）a. 写不好。→没写好。/? 没写好。→写不好。
b. 写不好。→写得不好。/? 写得不好。→写不好。

因此，相比较而言，"V 不 C"是信息量大的成分，而"否+VC""V 得否 C"等是信息量小的成分。

信息量大的成分在韵律上要更突出（周韧，2011：64），而焦点是句子中的重要部分，突出部分，强调成分（徐烈炯，2005：11），由此可以推断，在其他条件都相同的条件下，越突出、强调的成分越容易成为焦点，因而信息量大的成分更易做焦点，笔者认为这是重动句否定形式使用的另一个重要条件①。

---

① 沈家煊（2005：192—193）认为"V 不 C"和"V 得 C"的不对称，"不过量原则"起了重要作用，该原则作用到极限，各种意义只用一种形式表达。

现将重动句否定形式使用条件再概括如下：

（107）ⅰ. 重动句中的否定成分会尽可能靠近 C。
　　　　ⅱ. 信息量大的成分更易成为重动句的 C。

笔者认为，这两个条件是造成重动句否定形式使用频率不平衡的原因，具体来说，如果重动句的否定形式满足这两个条件，则其使用频率最高，如果两个条件都不满足，则其使用频率最低，如果满足一个条件，则其使用频率处于中间。这样，重动句否定形式使用条件和使用频率存在如下关系：

（108）满足条件 ⅰ、ⅱ ＞ 满足条件 ⅰ 或条件 ⅱ ＞ 不满足条件 ⅰ、ⅱ

">"表示使用频率"高于"。下面对此进行验证。

三　各种否定形式满足使用条件情况分析

下面分析重动句各种否定形式满足使用条件的情况，从两个角度分析：否定成分与焦点 C 的距离；"否+VC"信息量的大小。

（一）否定成分与焦点 C 的距离

首先看第一个角度，Ⅰ式的否定成分"别"置于 VP_1 前，"别"也可置于 VP_2 前，如：

（109）a. 这时孙老元倒又叹息一声："谁知道呢！别找人找错了，我咋看布袋有些冒失！"（刘震云《故乡天下黄花》）
　　　　b. 找人别找错了。
（110）a. 刘卯指着胡同一说："睁开眼看看，那是谁来啦？别想超产粮想红了眼！"（张一弓《赵镢头的遗嘱》）
　　　　b. 想超产粮别想红了眼。

例（109）VP_1 "找人"为焦点的得分是 2 分（不能省略，不是重复成分），VP$_2$ "找错"为焦点的得分是 3 分（不能省略、不可话题化、为否定中心），VP$_2$ 的焦点性高于 VP$_1$，C 是焦点。例（110）VP$_1$ "想超产粮"为焦点的得分是 2 分（不能省略，不是重复成分），VP$_2$ "想红了眼"为焦点的得分是 3 分（不能省略、不可话题化、为否定中心），VP$_2$ 的焦点性高于 VP$_1$，C 是焦点。语料中，Ⅰ式有 4 例，VP$_1$ 为焦点的平均得分是 1.25 分，VP$_2$ 为焦点的平均得分是 3 分，VP$_2$ 的焦点性明显高于 VP$_1$，C 是焦点。因此，Ⅰ式的否定成分 "别" 与焦点中间隔了三个成分：V$_1$、O、V$_2$。因此，Ⅰ式不满足重动句否定形式使用条件一（重动句中的否定成分会尽可能靠近 C）。

Ⅱ式否定成分置于 V$_2$ 前，如：

（111）<u>也许他们托人没托到点子上</u>，也许铁军的父亲在位不在位还是不一样的。(海岩《玉观音》)

（112）常昊：很好，<u>说话不说太满</u>，这样反而能更长久。(《鲁豫有约》)

例（111）VP$_1$ "托人"为焦点的得分是 0 分，VP$_2$ "托到点子上"为焦点的得分是 4 分（不能省略，不能话题化、不是重复成分，为否定中心），VP$_2$ 焦点性高于 VP$_1$，C "到点子上"是焦点，因此，例（112）否定成分 "没" 不直接置于焦点 C 前。例（112）也是 VP$_2$ "说太满"焦点性（4 分）高于 VP$_1$ "说话"（0 分），C "太满" 是焦点，此例也是否定成分 "没" 不直接置于焦点 C 前。语料中，Ⅱ式 VP$_2$ 的焦点性均高于 VP$_1$，C 均为焦点，因此否定成分均不直接置于焦点 C 前。Ⅱ式的否定成分不能直接置于 C 前，如上两例：

（111'）*他们托人托没到点子上。
（112'）*说话说不太满。

这是句法限制的结果，也是汉语历时发展的结果。

如果将Ⅱ式的否定成分置于 C 前（同时将否定成分变成 "不"），则它不再是对结果的否定，而是对可能的否定，即成Ⅲ式了，如：

(113) a. 考大学没考上，如今待业在家。一个本该涂脂抹粉的年龄成日哭天抹泪，眼瞅着就邪了性。(王朔《你不是一个俗人》)
　　　b. 考大学考不上。
(114) a. 当兵没当成，"弄一把步枪玩玩"，总是可以的吧。(毕飞宇《平原》)
　　　b. 当兵当不成。

因此，Ⅱ式满足重动句否定形式使用条件一（重动句中的否定成分会尽可能靠近C）。

Ⅲ式否定成分直接置于C前，如：

(115) 有封信写得温柔凄婉，像个过来人，还是女的写的（看名字看不出性别）。(王朔《浮出海面》)
(116) 四四格早饭要吃五十斤面，一百个鸡蛋，一头牛，小林拿这些东西真拿不动。(张天翼《大林和小林》)

例（115）VP_2"看得出性别"焦点性（4分）高于VP_1"看名字"焦点性（1分），C"动"是焦点。例（116）VP_2"拿得动"焦点性（4分）高于VP_1"拿这些东西"焦点性（0分），C"出性别"是焦点。两例都是否定成分置于焦点前。语料中，Ⅲ式VP_2焦点性均高于VP_1式，C是焦点，因此，Ⅲ式是否定成分直接置于焦点前，满足重动句否定形式使用条件一（重动句中的否定成分会尽可能靠近C）。

Ⅳ式否定成分也是直接置于C前，如：

(117) 万一求人求得不的当，他再指东杀西之乎者也的奚落我一阵，我又看不激，那可不是我自寻的么？(文康《儿女英雄传》)
(118) 他觉着，要是说买她买得不对，那么卖了她就更亏心了。(老舍《鼓书艺人》)

例（117）VP_2"求得的当"焦点性（4分）高于VP_1"求人"焦点性（0分），C"的当"是焦点。例（118）VP_2"买得对"焦点性（6

分）高于 VP$_1$ "买她"焦点性（2分），C "对"是焦点。两例都是否定成分置于焦点前。语料中，Ⅳ式 VP$_2$ 焦点性均高于 VP$_1$ 式，C 是焦点，因此，Ⅳ式是否定成分直接置于焦点前，也满足重动句否定形式使用条件一（重动句中的否定成分会尽可能靠近 C）。

总之，从四种形式是否满足使用条件一的角度看，Ⅰ式不满足，Ⅱ式、Ⅲ式、Ⅳ式均满足。

（二）"否+VC"信息量大小

现在看四种否定形式"否+VC"成分信息量的大小，我们将 VP$_2$ 分为动能式和非动能式，前者信息量大，后者信息量小。上文我们分析过，语料中，Ⅰ式、Ⅱ式和Ⅳ式全是非动能式，而Ⅲ式是动能式，因此，只有Ⅲ式满足使用条件。

而且我们发现，虽然四式 VP$_2$ 否定成分作用的范围及其语义不同，但语料中，这种形式与语义的对应并非很严格，不少Ⅲ式 VP$_2$ 其实也可以看作表达Ⅰ式、Ⅱ式或Ⅳ式的语义，这里重点探讨Ⅲ式 VP$_2$ 与Ⅱ式 VP$_2$，先看下例：

（119）a. 你介绍给我的那个方木亭是什么坑爹货，这么丑，<u>整容都整不好了</u>，还敢要价五万！（蓝泽《天亮就逆袭》）

b. 整容都没整好。

虽然此例Ⅲ式（整容都整不好了）可变换成Ⅱ式（整容都没整好），但两者表意不同，Ⅲ式是对可能性的否定，即并未整容，但Ⅱ式表示对结果的否定，蕴涵整了容。由此看出，Ⅲ式和Ⅱ式不同，但看下面的例子：

（120）a. 临上床，又目夹目夹，寻寻觅觅，<u>找一样什么东西找不到</u>。（张爱玲《十八春》）

b. 找一样什么东西没找到。

（121）a. 英国四千军队打广州打不下来，打厦门，<u>打厦门打不下来</u>。（《百家讲坛》）

b. 打厦门没打下来。

两例的 a 是Ⅲ式，都可以变换成 b，即Ⅱ式，而且 a 例 VP_1 都是预设信息，因此，完全可以用Ⅱ式来表达，这里用Ⅲ式是因为其 VP_2 信息量大。据笔者统计，语料中，有 80 例（占 38.5%）Ⅳ式可变换成Ⅱ式。

（四）四种形式满足条件差异与使用频率差异

上面分别探讨了四种否定形式满足条件的情形，具体见表 8-6：

表 8-6　　　　重动句四种否定形式满足条件情况

	条件 i	条件 ii
Ⅰ式	-	-
Ⅱ式	+	-
Ⅲ式	+	+
Ⅳ式	+	-

由此看出，Ⅲ式最满足使用条件，Ⅰ式最不满足条件，而Ⅱ式和Ⅳ式表现一致，四种形式满足条件的情况可表现为下列层级：

（122）Ⅲ式 > Ⅱ式 = Ⅳ式 > Ⅰ式

越是左边的形式越满足条件，越是右边的形式越不满足条件。

上文根据实际语料统计了重动句四种否定形式的使用频率，四种形式表现为如下层级：

（123）Ⅲ式 > Ⅱ式 ≈ Ⅳ式 > Ⅰ式

将例（122）与例（123）比较，发现两者几乎完全吻合，笔者认为，这种吻合不是偶然的，重动句否定形式使用频率的不平衡性是由其是否满足重动句否定形式使用条件决定的。越满足条件，使用频率越高，越不满足条件，使用频率越低。重动句否定形式使用条件跟信息结构有关，因此，重动句否定形式使用频率的不平衡性也受到信息结构的制约。

第四节　Ⅰ式的否定成分为什么置于 VP_1 前？

笔者共收集到四例Ⅰ式，现再全部列举如下：

（124）刚才我跟你说的那些话，你可得为我保密，千万别传话传到我父母耳朵里。(王朔《我是你爸爸》)

（125）睁开眼看看，那是谁来啦？别想超产粮想红了眼！(张一弓《赵镢头的遗嘱》)

（126）谁知道呢！别找人找错了，我咋看布袋有些冒失！(刘震云《故乡天下黄花》)

（127）说好了，没有妖精，你以后别管我管那么紧。(阎真《因为女人》)

前文已分析过，这些重动句的补语是焦点，由于否定词是焦点敏感算子，在可能的条件下会尽量靠近焦点，因此，这些用例的"别"应该置于 VP_2 前，而且，这些"别"也确实可置于 VP_2 前：

（124'）传话千万别传到我父母耳朵里。
（125'）想超产粮别想红了眼。
（126'）找人别找错了。
（127'）你以后管我别管那么紧。

语料中，也有一例"别"置于 VP_2 前的：

（128）"谢谢你。你开车别开得这么快。"翁信良劝她。(张小娴《买河豚的女孩》)

因此，如何解释这四例"别"置于 VP_1 前呢？而且，与置于 VP_2 前相比（一例），"别"置于 VP_1 前还更常见（四例）。

笔者认为，这主要跟 VP_1 的信息状态和篇章衔接有关。例（124）—例（127）的 VP_1 前文未直接出现过，不是旧信息，而是可及信息。从焦点性看，虽然四例 VP_1 是非焦点成分，但焦点性不是很低，平均得分是1.5分。因此，如果将"别"置于 VP_2 前，则以 VP_1 为主话题，而它们又不是旧信息，这样显得突兀，而且它们不能与前后文话题构成话题链，前后衔接也不自然。例（128）"别"置于 VP_2 前，主要是因为 VP_1 是当前正发生的事情，是旧信息。因此，I式的存在也是与信息结构有关。

第五节 本章小结

否定成分可出现在重动句的四种不同的位置，形成四种形式：①Ⅰ.S 否 $VP_1 VP_2$（如"别看她看着迷了"），②Ⅱ.SVP_1 否 VP_2（如"当兵没当成"），③Ⅲ.SVP_1 V 否 C（如"走路走不好"），④Ⅳ.SVP_1 V 得否 C（如"考试考得不好"）。这四种形式都可看作重动句的否定形式，它们的否定成分都置于语境自由成分（新信息）和语境固着成分（旧信息）之间，是句子否定。而重动句否定形式的多样性主要是由它们补语的多样性（结果补语、趋向补语、可能补语、状态补语等）决定的，而这又是汉语历时发展的结果。

虽然重动句有四种否定形式，但它们在使用频率上具有不平衡性：Ⅲ式（208，78.8%）>Ⅱ式（27，10.2%）>Ⅳ式（25，9.5%）>Ⅰ式（4，1.5%）。否定成分要尽可能靠近焦点，同时焦点要尽可能得到强调，这是重动句各种否定形式使用频率不平衡的原因。Ⅰ式的存在主要跟 VP_1 的信息状态和篇章衔接有关。

第九章 信息结构与重动句的使用

第一节 引言

重动句的使用限制是学界重点探讨的话题,据笔者掌握的资料,文献中涉及的重动句使用限制因素有许多种,既涉及语言成分(动词、宾语、补语),也涉及语言层面(PSC、象似动因、信息结构、话语结构等),还涉及各个因素的互动。下面做些概括。

(一)关于动词时间性和重动句的使用,Liu(1997)认为重动句用于表达非变化的句子,不能用于表达变化的句子;Chen(2006)认为进程(process)动词不能与重动结构共现;Liu(1997)、Chen(2006)和Tai(1999)都认为表瞬时的动词不能用于重动句;此外,Chen(2006)认为关系状态动词(如"是""像""属于"等)和有界状态动词(如"明白""懂")不能用于重动句。Hiesh(1992)则从第一个动词(V_1)的情状类型角度探讨重动句的使用,如认为 V_1 是活动(activity),则是必须使用重动句;V_1 是完成(accomplishment)则或必须使用,或可选使用;V_1 是达成(achievement),为可选;V_1 是状态(state)则或可选,或禁止。

(二)关于动词题元结构与重动句的使用,如 Chang(1991b)认为只有当动词的题元结构为[施事][主事](agent, theme),才会遵从PSC,才一定要使用重动规则;但如果是复杂动词(complex verbs),则即使其题元结构为[施事][主事],而且即使违反PSC,也不需重复动词。

(三)关于宾语指称性质与重动句的使用,如 Chen(2006)将以往有关重动句指称性质的研究概括为两种限制:①有定性限制(The Definiteness Constraint),即当宾语是定指或有指时,重动句不必(need not）使用（Li & Thompson，1981）；②无定性限制（The Indefiniteness Constraint），即使用重动句时，需要其宾语是类指的（generic）或无指的（nonreferential），而不是有定的。Chen（2006）指出，这两种限制都不充分。

（四）关于补语类别与重动句的使用。如 Li & Thompson（1981：444）认为补语（文中称为副词成分，Adverbial element）为复杂状态结构（complex stative construction）、处所短语（locative phrase）或趋向短语（directional phrase），则动词重复是必需的；如补语为量性副词短语（quantity adverbial phrase），宾语是有指的（referential），而且是有生的（animate）或有定的（definite），则一般不重复动词。Liu（1997）则指出，如果补语为表状态（stative）的描写（descriptive）或结果（resultative）短语，则易采用重动结构；如果为持续（duration）、频率（frequency）、方位（locational）和趋向（directional）短语，则不一定采用重动结构。Tai（1999）也全面探讨了动词后的副词成分与是否重动动词的关系：①结果补语是强制的；②持续补语或是强制，或是可选，但意思不同；③频率补语是可选的；④描写补语可选，但语用不同；⑤处所补语倾向于强制；⑥趋向补语，可选，但意思不同。

（五）关于补语的语义指向与重动句的使用，不少文献在比较把字句和重动句时指出，两者具有互补性，把字句的补语语义上指向宾语，而重动句的宾语语义上指向主语（Hsieh，1991；黄月圆，1996；杨玉玲，1999；陈忠，2012；施春宏，2010 等）。对此，Chen（2006）认为只揭示了一部分现象，因为重动句补语可指向受事，把字句可指向施事（另可参看杨玉玲，1999）。

（六）关于"得"与重动句的使用，如 Tai（1999）谈到真正的结果补语需要重复动词时指出，一个可能的解释是，结果补语需要程度标记 de 置于主要动词和补语之间，de 是单音节的，非重读的，它必须像时体标记一样附着于动词，而其前的成分是直接宾语，而不是动词，因此，必须重动动词接受 de 的附着。黄月圆（1996）也指出，有些动词重复是由于补语助词"得"需要动词而产生的（另可参看 Hiesh，1992）。

（七）关于句法结构与重动句的使用，如 Huang（1982）认为，汉语主要语序特征是：在最低扩展层次采用中心在首（head-initial）规则，而在所有更高的层次需要中心在尾（head-end）规则，而且名词短语跟中心在首规则无关。据此，重复动词是为了遵循表层结构条件，重动现象是句法触动（motivated）的。对此，学界多有商榷，特别是功能语法学界的学者，如 Tai（1999）指出，PSC 尽管过滤了不合语法的句子，也排除了合语法的句子。Chen（2006）则认为，如果将真正的句法补足语和外补足语中的附接语（adjunct）区分开来，则 Huang（1982）的 PSC 仍能充分描述重动现象。基于 PSC，Chen（2006）提出双补足语限制（Dual Complement Constraint，DCC），即内补足语（即宾语）和外补足语（真正的结构补语）不能共现。

（八）关于象似结构与重动句的使用，关于重动句的使用，Huang（1990）提出了一种新的视角，认为只要两个动词的致使和结果关系是清晰的、符合逻辑的，则不需要重复动词。在该文看来，重动结构大量出现是因为相同的行为最便于由相同的谓语来描述。当研究的焦点局限于含有相同动词的句子时，重动结构才存在。因此，虽然许多结果句同一动词共现，但这并不意味着存在重动规则。此外，Tai（1999）认为拷贝动因可看作一种普遍的象似动因（iconic motivation），如频率补语和描述补语可重复动词，也可不重复动词，两者意思完全相同，但重复动词时，补语得到强调，这也与重复用于强调的符号原则一致。

（九）关于信息结构与重动句的使用，项开喜（1997）、温锁林（2000）、Chen（2006）等作了探讨，后面还将具体分析。

（十）关于话语因素与重动句的使用，如 Chen（2006）认为重动句表前景小句，如果是一种惯常性行为，则动词重复就不是必需的了。

以上是就某一个因素与重动句的使用而言，其实不少文献探讨了多个因素的互动与重动句的使用，具体来说有如下一些。

（十一）Chang（1991b）的互动（interaction）观，Chang（1991b）重点探讨了动词题元结构限制和短语结构条件（PSC）（参看 Huang，1982）的互动，以及这两种互动力量是如何决定重动规则的使用。该文认为只有题元结构为［施事］［主事］的动词才遵从 PSC，才一定运用重动规则。该文还探讨了题元结构和象似结构（PTS）之间的互动，指出，如果时间顺序或致使—结果关系在句子中保持了，则不必重复动词。

（十二）Tai（1999）的互动观，Tai（1999）认为重动句是语义、符号、语用和语音动因共同作用的复杂系统（complexity），它们相互影响

（interaction），有时候互补（complement），有时候又相互竞争：①重动语义和附着化（cliticization）相互加强使得带结果补语的句子强制性采用重动形式；②语义动因和语用动因共同作用使得带持续补语的句子强制性采用重动形式，但两者不互相加强时，重动形式是可选用的；③语义动因和符号动因的典型条件对事件的持续是第一位的，而对事件的频率是第二位的，因此，带频率补语的句子，重动形式是可选的；④对大多数描写补语来说，既不需要语义动因，也不用"得"标记，采用重动形式的动因仅仅是强调功能，而这本质上是可选的，因此，对带描述补语的句子，是否采用重动形式仅仅是强调补语的问题；⑤附着化对"得"标记来说是第一位的，而对动词后的"在"字短语是第二位的。

（十三）Chen（2006）的互动观，具体有：①认知限制与句法限制、语义限制，Chen（2006）认为，汉语的句子在一定程度上受信息流程和信息处理编码的认知限制，但认知限制并不是唯一，其他因素，如句法限制（双补语限制）和语义限制（动词意义和结构意义的一致）也会影响句子的合法性。这也显示，不同层面的语言分析才能充分描写和理解语言是如何工作的。②认知限制（信息结构）和话语限制。

由此看出，学界对重动句的使用限制予以足够重视，而且观点并不一致，甚至互有争论，这从另一个角度证实这些限制并不是强制性的，而只是一种倾向。通过对实际使用的重动句的统计分析，可发现，有些倾向确实存在，比如瞬时事件不倾向于使用重动句，不定指宾语不倾向于使用重动句，补语语义指向施事的倾向于采用重动句，带"得"补语倾向于使用重动句，但这种倾向主要体现在例（token）的差异以及实际使用的多寡上。而且，如果将考察的范围进一步扩大，将重动句与把字句、被字句和话题句进行对比分析，则以上倾向更不明显。

从互动的角度分析重动句的使用限制无疑是正确可行的路子，因为一个句式的使用肯定涉及多种因素。但文献中所涉及的各个单一因素虽然有些对重动句的使用有影响，但主要体现在例（token）而不是类（type）上，而且有的因素的限制作用需要进一步探讨。因此，限制重动句使用的因素到底有哪些，还需要进一步明确。而且，最关键的是要探讨各个因素是如何互动的：哪些因素会互动，互动时是作用力均等，还是有差别，如果有差别，哪些因素的作用大，哪些因素的作用小？而且以往研究只关注的是个别具体的例子，但这是否能揭示出规律呢？不然只能是不深入地列举。此外，还涉及语感调查问题，某一结构是合语法的，还是不合语法的，有的时候不好判断，存在差异，像 Chen（2006）一样采用比例的多少来判定是否合语法是一种切实可行的办法，但到底多大的比例才可以说是合（或不合）语法的，需要作进一步的科学界定。总之，从互动的角度探讨重动句的使用还有许多基础而重要的工作要做，特别是要具科学性和可操作性。

下面从信息结构角度探讨重动句使用，笔者认为这个角度较能解释重动句使用限制。

第二节　以往研究

有一些文献从信息结构角度探讨重动句的使用限制，如项开喜（1997）认为重动句式 VP_1 传达背景信息，因而信息量高的成分（新信息或不定指成分），如"'这/那'+（量词）+名词"形式、"领属性定语+名词"形式、"限制性定语+名词"形式以及"数词+（量词）+名词"形式等，不能充当重动句式 VP_1 中动词的宾语。对此，王灿龙（1999）提出了商榷，认为重动句宾语不存在这些限制，实际语料也显示，虽然这些形式较少充当重动句宾语，但也有一定比例，如笔者语料中，"'这/那'+（量词）+名词"形式有 12 例，占 1.9%，"数词+（量词）+名词"形式也有 4 例，占 0.6%。

温锁林（2000）认为句法、语义的因素仅仅是重动句使用上的考虑，诱发和促成这种句式产生的动力是语言信息结构安排的准则，即汉语句子动词后只有一个重要成分。如该文认为"他念了书三个钟头"不可接受，这是因为动词"念"后出现了两个比较重要的信息单位——"书"和"三个钟头"，虽然"书"形体很小，但它是无定成分，代表新信息，负载了较重要的信息；而补语"三个钟头"形体较大，承载的信息自然丰富。两个信息含量大的成分放在动词后，有悖于动词偏后的策略和动词后一般只安排一个重要信息单位的信息安排常规，因而是不可接受的，如果采用动词照抄手段，如"他念书念了三个钟头"则达到分化动词后信息单位的目的。笔者认为温锁林（2000）的观点是值得商榷的，按照此种分析，重动句 V_1 后的宾语一般应是不定指的，是新信息，但这与学界看法不一致（如项开喜，1997 等），也与一般语感不相吻合，因为"念书"

可以看作一个词（《现汉》第 949 页），"书"的语法地位及信息含量都应该很低，它应看作无指成分（参看陈平，1987），而不是重要信息单位。"他念书三小时"应是符合动词后一般只安排一个重要信息单位的信息安排原则，因此，它不可接受跟信息安排原则无关，"他念书很快"可以接受也可证明。

下面重点探讨 Chen（2006）的观点，Chen（2006）认为，汉语句子一般要遵循两个信息原则：

(1) i. 从旧到新原则
　　ii. 单一新信息限制

这些原则同样适用于重动结构。如：

(2)?* 他读书三个钟头了。(*81%)
(3)?* 我去看电影两次了。(*92%)
(4)?* 我跑步累了。(*80%)
(5)?* 她做饭很好。(*96%)

双补足语限制不能统一解释以上现象，因为只有例（4）违背了双补足语限制，例（2）、（3）、（5）都没有违背，但以上四例都是有问题的。Chen（2006）认为可从信息处理的角度加以解释，它们违反了单一新信息限制（见表 9-1）：

表 9-1　　　　Chen（2006）信息原则与重动句的使用

	<旧信息>→	动词→	<新信息>→	<新信息>
(2)*	他	读	书	三个钟头了
(3)*	我	去看	电影	两次了
(4)*	我	跑	步	累了
(5)*	她	做	饭	很好

笔者觉得，Chen（2006）最突出也是最关键的问题是，没有明确判断旧信息和新信息的标准，按照该文，下列 a 例也是违反了单一新信息

限制：

(6) a. *他喘气得要命。
    b. 他喘气喘得要命。
(7) a. *他走路不好。
    b. 他走路都走不好。
(8) a. ?我们说话到很晚。
    b. 我们说话说到很晚。

即例（6）的"（喘）气"和"得要命"、例（7）的"（走）路"和"不好"、例（8）的"（说）话"和"到很晚"都是新信息。但"喘气""走路""说话"已成词（分别见《现汉》第 202、1736、1225 页），其宾语"气""路""话"等不具独立性，它们的意义可从相应的动词"喘""走""说"推断出来，如果认为它们表达新信息，则不尽合理。

而且 Chen（2006）提出的单一新信息限制也不能解释以下现象：

(9) a. *我游泳累了。
    b. 我游泳游累了。
(10) a. *演出演糊涂了。
     b. 他们演出演糊涂了。

"游泳""演出"等都是词（分别见《现汉》第 1577、1501 页），其中"泳"和"出"是否为宾语不得而知。如果它们是宾语，按照 Chen（2006），它们应是新信息，但正如上文所说，它们的意义完全可从相应的动词"游""演"推断出来，因而不太可能是新信息；如果它们不是宾语，而是和其前的动词性语素组成动词，则例（9a）、（10a）只有一个新信息，并没有违反单一信息限制，但它们仍接受性不强。

而且，学界对什么是新信息、旧信息，各自的分类，乃至整个信息状态的分类都存在分歧。如关于旧信息/已知信息的定义及分类，据 Prince（1981），已知信息可分为三种：①可预测性/可取回性；②侧显性；③共享知识。由于着眼角度的不同，有些旧信息可能是新信息。（参看第二章）再如信息状态的分类，一般做法是新信息和旧信息二分，存不存在中间状态呢？Prince（1981）、Brown & Yule（1983）、Chafe（1987）就在新旧信息之间分出可推信息或可及信息，而 Lambrecht（1994）的七种至少还可概括为四类：全新的、未用的、可及的和已知的。这体现了信息状态具有连续统的性质。

而且，Chen（2006）只考虑了 VO 中 O 的信息状态（O 的信息状态分析其实就非常复杂），V 的信息状态要不要考虑呢？如果不考虑，要给出充足可信的理由，如果要考虑，又该怎么分析其信息状态呢？整个 VO 的信息状态要不要考虑呢？VO 和其内部成分 V、O 的信息状态的关系如何呢？VC 的信息状态要不要考虑呢？如果要从信息状态的角度探讨重动句的使用限制，这些问题都要考虑。

笔者在第四章探讨了 VO 的信息状态，主要依据如下做法：

(11) a. 如果 V_1 和 O 信息状态相同，则 VO 信息状态亦同。如 V_1 和 O 都是新信息，则 VP_1 为新信息，其余类推。

b. 如果 V_1 和 O 信息状态不同，则 VO 的信息状态按以下序列判定"旧信息<可及信息<新信息"。也就是说，如果 V_1 是新信息，O 是旧信息，即 VP_1 是新信息，反之也一样，如果 V_1 是旧信息，O 是新信息，VO 也是新信息。其余类推。

笔者统计了 626 例重动句 VO 的信息状态，其中为旧信息的 188 例，占 30.0%，为可及信息的 158 例，占 25.2%，为新信息的 280 例，占 44.7%。由此可知，重动句 VO 信息状态以新信息为主，旧信息次之，可及信息最少。

此外，由于大多数重动句的 O 是名词性语素或光杆普通名词，为无指成分，它们不指称现实语境中的实体（entity）或所指（refenent），所以其信息状态不易判断①。如果只考虑有指成分的话，则它既可以是新信息，也可以是旧信息，还可以是可及信息。如：

(12) 叔菱（<u>等人</u>等得焦心，东坐一下，西坐一下，瞪钟，没

---

① 许多文献只探讨了信息状态和定指性的关系（Prince, 1981; Brown & Yule, 1983; Thompson, 1997 等）。

用；看表，也没用）刘妈！刘妈！刘妈！（老舍《残雾》）

（13）有封信写得温柔凄婉，像个过来人，还是女的写的（<u>看名字看不出性别</u>），招的我回忆起一些往事，很难受。（王朔《浮出海面》）

（14）"<u>先生看枣树看了那么久</u>，枣树上有花吗？"女人已经站在柳子言的身边了，并没有看枣树，却看柳子言的脸。（贾平凹《美穴地》）

（15）就冲他现在的这副样子，孔素贞原谅了他了。这孩子，<u>恨他恨不起来的</u>。（毕飞宇《平原》）

例（12）的"人"是不定指的，其所指直到下文才知道是"红海先生"，所以是新信息。例（13）的"名字"可看作定指的，为可及信息，因为由前文可知，写信的人写上了自己的名字。例（14）的"枣树"是定指成分，其所指前文出现过。例（15）的"他"是回指成分，是定指成分，它们都表示旧信息。

笔者统计了宾语典型地为有指成分或者说 O 为实体的 179 例重动句，定指的 176 例，不定指的 3 例。其中 O 为旧信息的 138 例，占 77.0%，为可及信息的 16 例，占 9.0%，为新信息的 25 例，占 14.0%。可见，有指宾语以旧信息为主，新信息次之，可及信息最少。这与上文所说 VP_1 的信息状态并不一致。

总之，笔者认为 Chen（2006）从信息原则的角度分析重动句的使用并不具有说服力[①]。

第三节　重动句信息结构与重动句使用

笔者认为，重动句的使用受到信息结构的制约，概括地说，就是重动句的使用是信息结构（话题—说明）的句法化。因而重动句的使用限制是信息结构对句法结构的限制，具体说来，是"话题"这一信息结构概念对句法成分 VP_1 的限制，"说明"这一信息结构概念对 VP_2 的限制，而动词重复是联系话题与说明的手段。

[①] 笔者是指从 Chen（2006）所说信息原则的角度分析重动句的使用并不具有说服力，后文笔者将从话题—说明的角度分析重动句的使用。

一　VP₁是话题，VP₂是说明

Li & Thompson（1976）探讨了话题的一般特征，Tsao（1990/2005：48）在此基础上提出汉语话题的特点①：

（16）a. 主题总占据主题链第一个子句的 S 首位的位置。
　　　b. 主题可以由停顿助词"啊（'呀'）""呢""么""吧"与句子的其余部分隔开。
　　　c. 主题总是有定的。
　　　d. 主题是一个语篇概念，它可以而且经常将其语义管辖范围扩展到多个子句。
　　　e. 主题在主题链中控制所有的代名词化或同指名词组删除。
　　　f. 主题，除非同时是主语，否则不参与真反身化、同等 NP 删除以及祈使化过程。

而且，Tsao（1990/2005：173）认为，重动句VP₁是主题名词组。该书指出，除上文（270f）很难检验外，重动句VP₁具备其他汉语主题的特点。此外，该文还提出了另外两个证据证明重动句VP₁是次要主题：①它可以进一步提升为基本主题；②它可以作明确的对比。

Tsao（1990/2005：48）主要从理论上论证重动句VP₁是（次要）主题，采用的是自拟的例子。下面笔者以实际语料来证明重动句VP₁是（次要）话题②。第一，重动句VP₁可处于话题链的首句，并在语义上管辖到

---

① 王静将 topic 译作"主题"，下文引用时沿用此说法。徐烈炯、刘丹青（1998/2007：24—28）也概括了现有话题（特别是汉语话题）定义所涉及的语义（主要是句法语义）、句法（句法形式和句法结构）、语用（话语背景等）各方面因素。徐烈炯、刘丹青（1998/2007：28）将话题看作句法结构概念。

② 笔者只探讨了话题的五个特点，还有三个特点（270b、270e、270f）未探讨，主要是因为这些特点与重动句VP₁无关或不便检验，这些特点都基于名词性成分，而重动句VP₁是动词性成分，仍有较强的动作性（徐烈炯、刘丹青，1998/2007）。Tsao（1990/2005：176）认为重动句VP₁只不具特点（270f），事实上是特点（f）很难检验，其实其他两个特点（270b、270f）也很难检验。

多个小句①,如:

(17) 长脚天性友善,又难得经验女性的温存,花钱_i花到后来,_i竟花出了感情。(王安忆《长恨歌》)

(18) 张大民抱着胳膊,眯缝着睡眼,不屈不挠地盯着前方偏下的某个地方,一副做梦_i做不醒_i要永远做下去的样子。(刘恒《贫嘴张大民的幸福生活》)

例(17)两个说明之间有停顿,例(18)两个说明之间可以无停顿。这说明重动句的 VP$_1$ 可处于话题链的首句,而且管辖到后面的小句。

第二,重动句 VP$_1$ 后可出现语气词②,如:

(19) 司机也显得很得意,一会儿说他不该去那个县,一会儿又说当官嘛当然当得越大越好。(李康美《赴任》)

(20) 头人　青蛙郎啊,听听我的话:欺侮人哪莫要欺到家!(老舍《青蛙骑手》)

(21) 就是咱们这个牛街是烂着呢,没有马路,就是坑坑洼洼都不平,那个走路呢都走不了,就得挑着走。(《1982 年北京话调查资料》)

例(19)的"嘛",据张伯江、方梅(1996:45—46),可以看作纯主位标记③,至少是准主位标记。胡明扬(1981)认为"嘛"是"噻(么)"跟"啊"连用的结果,张伯江、方梅(1996:45—46)也指出,"嘛"在功能和意义上兼有"噻(么)"和"啊"的特点。例(20)的"哪"应是"啊"的语音变体④。以上重动句 VP$_1$、VP$_2$ 之间除了语气词外,还有一个可插入成分。

---

① Tsao(1990/2005)主题特征(270a)、(270d)。
② Tsao(1990/2005)主题特征(270b)。
③ "主位"是"话题"的另一个说法。张伯江、方梅(1996:45—46)将"嘛"看作准主位标记,但该书又指出,有些"嘛"仅仅是主位标记,不带语气意义。
④ 前一个音节"人"(ren)的韵尾 n 与 a("啊")相拼成 na(哪)。另可参看张伯江、方梅(1996:443)。

第三，重动句 VP_1 可以提升为主话题，如：

（22）a. 我早就认输了，喝酒我喝不过你，剑法我比不上西门吹雪和叶孤城。（古龙《绣花大盗》）
　　　b. 我喝酒喝不过你。
（23）a. 大道理谁都会讲，讲大道理你们讲得过我吗！（海岩《五星大酒店》）
　　　b. 你们讲大道理讲得过我吗。
（24）a. 就是写一些案件他写得很好，刀笔精通，吏道纯熟。（《百家讲坛》）
　　　b. 他写一些案件写得很好。

第四，重动句 VP_1 可以做明确的对比，如：

（25）俗话说，喝酒喝厚了，耍钱耍薄了。来，喝一口。（老舍《鼓书艺人》）
（26）妈睡箱子睡舒服了，睡别的睡不惯了。（刘恒《贫嘴张大民的幸福生活》）

例（25）的"厚"与"薄"构成对比，显示"喝酒"与"耍钱"也构成明确的对比。例（26）的"睡舒服"与"睡不惯"构成对比，显示"睡箱子"与"睡别的"构成明确的对比。

有些文献指出，重动句 VP_1 可做焦点。笔者要强调的是，即使 VP_1 为焦点，它同时具有话题性。如：

（27）姚长庚躺在炕上，闭着眼慢慢问："你的眼怎么瞎的？"老婆说："莫非说你不知道，还用问！还不是哭你那两个儿子哭瞎的！"（杨朔《三千里江山》）
（28）"你们说什么说得这么开心？也说给我听一听！"云飞笑着说："从过去，到未来，说不完的故事，说不完的梦！"（琼瑶《苍天有泪》）

由语境可知，两例的 VP₁ 都是焦点，但在重动句内，它也可看作话题，如：

(29) 我是哭你那两个儿子哭瞎的。
　　a. 我是哭你那两个儿子啊哭瞎的。
　　b. 是哭你那两个儿子我哭瞎了。
　　c. 我是哭你那两个儿子哭瞎的，哭得没眼泪了。
　　d. 我是哭你那两个儿子哭瞎的，哭自己不会哭瞎。

(30) 你们说什么说得这么开心？
　　a. 你们说什么呀说得这么开心？
　　b. 说什么你们说得这么开心？
　　c. 你们说什么说得这么开心？说得我很好奇。

可以在 VP₁ 后插入话题标记"啊"（呀），如例（29a）（30a）。VP₁ 可提升为主话题，如（29b）（30b）。VP₁ 可处于话题链的首句，并在语义上管辖到多个小句，如（29c）（30c）。这些都显示重动句 VP₁ 即使是焦点，但在重动句内仍具较强的话题性。

前文我们讨论过重动句 VP₁ 一般为预设，而且即使 VP₁ 做焦点，它也具有预设的特点。这里又将重动句 VP₁ 看作话题。预设和话题是密切相关的两个概念，按照 Lambrecht（1994），预设是由词汇、语法触发的说话者认为听话者已知或愿知的一系列命题，而话题是话语实体，因此话题应是预设的组成部分。但对重动句 VP₁ 来说，VP₁ 既是预设，也是话题，两者一致，表现形式也相同。

二　重动式话题结构与重动句的使用

上文已探讨重动句 VP₁ 一般是话题，VP₂ 一般是焦点，因而重动句可看作话题结构。而且重动句是重动式话题结构的一种[①]。不少文献指出，汉语的话题结构是基本句法结构，具有根本性（Chao，1968/1979；张伯江，2013；沈家煊，2012）。而且从世界语言角度看，不仅汉藏语系存在

[①] 徐烈炯、刘丹青（1998/2007）探讨了拷贝式话题结构，但拷贝的成分不仅仅是动词，还有名词和形容词，这里将拷贝的成分为动词的话题结构称作重动式话题结构。

重动式话题结构，印欧语系的许多语言也存在这种结构① （Bernini，2009），因而重动式话题结构具有普遍性。话题结构是一种线性序列（linear order），是从左到右递增构建、生成的，因而是基础生成的，而非移位生成的（Philips，2003；杨小龙、吴义诚，2015等），自然，重动式话题结构也是基础生成的，即是从左到右递增构建、生成的。笔者认为，汉语重动句的使用就是重动式话题结构的句法实现，汉语重动句的使用限制就是重动式话题结构（信息结构）在汉语中实现时所受的限制，具体说来就是：①重动句的 VP_1 能否表达话题？②重动句的 VP_2 能否充当说明？③重动句的 VP_1、VP_2 能否构成话题—说明关系？

什么是话题，话题有什么特征，构成话题句需哪些条件，学界对此多有探讨。结合以往汉语话题研究成果，特别是考虑到重动句的特点，笔者确立以下为重动句的使用条件，三者缺一不可②：

(31) ⅰ. VP_1 必须合语法，具有一定的独立性，而且表意明晰、自然。

ⅱ. VP_2 必须合语法，具有一定的独立性，而且表意明晰、自然。

ⅲ. VP_2 是有关 VP_1 的，VP_2 从各个角度对 VP_1 进行说明。

下面作些说明。条件例（31ⅰ）、（31ⅱ）中的"合语法"是指合乎汉语语法，如"*红我""*作完好了""*属于了一个月""*做梦做见这个地方"（比较"做梦梦见这个地方"）等表达就不合法。"具有一定的独立性"是指能单说或单用，如单说时，"打架""打我"比"是学生"接受性更强。"表意明晰"是指没有歧义，"表意自然"是指符合常理，如"明白了一个钟头"就与常理不太符合，因为作为一种心理状态，一旦"明白"了，就能保持较长时间。

---

① Bernini（2009：105—128）将这种结构称作前置非限定结构（Constructions with preposed infinitive）。欧洲主要语言（法语、意大利语、西班牙语、俄语、土耳其语）都存在这种结构。关于重动式话题结构的普遍性，第十章将重点探讨。

② 徐烈炯（2003：131—144）探讨了话题句的合格条件，认为：(1)述题本身必须合乎语法；(2)话题定指或类指，或表示对比、强调。

条件（31ⅲ）表明，有关性（aboutness）是话题最重要的特征，既然说明是有关话题的，则话题可看作框架（frame），而说明可看作内容（content），在界性上的典型表现是，话题是无界的，说明是有界的（Liu，2004），这使得：①V_1不能带时体成分，②O_1一般是类指的。同样，既然说明是有关话题的，则话题一般是听说双方共知的，或者说，是说话者认为听话者已知的，这使得VP_1中的宾语一般是定指的，而不能是不定指的。如果VP_1、VP_2构成话题说明关系，一般可通过以下测试：

(32) ⅰ.VP_1呢，VP_2。
　　　ⅱ.A：VP_1怎么样？
　　　　B：VP_2。

下面对文献中提到的重动句的使用限制进行分析，重点分析文献中所列举的不合格的例句。大致说来，这些例句可分为两类：一类是有重动现象，一类是无重动现象。先看有重动现象的，主要集中在三类：①动词表瞬时意义的；②VP_1为有界的；③动词为关系状态动词的。下面先看第一类，动词表瞬时意义的，如：

(33)＊我明白这个问题明白了一个钟头了。
(34)＊他发现这件事情发现两年了。
(35)＊我毕业毕了三年了。
(36)＊他死丈夫死了两年了。
(37)＊他跳河跳了三个钟头。
(38)＊他认识阿梅认识了三次了。

首先，除例（36）的VP_1外，其余各例的VP_1都是合法的，例（36）的VP_1"死丈夫"不合法，因为"死"一般是不及物动词，后面不能跟宾语"丈夫"。其次，各例的VP_2都是合法的，但有些表意不自然，不符合常理，如"明白了一个钟头了""认识了三次了""毕了三年了"。有些则表意不明晰，如"跳了三个钟头"既可以指一个动作持续了三个钟头，也可以指重复的动作持续了三个钟头。再次，各例VP_1、VP_2之间都不太能通过测试，如：

（39）? 明白这个问题呢，明白了一个钟头了。
（40）A：跳河怎么样？
　　　B：? 跳了三个钟头。

　　总之，例（33）—（38）或违反重动句使用条件（31ⅰ），或违反条件（31ⅱ），特别是它们都违反了条件（31ⅲ），因而接受性都很低。
　　但如果将上述各例稍作改动，如：

（41）我明白这个问题明白得太晚了。
（42）踏踏实实做，<u>毕业都毕不了</u>，说这些又有什么用。（日月光华 BBS）
（43）他跳河都跳不了。
（44）他认识阿梅认识得太晚了。

则接受性强多了。它们都符合重动句的使用条件，看测试：

（45）明白这个问题呢，明白得太晚了。
（46）认识阿梅呢，认识得太晚了。

它们都能通过测试。由此可知，例（41）—（44）接受性低并不是因为其动词是表瞬时的，动词是否表瞬时意义不是重动句的使用条件。
　　下面看第二类，VP_1 为有界的，如：

（47）?* 他打破这个玻璃打破五次了。
（48）* 他作完饭作完得很好。
（49）* 他说了汉语说了得流利。

　　例（47）—（49）VP_1 由动结式构成，例（49）VP_1 带体标记"了"。下面看这些用例是否符合重动句的使用条件。首先，它们的 VP_1 都是有界的，不符合 VP_1 作为框架应是无界的要求。其次，例（48）（49）的 VP_2 "作完得很好""说了得流利"不合语法，不符合重动使用条件，例（47）的 VP_2 虽然合乎语法，但其表意不太自然，因为一个玻璃可以打破五次不太合常理。再次，它们的 VP_1、VP_2 都不能通过测试，比较：

（50）*打破这个玻璃呢，打破五次了。
（51）*说了汉语呢，说了得流利。

由此可知，例（47）—（49）接受性低，也是因为它们违反了重动句的使用条件。

下面看第三类，动词是关系状态动词的，如：

（52）*他是学生是了两年了。
（53）*他像他爸爸像了两年。

下面看它们是否符合重动句的使用条件。首先，它们的 VP_1 都合语法，而且具有一定的独立性，且表意明晰、自然。其次，它们的 VP_2 不太合语法，而且表意不自然，"是""像"一般表长久持续的状态，一般不会用具体时间来衡量。再次，它们的 VP_1、VP_2 不构成话题—说明关系，不能通过测试，如：

（54）*是学生呢，是了两年了。
（55）?像他爸爸呢，像了两年。

不过，例（52）、(53)接受性低，并不意味着关系状态动词不能构成重动句，如：

（56）你是我爸爸，我是你儿子，别的想是什么也是不成，咱们谁也别强迫自个。（王朔《我是你爸爸》）
（57）他像他爸爸像极了。（刘月华等 2001）

它们都可接受。

此外，应当看到，有些 SVCO 格式或 SVOC 格式接受性强，而且可转

换成重动句,如:

(58) a. 哪里学的?放牛出身,<u>骂牲口骂惯了</u>! (赵树理《刘二和与王继圣》)

b. 骂惯了牲口。

(59) a. 大老王看向窗外,<u>愣了半天神</u>,然后开口说:"你们这一代人,没感情。"(鲍鲸鲸《失恋33天》)

b. 恍惚着出了门,站在楼道里<u>愣神愣了半天</u>。(鲍鲸鲸《失恋33天》)

(60) a. 有传说<u>上市上不成了</u>,材料都退回来了,到底是怎么回事?(阎真《沧浪之水》)

b. 上不成市了。

(61) a. 就这样<u>待业了小半年</u>,我终于慌了,开始饥不择食起来。(鲍鲸鲸《失恋33天》)

b. <u>待业待了这么久</u>,实在是待不下去了,想找个工作。(网络语料)

笔者觉得,使用 SVCO 格式或 SVOC 格式,而不使用重动句,或者使用重动句,而不使用 SVCO 格式或 SVOC 格式,这也是由信息结构决定的。如例(59a)是 VCO,而(59b)是重动式,它们的信息结构不同,后例 VO "愣神"是话题,而前例 V…O "愣……神"不是直接成分,不是话题,O 可看作焦点。这两例可互换,但作者这样选择主要是考虑到了信息结构的不同。再如例(61a)是 VOC 式,(61b)是重动式,它们信息结构也不同,前者 VO "待业"是旧信息,但它不是话题,C "小半年"是焦点,它也不是说明,而后者 VO 是话题,VC 是说明,它们可互换而作者选择不同的句式也主要是考虑了信息结构的不同。以往探讨重动句的使用限制时只探讨了它们能否转换,而实际上,不同句式即使可互换,它们的信息结构也不同。

由此也可以看出,前文分析的以往研究文献中所提出的重动句的种种限制其实是重动句与其他句式的转换限制,或者是 V、O、C 等基本成分的组配限制。如果真从重动句使用的角度看,这许多限制可能不存在。重动句的使用限制,主要是信息结构的限制。

第四节　本章小结

本章首先简要概括了以往文献中各种限制或影响重动句使用的因素，这些限制都只是一种倾向。笔者认为，重动句的使用是具有语言普遍性的重动式话题结构的句法实现，因此，重动句的使用限制是重动式话题结构能否实现为重动句的限制，或者说，重动句的 VP_1、VP_2 能否表达重动式话题结构的话题和说明。具体说来就是：①VP_1能否表达话题；②VP_2能否表达说明；③VP_1与VP_2能否构成话题—说明的关系。文献中种种重动或不重动而不合语法的现象，都可以从以上三方面加以解释。

第十章 信息结构与重动句的产生

第一节 研究概况

重动句的产生是以往学界探讨得较少的话题,除李讷、石毓智(1997)、赵长才(2002/2016)作了专题探讨外,其余都是零星涉及。不过近几年有几篇文献专题(施春宏,2014;赵林晓等,2016;赵林晓、杨荣祥,2016)探讨了重动句的产生,值得重视。重动句的产生问题主要集中在探讨重动句的产生时间、产生原因及产生机制上,现简要作些分析。

一 关于重动句产生的时间

关于重动句产生的时间,学界看法颇不一致。下面按文献发表或写作的先后顺序做些概括,只有明确提及重动句(任何一类,一般是最典型的)产生时间且有重动句用例的文献才予以关注。如 Huang(1984)认为晚明以后才发展出拷贝结构,该文认为"(崔宁一路买酒买食,)奉承得他好""(吕官人一来有了几分酒,)二来怪他开得门迟了"等是现代拷贝结构的"种子"(seed),但该文未举出相应的晚明以后重动句用例(不包括现代的),所以这里不关注。再如,施春宏(2004)认为动词拷贝式很晚才出现,并举《红楼梦》和《儿女英雄传》例,但"很晚"具体是什么时候,施文未明确,这里也不关注。施春宏(2014)仔细考察了《朱子语类》,找到九例动词拷贝句①,因而施文认为至少在《朱子语

---

① 施春宏(2014)通过通读《朱子语类》,共检得九条可以看作动词拷贝句的用例,笔者认为,其中的一条(施文的例12h)"要除一个除不得"不是重动句的典型用例,该条层次首先应为"要除一个/除不得",即 VOVC 不构成直接成分,"要"只能修饰 VO,不能修饰 VC(＊要除不得)。

《类》时期，动词拷贝句的某些类型已经出现，甚至已经比较成熟了。施文甚至相信，《朱子语类》之前动词拷贝句已经逐步成型，在《朱子语类》之前的文献中找到一些动词拷贝句的用例，是完全可能的，只是由于目前考察语料的局限，没有得到充分的分析。因此，施文认为，动词拷贝句出现的时期完全可以再向前推移。不过，虽然施文作了推断，但由于未举出《朱子语类》之前的用例，所以这里也不关注。

笔者认为，明确提及重动句产生时间且有重动句用例的文献主要有何融（1958），岳俊发（1984），李讷、石毓智（1997），赵长才（2002/2016），戚晓杰（2006b），赵林晓等（2016）和赵林晓、杨荣祥（2016），下面分别作些介绍。

据笔者所知，何融（1958）是较早探讨重动句产生时代的文献，何文指出"动—宾—也—动—不—补"这种动词复说法（丑三）在宋金时期产生（第 163 页），"也"等虚词多半不用，如①：①入门来，取剑取不迭。（《董西厢》下）②做个夫人做不过，做得个积世虔婆。（《董西厢》下）③着意栽花栽不活。（《杨温拦路虎传》）

岳俊发（1984）认为 C 为情态补语的"VOV 得 C"式（F_5）及其否定式出现在清代晚期，清中叶的《红楼梦》里尚未见，晚晴小说里大都可以见到，如：①所以有些上司不知道，还说某人当差当得勤。（《官场现形记》第 11 回）②或者说话说得不得法，犯到他手里，也是一个死。（《老残游记》第 5 回）

李讷、石毓智（1997）认为，重动句直到《红楼梦》时代才出现，因而是一种非常年轻的句法格式，大约只有两三百年的历史。不过该文指出，重动句的产生或发展并不平衡，有些类型的重动句产生更早，有些则更晚。该文将重动句分为四类：①补语是时间词（如"他看书看到两点"）。②补语为单纯的形容词或不及物动词（如"他看书看累了"）。③补语为"得"字补语（如"他念书念得很快"）。④补语之后另有宾语（如"他切菜切破了手"）。在清代文献中只能见到一、二类，三、四类还没有出现。石毓智（2004）则指出，元代以后重动句才开始出现，不过"元明时期的文献还很难见到，直到《红楼梦》才逐渐普遍起来，而后的文献就不难见到了"。

---

① 下文引用句例体例均遵照原文，未作统一。

赵长才（2002/2016）认为，早在宋代，"VOV得C"这种动词拷贝结构就已经产生了①，如：①后来见李长老打葛藤打得好。（《碧岩录》第二十三则）②说大底说得太大；说小底又说得都无巴鼻。（《朱子语类》卷117）③这婆子做四句诗做得好。（《元本琵琶记校注》第三出）此外，据赵文，其他类型的动词拷贝结构宋代也产生了，如：①今公等思量这一件道理思量到半间不界便掉了。（《朱子语类》卷31）②读书直读到鸡鸣。（《张协状元》二出）

戚晓杰（2006b：163脚注②）从《金瓶梅》中发现12例动词拷贝句，如：①叫门叫了半日才开。（《金》第50回第661页）②推门推不开。（《金》第26回第335页）因而戚文认为汉语拷贝动词产生、发展于明。

赵林晓等（2016），赵林晓、杨荣祥（2016）是专题探讨重动句来源、产生、分类和历时演变的重要文献，赵林晓等（2016）主要探讨"VOV得C"重动句，该文认为最早能够确认的"VOV得C"重动句出现于宋代，但不同类型的"VOV得C"重动句产生时代略有差异，甲类"VOV得C"重动句（"C"语义指向述语，表示对述语的评价或描述）是出现得最早的一类。宋代不乏确切用例，并举《碧岩录》和《朱子语类》中的重动句为例。该文认为丁类"VOV得C"重动句（"C"指向施事，表示对施事的评价或描述）产生得最晚，确切的用例要到明代才有，如：①想儿子想得这般模样。（《隋史遗文》第17回）②打人亦打得阔绰。（《金圣叹全集金批〈水浒〉》第2回）赵林晓、杨荣祥（2016）探讨了各类重动句的来源和分类，该文将重动句分为五类，认为"VOV不C"式是产生最早的一类，在晚唐五代已萌芽，如"扫地风吹扫不得"（《敦煌变文校注》卷4）②，宋代已有"VOV不得"式的确切用例，如"做事全做不得"（《朱子语类》卷19）。该文认为，致使类动结式重动句到清代才有，如"我念书念疲了"（《聊斋俚曲集·磨难曲》16回）。动量类重动句也到清代才出现，如"举手敲门敲了十数下"（《海上花列传》）。由此看出，赵林晓等（2016）、赵林晓、杨荣祥（2016）是

---

① 洪波、曹小云（2002）对李讷、石毓智（1997）关于重动句产生时代的说法提出商榷，并引用赵长才（2002/2016）的材料证明宋代就开始出现了。

② 笔者认为此例并不是典型的重动句，因为它的VO、VC之间还有主谓结构"风吹"。

目前探讨重动句产生最详尽的文献。

现将以上各文献所说的重动句产生最早时间（或用例来源）及最早产生形式（或类别）概括为表 10-1：

表 10-1　　　　各文献重动句产生时间及最早产生形式

	晚唐	宋金	明	清
何融（1958）		《董西厢》（VOV 不 C）		
岳俊发（1984）				《官场现形记》《老残游记》（VOV 得 C）
李讷、石毓智（1997）				《红楼梦》（VOVC/VOVX$_{时间词}$）
赵长才（2002/2016）		《碧岩录》《朱子语类》（VOV 得 C/VOV 到 X）		
戚晓杰（2006b）			《金瓶梅》（VOV 不 C/VOVX$_{时间词}$等）	
赵林晓、杨荣祥（2016）	敦煌变文（VOV 不得）			

由此看出，各个文献关于重动句产生时间及最早产生类别并不一致，甚至可以说差异很大。不过，现在基本可确定，重动句的产生不会晚于宋代[①]，因为《朱子语类》有典型用例。

二　关于重动句的源式、产生动因和产生机制

不少文献探讨了重动句的源式、产生动因和产生机制，下面根据各种文献发表的先后顺序作些分析[②]。

（一）Huang（1984）的分析

Huang（1984）指出，构词是句法演变的导因。该文认为动词重复现

[①]　杨小龙（2017）探讨动词拷贝句的线性生成时以李讷、石毓智（1997）相关观点为据，而且杨文认为先秦时期就出现了宾语指向的 VOC 结构（予助苗长矣），这都不尽合理。

[②]　有些文献从生成语法角度探讨了重动句的生成（Cheng, 2007 等），因为这类研究主要着眼于共时研究，所以这里不关注。

象是两个反对力量相互牵制的结果：动词构词增加了与动词共享的名词数，而主要动词后头只能跟一个成分这一表层结构法则却限制了动词词组的复杂性。

Huang（1984）认为动词重复结构发展于晚明时期，下列画线句子是动词重复结构的"种子"（seed）或前身（the old antecedent sentences）：

（1）崔宁一路买酒买食，<u>奉承得他好</u>。
（2）吕官人一来有了几分酒，二来怪<u>他开得门迟了</u>。
（3）大家都来劝解，<u>哪里劝解得开</u>。

这些句子都是有标记的，主要动词和宾语虽然构成密切的语义单位，但它们被从属小句标记"得"隔开，而宾语与其后的补语关系又太疏，不能保证表层句法的连续性。因此，它们偏离了最惯常的处理策略，成为语言变化的主要候选。

这些句子也给语言学习者的感知分析带来负担，减轻负担的一种方式是，将宾语前置于控制它的动词，使得表层结构法则得以运用，同时拷贝动词在"得"前的位置。这是语言学习者实际采取的过程，同时也为其他类型的动词拷贝句的创造性类推（analogy）提供了基础。

由此可知，动词重动结构的产生是由于受到句法因素（特别是表层结构法则）的压力而重新组织的结果，句法结构条件是语法组织的本质要素。也就是说，它的产生不依赖于非语言（语用或心理的）基础，因为要是语法关注心理因素的话，就不能回答下列问题：为什么动词重动结构要至晚明才产生？

（二）李讷、石毓智（1997）的分析

李讷、石毓智（1997）探讨了动词拷贝结构产生的背景和条件，这与产生动因相关。该文指出，唐代及以前，存在着 VOC 这种格式，C 和 O 之间没有行为和受事的关系。如：

（4）师便脱鞋<u>打地一下</u>。（《祖堂集·卷十六·南泉和尚》）
（5）戴既无吝色，而<u>谈琴书愈妙</u>。（《世说新语·雅量》）

到了宋元明时期，汉语动词和补语联系紧密，组成一个句法单位，不再能被宾语隔开，因此 VOC（或 V 得 OC）格式在明代已经衰弱，到清代完全消失了，其功能不能由其他业已存在的句式（如 VCO 格式、"把"字句、话题化等）来表达，如：

（6）颜冲无许多劳攘，只是<u>中得毒深</u>，只管外边乱走。（《大慧普觉禅师书》）
  a.＊颜冲把毒中深了。
  b.＊颜冲中深了毒。
  c.＊毒颜冲中深了。

这样就需要一种新的句式来弥补这一空缺。新结构的产生要受制于该语言的句法系统，必须在该系统允许的范围之内。新结构产生的一种最自然的途径是将常见的某种话语结构抽象固定下来，变作一种句法格式。由于汉语中存在着"（VO）+（VC）"这样一种格式，"V 得 OC"消失以后，就把这种话语结构抽象固定下来，使之成为一种新的句法结构，即动词拷贝结构。

（三）赵长才（2002/2016）的分析

赵长才（2002/2016）只探讨了"VOV 得 C"类动词拷贝结构的形成，该文认为"VOV 得 C"格式是在带"得"的述补结构的发展演变过程中产生并逐步发展起来的。

赵文认为，带宾语的"得"字述补结构在唐代即已产生，可以归纳为几类：①预期结果补语结构"V 得 OC"，如例（7）。②可能补语结构"V 得 OC"，如例（8）①。③状态结果补语结构"V 得 OC"，根据宾语与动词、补语之间的语义关系，又可分为三类②：甲类如例（9），乙类如

---

① 赵长才（2002/2016）认为，可能补语结构"V 得 OC"本质上是表预期结果的，只是在特定的语境（未然或假设）中才具有能性意义。

② 甲类，宾语在语义上既是动词的施事或当事，同时又是补语成分的施事或当事，与补语有陈述关系；乙类，述语动词为及物的行为动词，宾语在语义上既是动词的受事，同时又是补语成分的施事或当事，与补语有陈述关系；丙类，述语动词为及物的行为动词，宾语与补语之间没有语义关系。赵长才（2002/2016）认为，这三类形成动词拷贝格式的能力不同，丙类最强，出现的时间也最早（宋代），乙类次之，现代汉语中表现为动词拷贝句式和"V 得 OC"结构并存，而甲类则不能形成动词拷贝句式，现代汉语仍使用这种结构。

例（10），丙类如例（11）：

(7) 十三学得琵琶成，名属教坊第一部。（白居易《琵琶行》，预期结果补语结构）

(8) 打得我赢，便将去；若输与我，我不还钱。（《新编五代史平话》，可能补语结构）

(9) 吓得貂婵连忙跪下。（《三国志平话·卷上》，状态结果补语结构甲类）

(10) 拷的我魂飞魄散，打的我肉烂皮穿。（《小孙屠·十一出》，状态结果补语结构乙类）

(11) 他看得经书极子细，能向里做工夫。（《朱子语类》，状态结果补语结构丙类）

但在汉语的历史发展过程中，述补结构内部带宾语所形成的"述—宾—补"格式，往往是一种不十分稳定的结构，总的发展趋势是，宾语一般会离开原来的位置，使补语跟述语动词接近，从而形成更紧密的"述—补"结构整体。在"V得OC"句式中，宾语正处于述补结构内部述语"V得"和补语"C"之间。从该结构的历史发展来看，"V得OC"并不是一个比较稳定的句式，始终处于发展变动中。演变的结果，宾语的去向不外乎两个位置：或是述补结构之后，或是述补结构之前。

预期结果补语结构"V得OC"唐代就开始向"VC（了）O"归并了；其可能式"V得OC"至清代也已基本完成了向"V得CO"格式的转变。这两类带"得"的述补结构主要都是通过结构内部自身的调整，使宾语离开述补之间的位置，移到了述补结构之后。而状态结果补语结构"V得OC"，其宾语一直没有出现后移至述补结构之后的情况，而是或仍留在原来的位置不动，或通过与其他句式或语言成分融合形成新的句式，使宾语位于述补结构之前的位置。而动词拷贝结构（VOV得C）以及"把"字句（把OV得C）、受事主语句（S$_{受}$V得C）等客观上正适应了汉语史上的这一发展趋势，使带"得"的述补结构内部不能再带宾语。由此可见，状态结果补语结构中宾语位置的变动主要不是通过自身结构内部的调整，而是通过结构以外的其他因素造成的。

总之，在历史上，"V得OC"一直处于与其他句式既相互竞争又相互融合的过程中，在这过程中又不断产生出新的富有表现力的句法格式，动词拷贝结构的形成正是这种既竞争又融合的结果。

赵长才（2002/2016）又指出，动词拷贝结构宋代虽已出现，但用例并不是很多，更常见的情况是，在动宾词组和"V 得 C"之间往往被其他成分隔开，显示这种融合还不是十分紧密。如：

（12）某解诗，多不依他序，<u>纵解得不好</u>，也不过只是得罪于作序之人。（《朱子语类》）

（13）<u>看文字</u>不可落于偏僻，须是周匝，<u>看得四通八达</u>，无些窒碍，方有进益。（又）

从话语分析的角度看，上面两例中的动宾词组"解诗"和"看文字"都是全句的话题成分。这种情形更像是一个话题链（topic chain），动宾词组作为全句的话题，与句中的每个小句都可以独立组成一个话题—评述结构，由于每一个小句都以句首的动宾词组为话题，所以该话题成分不必在每个小句前重复出现。但当该动宾词组 VO 只跟一个特定的"V 得 C"（两个动词同指）组成话题—评述结构时，我们所说的动词拷贝结构"VOV 得 C"便形成了。

赵长才（2002/2016）指出，动词拷贝结构的形成主要跟动词所涉及的论元位置有关。具体说来就是，从汉语的历史发展来看，述语（V 得）和补语（C）要结合在一起，形成"V 得 C"结构，这就使得宾语要离开述语后的位置，或前置于"V 得 C"，或后置于"V 得 C"。

（四）施春宏（2004、2014）的分析

施春宏（2004）探讨了动词拷贝式的两个来源，一个是"饮酒醉"类隔开式。施文认为，除了具有熟语性的"饮醉""吃醉""吃饱"可以带宾语外，其他形式一般不能直接带受事宾语，即隔开式中间的名词性成分不能在动结式后边，这样就必须通过其他方式来标明它的性质。而隔开式本身虽能起到这样的作用，但其结构的整合程度不高，结构的稳定性不强，受其他动结式的配位方式的类推影响，它也同样要求述语动词和补语动词连接在一起。这样，当其中的名词性成分从两个动词中间移出后，就需要通过其他标记形式来明确标明它们内部的语义关系，而动词拷贝式则是最佳的选择，形成现代汉语"喝二锅头喝醉了"这样的表达。用拷贝

动词而不用其他标记形式来提升,主要是"二锅头"只有与拷贝动词结合后才能最清楚地标明其底层的语义关系(即其语义角色)。动词拷贝式的根本作用就是来提升底层结构中难以直接提升到动结式主体论元位置和客体论元位置上的论元的,因此,拷贝内容在表达中主要起到背景衬托的作用,以衬托动结式所表述的结果。这是动词拷贝式的来源之一,只不过很晚才出现。① 例如:

(14)你办事办老了的,还不记得,倒来难我们。(《红楼梦》第55回)

(15)我的少爷,你这可是看鼓儿词看邪了。(《儿女英雄传》第9回)

施春宏(2004)认为动词拷贝式的另一个来源是"VN毕"类结构。施文认为,如果补语没有虚化,或不能虚化,而由于动结式已成为汉语的一种常见结构式,那么,述语动词的受事只能通过动词拷贝式来引入。例如:

(16)他做官做久了,岂有不懂得规矩之理?(《官场现形记》)

"久"跟"毕、竟、已、讫"的语义特征不同,后者是可以虚化的完成动词,而前者是不能虚化的形容词。正因为词汇语义的差别,所以这两类谓词的句法表现有别,比如"毕、竟、已、讫"就很少用于动词拷贝式。

施春宏(2004)认为,动词拷贝式的出现是在述补结构发展已经相当成熟的基础上对动结式的语义关系和句法功能的进一步扩展。从根本上说,动词拷贝式产生的原因是一致的:在动结式不能完全包装事件结构的情况下,用拷贝动词来提升不能直接提升的底层论元。相同的句法后果有

---

① 施春宏(2004)指出,《红楼梦》有这样的一例:"你迟了一步,没见还有可笑的:连吴姐姐这么个办老了事的,也不查清楚了,就来混我们。"(第55回),施文认为,这应看作例外,在现代汉语中应用动词拷贝式来表达。

相似的句法动因。

施春宏（2014）进一步探讨动词拷贝句的语法化机制，该文认为动词拷贝句语法化的基本路径可以从三方面分析，首先，动词拷贝句语法化的启动机制是话语结构的句式化。其次，动词拷贝句的形成和发展跟某些类型的"V（得）OC"的进一步发展相关。最后，动词拷贝句的形成和发展还与自身论元结构的整合过程有关。由此看出，除第一个方面外，后两个方面施春宏（2014）与施春宏（2004）一致。

（五）Fang（2006）的分析

Fang（2006）指出，现代汉语的动词拷贝结构和中古汉语（201—1000）的 VOC 模式直接相关。5 世纪以后，VC 复合动词增加，受此模式压力的影响，VOC 中的 C 要直接后置于 V，但另一方面，VOC 中的 C 是信息焦点，语用上需要置于句尾，而且根据时间顺序（PTS）原则，C 也不能置于 O 前，这样句法和语用/语义就发生了冲突（conflict）。

显然，VCO 并不是 VOC 的理想替代模式，因为它虽然满足了句法需要，但违背了 PTS，而且牺牲了 C 在原式 VOC 的语用功能，为了调和这种句法和语义/语用的冲突，不同的模式如"OV（de）C""把/将 OV（de）C"和"V（de）OC"得到发展，这些模式，无论是句法，还是语义/语用需要都能得到满足。

但 C 是数量成分的 VOC_{NE} 结构，这种句法和语义/语用冲突并不能得到调和，它既不能被 VCO 模式替代，因为 VC_{NE} 并不构成复合词，也不能被其他句法模式替代，或者是句法的原因，或者是语义/语用的原因。大概在 13 世纪开始，出现了一种新的模式"VOV de C"，虽然它也不能替代 VOC_{NE}，但比起其他模式，它替代 VOC_{NE} 的可能性更大，也更能调和句法和语义/语用之间的冲突，因为"VOV de C"与 VOC_{NE} 功能上更接近。基于以上观察，Fang（2006）认为，受"VOV de C"模式的影响，类推出"$VOVC_{NE}$"，进而替代了 VOC_{NE}。由于"$VOVC_{NE}$"能完全缓和 VOC 减少过程中带来的句法和语义/语用冲突，它的出现为 C 为其他类型的新模式的产生打开了大门，因而 VOVC 得到发展，至现代汉语，它已成为较具能产性的句式。

关于新模式"VOV de C"的产生，Fang（2006：70）认为是重新分析的结果，到 13 世纪，VO 和 V de C 都已形成，而且两者可以并列，只是中间隔了逗号。自然不难想象，动词相同或同义的 VO 和 V de C 由于类推也可以并列，如：

(17)（武松欢喜）饮酒，吃得大醉。(《水浒传》)

自然也容易假设，当 VO 和 V de C 的停顿由于某种原因，如语速快，而消失时，它们就重新分析为"VOV de C"模式，历史语料也可以证明，如同是《水浒传》，出现了如下的句子：

(18)（这胖和尚……）吃酒吃得大醉。

例（17）、（18）两者描述的事件类似。

（六）赵林晓等（2016）和赵林晓、杨荣祥（2016）的分析

赵林晓等（2016）深入探讨了"VOV 得 C 式"重动句的来源、分类和历时演变等，赵林晓、杨荣祥（2016）则探讨了所有的重动句，由于后者涉及面更广，这里主要分析后文。赵林晓、杨荣祥（2016）认为，重动句的来源至少有五种[①]：①来源于前 VP（VO_1）做次话题、后 VP（述补结构或述宾结构）对前 VP 进行评价或说明的次话题结构。这种次话题结构是重动句的重要来源形式。②来源于语段中的连动结构，前 VP 与后 VP 原本分别是独立的陈述，这种结构是重动句的主要来源之一，五类重动句大多与这种来源有关。③来源于具有假设让步关系的纵予复句，前 VP 与后 VP 依靠联结词组合在一起，常用联结词是"就是/即便……也……"④来源于前一分句带能愿动词（"要""欲""想"等）的转折复句。⑤来源于说话人对两个 VP 因果关系判定的因果句结构。

赵林晓等（2016），赵林晓、杨荣祥（2016）认为从来源结构到重动短语经历了融合的过程。

（七）小结

下面将文献涉及的重动句产生的源式、动因及机制归纳概括为表

[①] 赵林晓等（2016）认为"VOV 得 C"至少有四种来源。

(10-2)①。有关动因和机制的类别，主要参考张谊生（2016）、吴福祥（2013）等的观点②。

表 10-2　文献涉及的重动句产生的源式、动因及机制

	源式	动因	机制
何融（1958）	VOC	动词带宾、补，且动、补关系密切	复说动词
Huang（1984）	V 得 OC	a. 感知分析负担；b. 宾、补太疏；c. 动词构词；d. 表层结构法则	a. 重新组织；b. 类推
李讷、石毓智（1997）	a. V（得）OC b. VO+VC	a. 句式空缺；b. 动、补紧密	a. 对"V（得）OC"的更替 b. 话语结构的抽象固定
赵长才（2002/2016）	a. V 得 OC b. VO+VC	a. 动补关系紧密；b. 宾补不存在语义关系；c. 拷贝可使宾语位于述补结构前	"VO""V 得 C"组成话题—述评结构
施春宏（2004）	VOC	a. VOC 整合程度不高，动补应在一起；b. 标明动宾关系	论元结构整合，句法配位，拷贝动词
施春宏（2014）	a. VOC b. VO+VC	a. 表达背景-前景的语用/话语功能；b. 句式形义关系互动	a. 话语结构句式化 b. 论元结构整合，句法配位，拷贝动词
Fang（2006）	a. VO+V de C b. VOC	a. 语速快；b. VCO 句法和语义/语用冲突；c. VC 复合词增加，VOC 减少	a. 话语结构重新分析 b. 类推
赵林晓等(2016)和赵林晓、杨荣祥（2016）	VO+VC		融合/跨小句语法化

由表 10-2 可知，以上文献有一致的地方，更有不同之处，这也反映了重动句产生的复杂性。下面具体做些分析。

第一，关于重动句产生的源式，主要有两种：① "VO+VC"话语结构；② "VOC"或"V 得 OC"，有四种文献认为重动句源于这两种结构，

---

① 何融（1958）较早探讨相关问题，但比较简略，表 10-2 也将何融（1958）的观点列入。
② 张谊生（2016）将语法化动因归纳为四个方面：①语篇交际的语用因素；②人类认知的心理因素；③语言接触的社会因素；④语言互动的内部因素。张文提出比较常用的十个方面的语法化机制：①相邻句位；②泛化与虚化；③隐喻和转喻；④类推和反推；⑤和谐转化；⑥语境吸收；⑦分界改变；⑧重新分析；⑨竞争与更新；⑩叠加与强化。

有两种文献认为重动句源于"VOC"或"V 得 OC",有一种文献认为重动句源于"VO+VC"话语结构。笔者认为,重动句有两种源式的首先要分清两种源式的地位或作用,不然不易理解。

第二,关于重动句产生的动因。可分为两类,一类是语用/认知因素,如 Huang（1984）提到的"感知分析负担"和 Fang（2006）提到的"语速快"。还有一类是语言互动的内部因素,不仅包括语音、词汇、语法之间的互动,也有同一部类内部不同因素（宾语、补语等）的互动,大多数文献主要涉及的是这一类动因。而且有五种文献提到动补关系紧密,宜组合在一起。这其实就是"宾补争动"说的历时表现。不过,"宾补争动"说虽是汉语历时发展较科学也较形象的概括,但它最多只能解释 VOC 向 VCO 的演变,而不能很好地解释 VOC 向 VOVC 的演变。也有不少文献认为现有的句式不足以表达 VOC 或"V 得 OC"的内容是重动句产生的原因,这也是不难理解的,因无而生。但这也只能解释重动句产生的可能性,而不能解释产生的必然性。

关于重动句的产生动因,还有几点值得注意：第一,Huang（1984）从语言学习者感知分析的角度分析"V 得 OC"带来的负担,无疑是一条新路子,不过这有待实验研究的检验。第二,Fang（2006）从句法和语义/语用冲突的角度分析 VOC 向 VCO 演变的不彻底,也给人耳目一新的感觉,特别是其中涉及信息结构的因素。第三,Fang（2006）还解释了由话语结构"VO+V de C"重新分析为重动句的原因之一是"语速快",这其实强调了语言演变是动态的、具体的。不过,虽然以上几点强调了语言学习和语用因素的影响,但它们同样只能解释重动句产生的可能性,而不能解释其必然性。

第三,关于重动句产生的机制。五种文献全提到"VO+VC"话语结构的融合、句法化。有两种文献还提到对"V（得）OC"结构的更新、替换。还有两种文献提到类推,这是指最早的重动句产生之后类推到其他重动句。

第四,关于重动句最早产生或最先出现的形式。Huang（1984）、Fang（2006）都认为"VOV 得 C"最先产生,而李讷、石毓智（1997）、施春宏（2004）认为首先发现的是"VOVC$_{简单形容词或动词}$",而赵林晓、杨荣祥（2016）认为最早产生的是"VOV 不 C"。笔者认为,最典型的重动句应最早产生,无论是历时语料,还是现时语料,"VOV 得 C"都是出现频率最高,因而笔者认为,该式重动句最早产生。

总之，虽然不同文献从不同角度探讨了重动句的源式及其产生动因和机制，但都存在这样那样的问题，其中有几个关键问题未得到解决：首先，未能解释重动句和各种源式在句法、语义和语用上的明显差异，特别是它们信息结构上的巨大差异，就拿重动句的 VOVC 和"V 得 OC"来说，两者至少在以下两方面存在非常明显的差异：①重动句的 O 主要是无指的，而"V 得 OC"主要是有指、定指的。②重动句 VO、VC 构成"话题—说明"的信息结构，而"V 得 OC"中 V 和 O、C 都不构成直接成分，自然不构成"话题—说明"的信息结构。很难想象，一种新结构会由与之在句法、语义和语用都存在明显差异的另一种结构演变而来①。其次，出现重动句产生动因和产生机制不一致的现象。如李讷、石毓智（1997）既然认为重动句的产生是话语结构重新分析的结果，那为什么重动句又和 VOC 有关系呢？认为重动句有两种源式的文献都面临这一问题。而且，许多文献都认为重动句是"VO+VC"话语结构句式化、融合的结果，但这种话语结构如何句式化、如何融合未作探讨，笔者认为许多话语结构根本不可能句式化或融合在一起，如：

(19) 过得两年，院主见他孝顺，教伊念《心经》，未过得一两日，念得彻，和尚又教上别经。(《祖堂集》卷 6，转引自赵林晓等，2016)

(20) 某解诗，多不依他序，纵解得不好，也不过只是得罪于作序之人。(《朱子语类》卷 80，转引自赵长才，2002/1996)

(21) 因举《西域记》云："西天有贼，盗佛额珠，欲取其珠，佛额渐高，取不得。遂责云……"(《祖堂集》卷 10，转引自赵林晓等，2016)

这些用例的 VO、VC 都不在一起，中间隔了其他小句，它们如何融合在一起呢？只有前后相连才可能融合。而且有些即使是前后相连，也不是融合成重动句，如例（21），即使融合成"欲取其珠取不得"，它也不是重动句，其层次应为"欲取其珠/取不得"，"取其珠"和"取不

---

① 赵林晓等（2016）也认为"从理论上说，没有哪一种新的语法形式是为了替代别的旧有形式产生的"。

得"不构成直接成分,"欲"不作用于"取不得","欲取不得"不成立。关于"VO+VC"话语结构融合成 VOVC 的不合理性,后文会再探讨。再次,未深入揭示重动句产生的必然性问题,赵长才(2002/2016),Fang(2006)等都指出,"V(de)OC"消减过程中,已有多种现存句式如把字句、VCO 等可替换或归并"V(得)OC",为什么又要产生重动句呢?因此,重动句的产生问题还需进一步探讨。

第二节 重动句是线性生成的

笔者认为重动句的产生是重动式话题结构的句法化。

一 重动式话题结构是一种普遍的线性序列

(一)重动式话题结构的普遍性

Chao(1968/1979)和朱德熙(1982)都提出,汉语的主语和谓语的关系应看作话题和说明的关系,这是从汉语全局性特点得出的论断,据此,汉语的话题结构是基本句法结构,具有根本性(张伯江,2013;沈家煊,2012)。

汉语中有一种重动式结构,它是由同一个动词构成的前后紧连的动词结构,如:

(22) ⅰ.VOVC(喝酒喝得太多。)
ⅱ.V 也/都 VC(走也走不动了。)
ⅲ.V 是 VC(走是走了,可是没走远。)
ⅵ.V 只 VC(怕只怕……)
……

何融(1958)将这些结构看作动词复说法,刘丹青、徐烈炯(1998)则称作拷贝式话题结构,这些结构的前一个动词结构都是话题[①],

---

[①] Tsao(1990/2005)将重动句 VOVC 的 VO 看作前置主题,第九章也重点探讨了重动句的 VO 是话题,可参看。

因而可看作重动式话题结构①。既然话题结构是基本句法结构，具有根本性，自然重动式话题结构也具有根本性，这种根本性集中表现在它的普遍性上。

重动式话题结构不仅见于汉语普通话，还见于汉语各大方言。不仅见于汉藏语系等话题突出的语言，还见于印欧语系，可以说，欧洲主要语言都有这种结构。现据相关文献做些概括。

刘丹青、徐烈炯（1998：87—88）指出，拷贝式话题结构在汉语中源远流长，如：

（23）宫之奇<u>知则知矣</u>；虽然，虞公贪而好宝，见宝必不从其言，请终以往。（公羊传·僖公二年）

（24）<u>恶则恶矣</u>，然非其急者也。（《管子·小匡篇》）

（25）枢密在上前且承当取，<u>商量也商量得十来年里</u>，不要相拗官家。（《邓洵武家传》，1.7，转引自吕叔湘《汉语语法论文集》第3页）

（26）父母<u>慌又慌</u>，<u>哭又哭</u>，正不知什么事故。（《古代白话短篇小说选》第338页）

下列是一些后一动词结构带补语的用例：

（27）翠微云："<u>烧亦烧不着</u>，<u>供养亦一任供养</u>。"（《祖堂集》卷第六，转引自王霞、钟应春，2009②）

（28）人人有这个，这个没量大，<u>坐也坐不定</u>，走也跳不过。（王安石拟寒山拾得二十首，转引自何融，1958）

（29）有一日，母亲害病，要喫鹿妳子，到处里<u>寻也寻不著</u>。（《训世评话》，转引自刘春兰，2010）

---

① 何融（1958），刘丹青、徐烈炯（1998）探讨了各种形式，何文归纳了六类，每一类还有不同的小类；刘、徐文涉及动词的有五种，而且其拷贝式话题结构中被拷贝的成分不仅可以是动词，还可以是名词（如"他人不像人，鬼不像鬼"）和形容词（如"他聪明倒聪明"）。

② 据王霞、钟应春（2009）考察与统计，《祖堂集》中有两例"V亦VP"，有5例"V也VP"。此外，《五灯会元》有8例"V亦VP"，有11例"V也VP"；《古尊宿语录》有5例"V亦VP"，有6例"V也VP"；《朱子语类》中有5例"V亦VP"，有18例"V也VP"。

重动式话题结构还见于汉藏语系其他语言，如藏缅语言里的重动式话题结构

(30) shi^{33} po^{31} luŋ^{55} ka^{31}jat^{31} ai^{33} ko^{31} kʒai^{31}tʃe^{33} ka^{31}jat^{31} ai^{33}.
　　　它　　球　　玩　　助词　　话题标记　很　会　　玩　　助词
　　　"他打球打得很好。"

(31) ɔ^{31} lɛ^{55} ɔ^{31} li^{55}.
　　　吃　够　　吃　了
　　　"至于吃，（有人）已经吃够了。"

(32) loʔ^{53} ta^{53} loʔ^{51} pare.
　　　读　　话题标记　读　　助词
　　　"至于看书，（有人）确实已经看了。"

例（30）是景颇语的例子；例（31）是克伦语的例子；例（32）是藏语的例子。

非洲语言中也存在重动式话题结构，如刘丹青（2009：62）指出，亚洲以外的一些语用成分较突出的非东亚语言，如斯瓦西里语就存在同一性话题，如：

(33) kusoma anasoma upei, lakini…
　　　说到读书，他读得很快，然而……（例及译文均引自章培智，1990：318—319）

斯瓦西里语属班图语，是非洲语言的一种。

Goldenberg（1971/1998）探讨了"重复不定式"（tautological infinitive），Bernini（2009：105—128）探讨了"前置非限定结构"（Constructions with preposed infinitive），笔者认为，它们都可看作重动式话题结构[①]。Bernini

---

[①] Bernini（2009：110、114）将英语中的"she may not have meant to kill, but kill she did."和瑞士语的"Springer gör jag sällan（lit. run-IND. PRES do-IND. PRES I rarely;'I do rarely run'）"也看作前置非定式结构，它们的后一动词是代动词（verbal proforms, Bernini, 2009：110）。笔者认为，它们不属于重动式话题结构，因为前后动词不同形。

(2009：105—128）指出，印欧语、土耳其语、Afro-Asiatic 语（特别是 Semitic）中存在前置非限定结构，以下是 Bernini（2009：105—128）所举的多种语言的前置非限定结构：

（34）巴比伦—塔木德阿拉姆语（Babylonian-Talmudic Aramaic）(Goldenberg, 1971/1998：52)

milqē   hu   d-lā   lqī   aval   qurban   mēti
flogg-INF   it   that-not   flogged   but   offering   brings
"it is fogging that it not flogged, but an offering he brings."

（35）俄语（Goldenberg, 1971/1998：72）

znat'   ne   znaju
know-INF   NEG   I-know
"I absolutely do not know."

（36）意大利语（Benincà, Salvi and Frison, 1988：191，例 192）

Mangiare,   mangio   poco
eat-INF   I-eat   alittle
"I eat not very much."

（37）罗马尼亚语（Jinga, 2006：148）

De   Văzut   văd,   dar   nu   pot   să   cred
of   see: SUPINE   I-see   but   not   I-can   that   I-believe
"As for seeing, I see, but I can't believe it."

（38）Yiddish 语（Goldenberg, 1971/1998：72）

a. gebn   hob   ikh   shoyn   gegebn
   given-INF   have   I   already   given
   "I have already given."

b. gibn   gib   ik
   given-INF   give   I
   "I do give."

（39）法语（Laffont, 1985：195f.）

Ça   sonna. Pour sonn-er, ça sonna. [...]

it　rang　for　ring-INF it　rang

Ça　sonna. Mais personne ne　décrocha.

it　rang　but　nobody　not　picked. up

"It rang as for ringing, it did. But nobody picked up the receiver."

(40) 西班牙语（Buenos Aires，1987：19）

Tom-ar-la,　se　　　puede tomar.

Take-INF-it, IMPERS　can　　take

"Take a decision, one can do so."

(41) 土耳其语（Goldenberg，1971/1998：60）

Ol-ma-sın-a　　　　ol-du,　　　amma nasıl?

Be-INF-3SG-DAT be-PAST（3SG）but　　how

"Yes, it's done, but how."

    由此可看出，欧洲主要语言（俄语、西班牙语、意大利语、法语、罗马尼亚语）都存在前置非限定结构。

    前置非限定结构与我们所探讨的重动句有许多共同的地方：第一，两者都将一个小句分成两部分，两部分含有相同的动词词根。第二，前置非限定结构的前一动词采用不定式（non-finite），后一动词采用定式（finite）；而重动句前一动词不带时、体、语态等成分，而后一动词带有这些成分，因此前一动词可看成是非限定形式（infinite），后一动词可看成是限定形式（finite）。第三，两者前一动词可看作话题①，后一动词是说明的一部分。这些方面显示，前置非限定结构和重动结构具有一致性。

    不过，前置非限定结构与重动句也有些不同的地方，第一，不少前置非限定结构的前一动词和后一动词之间有停顿或者用逗号隔开（Goldenberg，1971/1998 的重复不定式的 A 类），如例（36）、（37）、（40）、（41）；而有些没有停顿或逗号，前后动词处于一个韵律单位中（Goldenberg，1971/1998 的重复不定式的 C 类），如例（34）、（35）②。重动句前后动词之间一般没有停顿或不用逗号隔开。第二，有些前置非限定结构的

---

① Bernini（2009：114、113 等）称前置非定式结构的前一动词具有话题功能/状态或为话题谓语（topic predicate）。

② Bernini（2009：109）认为 Goldenberg（1971/1998）的 A 类和 C 类没有不同。

前一动词前可加介词,如例(37)罗马尼亚语的 de、例(39)法语的 pour。而重动句的前一动词前不能加介词。第三,前置非限定结构常用在转折(adversative)话语语境中,如让步(concessive)语境或预期否定(denail of expectation)(Bernini,2009:121),如例(41)①。而重动句没有这种限制。第四,重动句前一动词一般带宾语论元成分,而前置非限定结构很少带宾语论元成分。第五,重动句的 VP_1、VP_2 常插入些虚词成分(如"走路都走不好"),而前置非限定结构前后动词之间一般不出现类似成分。

从语言类型上说,拥有前置非限定结构的意大利语、土耳其语、俄语、法语、西班牙语、Yiddish 语等应属于主语优先语言,而拥有重动式话题结构的汉藏语属于话题突出语言②,前置非限定结构和重动式话题结构的内在一致性,显示这种现象的超语言类型的特点,显示它的普遍性特征。

(二)重动句式话题结构是一种线性序列

重动式话题结构是话题结构的一种,它的前一个动词结构(左)是话题,后一个动词结构(右)是说明,前一个动词结构提供一个事件,后一个动词结构对该事件展开说明、描述或评价。因此,重动式话题结构是一种线性序列(linear order),是从左到右递增构建、生成的(Philips,2003;杨小龙、吴义诚,2015 等),因而,它是基础生成的,而不是移位生成的。近期心理实验也表明,线性序列是语言生成和理解的重要原则(参看杨小龙、吴义诚,2015)。

笔者认为,作为重动式话题结构的一种,重动句也是由左到右递增构建而成的,即说话者先说出一个动词结构(VO)作为话题,然后说出另一个动词结构(VC)对该话题进行说明或评价,它是基础生成的,它的产生不经历移位,因此,它不是由"V(得)OC"通过论元整合、句法

---

① 这与刘丹青、徐烈炯(1998)所探讨的拷贝式话题结构有一致之处,刘、徐文指出,这些拷贝式话题结构大多表示强调和让步。

② Li & Thompson(1976:460)将印欧语、Niger-Congo、Simitic 等语言看作是主语突出的语言,将汉语、Lahu、Lisu 等语言看作话题突出语言,将日语、朝鲜语等看作既是主语突出也是话题突出的语言,将 Tagalog、Illocano 等语言看作既不是主语突出也不是话题突出的语言。据黄长著(2000:582—586、593—595),意大利语、俄语、法语、西班牙语、Yiddish 语等都属于印欧语,土耳其语属于阿尔泰语系中的突厥语族。

配位或通过宾语前置、拷贝动词等方式而生成的，也不是由"VO+VC"这种话语结构融合或固定而成的①。将重动句看作基础生成的不仅可以避免以往相关研究碰到的种种问题②；还将重动句生成与其他重动式话题结构的生成统一起来了，即它们都是线性生成的，不经历宾语移位、拷贝动词等过程；而且，将重动句的历时产生和现时使用（见第九章）统一起来了。

不少文献认为重动句是由"VO+VC"话语结构融合而来（石毓智、李讷，1997；赵长才，2002/2016；赵林晓等，2016；赵林晓、杨荣祥，2016等），这种话语结构的 VO、VC 也遵循从左到右的线性顺序，它们"融合"成重动句也是从左到右递增构建、生成的过程，这似乎与笔者上文"重动句是由左到右递增构建而成"的观点一致，其实两者根本不同。笔者所说的重动句的生成是一步完成的，即 VO 提出一个话题，紧接着 VC 对该话题进行说明、描述或叙述、评价；而认为重动句由"VO+VC"话语结构融合而来则需两步，第一步，存在"VO+VC"话语结构，第二步，"VO+VC"融合成 VOVC。此外，笔者认为，融合说最需要解决的问题是"VO+VC"话语结构能否融合成 VOVC。对此前文已略作分析，现以赵林晓、杨荣祥（2016）③ 为例再作些分析，赵林晓、杨荣祥（2016）认为重动句至少有五种来源④：次话题结构、连动结构、纵予复句、转折复句、因果句结构。现据赵林晓等（2016），赵林晓、杨荣祥（2016）所举用例"VO""VC"的形式特点，"VO+VC"可分为四类：

第一类，"VO""VC"处同一个结构，两者之间有其他成分，但无标点隔开，如：

（42）自家先恁地浮躁，如何要发得中节！<u>做事便事事做不成</u>，说人则不曾说得着实。（《朱子语类》卷120）

---

① 有些"VO+VC"话语结构就是重动式话题结构，它们与重动句属于同一大类，两者是平行的，重动句不是由这类"VO+VC"话语结构融合而成的。
② 如有两个源式［V（得）OC；"VO+VC"话语结构］；重动句由"V（得）OC"通过论元整合、句法配位、拷贝等生成不经济；有些"VO+VC"话语结构相隔很远，难以融合。
③ 赵林晓等（2016），赵林晓、杨荣祥（2016）是专题探讨重动句产生的重要文献，观点明晰，论据翔实。其余文献都较简略。
④ 赵林晓等（2016）认为"VOV得C"重动句至少有四种来源。

(43) 这个土有四万七千年，就是刚钻钻他也钻不动些须，比生铁也还硬三四分。(《西游记》第 24 回)

(44) 如今欲寻他无处寻，欲叫他叫不应，去来！去来！(《西游记》第 14 回)

例（42）、（43）画线成分是纵予复句。例（44）画线部分是转折复句。

第二类，"VO""VC"不处同一个结构，用标点符号隔开，但两者紧连，中间无其他小句或句子成分，如：

(45) 如人行路，行到一处了，又行一处。(《朱子语类》卷 16)

(46) 这些孩子，日逐在河里吵嘴，吵恼了就打，打痛就哭，累着大人们陶气，好不惫赖！(《野叟曝言》第 23 回)

前例画线部分是次话题结构，后例是连动结构。

第三类，"VO""VC"不处同一个结构，用标点符号隔开，中间无其他小句，但 VC 前有其他句子成分，如：

(47) 为李猪儿首告："因射鹿，将刘伴叔悮射伤身死，伊父刘福要讫人口、车牛、地土等物。"(《元典章·刑部》卷四)

(48) 如今读书，怎地读一番过了，须是常常将心下温过。(《朱子语类》卷 66)

前例画线成分是因果句结构，后例是次话题结构。

第四类，"VO""VC"不处同一个结构，用标点符号隔开，中间有其他小句，有一个小句，也有多个小句的，如：

(49) 因举《西域记》云："西天有贼，盗佛额珠，欲取其珠，佛额渐高，取不得。遂责云……"(《祖堂集》卷 10)

(50) 善友既被签目损，连唤恶友名字："恶友！恶友！此有大贼，损我两目。"不知已先去矣。既唤不应，又更大声唱叫。(《敦煌

变文校注》卷5)

前例画线部分是转折复句，VO、VC之间隔了一个小句；后例画线部分是连动结构，VO、VC之间隔了两个小句。

笔者认为，这四类"VO+VC"话语结构中，只有第二类才有可能聚合成典型重动句VOVC。第一类是紧缩复句，它们要聚合成重动句不仅有一个聚合的过程，还需删除VO、VC之间的关联词，有时还需删除VO前的关联词，这些成分是如何删除的，为什么要删除，这都是要解决的问题。因此，笔者认为，由第一类"VO+VC"话语结构聚合成重动句要经历聚合、删除等过程，因而是不太可能的。第三类如果要聚合，也只能聚合成联接式重动句（赵林晓等，2016）。第四类要聚合成重动句非常困难，因为VO、VC之间隔了一个或多个小句，没有聚合的环境，也就没有聚合的可能。除此之外，以上四类结构直至现在都还在使用，都很普遍，如果认为它们融合成重动句，同样需要回答它们为什么会要融合的问题。而且，认为它们融合成重动句似乎隐含着：重动句是一个附属品。这显然是不合理的。

第二类有可能聚合成典型重动句，甚至有的文献认为VO、VC有逗号隔开的也是重动句，如赵林晓等（2016）认为下例是重动句：

(51) 唐时添那服制，添得也有差异处。(《语类》卷89)

施春宏（2014）将这类句子看作"分用式"动词拷贝句。施文甚至认为，"分用式"动词拷贝句和"合用式"动词拷贝句"两者的差异似乎更宜看作句法发展过程中的变异现象"。很难说"分用式"就不是拷贝式，两部分是否断开有时受交际时语气缓急、语义断连的影响，因此有没有逗号，从语义关系和结构关系上看都不是根本。

笔者认为，是否将"分用式"看作重动句，跟对重动句范围的认识有关，为使研究对象更具同质性，笔者认为应以严为宜，应以典型为准，所以，笔者认为"分用式"不是重动句。不仅如此，笔者认为，分用式和典型重动句其实存在许多差异，第一，分用式VO前往往有状语修饰语，如例（46），即使融合了，也是状语"日逐在河里"与VO"吵嘴"先构成直接成分，然后再与VC"吵恼了"构成直接成分，即层次应为

"日逐在河里吵嘴/吵恼了就打"而不是 VO、VC 构成直接成分，显然这不是典型的重动句。第二，分用式 VO 的 O 往往是复杂成分，如例（51）宾语是指量结构，这种结构是重动句宾语的非典型形式，笔者统计了 626 例现代汉语典型重动句，宾语为指量结构的只有 12 例，只占 1.9%。笔者对施春宏（2014）所举 22 例分用式动词拷贝句（第 14—15 页）的宾语进行了统计，显示，为数量结构的 5 例（做<u>一件事</u>、说<u>数段话</u>、思量<u>一件道理</u>、担<u>一重担</u>、做<u>原宪许多孤介处</u>），为"修饰成分+中心语"的 4 例（较<u>他优劣</u>、说<u>道理之类</u>、说<u>文学处</u>、说<u>他做工夫处</u>），为动词性短语的两例（说<u>作学</u>、料<u>庞涓暮当至马陵</u>），为专有名词的两例（读<u>告子</u>、看<u>孟子</u>），引语（对"<u>艮其背</u>"）一例，共 14 例，占 63.6%，这些形式都不是典型重动句宾语的典型形式；施文其余 8 例是名词性语素和光杆普通名词，占 36.4%。典型重动句宾语的典型形式是名词性语素和光杆普通名词，如现代汉语 626 例重动句中，这两类成分共 507 例，占 81.0%。因此，第二类"VO+VC"话语结构即使可融合成重动句，也不是典型的重动句。赵林晓等（2016），赵林晓、杨荣祥（2016）认为有些话语结构融合成联接式重动句后进一步语法化为典型式重动句，这同样有一个为什么要进一步语法化，如何进一步语法化的问题。

总之，各类"VO+VC"话语结构中，要么难以融合成典型重动句，要么"融合"成的是非典型的重动句，因此，笔者认为重动句的源式不是"VO+VC"话语结构。这些话语结构有些是重动式话题结构的次类（如次话题结构、因果结构句），与重动句并列；有些是紧缩复句。

还应注意的是，杨小龙（2017）也认为动词拷贝句是线性生成的，不是经由移位产生，杨文又认为，它是由 VOC 到 VC，再到复句（VO，VC），最终固化为 VOVC 这种序列的，由此看出，杨文也像以往许多文献一样认为重动句是"VO+VC"话语结构（复句）固化而成的，因此，杨文观点与笔者不同。

二 重动句的产生时间

重动句是重动式话题结构的一种，它是基本句法结构，它是线性生成的，因而从理论上讲，重动句任何时候都可能产生，如刘丹青、徐烈炯（1998）就认为"V 则 V"（如"宫之奇知则知矣"）式拷贝式话题结构，早在春秋战国时就已产生。不少文献指出，有些 VC（如动结式）早在六朝就已产生（刘子瑜，2004），因而 VOVC 也可能在六朝产生。施春宏（2014）推断"在《朱子语类》之前的文献找到一些动词拷贝句的用例，是完全可能的"。笔者也深以为然。

但重动句真正产生还要受到各种条件的限制，至少有：第一，是否有产生的必要？第二，是否有适宜的条件？第三，VO，特别是 VC 是否产生？而且这些条件缺一不可，第一个条件不易把握，下面重点看后面两个条件。

关于 VC 和重动句的关系，学界探讨得最多（赵长才，2002/2016；赵林晓等，2016；赵林晓、杨荣祥，2016；施春宏，2014 等），下面先对此作些分析。无论是古汉语语料，还是现代汉语语料，动状式都是构成典型重动句 VC 的典型的动补结构类型①，这里表示为"VC$_{状}$"，相应的重动句表示为"VOVC$_{状}$"，这种重动句应是最早产生的②，相关文献也基本将这种重动句看作最早产生的形式（参看岳俊发，1984；赵长才，2002/2016；赵林晓等，2016；赵林晓、杨荣祥，2016 等）。现有研究表明，"VC$_{状}$"产生于晚唐，成熟于宋（王力，1958；岳俊发，1984；杨平，1990；赵长才，2002、2005：334 等）。因此，从理论上讲，"VOVC$_{状}$"完全可能产生于晚唐。但现有文献研究显示，"VOVC$_{状}$"目前只见于宋代文献，最早的应是《碧岩录》中的"后来见李长老打葛藤打得好"（参看赵长才，2002/2016），由于只有一例，所以学界主要关注《朱子语类》，该文献有 8 例典型重动句，由此看来，重动句至迟产生于《朱子语类》时代，由此也可看出，VC 产生的时代和 VOVC 产生的时代并不完全一致③。

---

① 现代汉语 626 例典型重动句 VC 为"VC$_{结}$"的 223 例，占 35.6%，为"VC$_{状}$"的 216 例，占 34.5%。《朱子语类》8 例典型重动句，7 例是"VC$_{状}$"，另一例是"V 不 C"。《聊斋俚曲集》有 21 例重动句，其中 9 例是"VC$_{状}$"，占 42.9%。

② 另有几种文献（石毓智、李讷，1997；赵林晓、杨荣祥，2016）将其他形式（如"VOV 不 C""VOVC"）看作最早产生的形式，但都不符合事实，或者用例不典型。

③ 此外，有关 VC 和 VOVC 还应注意的是，不能因为 VC$_a$ 产生于 VC$_b$ 后，就此断定 VOVC$_a$ 产生于 VC$_b$ 后。如不少文献都指出，"V 不 C"早于"V 得 C"产生（吴福祥，2002 等），但据多数文献考察，"VOV 得 C"不会迟于"VOV 不 C"产生，如据施春宏（2014），《朱子语类》有八个典型重动句，其中，其中有七个是"VOV 得 C"式，只有一个是"VOV 不 C"式。赵林晓、杨荣祥（2016）认为"VOV 不 C"（"VOV 不得"）式重动句见于晚唐，并举例敦煌变文例"扫地风吹扫不得"，但此例不是典型的重动句，其 VO、VC 之间出现了主谓短语"风吹"。

为什么 VC 产生的时代和 VOVC 产生的时代不一致呢？笔者认为有两种可能，第一，晚唐文献中出现重动句，但目前未发现，施春宏（2014）也认为"在《朱子语类》之前的文献中找到一些动词拷贝句的用例，是完全可能的"。第二，《朱子语类》所体现的言语活动适宜重动句产生，《朱子语类》记录的是南宋朱熹的话语，因而具有明显的口语色彩，是近代汉语重要研究资料（参看刘坚，1985；江蓝生，2000；蒋绍愚，2005 等）；同时，《朱子语类》有许多是讲做人、为学道理的，跟日常生活密切相关，现将《朱子语类》中八个典型重动句的 VOVC，列举如下：

(52) a. 看文义看得好。
　　 b. 受病受得深。
　　 c. 说他说得是。
　　 d. 说数说得密。
　　 e. 用兵用的狼狈。
　　 f. 做官做得如何。
　　 g. 说大底说得太大。
　　 h. 学周公孔子学不成。

很明显是有关会话双方正从事的活动（教学）的内容的，因而具有日常性的特点。笔者认为，口语性和日常性是重动句产生的适宜条件①。虽然晚唐至《朱子语类》时代前也有不少资料，如敦煌文书、禅宗语录、诗词笔记小说、宋儒语录等（参看刘坚，1985；江蓝生，2000；蒋绍愚，2005 等），但同时具备这两个条件且有相当篇幅的资料很少。因此，笔者认为，重动句见于《朱子语类》是完全可能的。

总之，重动句产生涉及种种因素，最主要是 VC 的产生以及是否具有适宜产生的条件，以往研究对前者予以较多关注，而对后者几乎未曾涉及。当然，这里主要讨论了"$VOVC_{状}$"的产生时间，重动句其他各类产

---

① 会话类活动重动句使用频率最高，如《鲁豫有约》《杨澜访谈录》《历时的旁白》等访谈类作品，每 10 万字平均出现 4.34 例重动句。笔者所考察的 626 例重动句，大部分出现于对话。

生于何时,这也是值得深入探讨的问题,但由于跟本书论题不密切,这里不再探讨。

三 小结

重动式话题结构是话题结构的一种,它是基本的句法结构,具有根本性,也具有普遍性,它是线性生成的,即说话者以 VO 为话题,紧接着以 VC 对该话题进行说明、评价。因而重动句的产生是基础生成的,它不来源于其他结构,既不需经历宾语移位、拷贝动词等程序,也不是由话语结构融合而成。典型重动句(VO VC$_{状}$)最先产生,它跟 VC 产生时间有关,也跟是否具有适宜重动句产生的条件(具有口语性和日常性的言语活动)有关。

第三节　本章小结

重动句的历时产生是个颇具挑战性的论题,学界看法也不一致。本章对以往相关研究涉及的重动句产生时间、最早产生形式、产生动因及机制进行了概括和分析,重点探讨了重动句的产生机制。笔者认为重动句是重动式话题结构的一种,是依照线性序列从左到右构建的,即以 VO 表达的事件为话题,紧接着以 VC 对其进行说明或评价,因而它是基础产生的,它不来源于"V(得)OC"或"VO+VC"话语结构,重动句的产生不需经历宾语移位、拷贝动词等过程;也不需经历 VO、VC 融合的过程。"VO+VC"话语结构虽然也是一种线性序列,但由于该话语结构的复杂性(是否有标点隔开;是否有小句隔开,有多少小句隔开;是否有联接词等),有些(VO、VC 中间隔了几个小句)明显不能融合成 VOVC,而有些(VO 前有修饰语,甚至修饰语和 VO 构成直接成分;或者 VO、VC 之间有联接词)即使认为可融合成重动句,也是不典型的。因此,融合说不合理。认为重动句是线性递增生成的,而且是基础生成的可将各种重动式话题结构的生成统一起来,也可将重动句历时产生和现时使用统一起来,具有较强的解释力,而且具有简洁性的特点,因而是较合理的。

笔者认为,作为一种线性序列,重动句可产生于任何时候,但它要受许多条件限制,其中比较重要的是 VC 的产生以及具口语性、日常性的言语活动,综合这两个条件,笔者认为典型重动句产生于宋代是比较符合语言事实的。

第十一章 话语信息与重动句、把字句及物性差异

第一节 研究概况

从构成成分看，重动句主要由主语 S、动词 V、宾语 O 和补语 C 构成，这些也是把字句（"S 把 OVC"）、被字句（"O 被 SVC"）、SVCO、OSVC 和 SOVC 等句式的基本构成成分，既然这些句式的基本构成成分相同，而它们又是现代汉语中并存的不同句式，那它们之间肯定有差异。因此，重动句和这些句式的同异一直是重动句研究的重要内容，特别是重动句和把字句，学界对它们的变换条件、同异作了较全面的分析，取得不少成果（刘维群，1986；黄月圆，1996；杨玉玲，1999；王红旗，2001；陈忠，2012 等）。本章即在以往研究的基础上，进一步探讨重动句和把字句的及物性差异，特别是探讨造成这种差异的原因。

陈忠（2012）全面探讨了重动句的及物性特征，并分析了构成重动句跟其他句式（把字句、被字句、施受句等）之间及物方向、扫描方式等对立（差异）与交叉的理据。这里只探讨重动句与把字句的对立与交叉，据陈忠（2012：235）的图，重动句和把字句至少在 14 个方面存在差异，这些差异属于及物方向与及物程度参数上的差异。陈文将这些参数分为两类：一类属结构自变量参数，另一类属功能因变量参数，前者的整合引起后者的变化，具体见陈忠（2012：236）的表 3。这样，我们似乎可概括陈文探讨的重动句和把字句的差异，首先，这种差异既表现在结构（自变量参数）上，也表现在功能（因变量参数）上；其次，结构上的差异经过整合引起了功能识解上的差异。这样，陈文既概括或描写了重动句与把字句的差异，同时也对其中的功能识解上的差异作出了解释。

笔者认为，陈忠（2012）提供了新的视角，给人以启迪，但也存在

不足：①概括不太精当，②解释不尽合理。关于第一点，主要表现是差异项目重复，且前后不统一，如果将其图（陈忠，2012：235）和表（陈忠，2012：236）进行对比，很明显就可以看出。而且文中对哪些属于自变量，哪些属于因变量也不明确①。所以，到底重动句和把字句有哪些差异，还需进一步概括。下面重点看第二点，陈文认为重复动词和降低受事宾语的个体化程度会形成相关的功能识解。如重复动词形成四种功能识解：①动词重复象似活动及观察的重复，破坏了正向及物结构的必要条件——瞬时性；②两个 VP 之间进行对比，产生偏离预期的非自主损益评估；③同一个动词重复出现带来的前后形式关联蕴含内在因果关联；④重复动词象似重复活动，重复活动倾向于识解为惯常性活动。

笔者认为重复动词并非必然带来这些功能识解，因为每一项都很容易找到反例或不支持的例子，如：

(1) 找工作一下子找准不是很容易……所以（网络"暨阳社区"）
(2) 眼胀，看东西一下子就看不清了（网络"有问必答"）

这两例在 VP_1、VP_2 间出现了带有［+瞬时］特征的"一下子"（参看陈忠，2012：228），所以重动句并非总与瞬时性不相容。此外，这两例也说明重复动词并非一定能得出第三、四个识解，因为它们的 VP_1、VP_2 并不蕴含因果关系，同时，它们也不表示惯常性活动。陈文指出，产生第二个功能识解的重动句要满足两个条件：一是出现跟施事利益攸关的关涉者 N_2（即笔者所说的后宾语 NP_2），二是补充成分蕴含显著损益性。这两个条件缺一不可。但据笔者分析，要满足这两个条件的重动句并不多，笔者曾统计，带后宾语的重动句占整个重动句的 16.6%（104/626），而且不少 NP_2 与施事并不相关，如：

---

① 比如陈文的及物参数有 14 种（参看陈文第 235 页的图），而陈文及物性理论源自 Langacker（参看陈文第 225—226 页），但 Langacker 只涉及 9 种，而且陈文一方面将"及物方向、瞬时性、自主性"等看作自变量（参看陈文第 231 页），同时又将其看作因变量（参看陈文 225 页），因此，这些到底是自变量，还是因变量，有待进一步明确。

(3) 有封信写得温柔凄婉，像个过来人，还是女的写的（看名字看不出性别），招的我回忆起一些往事，很难受。（王朔《浮出海面》）

(4) 嗑瓜子嗑出个臭虫，这叫人吗？（李佩甫《羊的门》）

"性别""臭虫"和各自所在重动句的施事都无关，虽然两例可看作产生了偏离预期的非自主损益评估。总之，陈文概括的四个功能识解与重复动词都没有必然的联系，甚至不具有倾向性，因为并没有统计数据支持这一观点。既然如此，它们是否是重动句与把字句的差异就值得进一步探讨了。

因此，笔者认为，陈忠（2012）所探讨的重动句与把字句的14种差异需要进一步精化，而且这些差异之间也非如陈文所说具有"互参互动"的效应。因此，陈文虽然探讨了重动句与把字句的差异，但没有解释造成这种差异的原因。

陈忠（2012）主要从及物性的角度探讨重动句以及重动句与把字句的对立，主要采用的是 Langacker（1999：302）的观点①。下面笔者以 Hopper & Thompson（1980）、Thompson & Hopper（2001）的广义及物性理论为理论框架，探讨重动句与把字句的差异，而且探讨造成这些差异的原因。

第二节　广义及物性理论概述

一　及物性参数

Hopper & Thompson（1980）指出，传统意义上的及物性是指整个小

---

① 陈忠（2012：225）写道："Langacker（1999：302）等学者认为，事件句的原型是由两个参与者和运动过程、结果形成的及物结构。Langacker 列举出九种及物性结构要素……"据笔者查检，Langacker（1999：302）并未涉及及物结构等内容，该文献其余地方也未涉及相关内容，更未涉及及物性结构要素。涉及九个及物性结构要素应是 Langacker（1991/2004：302），陈文虽将之列为参考文献，但应为第二卷（Vol. 2），而不是第一卷（Vol. 1），而且第一卷出版于1987年。此外，陈忠（2012）虽然采用的是 Langacker（1991）的及物结构模型，但作了解读、阐释。其实，Langacker（1991/2004：302）列的九种及物性结构要素主要来源即 Hopper & Thompson（1980），因此，两者本质上是一致的，陈文并未将后者列入参考文献。

句的整体特征，即行为由施事向受事传递（carried-over or transferred），因此，它具备两个要素：①必须具备两个参与者；②行为是有效的。该文指出这种看法总体上是种直觉（intuitive）理解，需要进一步明确以使之具有普遍意义。作为第一步，该文将及物性概念离析为十个及物性参数（parameters）（见表11-1）：

表11-1　　　　　　　　　　　及物性参数①

	高	低
A. 参与者（Participants）	2	1
B. 动作性（Kinesis）	动作	非动作
C. 体貌（Aspect）	有界	无界
D. 瞬时性（Punctuality）	瞬时	非瞬时
E. 意志性（Volitionality）	意志	非意志
F. 肯定性（Affirmation）	肯定	否定
G. 语态（Mode）	现实	非现实
H. 施事性（Agency）	A施事性高	A施事性低
I. 宾语受影响性（Affectedness of O）	O受影响性高	O不受影响
J. 宾语个体性（Individuation of O）	O个体性高	O不具个体性

各个参数的含义及在汉语中的适用情况，后文将详细探讨。既然以上十个都是及物性参数，所以判断句子的及物性就不能只根据某个或某几个参数，而应综合考虑。因此，一些传统意义上的及物小句其及物性可能反而低于不及物小句。这也表明及物性是个连续统，根据每个句子在这连续统上的位置，就可以构建各自的及物性层级，进而，可以比较句子及物性的高低。

二　及物性假说

参与者、宾语的个体性等十个及物性参数不是毫无关系的，而是存在一种共变（co-vary）的关系：如果两个匹配的参数一定要出现句子中，

---

① 见Thompson & Hopper（2001：28），Hopper & Thompson（1980）有些参数高低两极与该表不尽相同，主要有：（1）A参与者高极是"两个或更多参与者，A和O"；（2）I宾语受影响性高极是"O完全（totally）受影响"。

那它们总是处在及物性层级的同一边，即要么都具高及物性，要么都具有低及物性。这是语法的普遍特征，可称作及物性假说（Transitivity Hypothesis）：

(5) 有两个小句 a、b，根据 A-J 中任何一个参数，如果 a 的及物性高于 b，那么，a 的其他相应的句法语义特征也将显示其及物性高于 b。

Hopper & Thompson（1980：274—275）还谈到汉语的把字句，认为它的施事是积极的、自主的，宾语完全受影响，且它是有定或有指的，而且需要一个完成化（perfectivizing）成分。这些特征都具有高及物特点。关于把字句，后文将重点探讨。

总之，及物性参数具有共变的性质，这得到跨语言的材料证明，是语法的普遍特征，汉语也具有这一特点。

三 及物性与背景性

及物性参数具有共变的性质，这仅是一种现象描述，及物性参数之间为什么具有共变性质呢？这就要从言谈交际背后找原因。说话时，说话者总是不断地根据自己的交际目的以及对听话者需要的感知来设计（design）要说的话，但在任何说话情景中，有些话总比另外一些话更相关。话语中那些对说话者目标关系不直接、不关键的部分可称为背景（bacground），它们只起辅助、丰富或评价作用，而有些话提供了话语的要点，它是前景（foreground）。跟背景和前景相联系的语言特征可称作背景性（grounding）。及物性的语法、语义特征正是源于其话语功能特点：高及物性和前景相关，低及物性和背景相关。也就是说，及物性参数的共变特征具有话语的动因。

及物性与背景性的密切关系得到了跨语言材料的证明，如英语动词的-ing 形式，它表示未完成（incomplete）的动作，同时又用在名词化和从属小句中，表明它是背景。

及物性与背景性的密切关系更有统计上的依据，Hopper & Thompson（1980：284—288）重点考察了三个叙事（narrative）语篇，做了两方面的统计，一个是统计每一个前景小句和背景小句所有的及物性的平均分，一个高及物参数得一分，结果显示，前景小句平均得 8.0 分，背景小句平均得 4.1 分，两者相差近两倍，差别是很明显的。另一个是统计每个及物性参数（主要是高极特征）在前景小句和背景小句的平均比例，结果显示，所有高及物性特征在前景小句中的平均比例是 78%，而在背景小句中的平均比例是 39%，两者相差两倍，差别也是很明显的。这两方面的统计都显示及物性和背景性有着密切的关系。

第三节　重动句和把字句及物性差异比较

一　研究思路

由于某些及物性参数本身的不确定性或使用的不一致性［参看 Tasaku（1985）的批评］，笔者将基于原典①、结合汉语事实，对及物性参数逐一进行解读。解读时将遵循典型性原则，即只有典型为高极或低极的才归入相应的层级，而且，只有明确显示为高极或低极的才归入相应层级，如：

(6) a. 谢老师喝酒喝得太多。他喝了端妹子给他的一碗白糖水之后就睡了三个多钟头。（张天翼《清明时节》）
　　b. 谢老师把那些酒喝掉了。

前例没有明确显示"酒"受影响性，我们将之看作低极的。后例"喝掉"则表明"酒"受影响性高，我们将之看作是高极的。

有的参数的值可分为三类：①高极，指典型地属高极的；②低极，指典型地属低极的；③其他，指既不是高极的，也不是低极的，它或是高、低极之间的情况，或是跟参数无关的情况，或是有异议或争议的情况。笔者将在封闭的语料下，对各个参数的表现进行统计、比较，采用 PASW

---

①　这里与 Thompson & Hopper（2001）在研究对象的选取（选取自然语境中的小句）和研究方法的采用（采用统计方法）上更具一致性，因而该文是主要参考文献，当不同文献处理不一致时，以该文献为主。Taylor（1995/2001：209—210）对很多及物性参数的分析提供了简要的形式标准，很具可操作性，因而也是主要参考文献之一。

Statistics 18 软件来整理和处理相关数据。

二 语料

为了避免产生歧义，这里将重动句表示为（NP）VOVC①，VC 还包括其后带宾语的情况，VO、VC 构成直接成分，且中间不含其他成分。因此，下例画线成分不是这里所说的重动句：

（7）亚彬是个非常优秀的小女孩儿，<u>写东西也写得很好</u>。（《鲁豫有约》）

（8）"你干嘛呢这是？"李缅宁<u>连连甩手甩不开</u>。（王朔《无人喝彩》）

（9）衷、恕只是体、用，便是一个物事；犹形影，<u>要除一个除不得</u>。[《朱子语类》卷27；又卷120。转引自施春宏（2014）]

例（7）"写东西"和"写得很好"之间插入了"也"。例（8）画线部分的层次首先应分析为：连连甩手/甩不开，而且"连连甩不开"接受性也差。例（9）画线部分层次首先应分析为：要除一个/除不得，"要除不得"根本不能说，因此，它们都不是这里所说的重动句②。

把字句表示为"（NP）把 OVC"，没有补语的不是这里考察的对象，如：

（10）人家都是春梦了无痕，你这是一觉睡醒，<u>把春梦当今日泡妞指南哪</u>。（鲍鲸鲸《失恋33天》）

（11）那个大头蚂蚁说："准是那边过得太好，<u>就把我们忘了</u>。"（张天翼《大林和小林》）

---

① 一般将重动句概括为 SVOVC，S 是主语，但下文探讨参与者时，S 指不及物小句的主语，而重动句一般看作及物小句，应为 A，所以这里既不表示为 S，也不表示为 A，而是表示为中性的 NP。

② 学界对重动句的范围较少探讨，许多文献将 VO、VC 之间出现其他成分的也看作重动句（可参看秦礼君，1985；刘维群，1986；孙红玲，2005 等对这类重动句的探讨），如赵林晓等（2016）将"VO"和"V 得 C"加联接词的看作联结式重动句，施春宏（2014）将此类看作隔开式动词拷贝句。笔者这里探讨的是典型的重动句。

无论是重动句还是把字句，既包括独立小句，也包括由它们构成的句法成分（主语、定语和宾语）①，如下列画线成分：

（12）张宜：<u>带学生带得成功</u>是不是也很欣慰呀？（张宜《历史的旁白》）

（13）除了<u>把单子跟飞了</u>的我每天一上班就做埋头认罪状外，我渐渐发现其他各组的同事们也是每天游手好闲活得很是悠然。（鲍鲸鲸《失恋33天》）

例（12）是重动句做主语小句。例（13）是把字句做关系从句（定语从句）。

这里统计采用的重动句是笔者收集的626例重动句，源自小说、新闻、剧本、访谈等，把字句是《大林和小林》（童话，张天翼著，简称《林》）、《浮出海面》（小说，王朔著，简称《浮》）、《贫嘴张大民的幸福生活》（小说，刘恒著，简称《贫》）和《失恋33天》（小说，鲍鲸鲸著，简称《失》）中所有的谓语部分带补语的把字句，共542例。

本章统计时只考察以上语料，因为在封闭的语料内更便于比较，但举例时，并不限于此。

三　重动句、把字句及物性参数分析

采取如下程序分析：①先对每一个及物性参数作些说明或解释。主要依据Hopper & Thompson（1980）、Thompson & Hopper（2001）以及常见文献。②逐一探讨重动句、把字句在十个及物性参数上的表现。重动句分析得更详细些，把字句分析得更简略些。③统计比较。

（一）参与者分析

1. 参与者是指A、O、S等概念，按照Dixon（1979），A是及物主语，O是及物宾语，S是不及物主语，它们是三个基本的句法语义范畴，它们是真正普遍的，适用于任何一种语言的任何句子（Dixon，1979：109）。

关于参与者要考虑的一个问题是A、S或O没出现的情况，Hopper &

---

① 有些文献认为做主语、定语或宾语的是结构，而不是句子，Thompson & Hopper（2001：30—31）将补足语小句、状语小句、关系小句和简单句都看作小句，本书也如此处理。

Thompson（1980：284）认为，如果能补出，补出的成分也是参与者；如果不能，自然不是参与者①。有些句子的 S/A 不知道或说不出来，这里看作是没有这个参与者。

Hopper & Thompson（1980：252）将两个或更多参与者的看作是高极的，Thompson & Hopper（2001：28）将两个参与者的看作高极的，因此，这里将三个参与者的看作其他类。三个参与者的主要是后宾语为参与者的。

2. 下面分析重动句的参与者。下列重动句有两个参与者：

（14）<u>他补身子补得很郑重</u>，完全着了迷。（刘恒《苍河白日梦》）

（15）他两眼瞧着前面，（他）<u>想心事想得出了神</u>。（老舍《鼓书艺人》）

前例重动句的两个参与者是"他"和"身子"。后例重动句可看作承前省略了 NP，可补上，因而也有两个参与者"他"和"心事"。

下列重动句只有一个参与者：

（16）俗话说，（？大家）<u>喝酒喝厚了</u>，（？大家）<u>耍钱耍薄了</u>。（老舍《鼓书艺人》）

（17）粮客把<u>摸算盘珠子摸得很灵活</u>的手，伸到凉帽底下去了。（柳青《创业史》）

前例两个重动句是俗话，NP 不宜补出，两个重动句都只有一个参与者"酒"和"钱"。后例是重动句做关系从句，而且修饰 NP "手"，因此，只有一个参与者"算盘珠子"

下列重动句有三个参与者：

（18）<u>王琦瑶吃鱼吃出一根仙人刺</u>，用筷子抹着，往下一抛，仙

---

① 胡骏飞、陶红印（2017：66）探讨"弄"字句的参与者时指出，"参与者没有出现并不考虑是否能够通过上下文辨认出没有出现的论元成分"，因为上下文并不总能决定确切的论元成分。这样处理的好处是简单明确，可操作强，但完全不考虑承前省略的参与者也是不合理的。

人刺竟站住了（王安忆《长恨歌》）

（19）中年胖子这才想起，<u>自己停车停错了地方</u>。（刘心武《四牌楼》）

前例三个参与者是"王琦瑶""鱼""一根仙人刺"。后例三个参与者是"自己""车""地方"。这两例都是有后宾语的情况，但后宾语不一定就是参与者，如：

（20）这一次可以说是（？我们）打蛇打在<u>七寸上</u>了。（李佩甫《羊的门》）

（21）小仙儿这辈子是签终身制合同签给<u>你</u>了，还是怎么着？（鲍鲸鲸《失恋33天》）

这两例的后宾语"七寸上""你"是旁格成分。例（20）只有一个参与者"蛇"，NP 不宜补出。例（21）有两个参与者"小仙儿"和"终身制合同"。动词或形容词性结果补语后的后宾语才是参与者，介词后的后宾语不是参与者。下列加点成分不是参与者：

（22）<u>这老人想儿子想得发痴</u>，完全忘了在这片国土上虽然秩序混乱，但，对于犯罪分子来说却仍然难逃法网。（《作家文摘》）

"发痴"做状态补语①，"痴"做"发"的宾语。

关于重动句的参与者，还有几点值得注意：第一，从语义上看，重动句 V_2 前应有主语，其后应有宾语，但不能补上，如：

（23）*他补身子他补得很郑重。
（24）*自己停车自己停错了地方。

所以，不能认为 V_2 前有参与者。

---

① "发痴"是一个词（《现汉》，第348页）。

第二，不少重动句的 VO 为 V-O 复合词（参看 Thompson & Hopper, 2001：33），如：

(25) 是，这个人形不会开口说话。但它同样也不会在我耳畔打呼噜打到天亮吧。(鲍鲸鲸《失恋33天》)
(26) 打嗝打了二十年，去年学会了抽烟。(刘震云《一句顶一万句》)
(27) 我说：我嫌什么？我是告诉少奶奶，她享福享得够可以了，我们曹家对得起她。(刘恒《苍河白日梦》)

上面三例的"打呼噜""打嗝""享福"为《现汉》所收（分别见第234、234、1423页）。这类 VO 还有"说话"(7例)、"走路"(4例)、"吃饭"(4例)、"教书"(4例)、"丢人"(3例)、"革命"(3例)、"打仗"(2例)、"吵架"(2例)，等等。语料中，这类重动句共201例，占重动句的32.1%。还有许多 VO 形式虽然未为《现汉》收为词条，如"看书（看不进去）""喝酒（喝厚了）""唱歌（唱得好）"，等等，但它们与复合词非常接近①，如 O 一般是无指的，V 一般只有一个音节，这类成分（双音节）有129例，占20.6%。Thompson & Hopper (2001：34) 认为，V-O 复合词是低及物的，因为很难认为其宾语是个体性的或受影响的，该文甚至怀疑带 V-O 复合词的小句是否是带两个参与者的小句，O 是否是 V 的宾语，不过为保守起见，该文将这类小句看作带两个参与者的，这里也这样处理。

3. 下面分析把字句的参与者。下列把字句有两个参与者：

(28) 妈，我把这些药材送进去，不就省得您费劲巴拉地往里倒腾了嘛。(陈建功、赵大年《皇城根》)
(29) 马林生如此一说，倒把儿子怄笑了。(王朔《我是你爸爸》)

---

① Thompson & Hopper (2001：33) 认为 V-O 复合词具有如下一种或多种特征：(1) 组合词汇化；(2) O 无指；(3) V 是轻的或低内容的。

前例参与者是"我"和"这些药材"。后例主语是零形回指成分,可补上,是参与者之一,另一个参与者是"儿子"。

下列把字句只有一个参与者:

(30) a. 他是一个能<u>把像警察这样的人都玩弄于股掌之上</u>的智者,现世的阿凡提。(王朔《我是你爸爸》)

b. *一个能智者<u>把像警察这样的人都玩弄于股掌之上</u>的智者。

(31) a. 他按住被角,"我不喜欢<u>把有瑕疵的东西给人看</u>"。(王朔《浮出海面》)

b. 我不喜欢我<u>把有瑕疵的东西给人看</u>。

例(30)"把"字句为关系小句,做定语,修饰 NP,只有一个参与者"像警察这样的人"。例(31)把字句做宾语从句,只有一个参与者"有瑕疵的东西"。两例都有后宾语"股掌之上"和"人",但它们是旁格成分,不是参与者。

下列把字句有三个参与者:

(32) 张大民在商店里痛苦地转来转去,<u>把钱包都攥出汗来了</u>。(刘恒《贫嘴张大民的幸福生活》)

(33) 唧唧就一点也不客气,尽量吃了一个饱,<u>把蜜蜂所有的贮藏吃掉了三分之一</u>,<u>把蚂蚁所有的贮藏吃掉了一半</u>。(张天翼《大林和小林》)

例(32)三个参与者是"(张大民)""钱包""汗"。例(33)有两个把字句,均有三个参与者。

4. 语料中,重动句两个参与者的 550 例,占 87.9%;一个参与者的 53 例,占 8.5%;其他(三个参与者)的 23 例,占 3.7%。把字句两个参与者的 518 例,占 95.6%;一个参与者的 13 例,占 2.4%;其他(三个参与者)的 11 例,占 2.0%。统计显示,重动句比把字句更倾向于是一个参与者的,把字句比重动句倾向于是两个参与者的($X^2_{(2)}$ = 23.517,p<0.001,Cramer 的 V =0.142)。

(二) 动作性分析

动作性，指动作（action）和状态（state）的对立，动作涉及参与者处所或条件的变化（参看 Hopper & Thompson，1980：252、285）。Thompson & Hopper（2001：34）认为动作是一种"身体动作（physical action）"，张嘴、闭眼是动作，而买卖汽车、送信、取礼物等非瞬时动作不是典型的动作。据此，这里的动作是指瞬时的身体动作。

表达身体动作的主要是身体动词，身体动词是指表示人的某个身体器官发出的具体动作动词（李文兰，2006），这里考察的身体动词主要依据李文兰（2006），该博士论文从几部重要汉语辞书中搜集到 597 个身体动词，635 个义项，各个身体动词见其附录1（李文兰，2006：148—150）。语料中，重动句共出现 46 个身体动词，由这些身体动词构成的重动句共 155 个，占重动句的 24.8%。把字句共出现 115 个身体动词，由这些身体动词构成的把字句共 302 个，占把字句的 55.7%①。统计显示，把字句比重动句更倾向于由身体动词构成（$\chi^2_{(1)}$ = 116.899，p < 0.001，φ = -0.316）。

关于重动句和把字句的瞬时性，下文将重点探讨。由于动作性涉及身体动作和瞬时性，两者有六种组合：①瞬时身体动作；②瞬时非身体动作；③持续身体动作；④持续非身体动作；⑤其他身体动作；⑥其他非身体动作。这里将①瞬时身体动作看作动作，将④持续非身体动作看作状态，将其他四种组合看作其他。下面看重动句和把字句的动作性。

先看重动句的动作性，如：

(34) 炳奶说：<u>他搭脉搭差了</u>，我摸能摸差了?！（刘恒《苍河白日梦》）

(35) 早上出去什么样晚上回来还什么样儿，就不知道伸手收拾

---

① 重动句中出现频率超过五个的身体动词是：看（27例）、吃（18例）、喝（17例）、说（10例）、写（10例）、唱（7例）、打（7例）、抽（5例）、走（5例）。把字句中出现频率超过五个的身体动词是：放（19例）、打（17例）、拿（11例）、扔（9例）、说（9例）、抬（9例）、推（9例）、吃（8例）、抓（7例）、叫（6例）、拉（5例）、拖（5例）、脱（5例）、装（5例）。需要明确的是，身体动词是以义项为单位的，同形的不一定都是身体动词，比较"丢人丢两回"和"我把枕头丢给他"，前例"丢"不是身体动词，后例"丢"才是身体动词。

一下，当少爷当惯了。(王朔《过把瘾就死》)

（36）他拨戏台上的大油灯拨得很有把握，因此社里每年总是派他管老灯。(赵树理《刘二和与王继圣》)

（37）挑水挑上两个时辰，到枣树下歇息的时候，他开始凑上去摸银锁的头。(刘震云《一句顶一万句》)

例（34）是瞬时身体动作，是这里所说的动作。例（35）是持续非身体动作，是这里所说的状态。例（36）是非瞬时的身体动作，这里看作其他类。例（37）是其他类的身体动作，也看作其他类。

下面看把字句的动作性，如：

（38）想呀想的，大林就把眼睛闭起来。(张天翼《大林和小林》)

（39）所以明天，你大可以继续横冲直撞，把别人的婚礼当成前男友的葬礼。(鲍鲸鲸《失恋33天》)

（40）这次我一定帮你把活动搞好，让你好风光。(鲍鲸鲸《失恋33天》)

例（38）把字句是瞬时的身体动作，是这里所说的动作。例（39）把字句是非瞬时的非身体动作，是这里所说的状态。例（40）是瞬时非身体动作，这里看作其他类。

语料中，重动句表动作的 36 例，占 5.8%；表状态的 308 例，占 49.2%；其他的 282 例，占 45.0%。把字句表动作的 270 例，占 49.8%；表状态的 32 例，占 5.9%；其他的 240 例，占 44.3%。统计显示，重动句倾向于是表状态的，把字句倾向于是表动作的（$\chi^2_{(2)}$ = 402.408，p < 0.001，Cramer 的 V = 0.587）。

（三）体貌分析

Hopper & Thompson（1980）用到两组体貌概念：①有界性（telicity）；②完整性（perfectivity），两者着眼点不同，前者可考察谓语而得，而后者是话语中出现的性质（Hopper & Thompson, 1980: 270-271）。Thompson & Hopper（2001: 35）采用的是有界性，认为有界是完成的（completed）动

作,且宾语是有界的(bounded)①,这里也如此理解。

有几点需要明确:第一,宾语的有界是指定指的。第二,有界是就空间上的终结点而言,时间上的终结点跟有界性无关(参看 Xiao & McEnery,2004:49—52 等)。第三,只有动作才有有界/无界之分,非动作与有界性无关②。无关的都属其他类的。

下面先看重动句的有界性:

(41)妈睡箱子睡舒服了,睡别的睡不惯了。(刘恒《贫嘴张大民的幸福生活》)

(42)我一向写东西写得很快,快与好虽非一回事,但刷刷的写一阵到底是件痛快事。(老舍《樱海集序》)

(43)找贼找了三十多天,这贼也没找着。(刘震云《我是刘跃进》)

例(41)前一个重动句"妈睡箱子睡舒服了"可看作已完成的动作,且宾语"箱子"是有界的,因而,此例重动句是有界的。后一个重动句"睡别的睡不惯了",宾语"别的"是无界的,此例重动句 VP_2 为可能补语否定式,是非典型的动作③,这里看作其他类。例(42)"一向"显示

---

① 一般认为,有界性跟是否有终结点有关(Comrie,1976;Xiao & McEnery,2004 等),如 Smith(1997)认为有界事件有自然终结点,而无界事件有任意终结点。有界情状可和"在一个小时内"等状语共现,而无界情况可和"一个小时"等状语共现(参看 Smith,1997:42—43;Xiao & McEnery,2004:47)等。还值得注意的是,汉语的"有界"对应于英语的两个术语"telic"和"bounded",后者既涉及动作或事件,也涉及事物(如上文所说的宾语的有界)、状态(参看沈家煊,1995)。如果都是指动作或事件,有界(telic)跟空间终结点有关,而有界(bounded)跟时间终结点有关,如"他爱玛丽爱了三年"是 bounded 和 atelic(参看 Xiao & McEnery,2004:49—52、81—82)。

② 陈平(1988)认为状态和有界性(用的术语是"完成")无关,Smith(1997:20)认为状态是无界的。笔者认为,虽然可将状态看作无界的(因为无终结点),但状态的无界(如"爱玛丽")和动作的无界(如"推车")差异较大,因而,这里认为状态和有界性无关。而且这里所说动作(相当于"事件")和上文所说的动作(瞬时身体动作)不同。

③ 笔者曾向沈家煊先生请教否定句的界性问题,沈家煊先生回复笔者(电子邮件 2007 年 7 月 26 日):"吃出味道"是有界的,"没吃出味道"的状态当然是无界的。"不"的问题比较复杂。"要不到""上不成"这样的动补结构是表示"可能"的,它的重点不在"界性"上,当然一定要从界性上说,"没有可能实现"这种状态也是无界的。

虽然沈家煊先生所说的界性(boundedness,有界/无界)和及物性参数的有界性(telicity,有界/无界)并不完全一致,但两者是相通的,特别是用来描述事件上。此外,戴耀晶(2000:54)指出否定具有[保持],或者说[持续] [~限界]的语义特征。Miestamo & J. van der Auwera(2011)也从跨语言的角度证明,否定具有状态性(stativity of negation)。

重动句表示的是惯常行为，而且宾语"东西"是无界的，因而，此例重动句是无界的。例（43）"三十多天"是指时间上的终结点，它并不意味着"找贼"这个动作完成了，因而与有界性无关。

下面看把字句的有界性，如：

（44）王小贱眉开眼笑地推开门，<u>把碗递到我面前</u>。（鲍鲸鲸《失恋33天》）

（45）不许害好人！<u>立刻把所有抓去的铁路工人都放掉</u>！（张天翼《大林和小林》）

例（44）把字句"把碗递到我面前"是已完成的动作，且宾语是有界的，因而是有界的。例（45）把字句宾语"所有抓去的铁路工人"是通指成分，其界性不确定，因此该例把字句属于其他类。

语料中，重动句有界的90例，占14.4%；无界的503例，占80.4%；其他的33例，占5.3%。把字句有界的319例，占58.9%；无界的206例，占38.0%；其他的17例，占3.1%。统计显示，重动句倾向于是无界的，把字句倾向于是有界的（$X^2_{(2)}$ = 253.018，$p<0.001$，Cramer 的 V = 0.465）。

（四）瞬时性分析

瞬时性指动作的突然性，或者说动作的开始到结束中间没有过渡阶段或缺少明显的过渡阶段，瞬时和持续对立①。是否为瞬时或持续有时很难判断，因为持续性是个心智概念，因而是相对的，可以是任何一个特定的时间长度（参看 Xiao & McEnery，2004：43）。Comrie（1976：43）也怀疑是否有严格意义上的瞬时情状。不少文献探讨了持续或瞬时的语言表现（Smith，1997：41—42；Xiao & McEnery，2004：44，等），如 Taylor（1995/2001：210）认为瞬时事件可以和"突然""十点"等时间状语共现，非瞬时事件则显得怪异；相反，瞬时事件不能和"整个早上""整整

---

① Hopper & Thompson（1980：252）探讨瞬时性时着眼的是动词，这不是很合理的，因为严格意义上讲，瞬时性是指情状，而不是动词（参看 Comrie，1976/2016：34）。

一个小时"等表示时间幅度的词语共现①。

笔者以 Taylor（1995/2001）为基础，提出如下判定瞬时性的标准：①不能与"突然""十点"等瞬时指称时间共现的是非瞬时的；能与"突然""十点"等瞬时指称时间共现，且这些词语指向事件本身的是瞬时的。②不能与"整个早上""整整一个小时"等持续指称时间②共现的是瞬时的；能与"整个早上""整整一个小时"等持续指称时间共现的是持续的。③既能（不能）与瞬时指称时间，又能（不能）与持续指称时间共现的，这里归为其他类。能否共现有时要结合上下文语境来判定，比较：

（46）这位小姐把小林带到里面去，把小林关在一间很大的货仓里。（张天翼《大林和小林》）
　　a. 十点，把小林关在一间很大的货仓里。
　　b. #整整一天，把小林关在一间很大的货仓里。
（47）有的用一个金元宝当枕头，把脚搁在一株红珊瑚的丫叉上。（张天翼《大林和小林》）
　　a. #有的突然把脚搁在一株红珊瑚的丫叉上。
　　b. 有的整整一天把脚搁在一株红珊瑚的丫叉上。

两例把字句都带介词短语补语，例（46）把字句可与瞬时指称时间共现，是瞬时的；虽然它也可与持续指称时间共现，但与原文要表达的意

---

① Smith（1997：41—42）探讨了持续的语言表现，其反面即瞬时的语言表现：（1）一般不与直接持续状语（如"在一个小时内""一个小时"）共现，如果共现，"在一个小时内"等表进入（ingressive），"一个小时"等会改变情状类型。（2）不可与表起始（inceptive）和终止（terminative）的语素（如"开始""停止""完成"等）共现。（3）可与瞬时状语（如"中午""五点整"）共现，状语做直接解释。（4）不与间接持续状语（如"慢慢地""快速地"）共现。（5）用于非完整体时，表示前提阶段。虽然 Smith 讨论得更具体，但都可归结为 Taylor 两个条件，而且后者操作性更强。Xiao & McEnery（2004：44）认为瞬时性最可靠的测试是和持续体标志"一着"共现。语料中，重动句不与"着"共现。把字句有两例与"着"共现：（1）我还把一整管儿牙膏冻着吃呢（鲍鲸鲸《失恋 33 天》）。（2）国王一面把胡子用手托着，一面说道……（张天翼《大林和小林》）。

② "瞬时指称时间"（punctual reference time）源自 Xiao & McEnery（2004：44），"持续指称时间"是笔者依照"瞬时指称时间"仿造的。

思不符。例（47）把字句可与持续指称时间共现，是持续的；虽然它也可与瞬时指称时间共现，但与原文要表达的意思不符。

一般说来，瞬时性跟谓语动词和其所带补语的性质有关，带趋向补语的一般为瞬时的①，带可能补语的为持续的，带其他补语的则应具体分析，如：

(48) 老萨是洛阳人，<u>卖人卖惯了</u>。（刘震云《一句顶一万句》）
  a. *<u>突然</u>，卖人卖惯了。
  b. <u>这些日子</u>，卖人卖惯了。

此例重动句带结果补语"惯"（带"惯"的13例），它不能和瞬时指称时间共现，只能和持续指称时间共现，因而是表持续的。这类结果补语还有"多"（15例）、"大"（7例）、"够"（3例）等，这类补语前常常还有"这么、那么、太、最"等修饰语，如"家长管孩子管太多了"，而且前面可出现"得"，如"你说话说得太多了"，这些都是表持续的。

下面看重动句的瞬时性，如：

(49) 她的声音一下控制不住，<u>问话问得突如其来</u>："你怎么把菜吃了？"（海岩《舞者》）
  a. <u>下午三点</u>，问话问得突如其来。
  b. *<u>整整三个小时</u>，问话问得突如其来。
(50) 他请安请得最好看：先看准了人，而后俯首急行两步，到了人家的身前。（老舍《正红旗下》）
  a. ?<u>上午十点</u>，他请安请得最好看。
  b. <u>整个上午</u>，他请安请得最好看。
(51) 你怎么在这儿？<u>我看你后脑勺看了半天</u>，还怕认错人呢。（海岩《玉观音》）
  a. *<u>突然</u>，我看你后脑勺看了半天。
  b. *<u>半天</u>，我看你后脑勺看了半天。

---

① 陈平（1988）复变和单变情状都是瞬时的，它们的谓语是表瞬时的或表变化的，或者是带结果补语或趋向补语的。

例（49）的重动句是瞬时的，它可与瞬时指称时间共现，不可与持续指称时间共现，因而是瞬时的。例（50）的重动句不可与瞬时指称时间共现，可与持续指称时间共现，因而是持续的。例（51）的重动句带数量（时量）补语，显然是表持续的，但它表示的是"看你后脑勺"，而不是整个重动句的持续，这类重动句不能与瞬时指称时间共现，同时由于自身就带持续指称时间，因而不能再与持续指称时间共现，为保守起见，这里将带时量补语的看作其他类①。

不少文献认为重动句是表持续的（Tai，1999；陈忠，2012 等），但按照上述分析，重动句也可表瞬时的，主要是带趋向补语（47 例，占 7.5%）以及带结果补语"死""坏""掉""错"等的。重动句有许多是带补语"到"的（80 例，占 12.8%），如"讲价讲到 560 元""我们聊天聊到半夜三更""念大学念到上海来"，虽然这些重动句隐含一个持续的过程，但只有"到"了某个时间、处所或结果，才是重动句所要表达的，因而是瞬时的②，它们也是与瞬时指称时间共现，如"（早上十点）讲价讲到 560 元"。

下面看把字句的瞬时性，如：

(52) "怎么？<u>把唧唧少爷请到岸上来</u>谈判么？"商会会长问。"那就是什么报酬也没有谈好，倒先<u>把他救出水来</u>了。那不上算。"（张天翼《大林和小林》）

　　a. <u>下午三点</u>，把唧唧少爷请到岸上来/把他救出水来了。

　　b. *<u>整整三个小时</u>，把唧唧少爷请到岸上来/把他救出水来了。

(53) 我害怕，<u>把所有房间的灯都打开了</u>。公寓内还是石岜住院前那种东西乱丢一气的凌乱样。（王朔《浮出海面》）

　　a. #<u>下午三点</u>，把所有房间的灯都打开了。

---

① 这类重动句共 58 例，占 9.3%。学界一般将带时量补语的看作是派生（derived）情状（Smith，1997：48—52；Xiao & McEnery，2004：80—84）或超基本句（杨素英，2000：100—101），而不是基本情状类型或基本句。

② 陈平（1988）探讨补语对情状的决定作用时举例说，"走去"是复变，"走到"是单变；"奔上来"是复变，"奔到广州"是单变。笔者认为，"走到"和"奔到"都隐含一个"走"或"奔"的持续过程，但"走到"和"奔到广州"是单变的，瞬时的（陈文的复变也是瞬时的）。

b. 整整半个小时，把所有房间的灯都打开了。

（54）包包先生，先生。你把他们三个人关一个星期，一个星期，谁给我做金刚钻呢，钻呢？（张天翼《大林和小林》）

a. *突然，你把他们三个人关一个星期。

b. *整整一个星期，你把他们三个人关一个星期。

例（52）两个把字句都是表示瞬时的，它们可与瞬时指称时间共现，不可与持续指称时间共现。例（53）把字句是持续的，不可与瞬时指称时间共现，可与持续指称时间共现。例（54）把字句补语是时量补语，这里看作其他类。

语料中，重动句表瞬时的153例，占24.4%；表持续的415例，占66.3%；其他的58例，占9.3%。把字句表瞬时的471例，占86.9%；表持续的63例，占11.6%；其他的8例，占1.5%。统计显示，重动句倾向于是表持续的，把字句倾向于是表瞬时的（$X^2_{(2)}$ = 455.465，p<0.001，Cramer 的 V =0.624）。

（五）意志性分析

Hopper & Thompson（1980）指出，施事者有目的（purposefully）发出的动作对受事者的影响更明显。意志性指 S 或 A 的有意性（deliberateness）和自发性（spontaneity）。根据 Taylor（1995/2001：209），只有 S 或 A 有意志地行动的句子才可能嵌入"劝服"（persuade）。由此，如果重动句或把字句能变换成"X＋劝服＋（NPVOVC/NP 把 OVC）"，则表明 NP 意志性高，否则是意志性低的。

有些重动句或把字句的 NP 未出现，也不能补出；或者整个句子表示的是祈使、假设、推测、疑问等非现实语态，这里认为它们跟意志性无关。

下面看重动句 NP 的意志性，如：

（55）a. 又跑了两个钟头，跑到了。大家拍手拍得更响了。（张天翼《大林和小林》）

b. 他劝服大家拍手拍得更响了。

（56）a. 保良上课上得心不在焉，老是琢磨前几天夜里的怪梦和姐姐的行踪之间，恍惚似有的因缘。（海岩《河流如血》）

b. ??他劝服保良上课上得心不在焉。

（57）封河封了这么久，兵们还是个个满脸杀气，不错眼珠儿地等着宰人。（刘恒《苍河白日梦》）

（58）如果家长管孩子管太多了，操心操太多了，一定是招孩子烦的。（《杨澜访谈录》）

例（55）重动句可变换成"X+劝服+（NPVOVC）"，其NP"大家"是意志性高的。例（56）重动句不可变换成"X+劝服+（NPVOVC）"，其NP"保良"是意志性低的。例（57）NP不易补出，这里看作其他类。例（58）两个重动句都表示假设，其NP"家长"意志性也归入其他类。

下面看把字句NP的意志性，如：

（59）a. 我把我的匙子擦干净送给他，他大口吃起来。（王朔《浮出海面》）

b. 他劝服我把我的匙子擦干净送给他。

（60）a. 阳光把整个房间和他层层包裹起来，在我眼里，就像一份华丽的待拆的礼物。（鲍鲸鲸《失恋33天》）

b. *他劝服阳光把整个房间和他层层包裹起来。

（61）我印象中（*傻广东仔）只会把头埋在抽屉里偷偷抽烟的傻广东仔，喝高兴了以后，给大家表演起了YOYO球。（鲍鲸鲸《失恋33天》）

（62）"你是不是把我房间的什么东西给打碎了？"//"我轻易不进你房间，怨气太重。"（鲍鲸鲸《失恋33天》）

例（59）把字句可变换成"X+劝服+（NP把OVC）"，显示，其NP"我"意志性高。例（60）把字句不可变换成"X+劝服+（NP把OVC）"，显示，其NP"阳光"意志性低，非生命物都是意志性低的。例（61）是把字句做关系从句，修饰NP，因而NP补不出，这里归为其他类，例（62）把字句表疑问，是非现实语态，这里将其NP"你"的意志性归为其他类。

语料中，重动句NP意志性高的147例，占23.5%；意志性低的317例，占50.6%；其他的162例，占25.9%。把字句NP意志性高的428

例，占 79.0%；意志性低的 34 例，占 6.3%；其他的 80 例，占 14.8%。统计显示，重动句倾向于是意志性低的，把字句倾向于是意志性高的（$\chi^2_{(2)} = 389.255$，$p<0.001$，Cramer 的 V $=0.577$）。

（六）肯定性比较分析

肯定性指句子表示的命题是肯定的，还是否定的。Thompson & Hopper（2001：36）未探讨"肯定性"，因为这一参数和其他及物性手段并没有很明显的联系。为了全面探讨及物性各个参数，这里探讨肯定性这一参数。

除肯定、否定外，重动句或把字句还可以表示疑问，如：

(63) 她说：我自己上去。//我说：你走路走空了吗?！（刘恒《苍河白日梦》）

(64) 你是说，要把国王打捞出来么？（张天翼《大林河小林》）

这里将疑问看作其他类。语料中，重动句表疑问的 51 例，占 8.1%；把字句表疑问的 19 例，占 3.5%，统计显示，重动句比把字句更倾向于表疑问（$\chi^2_{(1)} = 11.108$，$p = 0.001<0.05$，$\varphi = 0.098$）。

下面看重动句的肯定性，如：

(65) 救人救到底，送人送到家，你给俺搬进屋来吧！（梁斌《红旗谱》）

(66) 谁知道呢！别找人找错了，我咋看布袋有些冒失！（刘震云《故乡天下黄花》）

例（65）两个重动句表示肯定。例（66）否定词"别"置于重动句 VP_1 前，是否定形式。

关于重动句的否定形式，学界存在较大争议，以下四种形式都有文献认为是重动句的否定形式（参看 Li & Thompson，1981；秦礼君，1985；刘维群，1986；Tsao，1990/2005；屈承熹、纪宗仁，2005；孙红玲，2005 等）：①S 否 $VP_1 VP_2$（如"别看她看着迷了"）。②SVP_1 否 VP_2

（如"当兵没当成"）。③SVP$_1$V 否 C（如"我们找连长找不到"）④SVP$_1$V得否 C（如"他说话说得不好"）。笔者认为，由于重动句 VO、VC 关系的复杂性（可看作连动式，也可看作主谓式），特别是由于补语类别的多样性①，以上四种形式都可看作重动句的否定形式。具体可参看第八章。不过，为保守起见，笔者不把后三种形式看作否定，而归为其他类，这类重动句共 52 例②，占 8.3%。

下面看把字句的肯定性，如：

（67）王总，我回去给客户打道歉电话，我尽我一切努力，<u>把这个单子救回来</u>。（鲍鲸鲸《失恋 33 天》）

（68）我<u>不把它摆在这个地方</u>都对不起它了。（刘恒《贫嘴张大民的幸福生活》）

前例把字句表肯定，后例把字句表否定。

语料中，重动句表肯定的 522 例，占 83.4%；表否定的 3 例，占 0.5%；表其他的 101 例，占 16.1%。把字句表肯定的 514 例，占 94.8%；表否定的 9 例，占 1.7%；表其他的 19 例，占 3.5%。统计显示，把字句比重动句既倾向于是表肯定，也倾向于是表否定（$\chi^2_{(2)}$ = 53.330，p<0.001，Cramer 的 V =0.214）。不过，如果将上文所说的"NPVOV 不 C"和"NPVOV 得否 C"都看作否定，则重动句表肯定的 522 例，占 83.4%；表否定的 55 例，占 8.8%；表其他的 49 例，占 7.8%。统计显示，把字句比重动句倾向于是肯定的，重动句比把字句倾向于是否定的（$\chi^2_{(2)}$ = 40.528，p<0.001，Cramer 的 V =0.186）。

（七）语态分析

语态指"现实"（realis）与"非现实"（irrealis）的对立。现实的是

---

① 语料中，重动句补语有七类：（1）结果补语，223 例，占 35.6%；（2）可能补语，48 例（其中否定式 45 例），占 7.7%；（3）状态补语，216 例，占 34.5%；（4）趋向补语，47 例，占 7.5%；（5）数量补语，59 例，占 9.4%；（6）介宾补语，3 例，占 0.5%；（7）程度补语，30 例，占 4.8%。各类动补结构否定形式并不一致，动结式、动趋式、动量式、动介式的否定形式一般为"否 VC"，动能式一般为"V 否 C"，动状式一般为"V 得否 C"。

② 第二种形式不是这里考察的重动句（"没"在 VO、VC 之间），第三种形式 45 例（其中 2 例同时表疑问），第四种形式 7 例典型。

真实的，而非现实的是没有发生或发生在非真实世界的，非现实语态包括虚拟、祈愿（optative）、假设、想象或条件等（Hopper & Thompson, 1980：252、277）。可能、疑问、惯常、能力等也是非现实的（张雪平, 2012）。否定具有双重性（张雪平, 2012）。

下面看重动句的语态, 如:

（69）那男孩高二时转学转到我们班，功课好，长得很美型。（鲍鲸鲸《失恋 33 天》）

（70）你以后别管我管那么紧，结个婚跟坐牢一样，那我结这个婚干什么？（阎真《因为女人》）

（71）母亲早就讲过："老大读书读不动，可他从小就有冒险的本事。"（刘心武《四牌楼》）

例（69）是现实的。例（70）表示祈使语气，是非现实的。例（71）表示不可能，也是非现实的。

下面看把字句的语态, 如:

（72）他摸我的脸，我咬他的手，他把手躲开。（王朔《浮出海面》）

（73）要是不把香粉车卸下来，不把粮食车挂上去，那就没有一个工人肯来开车。（张天翼《大林和小林》）

例（72）把字句表真实事件，是现实的。例（73）两例把字句是否定形式，但它们也表示假设，因而是非现实的。

在表现非现实方面，重动句和把字句存在较大差异，重动句主要是表疑问（51 例, 占 25.6%）、可能（否定, 45 例, 占 22.6%）和假设（32 例, 占 16.1%）的。而把字句主要是表一般将来（"把"前不带能愿动词, 60 例, 占 34.3%）、能愿（43 例, 占 24.6%）和祈使（34 例, 占 19.4%）的。

语料中，重动句表现实的 427 例, 占 68.2%；表非现实的 199 例, 占 31.8%。把字句表现实的 367 例, 占 67.7%；表非现实的 175 例, 占 32.3%。重动句表现实的比例高于把字句，把字句表非现实的比例高于重动句,但统计显示,重动句并不比把字句更倾向于是表现实的,把字句也不比重动句更倾向于是表非现实的($\chi^2_{(1)}=0.033$,$p=0.855>0.05$,$\varphi=0.005$)。

(八) 施事性分析

施事性指 A 或 S 在行为动作中有计划参与的程度。施事性和意志性具有相通性,即有意志的是具施事性的,但具施事性的不一定是有意志的,因而应分开考虑(Hopper & Thompson,1980:286)。施事性具有连续的(continuous)性质,Hopper & Thompson(1980:287)采用赋值的方法计算施事性指数①,而 Thompson & Hopper(2001:37)将施事性分为人类和非人类两类,这种处理方式与其他参数一致,因而便于统一分析。这里将施事性分为有生命的和无生命的②,前者施事性高,后者施事性低。同样,重动句或把字句 NP 补不出的看作其他类。

下面看重动句 NP 的施事性,如:

(74) 可是<u>乔乔和小林</u>看书看得出了神,一点也没有要走的意思。(张天翼《大林和小林》)

(75) 我原来还真不知道我爸的这些家具那么稀罕,<u>黄花梨这几年涨价涨得和黄金一般</u>。(海岩《舞者》)

(76) 有人推测:(*梁三)<u>熬光棍熬急了</u>的梁三,恐怕要做出缺德的事情吧?(柳青《创业史》)

例(74)重动句 NP "乔乔和小林"是人,施事性高。例(75)重动句 NP "黄花梨"是非生物,施事性低。例(76)重动句 NP 补不出,这里看作其他类。

下面看把字句 NP 的施事性,如:

---

① Hopper & Thompson(1980:287)提出了一种方法来计算施事性指数:第三人称代词>专有名词>人类名词>非生物名词,其中第三人称代词赋值 4,其余依次赋值 3、2、1。然后以赋值总数除以小句总数,得出施事性指数。

② 笔者语料来源之一《大林和小林》是童话故事,里面有许多像人类一样的动物角色,因而以生命度的有无来界定施事性的差异。

(77) 我把灯拉亮，董柳忽然像弹簧一样跳起来，（董柳）把灯拉灭。（阎真《沧浪之水》）

(78) 昏黄的煤油灯把山民们的身影映在墙上，看久了就会产生某种幻觉。（阎真《沧浪之水》）

(79) 一瞬时，我对他那种似笑非笑、满不在乎、（*劲头）过去曾把我深深迷住的劲头十分反感，只是一瞬时。（鲍鲸鲸《失恋33天》）

例 (77) 两个把字句 NP 都是人（后一个把字句承前省略"董柳"），为施事性高的。例 (78) 把字句 NP"昏黄的煤油灯"是非生命物，施事性低。例 (79) 把字句补不出 NP，这里看作其他类。

语料中，重动句 NP 施事性高的 556 例，占 88.8%；施事性低的 10 例，占 1.6%；其他的 60 例，占 9.6%。把字句施事性高的 499 例，占 92.1%；施事性低的 26 例，占 4.8%；其他的 17 例，占 3.1%。统计显示，重动句或把字句 NP 与施事性高的不显著相关（$\chi^2_{(1)}$ = 3.508，p = 0.061>0.05，φ = −0.055），但把字句 NP 比重动句 NP 倾向于是施事性低的（$\chi^2_{(1)}$ = 9.955，p = 0.002<0.05，φ = −0.092）。

（九）宾语受影响性分析

宾语受影响性指宾语受影响的程度，是指宾语完全（totally）受影响（Hopper & Thompson，1980：263、268、287）或受影响程度高（highly）（Thompson & Hopper，2001：28），还是部分受影响，甚至不受影响。

Taylor（1995/2001：210）指出，受动作影响的受事很容易做被动句的主语，否则，显示宾语不受动作影响。Smith（1997：288）则指出，把字句和被字句潜在的宾语都要受事件的影响。据此，把字句宾语受影响性高。

下面看重动句宾语的受影响性，如：

(80) a. 走回来，切菜切得又大又粗，烧火烧得毛毛草草，洗盆洗碗也湿水淋淋擦不干。（贾平凹《腊月·正月》）

b. 菜被切得又大又粗，火被烧得毛毛草草

(81) a. 三枪那人太莽了，他要杀人杀红了眼，谁也拦不住他。（海岩《河流如血》）

b. *人被他杀红了眼

例（80）重动句宾语可以做被动句的主语，因而是受影响性高。例（81）重动句宾语不可以做被动句的主语，因而受影响性低。

语料中，重动句宾语受影响性高的 8 例，占 1.3%，受影响性低的 618 例，占 98.7%。把字句宾语受影响性高的 542 例，占 100.0%，受影响性低的 0 例。统计显示，重动句宾语倾向于是受影响性低的，把字句宾语倾向于是受影响性高的（$\chi^2_{(1)}$ = 1136302，p<0.001，φ=-0.986）。

（十）宾语个体性分析

宾语个体性指受事与施事的区别，受事与周围环境的区别。个体性包含几个不同又相互联系的特征：专有/普通、生命度、具体/抽象、可数/不可数、指称性。Hopper & Thompson（1980：287）主要从有定性（definiteness）和指称性（referentiality）的角度探讨宾语个体性，而且采用计算个体性指数的方法①。这里将个体性分为个体性高的和个体性低的，前者指定指的，后者指无指和不定指的，这些概念的含义主要依照陈平（1987）、Chen（2004）等。

有一类宾语是名词重叠或名词前加"所有""一切"等限定词：

（82）每个晚上，他就那么一脸漠然地站在屏幕前，<u>把一个个未婚男女从头到脚介绍一遍</u>。（鲍鲸鲸《失恋 33 天》）

（83）<u>把所有的事情弄好之后</u>，唧唧就同蔷薇公主到火车站上去，要坐火车到海滨的玻璃宫去结婚。（张天翼《大林和小林》）

这类成分是通指成分，有文献称为全量成分（参看徐烈炯、刘丹青，2007：165），它们既与无指成分有相同之处，也与定指成分有相同之处（参看陈平，1987），这里看作其他类。语料中，全量成分只见于把字句宾语，共 15 例，占 2.8%。

下面看重动句的个体性，如：

---

① 如果某个受事既是有指的，又是有定的，则得 2 分，满足其中一个条件的得 1 分，两个条件都不满足的得 0，然后再计算其平均值，作为个体性的指标。

(84) 我打自己打得太轻了，实在是太轻了。（阎真《沧浪之水》）

(85) 是啊，我们民族几千年来和亲和伤了心，总认为这么做是国力疲弱的屈辱表现。（王朔《浮出海面》）

(86) 等人等得焦心，东坐一下，西坐一下。（老舍《残雾》）

例（84）重动句宾语"自己"是定指的，个体性高。例（85）重动句宾语"亲"是无指的①，个体性低。例（86）重动句宾语"人"是不定指的，个体性低。语料中，重动句无指的447例，占71.4%；不定指的3例，占0.5%；定指的176例，占28.1%。

下面看把字句宾语的个体性，如：

(87) 他轰然坠下，一动不动，把小护士吓得花容失色。（鲍鲸鲸《失恋33天》）

(88) 她早出晚归，每天早早起来，把早餐做好。（阎真《沧浪之水》）

(89) 他们回了家，把一小袋米背在背上。（张天翼《大林和小林》）

例（87）把字句宾语"小护士"是回指成分，为定指的，个体性高。例（88）把字句宾语"早餐"是无指的，个体性低。例（89）把字句宾语"一小袋米"是不定指的，个体性低。把字句无指的18例，占3.3%；不定指17例，占3.1%；定指的492例，占90.8%。

语料中，重动句宾语个体性高的176例，占28.1%；个体性低的450例，占71.9%；其他的0例。把字句宾语个体性高的492例，占90.8%；个体性低的35例，占6.4%；其他的15例，占2.8%。统计显示，重动句宾语倾向于是个体性低的，把字句宾语倾向于是个体性高的（$\chi^2_{(2)}$ = 516.217，$p<0.001$，Cramer 的 V = 0.665）。

（十一）综合比较分析

上面从各个参数的角度对重动句和把字句的及物性进行了比较分析，显示有四种表现：第一，把字句倾向于是高极，重动句倾向于是低极，有

---

① "和亲"为《现汉》收为词条，见第524—525页。

七个参数：参与者、动作性、体貌、瞬时性、意志性、宾语受影响性、宾语个体性。第二，重动句或把字句与及物性值不显著相关，有一个参数：语态。第三，把字句倾向于是高极，也倾向于是低极，有一个参数：肯定性。第四，把字句或重动句与高极不显著相关，把字句倾向于是低极，有一个参数：施事性。据此可推断，把字句及物性高于重动句。

下面进一步分析。及物性可通过及物性值来表示，有两种方法可用来表示及物性值，一是计算十个及物性参数为高极的数量，一是计算十个及物性参数为高极的比例。这两种方法本质上是一致的，Hopper & Thompson（1980）都运用过。这里主要采用前一种方法，它可采用 T 检验等统计方法来判定变量之间的差异。各个句子有及物性值，句式的及物性值是各个句子及物性值的平均值。

重动句和把字句的及物性值可概括为下表 11-2：

表 11-2　　　　　　　重动句、把字句及物性值比较

及物性值	重动句		把字句	
0	3	0.5%	0	0
1	18	2.9%	0	0
2	74	11.8%	0	0
3	93	14.9%	3	0.6%
4	187	29.9%	9	1.7%
5	96	15.3%	28	5.2%
6	113	18.1%	60	11.1%
7	29	4.6%	82	15.1%
8	10	1.6%	98	18.1%
9	2	0.3%	99	18.3%
10	1	0.2%	163	30.1%
小计	626	100.0%	542	100.0%

由表 11-2 可知，重动句和把字句及物性值分布形成鲜明对比，重动句及物性值主要集中在 2 到 6，占 90.1%，比例最高的是持续值 4 的；把字句及物性值主要集中在 6 到 10，占 92.5%，比例最高的是持续值 10 的。而且及物性值 0 到 2 的，把字句无用例。很显然，从及物性值分布的角度看，把字句的及物性比重动句的及物性高。

统计显示，重动句平均及物性值为 4.2524，把字句平均及物性值为 8.1624，T 检验显示，把字句平均及物性值显著高于重动句平均及物性值（t=−40.452，df=1125.642，p<0.001）。而且把字句是高及物的，重动句是低及物的①。不少文献认为把字句是高及物的（Hopper & Thompson，1980；Sun，1995；王惠，1997；屈承熹，2001；张伯江，2009 等），这里以具体的统计数据验证了这一观点。

（十二）小结

无论是从各个参数看，还是综合分析；无论是从及物性值分布的角度看，还是从平均及物性值的角度看，都显示把字句及物性高于重动句。

同时，也应看到实际语料中重动句和把字句及物性的复杂性，重动句有用例是及物性高的，把字句也有用例是及物性低的。王惠（1997：205—206）也在 Hopper & Thompson（1980）的广义及物性理论框架下探讨了把字句、被字句等现代汉语句式的及物性，举了两个把字句的例子：

（90）我把书卖了。
（91）小明把自行车修好了。

王文认为例（90）把字句的及物性强度（所具的及物性特征的个数，共十个特征，个体化分为"有指和有定"）是 9—10（瞬时性、直陈语气不确定），例（91）把字句的及物性强度是 8—11（自主、有定、直陈语气不确定），由于它们在及物性坐标的位置较高，因而把字句是高及物句式。王文的这种做法是探讨及物性的重要方法，Hopper & Thompson（1980：284）也有涉及。笔者想指出的是，如果将下例把字句做考察对象，就是另一番情形了：

---

① Hopper & Thompson（1980：284）统计了前景小句和背景小句的得分（即及物性值），分别是 8.0 和 4.1，把字句平均及物性值（8.1624）与前景很接近，重动句平均及物性值（4.2524）与背景很接近，而前景与高及物相关，背景与低及物相关，因此，把字句可看作高及物的，重动句可看作低及物的。

(92) 他从不把我当作朋友。

此例把字句的及物性强度只有5—6（"动作""完成""瞬时""肯定""宾语完全受影响"等五个特征得负分），及物性潜能均值只有5.5，低于许多一般主谓语（如"小明吃了两个苹果""小明打碎了一只花瓶"），因此，不宜再看作高及物句子。要真正探讨某种句式的及物性，需探讨实际语料中该句式各个句子的情况，并找出倾向性规律。

（四）与陈忠（2012）比较

陈忠（2012）也比较了重动句、把字句及物性的差异，跟这里所探讨的参数相关的结论可概括为四点：

(93) a. 自主性，即意志性：把字句施事自主发起活动，重动句施事非自主损益。

b. 瞬时性：把字句瞬时视域，重动句渐次扫描、惯常性特征。

c. 宾语受影响性：把字句受事完全受影响，重动句淡隐受事受影响。

d. 宾语个体性：把字句受事个体化程度高，重动句宾语非个体化。

如果将上述差异看作倾向性规律或一般情况或统计上的大多数，陈文的观察与分析无疑是符合事实的，因此，可以这样说，本章的分析为陈文提供了统计学上的证据。

但如果将上述差异看作绝对差异，则有失偏颇，因为上文分析显示，第一，并非所有的把字句都是施事自主发起活动，有些重动句也可以自主发起活动。第二，并非所有的把字句都是瞬时的，有些重动句也是瞬时的。第三，并非所有把字句的宾语（受事）都是受影响性高，有些重动句宾语也是受影响性高的。第四，并非所有把字句受事个体性都是高的，也有不少重动句宾语个体性高。

除此之外，有些及物性特征陈忠（2012）并未涉及，如：第一，把字句倾向于是两个参与者，重动句倾向于是一个参与者；第二，把字句倾向于表示动作，重动句倾向于表示状态；第三，把字句倾向于有界的，而重动句倾向于是无界的。

第四节　重动句、把字句及物性差异与"及物性假说"

"及物性假说"是广义及物性理论的重要内容，Hopper & Thompson (1980) 主要从形态句法角度验证"及物性假说"。Hopper 指出（与笔者通信），"及物性假说"基于话语，它的运用基于统计，因此，如何从话语角度探讨"及物性假说"是值得深入探讨的问题，可惜的是，Hopper 和 Thompson 并未对此进行深入探讨，下面笔者将结合重动句和把字句及物性差异作些探讨。

笔者认为，话语中，两个小句 a、b 的及物性可通过它们是否倾向于高极来体现，即如果 a 比 b 更倾向于高极，则可认为，a 的及物性显著高于 b 的及物性，这样，基于话语的"及物性假说"可表述为：

(94) 有两个小句 a、b，根据 A-J 中任何一个参数，如果 a 比 b 更倾向于高极，那么，a 的其他相应的句法语义特征也将显示 a 比 b 更倾向于高极。

正如 Hopper & Thompson (1980: 255) 强调"及物性假说"仅仅指必有 (obligatory) 的形态标记和语义解释，(94) 也仅仅是指两个小句为高极的比例存在倾向性的情况。

下面笔者以重动句、把字句的及物性差异来验证这一假说。上文探讨各个及物性参数时已统计出重动句和把字句为各参数高极的比例，再综合如下（见表 11-3）：

表 11-3　　　　　　　重动句、把字句各参数高极比例

参数	高极				低极				其他			
	重动句		把字句		重动句		把字句		重动句		把字句	
	例数	占比	例数	占比	比较	例数	占比	例数	占比	比较	例数	占比	例数	占比	比较
参与者	550	87.9	518	95.6	<***	53	8.5	13	2.4	>***	23	3.7	11	2.0	≈>
动作性	36	5.8	270	49.8	<***	308	49.2	32	5.9	>***	282	45.0	240	44.3	≈>

续表

参数	高极					低极					其他				
	重动句		把字句		比较	重动句		把字句		比较	重动句		把字句		比较
	例数	占比	例数	占比		例数	占比	例数	占比		例数	占比	例数	占比	
有界性	90	14.4	319	58.9	<***	503	80.4	206	38.0	>***	33	5.3	17	3.1	≈>
瞬时性	153	24.4	471	86.9	<***	415	66.3	63	11.6	>***	58	9.3	8	1.5	>***
意志性	147	23.5	428	79.0	<***	317	50.6	34	6.3	>***	162	25.9	80	14.8	>***
肯定性	522	83.4	514	94.8	<***	3	0.5	9	1.7	<*	101	16.1	19	3.5	>***
语态	427	68.2	367	67.7	≈>	199	31.8	175	32.3	<≈	0	0	0	0	
施事性	556	88.8	499	92.1	<≈	10	1.6	26	4.8	<**	60	9.6	17	3.1	>***
宾语受影响性	8	1.3	542	100.0	<***	618	98.7	0	0	>***	0	0	0	0	
宾语个体性	176	28.1	492	90.8	<***	450	71.9	35	6.4	>***	0	0	15	2.8	<***
小计		42.5		81.6	<***		46.0		10.9	>***		11.5		7.5	≈>

说明：① "<" 表示把字句显著高于重动句；">" 表示重动句显著高于把字句；"<≈" 表示把字句高于重动句，但差异不显著；"≈>" 表示重动句高于把字句，但差异不显著。② *** $p<0.05$, ** $p<0.01$, * $p<0.001$。

表 11-3 显示，有八个参数（参与者、动作性、体貌、瞬时性、意志性、肯定性、宾语受影响性和宾语个体性）把字句比重动句更倾向于高极①。有两个参数（语态、施事性）重动句或把字句与及物性值不显著相关②。也就是说，如果重动句和把字句为高极的比例存在显著差异，则八个参数中，任何一个参数把字句为高极的比例显著高于重动句为高极的比例，则其他参数也显示，把字句为高极的比例显著高于重动句为高极的比例，这与例（94）所说的"及物性假说"相符。

因此，笔者认为，基于话语的重动句、把字句的及物性差异验证了"及物性假说"，当然，它还需要得到更多的语言现象、更多的语言材料来验证。

第五节 重动句和把字句及物性差异的话语动因

以上分析了重动句和把字句的差异，认为这两种句式的差异主要体现

---

① 把字句比重动句既倾向于是肯定的，也倾向于是否定的。
② 把字句 NP 倾向于是施事性低的。

在及物性不同上。即把字句的及物性高于重动句，重动句的及物性低于把字句。这可从两个角度分析，一是十个及物性参数的不同，二是总的及物性的不同。这种不同主要体现在使用频率上，根据对特定语料的统计分析，重动句有42.5%的用例具有高及物性，而把字句有81.6%的用例具有高及物性。由此可知，把字句的及物性高于重动句。

把字句的及物性为什么高于重动句呢？笔者认为这是由两者的话语信息决定，即重动句的低及物性源于其表达背景信息，把字句的高及物性源于其表达前景信息。因此，重动句、把字句及物性差异具有话语动因。

一　重动句、把字句话语信息研究概况

这里所说的重动句的话语信息是指整个重动句的话语信息，而不是指VP_1或VP_2的话语信息。关于重动句的话语信息，主要有两种观点，一种观点认为重动句表达背景信息，一种认为它表达前景信息。

对重动句话语信息进行较多探讨的是Liu Xianming，该学者有两篇论文探讨该论题，Liu（1996）主要探讨重动句表背景信息，而Liu（1997）力图进行解释，认为重动句只用于表示非完成性（imperfectivity）的句子。

Liu（1996）采用Hopper（1979）、Hopper & Thompson（1980）等观点，认为重动句表达的是评价（evaluative）、辅助（accompanying）和背景（backgrounding）信息。该文主要采用的是测试的方法，具体说是，将重动句或非重动句从语段中抽出，然后提供两个句子a、b，为重动句和相应的非重动句，叫12个操本族语的被测者去判断是a好（a>b），还是b好（b>a），或是a、b一样好（b=a），然后统计出结果。这种方法很有启发性，但有些方面需要进一步探讨：第一，非重动句背景性需要进一步证明。Liu（1996）谈到的非重动句有把字句、一般主谓句等，只有明确了这些句式的背景性，才能对重动句的背景性进行探讨。第二，考察范围需要进一步扩大，该文只考察了13个语篇，而且包含重动句的语篇只有5个，语料显然不够，说服力自然不强。第三，不同句子能否替换除了跟它们表达的信息结构有关以外，还跟整个语段的语段话题、前后衔接等因素有关，因而能否替换不是判断语篇信息的唯一手段。

Liu（1997）认为重动句只用于表示非完成性（imperfectivity）的句子中，并从体特征（aspectual property）的角度加以证明：第一，VO表示的

是非变化的情状，表示的是一种习惯（habitual）或重复（iterative）的行动，去动词化（deverbalized）了。第二，宾语偏离了名词的典型特征，表达的是整体（general）概念。这与动词表达的是非完成的动作相匹配。第三，补足语为状态副词性短语（stative adverbial phrase）的时候，必须使用重动句，因为这与 VO 的状态性相匹配；而补足语为其他类型的时候则是可选择的，因为这些补足语具有完成化的功能，与 VO 表示的意义不太相符。第四，重动句补足语为持续成分时，其表示的是行为的持续；而一般句子则表示行为完成后时间的流逝。笔者认为，Liu（1997）只探讨了重动句 VP_1 的情形，而忽视了 VP_2 的情形，而据前面的分析，VP_1、VP_2 正好存在鲜明的对比，着眼于 VP_1 会认为重动句用于表非完整性的句子，但着眼于 VP_2，就会认为重动句用于表完整性的句子，因而 Liu（1997）并未揭示出其探讨的几个方面与非完整性的必然关系。

Chang（1991a）也是从话语的角度探讨了重动句，认为重动句主要用于描写而不是叙述，用于第二次提及，而不是出现于话语开头。正因为如此，重动句更偏向于用有定名词成分，比较：

(95)*他念一本稿念得很来劲。
(96) 他念（这本）书念得很来劲。

Chang（1991a）认为重动句主要用于描写而不是叙述，这与实际语料相符。但该文所谓重动句"不是出现于话语开头"则可商榷，有些重动句可出现在句子开头，如：

(97) <u>徒弟们练架式练得累了</u>，老组长陈秉正便和他们休息一阵子。（赵树理《手》）
(98) <u>谢老师喝酒喝得太多</u>。他喝了端妹子给他的一碗白糖水之后就睡了三个多钟头。（张天翼《清明时节》）

以上两例都出现在段首。此外"重动句更偏向于用有定名词成分"的观点也值得进一步明确，如果从有定、无定对比角度看，这显然是合适的，现就以数量结构和指量结构来看，笔者语料中，重动句宾语为数量结构的 4 例，只占 0.6%（4/626），重动句为指量结构的 12 例，占 1.9%。

(12/626)。如果从重动句宾语的特点来看，则不尽合理，笔者语料中，重动句宾语主要是无指的，语料中，无指的447例，占71.4%。其他文献也认为重动句宾语主要是无指的（参看曾传禄，2007；刘雪芹，2003等）。

认为重动句表示前景信息的是 Chen（2006）。该文认为重动句表达的是焦点/前景信息，而非重动句构成小句话题，为旧/背景信息，如：

（99）<u>他教书教了二十年了</u>，现在想放弃有点可惜。

"他教书教了二十年了"提供的是前景信息，"教"可以加体标记"了"，而据 Chu（1990），体标记"了"带有强前景特征。Chen（2006）认为这种区别在下面的对比中更可以看出：

（100）a. <u>过去的他说话很大声</u>，脾气又火爆，如果没有老师的教化，我们的婚姻可能还是吵闹不休。
　　　　b.? <u>过去的他说话说得很大声</u>，脾气又火爆，如果没有老师的教化，我们的婚姻可能还是吵闹不休。

例（100a）的时间词"过去"和代词"他"显示它所在的句子是小句话题，采用的是非重动句，两者相匹配，因而合格。而例（100b）采用的是重动句，它表示的前景信息，与"过去""他"等相冲突，因此显得有点怪。

笔者认为，Chen（2006）的分析也存在不足：第一，正如前文 Liu（1996）一样，需要明确非重动句的背景性才能进一步探讨重动句的背景性，而且需要进一步明确确定背景性的标准和手段。第二，Chen（2006）有些论述显得自相矛盾，如：

（101）a. <u>他说话说得很大声</u>，刻意想让隔壁桌的人听到。
　　　　b.? <u>他说话很大声</u>，刻意想让隔壁桌的人听到。

Chen（2006）认为后例显得有点奇怪，是因为第一个小句不足以构成话题小句，因而需要用重动句，这就意味着重动句充当小句话题，这与该文的观点是矛盾的。这从侧面反映该文对小句话题和焦点的判定带有随意性。第三，Chen（2006）对一些句子接受度的判断也是比较随意的，如上例（101b）在笔者看来是可接受的。如果这样的话，Chen（2006）的结论自然就站不住脚了。第四，Chen（2006）主要采用的是测试的方法来得出结论，采用的语料又极为有限，因此结论的说服力就不很强。

笔者认为重动句主要表现背景信息，下文将在较大量语料的基础上进行分析。

关于把字句的背景性，王惠（1997）、Sun（1995）等认为它主要表现前景信息。王惠（1997：244）共收集了17例把字句，其中为前景的13例，占76.5%；为背景的4例，占23.5%。下面举一例说明：

（102）你先把车开到语言学院东门（a），车到那儿以后（b），我们再讨论怎么办（c）。

（103）*车你先开到语言学院东门（a），把车开到那儿以后（b），我们再讨论怎么办（c）。

王惠（1997：243）认为例（102）的 a 叙述事件的发生，属于前景，b 为事件的发展提供场景，属于背景。如果把二者颠倒过来，如例（103），则整个句子不通了。

笔者也认为把字句主要表示前景。

二 重动句、把字句话语信息分析

（一）前景、背景的判定

如何判断前景和背景？正如前文所说，背景话语是那些对说话者的目标来说不是直接的或关键的，而仅仅起着帮助（assists）、丰富（amplifies）和评价（comments）作用的部分，而前景话语提供话语要点。前景小句有两个最重要的特征：第一，前景小句构成语篇的脊骨（backbone）和骨架（skeleton），构成语篇的基础；而背景小句则用血肉来填充，它们游离于结构的连贯（coherence）之外。第二，前景小句按时间先后来排序，任何两个小句次序的变化都反映着真实事件次序的变化；而背景小句则不这样排序，它们甚至可以根据前景部分移动（movable)。

有不少语言有形态或句法的手段来反映这种背景性，如 Swahili 语的连续"时"（tense）前缀 ka-用来跟踪（track）故事线（story line），用于叙述前景部分，而 ki-前缀只是描写或评价主要事件，用于表达背景部分。英语动词的-ing 形式常表示非完整的动作，主要用于名词化（nominalization）和从属小句，这些都是典型的表示背景的。但英语没有单一的表示前景的标记，因此，如果脱离语境，英语句子很难明确地说出它是前景还是背景。

虽然根据是否处于故事线来判定前景信息和背景信息是传统做法（Unger，2006：73），但有时不易据此判定话语功能，如：

(104) a. 恍惚着出了门，站在楼道里半天，愣神愣了半天，结果就听到了他们房间里传来一声欢呼。（鲍鲸鲸《失恋33天》）

b. *站在楼道里半天，愣神愣了半天，恍惚着出了门，结果就听到了他们房间里传来一声欢呼。

(105) a. 他回头一看，怪物没追上他，他才停下来。喘气喘得要命。他叫："哥哥！哥哥！"（张天翼《大林和小林》）

b. *怪物没追上他，喘气喘得要命，他才停下来。

虽然这两例重动句都处于叙述部分，但不能就此判定它们表达前景信息，如它们不能与前后成分变换顺序。因而不易判定它们的话语信息。而且，笔者语料中，无论是重动句还是把字句，都大量出现在会话部分，这显然不宜采用是否处于故事线来判定话语信息①。

Tomlin（1985）通过实验指出，话语功能和句法特征相关：独立小句编码前景信息或核心信息，依附小句编码背景信息。Chu（1998/2006：175）也指出，"关系小句、非有定动词形式、从属连词、名词化小句主语"等从属手段是世界上许多语言标记背景的手段（另参看 Unger，

---

① Chui（2003）认为推进会话话题的"话题链"（topic chain）和叙述情节的进程具有相似处，因而可以用话题链来判定会话中的前景和背景信息。笔者认为，这种处理值得进一步探讨，首先，话题链与叙述情节进程的关系需进一步明确，其次，某一信息是否处于话题链有时也不易判定，特别是对具体的句式来说。

2006：76）。因而这里也从这个角度判定话语信息，这样更具可操作性。

依附小句有许多类型（参看刘丹青，2005），这里只讨论以下三类：①名词化小句主语；②关系从句；③条件、假设和原因分句（不包括结果分句），它们是表现背景的典型形式。由于汉语具有意合性，只有显性标记（主要是关联词）标记的才看作条件、假设或原因分句，比较：

（106）鲁贵满身是汗，因为<u>喝酒喝得太多</u>，说话也过于卖了力气，嘴里流着涎水，脸红的吓人。（曹禺《雷雨》）

（107）我现在记性特坏，<u>喝酒喝多了</u>，伤了脑子。（海岩《一场风花雪月的故事》）

由于例（106）有关联词"因为"标记，"喝酒喝得太多"看作依附小句；而例（107）的"喝酒喝多了"虽然也是表示原因，但由于没有显性标记，本书不看作依附小句。

（二）重动句、把字句的话语信息

语料中，无论是重动句，还是把字句，都可以做独立小句，也可以做依附小句。先看重动句，做独立小句的，如：

（108）王小贱语塞了，不一会儿，真的抱着卫生纸去了厕所，<u>他昨天吃炒田螺吃得太 HI</u>，可是肠道反应慢，今天才跟上他节奏。（鲍鲸鲸《失恋33天》）

（109）你好呀！<u>你做父亲做得好</u>！让你儿子睡在鸽子笼里，蚊子不在这里成堆又到哪里去成堆？（阎真《沧浪之水》）

重动句做依附小句的，如：

（110）她说："真感情假感情事事是真的，我就认这个真！<u>磕头磕得上是你的福气</u>。"（阎真《沧浪之水》）

（111）<u>天青嘟嘟囔囔骂那头驴骂得有些累</u>的时候，突然醒悟到他是在骂他的叔叔。（刘恒《伏羲伏羲》）

（112）当然我不反对需要业内的通话，如果<u>通话通到最后</u>，只有你们几个人说得通，我看这个学术的生命也完结了。（张宜《历史例（110）重动句做主语。例（111）重动句做关系小句。例（112）重动句做假设复句的假设分句。

下面看把字句，做独立小句的，如：

（113）那些巡警把小林他们三个绑起来，再把他们的鞋子和袜子都脱去，就开始上"足刑"了。（张天翼《大林和小林》）

把字句做依附小句的，如：

（114）一瞬时，我对他那种似笑非笑、满不在乎、过去曾把我深深迷住的劲头十分反感，只是一瞬时。（王朔《浮出海面》）

（115）有阅读障碍症的小可在，大家就不用看菜谱了，只要把菜谱交给他，然后听着他一个个报菜名，选出自己要涮的菜就行。（鲍鲸鲸《失恋33天》）

（116）你这傻瓜！要是把工人全都吃掉，谁来给我们做事呀？（张天翼《大林和小林》）

例（114）把字句做关系小句。例（115）把字句做条件复句的条件分句。例（116）把字句做假设复句的假设分句。

语料中，重动句为依附小句的，关系从句41例，占50.6%；条件、假设和原因分句38例，占46.9%；主语小句2例，占2.5%。把字句为依附小句的，关系从句9例，占52.9%；条件、假设和原因分句8例，占47.1%。统计显示，重动句或把字句与依附小句类型不存在显著相关性（$\chi^2_{(2)} = 0.435$，$p = 0.805 > 0.05$，Cramer 的 $V = 0.067$）。

语料中，重动句为独立小句的545例，占87.1%；为依附小句的81例，占12.9%。把字句为独立小句的525例，占96.5%；为依附小句的17例，占3.1%。统计显示，重动句比把字句更倾向于做依附小句，把字句比重动句更倾向于做独立小句（$\chi^2_{(1)} = 36.316$，$p < 0.001$，$\varphi = -0.176$）。

三 重动句、把字句话语信息与及物性

上面分析显示，重动句比把字句更倾向于做依附小句，把字句比重动句更倾向于做独立小句，而依附小句倾向于做背景，独立小句倾向于做前景，前文又已分析过，重动句倾向于是低及物的，把字句倾向于是高及物的，因此，把字句和重动句及物性差异跟话语信息相关：高及物与前景相关，低及物与背景相关。

点二系列相关（point-biserial correlation）统计也显示，是否为独立小句（前景）与及物性值显著正相关（$r=0.254$，$p<0.001$），即独立小句（前景）及物性值高，依附小句（背景）及物性值低。统计还显示，语料中，前景的平均及物性值是 6.2626，背景的平均及物性值是 3.9286，t 检验显示，前景的平均及物性值显著高于背景的平均及物性值（$t=10.655$，$df=125.605$，$p<0.001$）。这进一步证明，及物性和话语功能密切相关：高及物与前景相关，低及物与背景相关。

下面从各个及物性参数高极在前景、背景中的平均比例来分析，具体见表 11-4：

表 11-4　　　　前景、背景各参数高极比例

高极	前景		背景	
	例数	占比（%）	例数	占比（%）
A. 参与者	1002	93.6	66	67.3
B. 动作性	290	27.1	16	16.3
C. 体貌	400	37.4	9	9.2
D. 瞬时性	582	54.4	42	42.9
E. 意志性	558	52.1	17	17.3
F. 肯定性	959	89.6	77	78.6
G. 语态	742	69.3	51	52.0
H. 施事性	988	92.3	67	68.4
I. 宾语受影响性	530	49.5	17	17.3
J. 宾语个体性	652	60.9	23	23.5
小计		62.6		39.4

由表 11-4 可知，各个参数高极在前景中的比例都高于在背景中

的比例。从平均比例看,各个参数高极在前景中的平均比例为62.6%,在背景中的平均比例是39.4%,显然,前者比后者比例高,由此也证明及物性与话语功能的密切关系,即高及物与前景相关,低及物与背景相关。

第六节 本章小结

重动句和把字句存在一系列差异,可归结为及物性的差异。本章以Hopper & Thompson(1980)、Thompson & Hopper(2001)的"广义及物性"理论为基础,以实际出现的较大数量的重动句(626例)和把字句(542例)为考察对象,分析、比较两者在十个及物性参数上的表现,显示,重动句平均及物性值为4.2524,把字句平均及物性值为8.1624,把字句的及物性显著高于重动句的及物性,由此看出,重动句是低及物的,把字句是高及物的。

重动句和把字句及物性的差异跟两者话语信息相关,本章以是否为依附成分为话语信息的标准,即前景跟独立小句有关,背景跟依附小句有关。统计显示,前景的平均及物性值是6.2626,背景的平均及物性值是3.9286,前景的及物性显著高于背景的及物性,由此看出,高及物与前景有关,低及物与背景有关,小句层面的及物性具有话语交际的动因。

本章还基于原典和汉语事实对及物性参数作了解读,确立了分析及物性的一些原则,以使之更具可操作性。本章还从话语的角度,以实际语料中的重动句、被字句的及物性差异,对"及物性假说"进行了验证。

第十二章　结语

重动句是汉语中的一种特殊、复杂而重要的句式,信息结构是当代语言学的重要研究课题,从信息结构的角度探讨重动句,探讨重动句信息结构对相关句法、语义的制约可以让我们发现许多有趣的现象,特别是能对纷繁复杂的现象予以较统一、合理的解释。从信息结构角度探讨重动句是一条合适的路子。

第一,重动句是一种结构预设触发语,VP_1即为其触发的预设,即使VP_1为焦点,VP_1仍具有预设性。常规情况下,重动句VP_2比VP_1更具焦点性;特定情况下,重动句VP_1也具有焦点性。由此可见,重动句遵循"预设—焦点"这一具有普遍性的信息结构原则。

第二,重动句宾语主要是话语指称低(低持续)的,而且前后宾语都倾向于是低持续的。由此看出重动句宾语受重要实体限制。此外,重动句宾语也受新实体限制。重要新实体限制是制约性很强的一条原则。

第三,重动句的VP_1、VP_2之间常出现可插入成分,而且有些成分也可出现在VP_1前,这也跟重动句信息结构相关。重动句VP_2是常规焦点,因而具有浮动性的焦点敏感成分会尽量靠近焦点VP_2;而重动句VP_1一般为预设,因而有些成分又可在VP_1之间移动。

第四,否定成分可出现在重动句的四个不同的位置,这一方面是因为补语类型不同,因而其否定形式不同;同时也跟信息结构有关:否定成分虽然可出现在不同位置,但它们只能出现在预设和焦点之间。而且,否定成分与焦点的距离往往跟其实际使用频率密切相关。

第五,虽然重动句与相关句式(把字句、被字句、SVOC句、SOVC句等)的变换受到种种限制,但从实际使用来看,重动句主要受信息结构的制约,即只要VP_1和VP_2构成"话题—说明"的信息结构,且它们都合乎语法,则重动句就合乎语法。因此,从实际使用看,重动句并不受太多的限制。

第六，重动句的产生也受到信息结构的制约，它像其他重动式话题结构一样，是一种线性序列，是基础生成的，即说话者以 VP₁ 为话题，紧接着以 VP₂ 对其进行说明、评价，因而，它不是由"V（得）OC"等经过宾语移位、拷贝动词等方式而生成的；也不是由"VO+VC"话语结构通过融合或固定化等方式生成的，重动句是"话题—说明"这一信息结构原则的句法化。因此，无论是重动句的现实使用还是历时产生都是具跨语言类型特点的重动式话题结构的句法化，这样，共时和历时两个维度就统一起来了。

总之，本书认为重动句的诸多重要句法、语义特点都跟重动句信息结构有关，是重动句信息结构制约的结果。

不过，说重动句诸多句法、语义现象受信息结构的制约，并不意味着这些句法、语义现象不受其他语言层面或部类（句法、语义、语用话语）的影响，更不意味着信息结构和其他语言层面或部类不存在互动。其实本书有些内容涉及信息结构与句法结构的互动（更准确地说，信息结构本身就是多种语言层面的互动，参看 Casielles-Suárez，2004；Erteschik-Shir，2007；Mereu，2009）。如可插入成分的特征一方面受重动句信息结构的制约（如可插入成分可在预设信息之间移动），同时也受句法的制约（有些成分不允许置于 VP₁ 前）。再如，否定成分在重动句中的分布也体现信息结构和句法结构的互动，重动句信息结构允许否定成分在旧信息和新信息之间移动，但这只是一种可能，这种移动能否实现，则受句法的限制；再如重动句的产生，一方面，它是具普遍性的重动式话题结构的句法实现，这显示，重动句在任何时候都可能产生，但重动句在何时产生，则受到 VC 产生的影响。本书主要从信息结构入手仅是一种研究视角或侧重，是为了使问题更集中，以求研究得更深入。信息结构与其他语言层面的互动在深化重动句研究乃至汉语研究方面必将起着重要的作用，这是大有可为的领域。

从语言类型学的角度看，音系因素是焦点化策略中的一种，其具体表现是，韵律突显（intonational prominence），即焦点带主要重音（primary accent）或音高（pitch）。（Dik et al.，1981，参看 Mereu，2009：81）。但汉语语音（音系）是否表现焦点，学界颇有争论，如 Xu（2004）就指出，焦点的语音实现方式在汉语中只是作为一种补充性手段，即只有当作焦点的成分出于某些结构上的限制不能出现在基本焦点位置时，才有必要使用语音手段。而赵建军等（2012）的研究则显示，汉语中重音是表现焦点的重要手段，而不是句法手段的一种补偿。由于以上原因，也由于学术背景的原因及技术上的难题，同时也是为了使问题更集中，本书探讨信息结构（焦点）时未考虑重音因素。不过，由于信息结构与音系的密切关系（参看 Lambrecht，1994；Mereu，2009 等），而且即使是汉语，音系（重音）与焦点也是密切相关的，因此重音与信息结构的关系是以后值得深入探讨的问题。

重动句与相关句式（把字句、被字句、SVOC、SOVC 等）的变换是重动句研究的重要内容之一，虽然本书在第九章涉及相关问题，但着墨不多，笔者认为重动句与相关句式能否变换，信息结构也是一个重要甚至是主要的因素，因为重动句与这些句式至少在以下两个方面存在显著差异：①宾语的有指性和信息状态；②VO 的信息状态与信息地位。由于这两个方面都较明显，而且较易论证，学界也探讨得较多，所以未作重点探讨。

随着研究的深入，重动句更多的句法、语义特点将被发现，它们是否也跟重动句信息结构有关，是否也是受重动句信息结构制约，这都值得关注，笔者将继续关注这方面的课题。

参考文献

曹宏：《语法结构类型的隶属度量表》，见上海师范大学《对外汉语研究》编委会编《对外汉语研究》第5期，商务印书馆2009年版。

曹逢甫：《再论话题和连……都/也结构》，见戴浩一、薛凤生主编《功能主义与汉语语法》，北京语言学院出版社1994年版。

曾传禄：《重动句宾语的指称性质》，《洛阳师范学院学报》2007年第4期。

陈平：《英汉否定结构对比研究》，见中国社会科学院研究生院编《中国社会科学院研究生院硕士论文选》，中国社会科学出版社1985年版。

陈平：《释汉语中与名词性成分相关的四组概念》，《中国语文》1987年第2期。

陈平：《论现代汉语时间系统的三元结构》，《中国语文》1988年第6期。

陈平：《汉语双项名词句与话题—陈述结构》，《中国语文》2004年第6期。

陈平：《语言学的一个核心概念——"指称"问题研究》，《当代修辞学》2015年第3期。

陈忠：《"结构—功能"互参互动机制下的重动句配置参数功能识解》，《中国语文》2012年第3期。

陈建民：《现代汉语句型论》，语文出版社1986年版。

崔山佳：《近代汉语语法历史考察》，崇文书局2004年版。

崔山佳：《动词拷贝句补说五题》，《蒲松龄研究》2010年第3期。

崔希亮：《语言理解与认知》，北京语言文化大学出版社2001年版。

戴浩一：《以认知为基础的汉语功能语法刍议》，《国外语言学》1990年第4期。

戴耀晶：《现代汉语时体系统研究》，浙江教育出版社1997年版。

戴耀晶：《试说汉语重动句的语法价值》，《汉语学习》1998年第2期。

戴耀晶：《试论现代汉语的否定范畴》，《语言教学与研究》2000年第3期。

邓守信：《汉语动词的时间结构》，《语言教学与研究》1985年第4期。

邓思颖：《形式汉语句法学》，上海教育出版社2010年版。

丁声树等：《现代汉语语法讲话》，商务印书馆1961年版。

董秀芳：《"都"与其他成分的语序及相关问题》，《世界汉语教学》2003年第1期。

董秀芳：《"是"的进一步语法化：由虚词到词内成分》，《当代语言学》2004年第1期。

董秀芳：《汉语光杆名词指称特性的历时演变》，《语言研究》2010年第1期。

范晓：《复动"V得"句》，《语言教学与研究》1993年第4期。

方梅：《篇章语法与汉语篇章语法研究》，《中国社会科学》2005年第6期。

方梅：《〈如何描述形态句法〉导读》，见Thomas Payne，*Describing Morphosyntax: A Guide for Field Linguists*，世界图书出版公司2011年版/Cambridge：Cambridge University Press。

方子纯、陈坚林：《基于语料库的同义形容词行为特征研究》，《外语教学与研究》2014年第6期。

高增霞：《从非句化看汉语的小句整合》，《中国语文》2005年第1期。

郭锐：《衍推和否定》，《世界汉语教学》2006年第2期。

何融：《汉语动词复说法的初探》，《中山大学学报》1958年第1期。

何元建：《现代汉语生成语法》，北京大学出版社2011年版。

洪波、曹小云：《〈汉语语法化的历程〉商兑》，《语言研究》2004年第3期。

胡文泽：《汉语语法分析的一个不同角度》，见石锋主编《海外中国语言学研究》，语文出版社1994年版。

胡裕树主编:《现代汉语》(重订本),上海教育出版社 1995 年版。

花东帆:《焦点的选项语义论》,见徐烈炯、潘海华主编《焦点结构和意义的研究》,外语教学与研究出版社 2005 年版。

黄伯荣、廖序东主编:《现代汉语》(增订五版)下册,高等教育出版社 2011 年版。

黄晓雪、贺学贵:《从〈歧路灯〉看官话中"叫"表处置的现象》,《中国语文》2016 年第 6 期。

黄月圆:《把/被结构与动词重复结构的互补分布现象》,《中国语文》1996 年第 2 期。

黄长著:《各国语言手册》(修订增补版),重庆出版社 2000 年版。

江蓝生:《古代白话说略》,语文出版社 2000 年版。

蒋绍愚:《汉语动结式产生的时代》,见北京大学中国传统文化研究中心编《国学研究》第 6 卷,北京大学出版社 1999 年版。

蒋绍愚:《近代汉语研究概要》,北京大学出版社 2005 年版。

金立鑫:《预设的两大领域及其形式表达系统》,《修辞学习》2006 年第 5 期。

孔令达:《影响汉语句子自足的语言形式》,《中国语文》1994 年第 6 期。

蓝纯:《现代汉语预设引发项初探》,《外语研究》1999 年第 3 期。

乐耀:《北京话中"你像"的话语功能及相关问题探析》,《中国语文》2010 年第 2 期。

李讷、石毓智:《汉语动词拷贝结构的演化过程》,《国外语言学》1997 年第 3 期。

李湘:《从实现机制和及物类型看汉语的"借用动量词"》,《中国语文》2011 年第 4 期。

李宝伦、潘海华:《焦点关联现象与对焦点敏感的结构》,见徐烈炯、潘海华主编《焦点结构和意义的研究》,外语教学与研究出版社 2005 年版。

李临定:《究竟哪个"补"哪个——"动补"格关系再议》,《汉语学习》1984 年第 2 期。

李临定:《现代汉语句型》,商务印书馆 1985 年版。

李临定:《带"得"字的补语句》,《中国语文》1963 年第 5 期。

李文兰：《现代汉语身体动词的认知研究》，博士学位论文，华东师范大学，2006 年。

廖秋忠：《廖秋忠文集》，北京语言学院出版社 1992 年版。

刘坚：《近代汉语读本》，上海教育出版社 1985 年版。

刘春兰：《〈训世评话〉语法研究》，博士学位论文，南开大学，2010 年。

刘丹青：《三种补语三种否定》，《语文月刊》1983 年第 9 期。

刘丹青：《语义优先还是语用优先？——汉语语法体系建设断想》，《语文研究》1995 年第 2 期。

刘丹青：《汉语类指成分的语义属性和句法属性》，《中国语文》2002 年第 5 期。

刘丹青：《语法调查与研究中的从属小句问题》，《当代语言学》2005 年第 3 期。

刘丹青：《话题优先的句法后果》，见程工、刘丹青主编《汉语的形式与功能研究》，商务印书馆 2009 年版。

刘丹青、唐正大：《话题焦点敏感算子"可"的研究》，《世界汉语教学》2001 年第 3 期。

刘丹青、徐烈炯：《普通话与上海话中的拷贝式话题结构》，《语言教学与研究》1998 年第 1 期。

刘培玉：《动结式重动句构造的制约机制及相关问题》，《汉语学报》2012 年第 1 期。

刘探宙：《多重强式焦点共现句式》，《中国语文》2008 年第 3 期。

刘维群：《论重动句的特点》，《南开学报》1986 年第 3 期。

刘雪芹：《现代汉语重动句研究》，博士学位论文，复旦大学，2003 年。

刘雪芹：《现代汉语重动句宾语指称意义研究》，《汉语学习》2011 年第 5 期。

刘月华：《汉语形容词对定语和状语位置的选择》，Journal of Chinese Language Teachers Association，1996，31，2：61—72。

刘月华、潘文娱、故韡：《实用现代汉语语法》（增订本），商务印书馆 2001 年版。

刘子瑜：《汉语动结式述补结构的历史发展》，见北京大学汉语语言学研究中心《语言学论丛》编委会编《语言学论丛》第 30 辑，商务印书馆 2004 年版。

陆丙甫：《汉语语序的总体特点及其功能解释》，见中国社会科学院语言研究所《中国语文》编辑部编《庆祝〈中国语文〉创刊 50 周年学术论文集》，商务印书馆 2004 年版。

陆丙甫：《语序类型学理论与汉语句法研究》，见沈阳、冯胜利主编《当代语言学理论与汉语研究》，商务印书馆 2008 年版。

陆俭明：《重视语言信息结构研究　开拓语言研究的新视野》，《当代修辞学》2017 年第 4 期。

罗仁地、潘露莉：《焦点结构的类型及其对汉语词序的影响》，见徐烈炯、潘海华主编《焦点结构和意义的研究》，外语教学与研究出版社 2005 年版。

吕叔湘：《现代汉语语法分析问题》，商务印书馆 1979 年版。

吕叔湘：《疑问·否定·肯定》，《中国语文》1985 年第 4 期。

吕叔湘主编：《现代汉语八百词》（增订版），商务印书馆 1999 年版。

马博森：《自然话语中的代词间接回指分析》，《外国语》2010 年第 2 期。

马希文：《与动结式动词有关的某些句式》，《中国语文》1987 年第 6 期。

梅广：《试论动词重复》，见中央研究院第二届国际汉学会议论文集编辑委员会《中央研究院第二届国际汉学会议论文集（语言与文字组，下册）》，中研院 1989 年版。

聂仁发：《重动句的语篇分析》，《湖南师范大学社会科学学报》2001 年第 1 期。

戚晓杰：《从〈聊斋俚曲集〉看汉语动词拷贝句式的产生时代》，《蒲松龄研究》2006 年第 1 期。

戚晓杰：《明清山东方言背景白话文献特殊句式研究》，博士学位论文，山东大学，2006 年。

钱敏汝：《否定载体"不"的语义——语法考察》，《中国语文》1990 年第 1 期。

秦礼军：《关于动宾短语加"得"》，《中国语文通讯》1993 年第 2 期。

秦礼君：《关于"动+宾+动重+补"的结构形式》，《语言研究》1985年第 2 期。

屈承熹：《汉语功能语法刍议》，《世界汉语教学》1998 年第 4 期。

屈承熹、纪宗仁：《汉语认知功能语法》，黑龙江人民出版社 2005 年版。

邵敬敏主编：《现代汉语通论》（第二版），上海教育出版社 2007 年版。

沈阳：《动词套合结构与动词重置结构》，见沈阳、何元建、顾阳《生成语法理论与汉语语法研究》，黑龙江教育出版社 2001 年版。

沈阳：《语义所指理论与汉语句法成分的语义指向研究》，见沈阳、冯胜利主编《当代语言学理论与汉语研究》，商务印书馆 2008 年版。

沈园：《Rochment 关于英语焦点表现的研究》，见徐烈炯、潘海华主编《焦点结构和意义的研究》，外语教学与研究出版社 2005 年版。

沈家煊：《"差不多"和"一点儿"》，《中国语文》1987 年第 6 期。

沈家煊：《"有界"和"无界"》，《中国语文》1995 年第 5 期。

沈家煊：《"零句"和"流水句"——为赵元任先生诞辰 120 周年而作》，《中国语文》2012 年第 5 期。

沈家煊：《也谈能性述补结构"V 得 C"和"V 不 C"的不对称》，见沈家煊、吴福祥、马贝加主编《语法化与语法研究》（二），商务印书馆 2005 年版。

施春宏：《动结式形成过程中配位方式的演变》，《中国语文》2004 年第 6 期。

施春宏：《动词拷贝句句式构造和句式意义的互动关系》，《中国语文》2010 年第 2 期。

施春宏：《动词拷贝句的语法化机制及其发展层级》，见郑通涛主编《国际汉语学报》2014 年第 1 辑，学林出版社 2014 年版。

石毓智：《汉语的限定动词和非限定动词之别》，《世界汉语教学》2001 年第 2 期。

石毓智、李讷：《汉语语法化的历程——形态句法发展的动因和机制》，北京大学出版社 2001 年版。

束定芳：《关于预设理论的几个问题》，《外语学刊》1989 年第 3 期。

宋宣：《现代汉语预设句初探》，《贵州大学学报》1996 年第 2 期。

孙红玲:《致使性重动句的量变图式》,《世界汉语教学》2004年第4期。

孙红玲:《现代汉语重动句研究》,博士学位论文,北京语言大学,2005年。

索振羽:《语用学教程》,北京大学出版社2000年版。

汤廷池:《汉语的"限定子句"与"非限定子句"》,Language and Linguistics,2001(1):191—214。

唐翠菊:《现代汉语重动句的分类》,《世界汉语教学》2001年第1期。

陶红印:《言谈分析、功能主义及其在汉语语法研究中的应用》,见石锋主编《海外中国语言学》,语文出版社1994年版。

陶红印、张伯江:《无定式把字句在近、现代汉语中的地位问题及其理论意义》,《中国语文》2000年第5期。

王力:《中国现代语法》,商务印书馆1985年版。

王霞、钟应春:《动词重现话题化紧缩句"V也VP"的发展概况》,《现代语文》(语言研究版)2009第1期。

王灿龙:《重动句补议》,《中国语文》1999年第2期。

王灿龙:《"连"字句的焦点和相关的语用问题》,见中国社会科学院语言研究所《中国语文》编辑部编《庆祝〈中国语〉创刊50周年学术论文集》,商务印书馆2004年版。

王冬梅:《"N的V"结构中V的性质》,《语言教学与研究》2002年第4期。

王红旗:《动结式结构在把字句和重动句中的分布》,《语文研究》2001年第1期。

王红旗:《功能语法指称分类之我见》,《世界汉语教学》2004年第2期。

王晓凌:《非现实语义研究》,学林出版社2009年版。

王跃平:《汉语预设研究》,中国社会科学出版社2011年版。

温锁林:《汉语句子的信息安排及其句法后果》,见邢福义主编《汉语语法特点面面观》,北京语言文化大学出版社2000年版。

温锁林、范群:《现代汉语口语中自然焦点标记词"给"》,《中国语文》2006年第1期。

吴福祥：《汉语能性述补结构"V 得/不 C"的语法化》，《中国语文》2006 第 1 期。

吴福祥：《关于语法演变的机制》，《古汉语研究》2013 年第 3 期。

吴竞存、梁伯枢：《现代汉语句法结构与分析》，语文出版社 1992 年版。

项开喜：《汉语重动句式的功能研究》，《中国语文》1997 年第 4 期。

徐杰：《普遍语法原则与汉语语法现象》，北京大学出版社 2001 年版。

徐杰、李英哲：《焦点和两个非线性语法范畴："否定""疑问"》，《中国语文》1993 年第 2 期。

徐枢：《宾语与补语》，黑龙江人民出版社 1985 年版。

徐赳赳：《现代汉语联想回指分析》，《中国语文》2005 年第 3 期。

徐烈炯：《语义学》（修订本），语文出版社 1995 年版。

徐烈炯：《话题句的合格条件》，见徐烈炯、刘丹青主编《话题与焦点新论》，上海教育出版社 2003 年版。

徐烈炯：《几个不同的焦点概念》，见徐烈炯、潘海华主编《焦点结构和意义的研究》，外语教学与研究出版社 2005 年版。

徐烈炯、刘丹青：《话题的结构与功能》（增订本），上海教育出版社 2007 年版。

徐盛桓：《"预设"新论》，《外语学刊》1993 年第 1 期。

玄玥：《描述性状中结构作谓语的自然焦点》，《世界汉语教学》2007 年第 3 期。

严慈：《"的字结构"是什么?》，见北京师范大学文学院主办《励耘学刊》（语言卷）2010 年第 2 辑，学苑出版社 2010 年版。

杨平：《带"得"的述补结构的产生和发展》，《古汉语研究》1990 年第 1 期。

杨成凯：《连动式研究》，见中国语文杂志社编《语法研究和探索》（九），商务印书馆 2000 年版。

杨寿勋：《再论汉语中的动词复制》，《现代外语》2000 年第 4 期。

杨素英：《从情状类型看"把"字句（上）》，《汉语学习》1998 年第 2 期。

杨锡彭：《汉语语素论》，南京大学出版社 2003 年版。

杨小龙：《汉语动词拷贝结构的线性生成与动态解析》，《语言科学》2017年第3期。

杨小龙、吴义诚：《论话题结构生成的线性机制》，《外国语》2015年第1期。

杨玉玲：《重动句和"把"字句的使用考察》，《世界汉语教学》1999年第2期。

杨玉玲：《重动句研究综述》，《汉语学习》2004年第3期。

叶蜚声、徐通锵著，王洪君、李娟修订：《语言学纲要》（修订版），北京大学出版社2010年版。

袁毓林：《话题化及相关的语法过程》，《中国语文》1996年第4期。

袁毓林：《论否定句的焦点、预设和辖域歧义》，《中国语文》2000年第2期。

袁毓林：《试析"连"字句的信息结构特点》，《语言科学》2006年第2期。

袁毓林：《怎样判定语法结构的类型》，见 上海师范大学《对外汉语研究》编委会编《对外汉语研究》第5期，商务印书馆2009年版。

袁毓林：《定语顺序的认知解释及其理论蕴涵》，《中国社会科学》1999年第2期。

袁毓林：《汉语话题的语法地位和语法化程度——基于真实自然口语的共时和历史考量》，见北京大学中文系《语言学论丛》编委会编《语言学论丛》第25辑，商务印书馆2002年版。

袁毓林：《句子的焦点结构及其对语义解释的影响》，《当代语言学》2003年第4期。

岳俊发：《"得"字句的产生和演变》，《语言研究》1984年第2期。

张斌：《蕴涵、预设和句子的理解》，《世界汉语教学》2002年第3期。

张今、张克定：《英汉语信息结构对比研究》，河南大学出版社1998年版。

张静：《连动式和兼语式应该取消》，《郑州大学学报》1977年第4期。

张静：《现代汉语重动句研究》，硕士学位论文，南京师范大学，2004年。

张伯江：《汉语名词怎样表现无指成分》，见中国语文编辑部编《庆祝中国社会科学院语言研究所建所 45 周年学术论文集》，商务印书馆 1997 年版。

张伯江：《从施受关系到句式语义》，商务印书馆 2009 年版。

张伯江：《汉语话题结构的根本性》，见木村英树教授还历记念论丛刊行会编《木村英树教授还历记念，中国语文法论丛》，日本白帝社 2013 年版。

张伯江、方梅：《汉语功能语法研究》，江西教育出版社 1996 年版。

张姜知：《无定成分作"把"字宾语的限制条件及语用功能》，《外国语》2012 年第 2 期。

张旺熹：《重动结构的远距离因果关系动因》，见徐烈炯、邵敬敏主编《汉语语法研究的新拓展》（一），浙江教育出版社 2002 年版。

张雪平：《现代汉语非现实句的语义系统》，《世界汉语教学》2012 年第 4 期。

张谊生：《统括副词前光杆名词的指称特征》，《语法研究和探索》（十二），商务印书馆 2003 年版。

张谊生：《试论语法化的动因和机制》，见中国社会科学院语言研究所《历史语言学研究》编辑部编《历史语言学研究》第 10 辑，商务印书馆 2016 年版。

章培智：《斯瓦西里语语法》，外语教学与研究出版社 1990 年版。

赵新：《试论重动句的功能》，《语言研究》2002 年第 1 期。

赵建军、杨晓虹、杨玉芳、吕士楠：《汉语中焦点与重音的对应关系——基于语料库的初步研究》，《语言研究》2012 年第 4 期。

赵林晓、杨荣祥：《近代汉语重动句的来源及其分类》，《民族语文》2016 年第 4 期。

赵林晓、杨荣祥、吴福祥：《近代汉语"VOV 得 C"重动句的类别、来源及历时演变》，《中国语文》2016 年第 4 期。

赵普荣：《从谓语句中的动词重复谈起》，《中国语文》1958 年第 2 期。

赵长才：《动词拷贝结构（VOV 得 C）的形成过程》，第六届古汉语研讨会论文，2002 年。又见中国社会科学院语言研究所《历史语言学研究》编辑部编《历史语言学研究》第 10 辑，商务印书馆 2016 年版。

赵长才：《结构助词"得"的来源与"V 得 C"述补结构的形成》，《中国语文》2002 年第 2 期。

赵长才：《述补结构》，见蒋绍愚、曹广顺主编《近代汉语语法史研究综述》，商务印书馆 2005 年版。

周韧：《信息量原则与汉语句法组合的韵律模式》，《中国语文》2006 年第 3 期。

周国光：《汉语句法结构习得研究》，安徽大学出版社 1997 年版。

朱德熙：《语法讲义》，商务印书馆 1982 年版。

朱德熙：《语法答问》，商务印书馆 1985 年版。

宗守云：《焦点标记"数"及其语用功能》，《语言研究》2008 年第 2 期。

左思民：《预设与修辞》，《修辞学习》2009 年第 1 期。

Abbott, B., *Reference*, Oxford：Oxford University Press, 2010.

Aikhenvald, A. Y., Verb constructions in typological perspective. In：A. Y. Aikhenvald and R. M. W. Dixon (eds.) *Serial Verb Constructions：A Cross-Linguistic Typology*, 1–68. Oxford：Oxford University Press, 2006.

Bech, K. & K. G. Eide (eds.), *Information Structure and Syntactic Change in Germanic and Romance Languages*. Amsterdam：John Benjamins, 2014.

Beck, G. & S. Vasishth, "Multiple focus", *Journal of Semantics*, 2009, 26, 2：159–184.

Behaghel, O., *Deutsche Syntax*, Vol. Ⅳ. Heidelberg：Carl Winter, 1932.

Bernini, G., "Constructions with preposed infinitive：Typological and pragmatic notes". In：L. Mereu (ed.) *Information Structure and its Interfaces*, 105–128. Berlin：Mouton de Gruyter, 2009.

Birner, B. J. & G. Ward, *Information Status and Noncanonical Word Order in English*. Amsterdam：John Benjamins, 1998.

Bolinger, D., *Meaning and Form*. London and New York：Longman, 1977.

Brown, G. & G. Yule, *Discourse Analysis*. Cambridge：Cambridge University Press, 1983. 外语教学与研究出版社/剑桥大学出版社 2000 年版。

Camacho, J., R. Gutiérrez-Bravo & L. Sánchez (eds.), *Information Structure in Indigenous Languages of the Americas: Syntactic Approaches*. Berlin: Mouton de Gruyter, 2010.

Camacho-Taboada, V., Á. L. Jiménez-Fernández, J. Martín-González & M. Reyes-Tejedor (eds.), *Information Structure and Agreement*. Amsterdam: John Benjamins, 2013.

Carston, R., "Informativeness, relevance and scalar implicature". In: R. Carston and S. Uchida (eds.) *Relevance Theory: Applications and Implications*, 179-236. Amsterdam: John Benjamins, 1998.

Casielles-Suarez, E. *The Syntax and Information Structure Interface: Evidence from Spanish and English*. London: Doutledge, 2004.

Chafe, W., "Giveness, contrastiveness, definiteness, subjects, topics, and point of view". In: Charles N. Li (ed.) *Subject and Topic*, 27-55. New York: Ademic Press, 1976.

Chafe, W., *Discourse, Consciousness, and Time*. Chicago, IL: The University of Chicago, 1994.

Chafe, W., "Cognitive constraints on information flow". In: R. S. Tomlin (ed.) *Coherence and Grounding in Discourse*. Amsterdam: John Benjamins, 1987.

Chan, Y. W., "Syntactic structures of Chinese serial verb constructions". *Journal of Chinese Linguistics*, 2002, 30: 17-38.

Chang, C. H. -H., "Verb copying: Toward a balance between formalism and functionalism". *Journal of the Chinese Language Teachers Association*, 1991a, 26, 1: 1-32.

Chang, C. H. -H., "Thematic structure and verb copying in Mandarin Chinese". *Language Sciences*, 1991b, 13, 3/4: 399-419.

Chao, Y. R., *Mandarin Primers*. Cambridge, MA: Harvard University Press, 1948. (李荣编译,《北京口语语法》, 开明书店 1952 年版。)

Chao, Y. R., *A Grammar of Spoken Chinese*. Berkeley, California: University of California Press, 1968. (吕叔湘节译,《汉语口语语法》, 商务印书馆 1979 年版。丁邦新译,《中国话的语法》, 香港中文大学出版社 1980 年版。)

Chen, F. J. -G., "Verb-opying and double-object constructions in Chinese: From the perspectives of cognitive constraint and discourse function". *Journal of Chinese Teachers' Association*, 2006, 41, 2: 45-106.

Chen, P., "Indefinite determiner introducing definite referent: A special use of yi 'one' + classifier in Chinese". *Lingua*, 2003, 113, 1169-1184.

Chen, P., "Identifiability and definiteness in Chinese". *Linguistics*, 2004, 42, 6: 1129-1184.

Chen, P., "Apects of referentiality". *Journal of Pragmatics*, 2009, 41: 1657-1674.

Cheng, L. -S., "Verb copying in Mandarin Chinese". In: N. Corver and J. Nunes (eds.) *The Copy Theory of Movement*, 151-174. Amsterdam: John Benjamins, 2007.

Cheng, R. L., "Focus devices in Mandarin Chinese". In: Tang T. -C., R. L. Cheng and Li Y. -C. (eds.) *Studies in Chinese Syntax and Semantics*, 53-102. Taipei: Students Book Co, 1983.

Chu, C. C., *A Discourse Grammar of Mandarin Chinese*. Peter Lang International Academic Publishers, 1998. (潘文国等译,《汉语篇章语法》, 北京语言大学出版社2006年版。)

Cinque, G., "A null theory of phrase and compound stress". *Linguistic Inquiry*, 1993, 24: 239-298.

Clancy, P., "Referential choices in English and Japanese narrative discourse". In: W. Chafe (ed.) *The Pear Stories: Cognitive, Cultural and Linguistic Aspects of Narrative Production*, 127-202. Norwood, NJ: Albex Publishing Corporation, 1980.

Clark, H. H. & S. E. Haviland, "Comprehension and the given-new contract". In: R. Freedle (ed.) *Discourse Production and Comprehension*, 1-40. Hillsdale, NJ: Erlbaum, 1977.

Comrie, B., *Aspect*. Cambridge: Cambridge University Press, 1976. 北京大学出版社2005年版。(郭利霞译,《体范畴》, 北京大学出版社2016年版。)

Comrie, B., *Tense*. Cambridge: Cambridge University Press, 1985. 北京大学出版社2005年版。

Croft, W., *Typology and universals*. Cambridge: Cambridge University Press, 1990. 外语教学与研究出版社/剑桥大学出版社 2000 年版。

Culicover, P. & M. Rochemont, "Stress and focus in English". *Language*, 1983, 59: 123–165.

Cumming, S., "Agent position in the Sejarah Melayu". In: P. Downing and M. Noonan (eds.) *Word Order in Discourse*, 38–51. Amsterdam: John Benjamins, 1995.

Dalrymple, M. & I. Nikolaeva, *Objects and Information Structure*. Massachusetts: Cambridge University Press, 2011.

De Cat, C. & K. Demuth (eds.), *The Bantu–Romance Connection: A Comparative Investigation of Verbal Agreement, DPs, and Information Structure*. Amsterdam: John Benjamins, 2010.

Dik, S., *The Theory of Functional Grammar, Part 1: The Structure of the Clause*. Berlin, NewYork: Mouton de Gruyter, 1997.

Dik, S., M., E. Hoffman, J. R. de Jong, S. I. Djiang, H. Stroomer & L. de Vries, "On the Typology of Focus Phenomena". In: T. Hoekstra, H. van der Hulst and M. Mortgat (eds.) *Perspectives on Functional Grammar*, 41–74. Dordrecht: Foris, 1981.

Dixon, R. M. W., "Ergativity". *Language*, 1979, 55, 1: 59–138.

Downing, P., "Pragmatic and semantic constraints on numeral quantifier position in Japanese". *Journal of Linguistics*, 1993, 29, 1: 65–93.

Du Bois, J. W., "Beyond definiteness: The trace of identity in discourse". In: W. Chafe (ed.) *The Pear Stories: Cognitive, Cultural and Linguistic Aspects of Narrative Production*, 203–274. Norwood: Albex Publishing Corporation, 1980.

Du Bois, J. W., "The discourse basis of ergativity". *Language*, 1987, 63: 805–855.

É. Kiss, K., "Informational focus vs. identification focus". *Language*, 1998, 74: 245–273.

É. Kiss, K., "The EPP in a topic–prominent language". In: P. Svenonius (ed.) *Subjects, Expletives, and the EPP*, 107–24. Oxford: Oxford University Press, 2004.

Endo, Y., *Locality and Information Structure: A cartographic approach to Japanese. Amsterdam: John Benjamins*, 2007.

Erteschik-Shir, N., "Wh-questions and focus". *Linguistics and Philosophy*, 1986, 9: 117-149.

Erteschik-Shir, N., *Information Structure: The Syntax-Discourse Interface*. Oxford: Oxford University Press, 2007.

Eye, A. von, *Introduction to Configural Frequency Analysis: The Search for Types and Antitypes in Cross-Classifications*. Cambridge: Cambridge University Press, 1990.

Fang, J. & P. Sells, "A formal analysis of the verb copy construction in Chinese". In: H. K. Tracy and B. Miriam (eds.) *Proceedings of the LFG07 Conference*. CSLI On-line Publications, 2007.

Fang, J., *The Verb Copy Construction and the Post-Verbal Constraint in Chinese*. Ph. D. thesis, Stanford University, 2006.

Fiedler, I. & A. Schwarz (ed.), *The Expression of Information Structure: A Documentation of Its Diversity Across Africa*. Amsterdam: John Benjamins, 2010.

Finegan, E., *Language: Its Structure and Use*, 4th Edition. 北京大学出版社, 2005。

Floricic, F., "Negation and 'Focus Clash' in Sardinian". In: Mereu Lunella (ed.) *Information Structure and its Interfaces*, 129-152. Berlin: Mouton de Gruyter, 2009.

Foley, W. A. & R. D. Van Valin Jr, "Information packaging in the clause", In: T. Shopen (ed.) *Language Typology and Syntactic Description* Vol. 1, 282-364. Cambridge: Cambridge University Press, 1985.

Garrod, S. & T. Sanford, "Thematic subjecthood and cognitive constraints on discourse structure". *Journal of Pragmatics*, 1988, 12: 519-534.

Gazdar, G., *Pragmatics: Implicature, Presupposition, and Logical Form*. New York: Academic Press, 1979.

Givón, T., "Logic vs. pragmatics, with human language as the referee: Toward an empirically viable epistemology". *Journal of Pragmatics*, 1982, 6: 81-133.

Givón, T., "Topic continuity in discourse". In: Talmy Givón (ed.) *Topic Continuity in Discourse: A Quantitative Cross-Language Study*, 1-41. Amsterdam: John Benjamins, 1983.

Givón, T., *Syntax: A Functional-typological Introduction*, vol. 1. Amsterdam: John Benjamins, 1984.

Givón, T., *Syntax*, vol. I-II. Amsterdam: John Benjamins, 2001.

Goldenberg, G., "Tautological infinitive". *Israel oriental Studies*, 1971, 1: 36-85. Reprinted, in: *Studies in Semitic Linguistics. Selected Writings*, 66-115. Jerusalem: Magnes Press, The Hebrew University, 1998.

Grice, H. P., "Presupposition and conversational implicature". In: P. Cole (ed.) *Radical pragmatics*, 183-198. New York: Academic Press, 1981.

Grundy, P. *Doing Pragmatics*, 2nd Edition. London: Edward Arnold, 2000.

Gundel, J. K., "Universals of topic-comment structure", In: M. Hammond, E. A. Moravcsik and J. Wirth (eds.) *Studies in Syntactic Typology*, 209-239. Amsterdam: John Benjamins, 1988.

Gundel, J. K., "Different kinds of focus". In: P. Bosch and R. van der Sandt (eds.) *Focus: Linguistic, Cognitive, and Computational perspectives*, 293-305. New York: Cambridge University Press, 1999.

Gundel, J. K., N. Hedberg & R. Zacharski, "Cognitive status and the form of referring expressions in discourse". *Language*, 1993, 69: 274-307.

Haiman, J., *Natural Syntax: Iconocity and Erosion*. Cambridge: Cambridge University Press, 1985.《自然句法：像似性与磨损》, 世界图书出版公司2009年版。

Haiman, J., "Iconic and economic motivation". *Language*, 1983, 59: 781-819.

Hajičová, E., B. Partee & P. Sgall, *Topic-Focus Articulation, Tripartite Structures, and Semantic Content*. Dordrecht: Kluwer, 1998.

Halliday, M. A. K., "Notes on transitivity and theme in English", Part 2. *Journal of Linguistics*, 1967, 3: 199-244.

Hawkins, J. A., *Definiteness and Indefiniteness: A Study in Reference and Grammaticality Prediction*. Humanities Press, 1978.

Heim, I., *The Semantics of Definite and Indefinite Noun Phrases*, Ph. D. dissertation, GLSA, University of Massachusetts, Amherst, 1982.

Heim, I., "Presupposition projection and the semantics of attitude verbs". *Journal of Semantics*, 1992, 9: 183-221.

Hockett, C. F., *A Course in Modern Linguistics*, New York: Macmillan, 1958.

Hopper, P. J. & S. A. Thompson, "The discourse basis for lexical categories in universal grammar". *Language*, 1984, 60: 703-751.

Hopper, P. J. & S. A. Thompson, "Language universals, discourse pragmatics, and semantics". *Language Sciences*, 1993, 15, 4: 357-376.

Hopper, P. J., "Aspect and foregrounding in discourse". In: T. Givón (ed.) *Discourse and syntax*, 213-241, New York: Academic Press, 1979.

Hsieh, M. -L., "Analogy as type of interaction: The case of verb copying". *Journal of the Chinese Teachers' Association*, 1992, 27: 75-92.

Hsieh, M. -L., *Form and Meaning: Negation and Question in Chinese*. Ph. D. Dissertation, University of Southern California, 2001.

Hsu, Y. Y., "Thesentence-internal topic and focus in Chinese". In: K. M. C. Marjorie and K. Hana (eds.) *Proceedings of the 20th North American Conference on Chinese Linguistics*, Volume 2, 635-652. Ohio: The Ohio State University, 2008.

Huang, C. -T. J., *Logical relations in Chinese and the theory of grammar*. Ph. D. thesis, Cambridge: MIT, 1982.

Huang, C. -T. J., "Wo pao de kuai and Chinese phrase structure". *Language*, 1988, 64: 284-311.

Huang, C. -R., "Review" [J. Tai & F. Hsueh (eds.), Functionalism and Chinese Grammar.] *Journal of Chinese Linguistics*, 1990, 18, 2: 318-334.

Huang, S. -F., "Morphology as a cause of syntactic change: The Chinese evidence". *Journal of Chinese Linguistics*, 1984, 12: 54-85.

Huang, Y., *Pragmatics*. Oxford: Oxford University Press, 2007.

Jackendoff, R. S., *Semantic interpretation in generative grammar*. Cambridge: MIT Press, 1972.

Jespersen, O., *A Modern English Grammar on Historical Principles*, part Ⅶ. London: George Allen and Unwin, 1949.

Kabagema-Bilan, E., B. López-Jiménez & H. Truckenbrodt, "Multiple focus in Mandarin Chinese". *Lingua*, 2011, 121: 1890-1905.

Kay, P., "Even". *Linguistics and Philosophy*, 1990, 13: 59-111.

Klima, E., "Negation in English". In: J. A. Fodor and J. J. Katz. *The Structure of Language*, 246-323. Englewood Cliffs: Prentice Hall, 1964.

König, E., *The Meaning of Focus Particles: A Comparative Perspective*, London & New York: Routledge, 1991.

Krahmer, E., *Presupposition and Anaphora*, CSLI, Stanford, CA, 1998.

Krifka, M. & R. Musan (ed.), *Expression of Cognitive Categories*, Berlin: Mouton de Gruyter, 2012.

Krifka, M., "A compositional semantics for multiple focus constructions". In: J. Jacobs (ed.) *Informationsstruktur und Grammatik*, 17-54. Opladen: Westdeutscher Verlag, 1992.

Krifka, M., "Association with focus phrases". In: V. Molnar and S. Winkler (eds.) *The Architecture of Focus*, 105-136. Berlin, New York: Mouton de Gruyter, 2006.

Krifka, M., "Basic notions of information structure". In: C. Fery et al. (eds.) *Interdisciplinary Studies on Information Structure* (ISIS), 2007, 6: 13-56.

Kruijff-Korbayová, I. & M. Steedman, "Discourse and information structure". *Journal of Logic, Language and Information*, 2003, 12: 249-259.

Kumagai, Y., "Information management in intransitive subjects: Some implications for the Preferred Argument Structure theory". *Journal of Pragmatics*, 2006, 38: 670-69.

Kuno, S., "Functional sentence perspective". *Linguistic Inquiry*, 1972, 3: 269-320.

Kuno, S., "On the interaction between syntactic rules and discourse principles". In: G. Bedell, E. Kobayashi and M. Muraki (eds.) *Explorations In Linguistics: Papers In Honor of Kazuko Inaue*. Tokyo: Kenkyusha, 1979.

Kuno, S., *Functional Syntax: Anaphora, Discourse Oral*. Chicago: The

University of Chicago Press, 1987.

Lakoff, G., "Hedges: A study in meaning criteria and the logic of fuzzy concepts". Papers from the Eighth Regional Meeting of the Chicago Linguistic Society, 1972, 183-228. Reprinted in *Journal of Philosophical Logic* 1973, 2: 4, 458-508.

Lambrecht, K. & L. A. Michaelis, "On sentence accent in information questions". In: J. -P. Koenig (ed.) *Discourse and Cognition: Bridging the Gap*, 384-402. Stanford: CSLI. Distributed by Cambridge: Cambridge University Press, 1998.

Lambrecht, K., *Information Structure and Sentence Form: A Theory of Topic, Focus, and the Mental Representations of Discourse Referents*. Cambridge: Cambridge University Press, 1994.

Langacker, R. W., *Foundation of Cognitive Grammar*, vol. 2. Stanford California, CA: Stanford University Press, 1991 北京大学出版社 2004 年版。

Langacker, R. W., *Grammar and Conceptualization*. Berlin, New York: Mouton De Gruyter, 1999.

LaPolla, R. J., "Pragmatic relations and word order in Chinese". In: P. Downing and M. Noonan (eds.) *Word Order in Discourse*, 297-329. Amsterdam: John Benjamins, 1995. [詹卫东译,《语用关系与汉语的词序》,见北京大学汉语语言学研究中心《语言学论丛》编委会编《语言学论丛》(第30辑),商务印书馆2004年版。]

LaPolla, R. J., F. Kratochvil & A. R. Coupe, "Introduction: On transititvity". *Studies in Language*, 2001, 3: 469-491.

Leafgren, J., *Degrees of Explicitness: Information Structure and the Packaging of Bulgarian Subjects and Objects*. Amsterdam: John Benjamins, 2002.

Lee, C., F. Kiefer & M. Krifka (eds.), *Contrastiveness in Information Structure, Alternatives and Scalar Implicatures*. Switzerland: Springer, 2017.

Leech, G. N., *Principles of Pragmatics*. London and New York: Longman, 1983.

Levinson, S. C., *Pragmatics*. Cambridge: Cambridge University Press, 1983.

Lewis, D., "Scorekeeping in a language game". *Journal of philosophical logic*, 1979, 8: 339–359.

Li, C. N. & S. A Thompson, "Subject and topic: A new typology of language". In: N. Li Charles (ed.) *Subject and Topic*, 457–490. New York: Academic Press, 1976. (李谷城摘译,《主语与主题:一种新的语言类型学》,《国外语言学》1984 年第 2 期。)

Li, C. N. & Sandra A. T., *Mandarin Chinese: A Functional Reference Grammar*. Berkeley: University of California Press, 1981. (黄宣范译,《汉语语法》, 文鹤出版有限公司 1983 年版。)

Li, Y.-F., "On V-V compounds in Chinese". *Natural Language and Linguistic Theory*, 1990, 8: 177–207.

Liu, D.-Q., "Identical topics: A more characteristic property of topic prominent languages". *Journal of Chinese Linguistics*, 2004, 32, 1: 20–64. [强星娜译,《同一性话题:话题优先语言一项更典型的属性》, 见徐烈炯、刘丹青《话题的结构与功能》 (增订版),上海教育出版社 2007 年版。]

Liu, X.-M., "The verb copying construction-the case of discourse backgrounding". *Journal of the Chinese Teachers' Association*, 1996, 31, 1: 57–76.

Liu, X.-M., "The verb-copying construction and imperfectivity". *Journal of the Chinese Language Teachers' Association*, 1997, 32, 3: 1–13.

López, L., *Derivational Syntax for Information Structure*. Oxford: Oxford University Press, 2009.

Lyons, C., *Definiteness*. Cambridge University Press, 1999.

Mereu, L., *Information Structure and its Interfaces*. Berlin: Mouton de Gruyter, 2009.

Meurman-Solin, A., M. J. Lopez-Couso & B. Los, *Information Structure and Syntactic Change in the History of English*. Oxford: Oxford University Press, 2012.

Miestamo, M. & J. van der Auwera, "Negation and perfective vs. imperfective aspect", *Chronos*, 2011, 22: 65–84.

Miestamo, M., *Standard Negation: The Negation of Declarative Verbal*

Main Clauses in a Typological Perspective. Berlin: Mouton de Gruyter, 2005.

Owens, J. & A. Elgibali (eds.), *Information Structure in Spoken Arabic.* Routledge, 2009.

Paris, M. -C., "Durational complements and verb copying in Chinese". *Tsing Hua Journal of Chinese Studies*, New Series, 1988, 28, 2: 423-439.

Paul, W., "Proxy Categories in Phrase Structure Theory and the Chinese VP". *Cahiers de Linguistique-Asie Orientale*, 2002, 3, 12: 137-174.

Paul, W., "The serial verb construction in Chinese: A tenacious myth and a Gordian knot", *The Linguistic Review*, 2008, 25, 3-4: 367-411.

Payne, J. R., "Negation", In: T. Shopen (ed.) *Language Typology and Syntactic Description. Vol. 1. Clause Structure*, 197 - 242. Cambridge: Cambridge University Press, 1985.

Payne, T., *Describing Morphosyntax: A Guide for Field Linguists.* Cambridge: Cambridge University Press, 1997.

Pettersson, R., *Particle Verbs in English: Syntax, Information Structure and Intonation.* Amsterdam: John Benjamins, 2002.

Phillips, C., "Linear order and constituency". *Linguistic Inquiry*, 2003, 34: 37-90.

Prince, E. F., "Toward a taxonomy of given-new information". In: P. Cole (ed.) *Radical Pragmatics*, 235 - 255. New York: Academic Press, 1981.

Prince, E. F., "The ZPG letter: Subjects, definiteness, and information-status". In: W. C. Mann and S. A. Thompson (eds.) *Discourse description: Diverse linguistic analyses of a fundraising text*, 295-326. Amsterdam: John Benjamins, 1992.

Quirk, R., S. Greenbaum, G. Leech & J. Swartvik, *A Comprehensive grammar of the English language.* Longman, 1985.

Rochemont, M. S., *Focus in Generative Grammar.* Amsterdam: John Benjamins, 1986.

Roland, H. & P. Svetlana (ed.), *Information Structure and Language Change: New Approaches to Word Order Variation in Germanic.* Berlin: Mouton de Gruyter, 2009.

Rooth, M., *Association with Focus*. Ph. D. Dissertation, University of Massachusetts, Amherst, 1985.

Rooth, M., "A Theory of Focus Interpretation". *Natural Language Semantics*1992, 1: 75–116.

Rooth, M., "Focus". In: S. Lappin (ed.) *The Handbook of Contemporary Semantic Theory*. 外语教学与研究出版社/布莱克韦尔出版社 2001年版。

Schwabe, Kerstin & Suanne Winkler, *On Information Structure, Meaning and Form*. Amsterdam: John Benjamins, 2007.

Selkirk E. O., "Sentence prosody: Intonation, stress, and phrasing". In: J. Goldsmith (ed.) *The Handbook of Phonological Theory*, 550–569. Cambridge: Blackwell Publishers, 1995.

Sgall, P., E. Hajičová & J. Panevová, *The Meaning of the Sentence in its Semantic and Pragmatic Aspects*. Prague: Academia and Dordrecht: Reidel, 1986.

Shannon, C. E. & W. Weaver, *The Mathematical Theory of Communication*. Urbana: University of Illinois Press, 1949.

Shi, D. X., "The nature of Chinese verb-reduprication copying constructions". *Studies in the Linguistic Sciences*, 1996, 26: 271–284.

Smith, C. S., *The Parameter of Aspect*, 2nd edn. Dordrecht: Kluwer, 1997.

Spenader, J., "Factive presuppositions, accommodation and information structure". *Journal of Logic, Language and Information*, 2003, 12: 351–368.

Stalnaker, R. C., "Presuppositions". *Journal of Philosophical Logic*, 1973, 2: 447–451.

Stalnaker, R. C., "Pragmatic presuppositions". In: M. K. Munitz and P. K. Unger (eds.) *Semantics and Philosophy*, 197–213. New York: New York University Press, 1974.

Steube, A. (ed.), *Information Structure: Theoretical and Empirical Aspects*. Berlin: Walter de Gruyter, 2004.

Stoyanova, M., *Unique Focus: Languages without Multiple Wh-questions*. Amsterdam, Philadelphia: John Benjamins, 2008.

Su, Y.-Y., *The Verb Copying Construction in Mandarin*, 硕士学位论文, 台湾中正大学, 2005。

Sudhoff, S., *Focus Particles in German: Syntax, Prosody, and Information Structure*. Amsterdam: John Benjamins, 2010.

Sun, C.-F., "The discourse function of numeral classifiers in Mandarin Chinese". *Journal of Chinese Linguistics*, 1988, 16, 2: 298-323 （又见戴浩一、薛凤生主编《功能主义与汉语语法》，北京语言学院出版社 1994 年版。）

Tai, J. H-Y., "Verb-copying in Chinese: syntactic and semantic typicality conditions in interaction". Paper presented at the 1989 LSA annual meeting, Washington D. C, 1989.

Tai, J. H-Y., "Iconicity: Motivations in Chinese grammar". In: M. Eid and G. Iverson (eds). *Principles and Prediction: The Analysis of Natural Language*, 153-174. Amsterdam: John Benjamins, 1993.

Tai, J. H-Y., "Verb-copying in Chinese revisited". In: *Chinese Languages and Linguistics* 5: *Interactions in Language*, 97-119. Taipei: Institute of Linguistics (Preparatory Office), Academia Sinica, 1999.

Taylor, J. R., *Linguistic Categorization: Prototypes in Linguistic Theory*. Oxford: Oxford University Press, 1995.

Teng, S.-H., "Negation in Chinese". *Journal of Chinese Linguistics*, 1974, 2, 2: 125-140.（《现代汉语的否定》，见南开大学文学院、汉语言文化学院、外国语学院编《南开语言学刊》，第 1 期，南开大学出版社 2002 年版。）

Teng, S.-H., "Verb classification and its pedagogical extensions". *Journal of the Chinese Language Teachers Association*, 1976, 9, 2: 84-92.

Thompson, S. A., "Discourse motivations for the core-oblique distinction as a language universal". In: A. Kamio (ed.) *Directions in Functional Linguistics*, 59-82. Amsterdam: John Benjamins, 1997.

Tieu, L.-S., "Non-referential verb use in Chinese: A unified verb copying analysis". In: M. K. M. Chan and H. Kang (eds.) *Proceedings of the 20th North American Conference on Chinese Linguistics (NACCL-20). Volume 2*, 843-860. Ohio: The Ohio State University, 2008.

Tomlin, R. S., "Foreground-background information and the syntax of subordination". *Text*, 1985, 5: 085-122.

Tsao, F. -F., *A Functional Study Topic in Chinese: The First Step Towards Discourse Analysis*. Taipei: Student Book Company, 1979. (谢天蔚译,《主题在汉语中的功能研究——迈向语段分析的第一步》, 语文出版社 1998 年版。)

Tsao, F. -F., "On the so-called verb-copying construction in Chinese". *Journal of the Chinese Language Teachers' Association*, 1987, 22, 2: 13-43.

Tsao, F. -F., *Sentence and Clause Structure in Chinese: A Functional Perspective*. Taipei: Student Book Company, 1990. (王静译,《汉语的句子和子句结构》, 北京语言大学 2005 年版。)

Vallduví, E. & E. Engdahl, "The linguistic realisation of information packaging". *Linguistics*, 1996, 34, 33: 459-519.

Vallduví, E., *The Informational Component*. Ph. D. Dissertation, University of Pennsylvania, 1990.

van der Sandt, R., "Presupposition projection as anaphor resolution". *Journal of Semantics*, 1992, 19: 333-377.

van Gijn, Rik, J. Hammond, D. Matič, S. van Putten & A. V. Galucio (eds.), *Information Structure and Reference Tracking in Complex Sentences*. Amsterdam: John Benjamins, 2014.

Vendler, Z., *Linguistics in Philosophy*. Ithca, NY: Cornell University Press, 1967.

Wang, W. S-Y., "Two aspect markers in Mandarin". *Language*, 1965, 41, 3: 457-70.

Westergaard, M., *The Acquisition of Word Order: Micro - cues, information structure, and economy*. Amsterdam: John Benjamins, 2009.

Wright, S. & T. Givón, "The pragmatics of indefinite reference: Quantified text-based studies". *Studies in Language*, 1987, 11: 1-33.

Wu, J. -X., *Syntax and Semantics of Quantification in Chinese (Wh-Question, Logical Form, Partitivity)*. Ph. D. Dissertation, University of Maryland College Park, 1999.

Xiao, R. & T. McEnery, *Aspect In Mandarin Chinese: A Corpus-based*

Study. Amsterdam: John Benjamins, 2004.

Xu, L. -J., "Manifestation of information focus". *Lingua*, 2004, 114: 277-299.

Yule, G., *Pragmatics*. Oxford: Oxford University Press, 1996. 上海外语教育出版社 2000 年版。

Zeevat, H., "Presupposition and accommodation in update semantics". *Journal of semantics*, 1992, 9: 379-412.

Zeevat, H., "Explaining presupposition triggers". In: K. van Deemter & R. Kibble (eds.) *Information Sharing*, 61-88. Stanford: CSLI Publications, 2002.

Zeijlstra, H., *Sentential Negation and Negative Concord*. Utrecht, The Netherlands: LOT Publications, 2004.

Zimmermann, M. & C. Féry (ed.), *Information Structure: Theoretical, Typological, and Experimental Perspectives*. Oxford: Oxford University Press, 2009.

Zubizarreta, M. L., *Prosody, Focus, and Word Order*. Cambridge, MA: MIT Press, 1998.

后　　记

本书是在博士论文基础上修改而成的，论文得到先师戴耀晶先生的悉心指导，戴老师也已逝世七周年，当年指导的情景如在昨日……唯以小书寄哀思。

本书也得到硕士生导师杨锡彭先生的指导，本书雏形即是硕士毕业论文，杨老师一直关心、鼓励和支持我，师恩永难忘。汪维辉先生是我的博士后合作导师，汪老师为人真诚，为学严谨，使我获益良多，谢谢汪老师。

本书还得到许多老师的指导和帮助，或惠赠资料，或提出批评，或予以鼓励，这些老师是：张斌教授、范晓教授、刘大为教授、卢英顺教授、杨宁教授、殷寄明教授、吴中伟教授、祝克懿教授、陶寰教授、齐沪扬教授、张谊生教授、张伯江教授、袁毓林教授、彭利贞教授，等等。老师们的指导和帮助使我获益不少，也使本书避免了许多错误。本书的出版也颇费时日，感谢宫京蕾老师耐心、细致、精深的指导。

本书得到浙江省哲学社会科学规划后期资助课题"重动句信息结构研究"（10HQYY01）和国家社科基金项目"重动句句法、语义的信息结构制约研究"（14BYY128）的资助，使我有较充足的时间和较好的条件修改、完善，也使本书有充足的资金出版。

本书部分内容在《世界汉语教学》《当代语言学》《语言科学》《当代修辞学》《语言研究》《现代中国语研究》（日本）《新疆大学学报》《浙江学刊》《语言学论丛》《语言研究集刊》等期刊发表，感谢各编辑部老师的提携和指导，小作的发表提升了我的学术自信。本书有些内容在同门组织的活动上报告过，得到陈振宇、刘承峰、邱斌、王晓凌、刘娅琼、兰佳睿、李佳樑、陈俊和等师门的批评和指导，谢谢。

本人先后工作于杭州师范大学国际教育学院和人文学院，得到吴锡根院长、吴晓维院长、洪治纲院长等领导的关心和帮助；得到学科组叶斌老师、徐越老师、周掌胜老师、孙宜志老师、陆忠发老师和王文胜老师等的指导、鼓励和帮助,在此一并感谢。

感谢父母、岳父母和妻子操持家务,他们的辛劳使我少受家务的耽扰,两个女儿健康快乐成长是我永远的快乐和不断前进的动力。